E-JUSTICE - PRAXISHANDBUCH

EIN RECHTS-KOMPENDIUM ZUM BEA, EGVP UND ZUR EAKTE FÜR RECHTSANWÄLTE, BEHÖRDEN UND GERICHTE

5. AUFLAGE

Bibliografische Information der Deutschen Nationalbibliothek:

Die Deutsche Nationalbibliothek verzeichnet diese Publikation in der Deutschen Nationalbibliografie; detaillierte bibliografische Daten sind im Internet über http://dnb.dnb.de abrufbar.

© 2020 Henning Müller

Herstellung und Verlag:

BoD – Books on Demand, Norderstedt

ISBN: 9783751980104

Inhaltsübersicht

INHALTSÜBERSICHT	**5**
A. VORWORT	**14**
B. SYSTEMATISCHE ÜBERSICHT	**16**
I. EJUSTICE	16
II. EGOVERNMENT	17
III. DER ELEKTRONISCHE RECHTSVERKEHR MIT DER JUSTIZ IM ÜBERBLICK	20
1. SICHERE ÜBERMITTLUNGSWEGE, § 130A ABS. 4 ZPO	23
2. DIE GESETZLICH DEFINIERTEN SICHEREN ÜBERMITTLUNGSWEGE	24
3. DAS ELEKTRONISCHE GERICHTS- UND VERWALTUNGSPOSTFACH (EGVP)	25
C. GESETZGEBUNGSGESCHICHTE	**28**
D. EJUSTICE	**33**
I. DER ELEKTRONISCHE POSTEINGANG DER GERICHTE	33
1. ANWENDUNGSBEREICH	35
a. Elektronische Dokumente	36
b. Anwendbarkeit auf bestimmende Schriftsätze	36
c. Anwendbarkeit auf Anlagen zu Schriftsätzen	36
2. PRÜFUNG DER FORM	39
a. Formprüfung in der gerichtlichen Praxis	41
aa. Prüfungsschema: Elektronischer Posteingang	42
bb. Der Prüfvermerk	43
cc. Der Transfervermerk	52
b. Authentizitätsprüfung	53
aa. Zugelassene elektronische Übermittlungswege	53
bb. Prüfung sicherer Übermittlungswege, § 130a Abs. 4 ZPO	78

cc. Prüfung anderer zugelassener Übermittlungswege	93
c. Prüfung der Bearbeitbarkeit	111
(1). Zugelassene Dateiformate	111
(2). Erforderliche PDF-Merkmale	113
(3). Durchsuchbarkeit	114
(4). Anforderungen der ERVB	117
d. Rechtsfolgen bei Verstößen gegen die ERV-Formvorschriften	123
(1). Defekte Datei / Virenbefall	123
(2). falsches Dateiformat	123
(3). Eingangsfiktion des § 130a Abs. 6 ZPO	126
(4). Fehlende Schriftformwahrung	132
e. Besonderheiten bei der Beantragung von Prozesskostenhilfe	136
(1). Elektronische Übermittlung	136
(2). Trennungsgebot	138
f. Besonderheiten bei der Einreichung der Vollmacht	139
g. Besonderheiten des elektronischen Schutzschriftenregisters (ZSSR)	140
(1). Einreichung über EGVP/beA	142
(2). Einreichung über ein Online-Formular	143
h. (Online-)Mahnverfahren	144
i. Elektronischer Rechtsverkehr mit Sachverständigen	146
(1). Das elektronische Gutachten	147
(2). Die elektronische Schweigepflichtsentbindung	151
3. PRÜFUNG DER FRISTWAHRUNG IM KLAGEVERFAHREN	154
a. Grundlagen der Fristprüfung im elektronischen Rechtsverkehr	154
b. Prüfung der Fristwahrung in der EGVP-Infrastruktur	156
c. Prüfung der Fristwahrung bei De-Mail – Diensten	157
II. DER ELEKTRONISCHE POSTAUSGANG DER GERICHTE	**161**
1. RECHTSGRUNDLAGEN DES ELEKTRONISCHEN POSTAUSGANGS	161
2. INITIATIVER ELEKTRONISCHER RECHTSVERKEHR	162
a. „passive Nutzungspflicht" des beA	163
b. „passive Nutzungspflicht" bei Ausfall des beA	164
aa. Ausfall des beA auf Seiten des Betreibers	164
bb. Ausfall des beA auf Seiten des Nutzers	167
3. BESONDERHEITEN BEI ELEKTRONISCHEN ZUSTELLUNGEN, § 169 ZPO	169
a. beglaubige elektronische Abschriften	169

b. Verstoß gegen Zustellungsvorschriften	170
4. ZUSTELLUNG GEGEN EMPFANGSBEKENNTNIS, § 174 ABS. 3 ZPO	172
a. Technische Grundlagen des elektronischen Empfangsbekenntnisses	172
b. Rückmeldung fehlerhafter Zustellungen	177
5. RECHTSBEHELFSBELEHRUNGEN	179
a. Unterschiede der Gerichtsbarkeiten	179
b. Muster-Rechtsmittelbelehrung	182
6. BEDEUTUNG DES FAKTISCHEN ZUGANGS, § 189 ZPO	183
7. ELEKTRONISCHE ZUSTELLUNGEN AN SOZIETÄTEN UND SCHEINSOZIETÄTEN	184
8. AUSWIRKUNG EINES KANZLEIWECHSELS AUF DAS BEA	187
a. Kanzleiwechsler nimmt das Mandat mit	187
b. Das Mandat bleibt in der bisherigen Kanzlei	187
9. DATEIFORMATE IM ELEKTRONISCHEN POSTAUSGANG DER GERICHTE	189
a. Keine Pflicht zur qeS bei förmlichen Zustellungen	190
b. Wer signiert im Gericht	191
III. ELEKTRONISCHE GERICHTSAKTEN	**194**
1. RECHTSGRUNDLAGEN	194
2. BESONDERHEITEN BEIM MEDIENTRANSFER	195
3. ELEKTRONISCHE BERICHTIGUNGSBESCHLÜSSE	197
a. Keine Rückforderung elektronischer Dateien	197
b. Untrennbare Verbindung des Berichtigungsbeschlusses	197
aa. Berichtigung bei der Inline-PDF-Signatur	198
bb. Untrennbare Verbindung in einem Container	198
bb. Untrennbare Verbindung durch Beglaubigung des Urkundsbeamten	199

E. EGOVERNMENT	**200**

I. ELEKTRONISCHER POSTEINGANG DER BEHÖRDE	**203**
1. ELEKTRONISCHE ÜBERMITTLUNGSWEGE DER BEHÖRDE	203
2. FAKTISCHE BEREITSTELLUNG EINES ELEKTRONISCHEN ZUGANGS	206
3. WIDMUNG DES ZUGANGS	206
a. Explizite Eröffnung des Zugangs	206
b. Konkludente Eröffnung des Zugangs	206

c. Beschränkung des Zugangs	207
4. Dateiformate	209
5. Schriftformwahrung	210
a. Schriftformersetzung mit qualifizierter elektronischer Signatur, § 3a Abs. 2 Satz 1 VwVfG	211
b. Voraussetzungen der Schriftformwahrung durch qualifizierte elektronische Signatur	212
c. Schriftformersetzung durch elektronische Formulare, § 3a Abs. 2 Satz 2 Nr. 1 VwVfG	212
d. Schriftformersetzung mittels De-Mail, § 3a Abs. 2 Satz 2 Nr. 2, 3 VwVfG	213
e. Schriftformersetzung durch sichere Übermittlungswege, § 3a Abs. 2 Satz 2 Nr. 4 VwVfG	214
f. Keine Schriftformersetzung durch Nutzung des beA ohne qualifizierte elektronische Signatur	214
6. Hinweispflicht im Fall fehlender Bearbeitbarkeit	215
a. Zur Bearbeitung geeignet	215
b. Unverzüglich	216
c. Hinweispflicht	216
d. Mitteilung der technischen Rahmenbedingungen	217
II. Elektronischer Postausgang der Behörde	**219**
1. Grundlagen der elektronischen Erreichbarkeit des Bürgers	219
a. Voraussetzungen der Eröffnung eines Zugangs durch den Bürger	219
b. elektronische Übermittlungswege der Verwaltung	220
c. Zeitpunkt des tatsächlichen Zugangs	220
d. Zugangsfiktion bei einfacher Bekanntgabe	221
e. förmliche elektronische Zustellung	223
aa. Elektronische Zustellung gegen Empfangsbekenntnis	224
bb. Förmliche Zustellung gegen Abholbestätigung über De-Mail-Dienste	225
2. Rechtsbehelfsbelehrungen der Verwaltung	226
a. Unterschiede in der Rechtsprechung	226
b. Gefahren durch die konkludente Zugangseröffnung durch die Behörde	229
c. Rechtsprechungsübersicht	231

aa. OVG Rheinland-Pfalz – Beschluss vom 12.6.2019 – 8 A 11392/18   231
bb. Schleswig-Holsteinisches Verwaltungsgericht – Urteil vom 22.5.2019 –
4 A 640/17   232
cc. LAG Baden-Württemberg – Beschluss vom 9. Mai 2018 – 4 TaBV 7/17
   234
dd. VG Kassel - Gerichtsbescheid des VG Kassel vom 5. März 2020 – 3 K
1008/18.KS   236
d. Beispiel einer Rechtsbehelfsbelehrung für Behörden   238
III. ELEKTRONISCHE BEHÖRDENAKTEN   **240**
1. AUTHENTIZITÄT DER EAKTE   241
2. INTEGRITÄT UND STABILITÄT DER EAKTE   241
3. VOLLSTÄNDIGKEIT DER EAKTE   242
4. ALLGEMEINES ZUM „E-AKTEN"BEGRIFF   243
a. materieller und formeller Aktenbegriff   243
b. Besonderheiten der elektronischen Bearbeitung   244
c. Daten, Metadaten und Vorbereitungshandlungen   245
d. Original, Kopie und „Abschrift"   246
e. elektronische oder hybride Aktenführung   247
f. Geltung der ERVV für Behördenakten   248
aa. Formale Vorgaben für die Übermittlung/Vorlage   249
bb. Vorkehrungen der Justiz zur Annahme elektronischer Behördenakten
   249
g. Praxis der Vorlage elektronischer Behördenakten   251
aa. Aktenübermittlung als (Gesamt-)PDF   251
bb. xJustiz-Akten   253

F. SCANNING UND BEWEISWERTERHALTUNG   **258**

I. SCANNING   **258**
1. RECHTLICHE GRUNDLAGEN   258
2. BILDLICHE UND INHALTLICHE ÜBEREINSTIMMUNG   260
3. ZUSAMMENFASSUNG DER RECHTLICHEN ANFORDERUNGEN   262
4. RECHTSSICHERES SCANNEN ODER HYBRIDE AKTENFÜHRUNG   263
II. BEWEISFÜHRUNG MIT ELEKTRONISCHEN DOKUMENTEN   **264**

a. Elektronische Dateien	264
b. Verfahrensrechtliche Grundlagen	267
aa. Vorlage	267
bb. Elektronische Übermittlung	268
cc. Netzinhalte als Beweismittel	269
c. private elektronische Dokumente, § 371a Abs. 1, 2 ZPO	269
d. Öffentliche elektronische Dokumente, § 371a Abs. 3 ZPO	270

G. EJUSTICE UND IT-SICHERHEIT — 273

I. Datenschutz und IT-Sicherheit im elektronischen Rechtsverkehr	273
II. Sichere Datenhaltung und Nutzung	274
III. Die elektronische Mandantenkommunikation	275
IV. E-Mail als Komfort-Hintertür	276

H. ELEKTRONISCHER RECHTSVERKEHR MIT DER RECHTSANWALTSCHAFT — 278

I. Organisatorische Vorüberlegungen	279
1. Postausgang der Kanzlei: Wer soll versenden?	279
2. Posteingang der Kanzlei: Wer prüft das beA?	281
3. Brauche ich noch Papier?	282
4. Kanzleiadresse prüfen	284
5. Organisation des Scanprozesses	285
a. Scanregularien	285
b. Verschlagwortung und Datenhaltung	286
c. Ersetzendes Scannen / TR Resiscan	289
6. Störungskontrolle	290
7. Mandantenkommunikation	291
II. Technische Vorüberlegungen	293
1. beA-Karte	293
2. Hardware-, Software- und Infrastruktur-Voraussetzungen	295
a. Internetverbindung	295

b. Scanner	297
c. Digitales Telefax	298
d. Netzwerk- und Speicherinfrastruktur	298
e. Signatur-Terminals	299
III. BESONDERHEITEN DES BEA	**300**
1. BINDUNG DES BEA AN DIE PERSON DES RECHTSANWALTS	300
a. Besonderheiten bei Rechtsanwaltsgesellschaften	300
b. Bestehen des Postfachs	301
c. „passive Nutzungspflicht"	301
aa. „passive Nutzungspflicht" des beA	302
bb. „passive Nutzungspflicht" bei Ausfall des beA	302
d. beA und ein Kanzleiwechsel	306
aa. Kanzleiwechsler nimmt das Mandat mit	306
bb. Das Mandat bleibt in der bisherigen Kanzlei	306
2. BEA UND DIE ANWALTSHAFTUNG	308
a. beA und die qualifizierte elektronische Signatur	308
b. Versand unzulässiger Dateiformate / Eingangsfiktion gem. § 130a Abs. 6 ZPO	310
c. Nachweis der erfolgreichen Versendung	310
3. ABGABE ELEKTRONISCHER EMPFANGSBEKENNTNISSE BEIM BEA	313

I. VERÄNDERUNG IN DER PRAXIS	**318**

I. DIE MEHRWERTE DER ELEKTRONISCHEN (DOPPEL-)AKTE	**320**
1. „FUNKTIONEN" DER PAPIERAKTE	320
2. WAS BIETET DIE EAKTE IM VERGLEICH?	320
a. Strukturierung	320
b. Kennzeichnung mit eKlebezetteln	324
c. Veränderte Sichtweise: Von der Akte zum Dezernat	325
d. Ergonomie – die akzeptierte elektronische Akte	326
II. DIE SICHT DES RICHTERS AUF DAS ELEKTRONISCHE DOKUMENT	**327**
1. DER AKTENBOCK ALS AUSGANGSPUNKT	327
2. STREITLISTE: DAS DEZERNAT AUS DER VOGELPERSPEKTIVE	329
3. DIE ANSICHT AUF DIE AKTE	331

4. Der „Aktenviewer"   333
4. Verwaltungsakten   335
III. Stimmungsbild   **337**
1. Aktuelle eAkten-Projekte in der Justiz   337
2. Herausforderungen der eAkten-Projekte   338
3. Vorgehen bei der Einführung   338
4. Erfahrungen in der Hessischen Sozialgerichtsbarkeit   339
a. Befürchtungen gegenüber der eAkte   339
b. eAkte und Textverständnis   340
c. Erwartete Vorteile einer eAkte   341
5. Auswertung der Ergebnisse   344
IV. Grundlagen der Einführung elektronischer Geschäftsprozesse   **346**
1. Dort anfangen, wo es nötig ist   346
2. Nicht alles auf einmal wollen   347
3. Akzeptanz schaffen, statt Widerstände überwinden.   347
4. Der erste Schuss muss treffen.   347
5. Das papierlose Büro.   348
6. Einfach mal anfangen   348
V. Richterliche Unabhängigkeit im eJustice-Prozess   **350**
1. Was gehört zur richterlichen Unabhängigkeit   350
2. Rechtsprechung der Richterdienstgerichte zum elektronischen Handelsregister   352
3. IT-Betrieb und richterliche Unabhängigkeit   354
4. Schlussfolgerungen aus der dienstgerichtlichen Rechtsprechung   355

J. Checklisten zum elektronischen Rechtsverkehr   **357**

Was ist bei der Übermittlung von Schriftsätzen an das Gericht zu beachten?   358
Fristprüfung für juristische Entscheider   359
Prüfung der Fristwahrung bei EGVP, beA, beN und beBPo   360
Prüfung der Frist bei der De-Mail   361
Prüfung des Übertragungswegs   362
Eingänge über beA, beN und beBPo   362

Eingänge über De-Mail	364
PRÜFUNG DES DATEIFORMATS	366
PDF, druckbar, kopierbar, eingebettete Schriftarten	366
„Durchsuchbar"	368
FORM- UND FRISTPRÜFUNG ANHAND DES PRÜFVERMERKS	369
AUFBAU DES PRÜFVERMERKS	369
INFORMATIONEN ZUR ÜBERMITTLUNG	370
INFORMATIONEN ZUM ABSENDER UND ZUM EMPFÄNGER	372
INFORMATIONEN ZU DEN ANLAGE(N) DER ELEKTRONISCHEN NACHRICHT:	373

VOM SELBEN AUTOR   **376**

SCHLAGWORTREGISTER   **379**

A. Vorwort

Seit der Einführung der neuen „sicheren Übermittlungswege" und zahlreicher neuer Regelungen im elektronischen Zustellungsrecht zum 1. Januar 2018 hat der elektronische Rechtsverkehr Fahrt aufgenommen. In der Arbeitsgerichtsbarkeit Schleswig-Holstein ist der elektronische Rechtsverkehr für „professionelle Verfahrensbeteiligte" bereits verpflichtend. Rechtsprechung und Fortbildungen befassen sich mittlerweile mit ganz konkreten Form- und Fristproblemen, Abstrakte Begriffe wie der (elektronische) Aktenbegriff erhalten eine (neue) Kontur.

EJustice fristet daher kein Nischendasein mehr; jeder forensisch tätige Rechtsanwender muss sich der digitalisierten Justiz und ihren Kommunikationswegen stellen. Dieses Kompendium soll in diesem Dickicht etwas Sicherheit bei der Bearbeitung der Rechtsfragen geben und helfen, den einen oder anderen Fallstrick zu vermeiden. Vor allem soll es dazu verleiten, die neuen Möglichkeiten einfach einmal auszuprobieren. Die sich dann stellenden Rechtsfrage sind im Folgenden angesprochen.

Mein herzlicher Dank gilt auch in dieser Auflage Herrn Uwe Möller für die unerschöpfliche Flut an Anregungen und Ideen in technischer, vor allem aber auch in juristischer Hinsicht. Er hat nicht nur zum Entstehen – auch – der 5. Aufl. beigetragen, sondern sich auch für die Rechtsanwaltschaft verdient gemacht: Sein xJustiz-Viewer wird hier im Zusammenhang mit elektronischen Behördenakten näher erläutert (→ E III). Mathematiker scheinen nicht nur die besseren Prozessrechtler zu sein, sondern bleiben auch in ihrem Kernbereich für die moderne Justiz unverzichtbar. Vielen Dank auch an die Bundesrechtsanwaltskammer für die Erlaubnis Screenshots aus den beA-Newslettern entnehmen zu dürfen.

Diese 5. Auflage ist vollständig neu – wie ich hoffe übersichtlicher – strukturiert. Zur Verbesserung der Lesbarkeit habe die bisher zahlreich vorhandenen Dopplungen weitgehend entfernt. Nur die am Ende befindlichen „Checklisten" sind mit dem Zweck der schnelleren Auffindbarkeit auch weiter eine Wiederholung von Übersichten, die sich auch weiter vorne im Fließtext wiederfinden. Die dortigen Informationen sind aber deutlich knapper gehalten; im Zweifel dürfte deshalb auch ein Blick in den Fließtext zur Erlangung vertiefter Informationen förderlich sein.

Der elektronische Rechtsverkehr mit den Gerichten beinhaltet schon für sich genommen eine Vielzahl von Rechtsfragen. Aufgrund der engen Verwandtschaft und der Überschneidungen gerade in den öffentlich-rechtlichen Gerichtsbarkeiten, habe ich nun aber vertiefter auch die Rechtsgrundlagen des elektronischen Rechtsverkehrs mit der Verwaltung – das elektronische Verwaltungs- und Sozialverwaltungsverfahren – in dieses Kompendium aufgenommen. Durch das OZG dürften hier noch weitere Entwicklungen in naher Zukunft zu erwarten sein.

Wie schon in den Vorauflagen möchte ich nicht verpassen, auf den Blog www.ervjustiz.de hinzuweisen. Dort finden sich weitere Besprechungen aktueller Rechtsfragen, die auch zwischen den Auflagen dieses Handbuchs weiter aktualisiert werden.

Henning Müller

B. Systematische Übersicht

Der eJustice-Prozess führt zahlreiche neue Begrifflichkeiten ein, die technisch überlagert sind (bspw. die qualifizierte elektronische Signatur – qeS). Andere Begriffe sind jahrhundertealt – bspw. der Aktenbegriff – müssen aber in einer digitalisierten Justiz aus anderen Blickwinkeln betrachtet werden. An den Anfang dieses Kompendiums werden daher Begriffsbestimmungen gestellt.

I. eJustice

Der Begriff **„eJustice"**[1] ist diffus und lediglich als Oberbegriff, manchmal vielleicht auch als Schlagwort, benutzbar. Letztlich beschreibt er die Bemühungen der Rechtsprechung als dritter Staatsgewalt um eine vollelektronische Kommunikation und Aktenführung.[2] Letztlich handelt es sich also um einen Sammelbegriff von Einzelaspekten des Einsatzes von Informationstechnologie bei der Erledigung von Justizaufgaben. Neben den einzelnen Produkten von „eJustice", wie der **elektronischen Kommunikation** oder der **elektronischen Aktenführung** müssen daher auch **Querschnittsaufgaben** (bspw. die Spracherkennung) und Grundlagenfragen wie die Arbeitsorganisation im digitalen „Workflow", die IT-Sicherheit, Legal-Tech in der Justiz oder der Datenschutz zum „eJustice" im weitesten Sinne gezählt werden. Im Übrigen dürfen „eJustice"-Prozesse nicht nur aus gerichtlicher Sicht betrachtet werden oder nur aus anwaltlicher oder behördlicher Sicht, sondern auch stets übergreifend zur Realisierung eines größtmöglichen gemeinsamen Nutzens im Interesse des rechtsuchenden Bürgers. Hierher gehören beispielsweise sehr weitgehende Bestrebungen zur Formalisierung und Strukturierung der Justizkommunikation.[3]

---

[1] Vgl. im Einzelnen zum Begriff „eJustice" *Berlit*, JurPC Web-Dok 117/2014 Abs. 7 ff.
[2] *Köbler*, NJW 2006, 2089, 2090.
[3] *Gaier*, ZRP 2015, 101 ff.

Begrifflich sind die einzelnen Ausprägungen von „eJustice" im Sinne einer elektronisch arbeitenden Justiz, voneinander abzugrenzen, zumal die Hürden für deren praktische Umsetzung völlig unterschiedlich sind.

„eJustice" bedeutet – im Idealfall – ein **vollständiges organisatorisches Umdenken** an den juristischen Arbeitsplätzen und hinsichtlich von dem eJustice-Prozess betroffener Rechtsfragen. Der (verbreitete) Grundfehler besteht darin, rechtliche oder tatsächliche Probleme des elektronischen Rechtsverkehrs oder der eAkte anhand rechtlicher Maßstäbe oder organisatorischer Muster des vergangenen Jahrhunderts prüfen. Es ist sich nicht wünschenswert, dass zukünftige Bewerber um das Richteramt eine technische Qualifikation nachweisen sollten oder, dass Informatikbasiswissen Pflichtstoff im Jurastudium wird.

Nüchtern betrachtet, lassen sich aber die wenigen technischen Grundlagen des elektronischen Rechtsverkehrs und auch der (zugegeben schon komplexeren) eAkte schnell vermitteln und leicht erlernen. Für jeden Juristen sollte es selbstverständlich sein, sich auch diesen Aspekt seiner Tätigkeit zu erschließen, um nicht planlos Umwege zu suchen, die es erlauben, eine Beschäftigung mit den **neuen Formvorschriften** entbehrlich zu machen. Es ist ja gerade eine Fähigkeit des Juristen, sich auch mit tatsächlichen Begebenheiten zu beschäftigen, deren vertieftes Verständnis anderen Wissenschaften vorbehalten ist.[4]

II. eGovernment

„eJustice" steht damit dem „eGovernment" gegenüber, das wiederum das entsprechende Vorgehen der Exekutive meint. Das hierzu ergangene Gesetz zur Förderung der elektronischen Verwaltung (E-Government-Gesetz – EGovG)[5] und entsprechende Landesgesetze sollen die Erwartungen der Allgemeinheit befriedigen, die Dienste der **öffentlichen Verwaltung** auch elektronisch in Anspruch zu nehmen. Nach dem Gesetzentwurf der Bundesregierung aus dem Jahr 2012, sei es ein **Gebot**

---

[4] *Müller*, Betriff Justiz, 2017, 22, 26.
[5] BGBl I 2013, 2749.

der **Bürgernähe**, dass staatliche Verwaltungen Bürgerinnen und Bürgern im privaten, ehrenamtlichen und wirtschaftlichen Alltag die Möglichkeiten zur Nutzung elektronischer Dienste erleichtern. Es handele sich dabei um ein Angebot. Angesichts der nach wie vor unterschiedlichen Nutzungsmöglichkeit und Nutzungsfähigkeiten elektronischer Kommunikationsmöglichkeiten in der Bevölkerung dürften elektronische Medien nicht die einzige Zugangsmöglichkeit der Bürgerinnen und Bürger zur öffentlichen Verwaltung sein. Elektronische Verwaltungsdienste könnten aber einen bedeutenden Beitrag zur Verwaltungsmodernisierung und zum Bürokratieabbau sowie zur Schonung der natürlichen Ressourcen leisten. Ziel des Gesetzes sei es, durch den Abbau bundesrechtlicher Hindernisse die elektronische Kommunikation mit der Verwaltung zu erleichtern. Das Gesetz solle dadurch über die föderalen Ebenen hinweg Wirkung entfalten und Bund, Ländern und Kommunen ermöglichen, einfachere, nutzerfreundlichere und effizientere elektronische Verwaltungsdienste anzubieten. Die Anwendung moderner Informations- und Kommunikationstechnik (IT) in öffentlichen Verwaltungen innerhalb staatlicher Institutionen und zwischen ihnen sowie zwischen diesen Institutionen und Bürgerinnen und Bürgern bzw. Unternehmen solle verbessert und erleichtert werden. Dies müsse mit Veränderungen in den Geschäftsprozessen der öffentlichen Verwaltung einhergehen. Medienbruchfreie Prozesse vom Antrag bis zur Archivierung sollten möglich werden. Dabei sollten Anreize geschaffen werden, Prozesse nach den Lebenslagen von Bürgerinnen und Bürgern sowie nach den Bedarfslagen von Unternehmen zu strukturieren und nutzerfreundliche, ebenenübergreifende Verwaltungsdienstleistungen „aus einer Hand" anzubieten. Ebenso sollten Rechtsunsicherheiten beseitigt werden.

Hierzu solle die **elektronische Kommunikation** mit der Verwaltung erleichtert werden, indem die Schriftform neben der qualifizierten elektronischen Signatur auch durch zwei andere sichere Verfahren ersetzt werden kann: Das erste dieser zugelassenen Verfahren betrifft von der Verwaltung zur Verfügung gestellte Formulare, welche in Verbindung mit sicherer elektronischer Identifizierung der oder des

Erklärenden übermittelt werden; eine sichere elektronische **Identifizierung** wird insbesondere durch die Online-Ausweisfunktion (eID-Funktion) des neuen Personalausweises gewährleistet. Das zweite zugelassene Verfahren ist die De-Mail in der Versandoption nach § 5 Absatz 5 des De-Mail-Gesetzes, welche eine „sichere Anmeldung" (§ 4 Absatz 1 Satz 2 des De-MailG) des Erklärenden voraussetzt.

§ 2 Abs. 1 EGovG schafft das **Freiwilligkeitsprinzip** für die Eröffnung der elektronischen Kommunikation **von Seiten der Behörden** ab.[6] Die EGovG der Länder sind teilweise noch deutlich strenger. Behörden sind nun grundsätzlich „verpflichtet, auch einen Zugang für die Übermittlung elektronischer Dokumente, auch soweit sie mit einer qualifizierten elektronischen Signatur versehen sind, zu eröffnen".[7] Besteht eine Verpflichtung für die Behörde zur Eröffnung eines elektronischen Zugangs ist eine förmliche **Zugangseröffnung** durch **Widmung** im Gegensatz zur früheren Rechtslage unter dem Freiwilligkeitsprinzip nicht mehr erforderlich.[8] Der Zugang ist daher bereits eröffnet, wenn er für den Bürger **faktisch verfügbar** ist. In Bereichen, in denen auch für die Behörde noch keine Verpflichtung zur elektronischen Zugangseröffnung besteht, verbleibt es dabei, dass ein für die rechtsverbindliche Kommunikation gewidmeter Zugang dem Bürger faktisch angeboten werden muss – bspw. auf dem Briefkopf offizieller Schreiben, auf der Homepage oder in der Rechtsmittelbelehrung.

Für den Bürger verbleibt es bei der **freiwilligen Zugangseröffnung** im Sinne des § 3a Abs. 1 VwVfG und § 36a Abs. 1 SGB I. Die Eröffnung eines Zugangs setzt zum einen als objektive Komponente die technische Kommunikationseinrichtung, also z.B. die Verfügbarkeit eines elektronischen Postfachs bzw. Internet-Anschlusses, zum anderen als subjektive Komponente zusätzlich die Eröffnung dieses Zugangs voraus. Letzteres geschieht durch entsprechende „Widmung" des Empfängers,

---

[6] *Müller*, ZFSH-SGB 2019, 73.
[7] *Heckmann/Albrecht*, ZRP 2013, 42, 43.
[8] LSG Schleswig, Beschluss vom 20. Dezember 2018 - L 6 AS 202/18 B ER.

die ausdrücklich oder konkludent erfolgen kann. Erforderlich ist, dass der Empfänger seine Bereitschaft, elektronische Mitteilungen entgegenzunehmen, hinreichend zum Ausdruck bringt. Aus dem Wortlaut der Vorschrift („soweit") ergibt sich, dass die Eröffnung auch mit Einschränkungen, z.B. nur für ein bestimmtes Dokument, in einer bestimmten Angelegenheit oder nur hinsichtlich einer von mehreren E-Mail-Adressen erklärt werden kann. [9] Zur Gewährleistung einer ausreichenden Authentifizierung genügt nach § 2 Abs. 3 EGovG die ID-Funktion des neuen Personalausweises, was deren Einsatzbereiche erweitert.

Ein weiterer Schwerpunkt des EGovG liegt bei der **elektronischen Aktenführung** und dem hierfür zu errichtenden IT-Umfeld. Nach § 6 S. 1 EGovG *sollen* die Bundesbehörden ihre Akten elektronisch führen. Damit Papierdokumente sukzessive entbehrlich werden, regelt § 7 EGovG das so genannte ersetzende Scannen. § 13 EGovG widmet sich der Verwendung elektronischer Formulare, beschränkt sich dabei aber auf Fragen der Schriftform.[10] § 6 Satz 1 EGovG – also die Soll-Verpflichtung zur elektronischen Aktenführung tritt am 1. Januar 2020 in Kraft, steht aber gem. § 6 Satz 2 EGovG ohnehin unter dem Wirtschaftlichkeitsvorbehalt.

III. Der elektronische Rechtsverkehr mit der Justiz im Überblick

Die elektronische Kommunikation mit den Gerichten (**elektronischer Posteingang des Gerichts**) und von Seiten der Gerichte (**elektronischer Postausgang**) ist der sog. „elektronische Rechtsverkehr". Dieser wird derzeit in vielen Bundesländern und Gerichtsbarkeiten noch „einseitig" durchgeführt; d.h. sämtliche deutschen Gerichte[11] mit Ausnahme des Bundesverfassungsgerichts und der meisten Landesverfassungsgerichte

---

[9] *Pflüger*, in: *Schlegel/Voelzke*, jurisPK-SGB I, 3. Aufl. 2018, § 36a SGB I, Rn. 36
[10] *Heckmann/Albrecht*, ZRP 2013, 42, 43.
[11] Von einem Opt-Out haben einige Bundesländer für das Strafrecht gem. § 15 EGStPO Gebrauch gemacht. Vgl. *Kegel*, in jurPC Web-Dok. 155/2017. Eine Liste der Opt-Out – Erklärungen wurde von der BRAK bereitgestellt: https://bea.brak.de/bea-und-erv/achtung-opt-out/.

haben zwar seit dem 1. Januar 2018 einen elektronischen Zugangskanal für die rechtsverbindliche Kommunikation (kraft Gesetzes und auch faktisch) eröffnet und sind darüber erreichbar, drucken aber – ähnlich einem Telefaxeingang – das elektronische Dokument aus und senden auch ausschließlich Telefaxe oder Briefpost an die Verfahrensbeteiligten zurück. Die Vorgaben des sog. „eJustice-Gesetzes"[12] werden durch diese **„elektronische Sackgasse"** aber bereits erfüllt; die Gerichte sind – im Gegensatz zu den sog. „professionellen Verfahrensbeteiligten" ab spätestens 1. Januar 2022 (frühestens 1. Januar 2020 falls ein sog. Opt-In durch eine Landesrechtsverordnung normiert wird) nicht zu einem elektronischen Postausgang verpflichtet.

Von einem echten elektronischen Rechtsverkehr dürfte hingegen nur dann geredet werden, wenn dieser auch bidirektional erfolgt, also nicht nur elektronische Posteingänge vom Gericht entgegengenommen werden, sondern das Gericht auch selbst elektronisch versendet.

§ 174 Abs. 3 ZPO erlaubt unmittelbar die **förmliche elektronische Zustellung** gegen (elektronisches) Empfangsbekenntnis und mittelbar (als logisches Minus) die einfache elektronische Übersendung an Personen, an die gegen Empfangsbekenntnis zugestellt werden darf (§ 174 Abs. 1 ZPO) oder an Personen, die einer elektronischen Zustellung ausdrücklich zugestimmt haben. Sie ist daher auch zulässig und wirksam, wenn diese Personen zwar über ein den Anforderungen entsprechendes elektronisches Postfach verfügen, gegenüber dem Gericht aber tatsächlich gar keine elektronische Kommunikation betreiben – und eigentlich auch nicht betreiben wollen.[13] Dieses Vorgehen nennt man den „initiativen elektronischen Rechtsverkehr" oder die sog. „passive Nutzungspflicht" eines eröffneten elektronischen Kommunikationskanals. Hinsichtlich des Posteingangs über das elektronische Gerichts- und Verwaltungspostfach (EGVP) war die Zulässigkeit dieses initiativen

---

[12] Gesetz zur Förderung des elektronischen Rechtsverkehrs mit den Gerichten, BR-Drs 500/13.
[13] GK-ArbGG/*Horcher*, § 46c ArbGG Rn. 12.

elektronischen Rechtsverkehrs bzw. die **passive Nutzungspflicht** des EGVP nach nahezu unumstrittener Meinung zulässig. Es war Konsens, dass im elektronischen Rechtsverkehr kein Anspruch auf eine postalisch übersandte gerichtliche Entscheidung mehr besteht. Die einzige Option – jedenfalls bis zur Einführung der Nutzungspflicht durch das eJustice-Gesetz – sich elektronischen Übermittlungen durch die Gerichte zu entziehen, war es daher, ein eingerichtetes EGVP-Postfach wieder abzumelden. Den Justizverwaltungen eröffneten sich daher enorme Einsparpotentiale im Portobereich, denn die Gerichte können das gesamte EGVP-Adressbuch jederzeit durchsuchen – je nach eingesetzter Gerichts-Software[14] auch automatisiert. Erst durch die Einrichtung des besonderen elektronischen Anwaltspostfachs (beA) differenzierten sich zur passiven Nutzungspflicht des beA die Rechtsmeinungen. Spätestens seit 1. Januar 2018 ist aber der „initiative elektronische Rechtsverkehr" (wieder) unbeschränkt zulässig, für förmliche Zustellungen jedenfalls in die sog. „sicheren Übermittlungswege". Für das beA ist dies explizit in § 31a Abs. 6 BRAO geregelt.

Seit dem 1. Januar 2018 sieht das Gesetz die förmliche Zustellung gegen **(elektronisches) Empfangsbekenntnis** nur noch über einen sicheren Übermittlungsweg gem. § 130a Abs. 4 ZPO vor, vgl. § 174 Abs. 3 Satz 3 ZPO. Die in § 174 Abs. 1 ZPO genannten Personen sind gem. § 174 Abs. 3 Satz 4 ZPO hierzu verpflichtet, einen „sicheren Übermittlungsweg" einzurichten. Da das elektronische Empfangsbekenntnis (eEB) nur in der Form des § 174 Abs. 4 ZPO auf elektronischem Wege erteilt werden kann, besteht insoweit sogar eine „aktive Nutzungspflicht" der elektronischen Kommunikation bei der Mitwirkung an Zustellungen – jedenfalls sofern das Gericht ein eEB anfordert; dies steht gem. **§ 174 Abs. 4 ZPO i.d.F. seit 1.1.2020 im Ermessen** des Gerichts. Zur Mitwirkung an Zustellungen sind Behörden aufgrund des Rechtsstaatsprinzips und die Rechtsanwaltschaft gem. § 14 BORA berufsrechtlich verpflichtet.

---

[14] Bspw. die Fachgerichte der meisten Bundesländer mit ihrem Fachverfahren EUREKA-Fach.

1. Sichere Übermittlungswege, § 130a Abs. 4 ZPO

§ 130a Abs. 4 ZPO führt ab dem 1. Januar 2018 den Rechtsbegriff des „sicheren Übermittlungswegs" ein. Das **Adjektiv „sicher"** bezieht sich insoweit nicht auf Fragen der IT-Sicherheit oder des Ausfallschutzes, sondern darauf, dass aufgrund entsprechender technischer Sicherungsmaßnahmen bei Nutzung eines solchen Übermittlungswegs ein sicherer Rückschluss auf die Identität des Absenders möglich ist. Der besondere Kommunikationskanal ersetzt also die **Identifikationsfunktion** der Unterschrift. Daher kann bei Nutzung sicherer Übermittlungswege auch auf die qualifizierte elektronische Signatur gem. Art. 3 Nr. 12 eIDAS-Verordnung verzichtet werden, die sonst die eigenhändige Unterschrift im elektronischen Rechtsverkehr ersetzt.

Stammt die Nachricht aus einem sicheren Übermittlungsweg, ist eine **qualifizierte elektronische Signatur zur Formwahrung nicht erforderlich**. In allen anderen Fällen – insbesondere bei Nutzung von EGVP nach dem bisherigen Muster oder bei Verwendung eines beA durch jemand anderen als den Postfachinhaber (bspw. das Sekretariat des Rechtsanwalts) – kann dagegen auch weiterhin nicht auf die qualifizierte elektronische Signatur verzichtet werden.

An der gesetzgeberischen Konstruktion ist zu kritisieren, dass durch den sicheren Übermittlungsweg nur die **Authentifizierungsfunktion** der qualifizierten elektronischen Signatur ersetzt wird (vgl. § 130a Abs. 3 ZPO). Deren übrige Vorteile – insbesondere der Schutz vor nachträglicher Manipulation, aber auch die Verschlüsselung der Datei – werden durch den besonderen Übermittlungsweg dagegen nicht ersetzt. Ratsam ist deshalb im Zweifel auch bei Nutzung eines sicheren Übermittlungswegs, nicht auf einen wirksamen Schutz des Dokuments durch die qualifizierte elektronische Signatur zu verzichten.

Selbst der Gesetzgeber hatte dieses Dilemma schon erkannt und in der Gesetzesbegründung darauf hingewiesen, dass die Nutzung sicherer Übermittlungswege den Absender nicht von der Beachtung besonderer Vertraulichkeitsregeln entbindet. Die Regelung betreffe ausschließlich die

prozessuale Form. Vielfach wird daher aufgrund der anwaltlichen Sorgfalt angeraten, Schriftsätze trotz Übermittlung aus einem sicheren Übermittlungsweg qualifiziert elektronisch zu signiert. Im Ergebnis ist dies wohl jedenfalls dann anheim zu stellen, wenn entsprechende Rechtsnachteile konkret befürchtet werden könnten.

2. Die gesetzlich definierten sicheren Übermittlungswege

§ 130a Abs. 4 ZPO nennt vier gesetzlich definierte sichere Übermittlungswege:

- die **absenderauthentifizierte De-Mail**, § 130a Abs. 4 Nr. 1 ZPO,

- das besondere elektronische Anwaltspostfach (**beA**) und das besondere elektronische Notarpostfach (**beN** – letzteres etwas versteckt in § 78n Abs. 1 BNotO), § 130a Abs. 4 Nr. 2 ZPO,

- das besondere Behördenpostfach (**beBPo**), § 130a Abs. 4 Nr. 3 ZPO.

Diese vier bereits vom Gesetz definierten sicheren Übermittlungswege sind ab 1. Januar 2018 ohne weiteres zur rechtssicheren Kommunikation nutzbar, sofern sie faktisch zur Verfügung stehen. Sie sind **kraft Gesetzes** zulässig. Einer zusätzlichen Zulassung dieser Übermittlungswege durch Rechtsverordnung bedarf es nicht, wie der Umkehrschluss aus § 130a Abs. 4 Nr. 4 ZPO zeigt.

Für das **besondere elektronische Behördenpostfach (beBPo)** ist lediglich in einigen Bundesländern auffällig, dass nur zögerlich die gem. § 7 Abs. 1 ERVV erforderlichen beBPo-Prüfstellen errichtet werden, so dass beBPos faktisch nicht überall verfügbar sind (bspw. in Hessen).

§ 130a Abs. 4 Nr. 2 ZPO lässt auch dem beA „entsprechende, auf gesetzlicher Grundlage errichteten elektronischen Postfächer" zu. Denkbar wären Postfächer für Berufsgruppen, die in ihrer Funktion im

Prozess den Rechtsanwälten angenähert sind, so bspw. **Steuerberater, Rechtssekretäre von Gewerkschaften, Prozessvertreter von Arbeitgeber- oder Sozialverbänden** etc. Entsprechende gesetzliche Initiativen sind derzeit aber ebenso wenig erkennbar, wie Bestrebung der entsprechenden Verbände zum Aufbau einer beA-artigen Infrastruktur. Aktuell im Gespräch ist vielmehr eine generelle Authentifikationspflicht oder –möglichkeit für bestehende und neu einzurichtende EGVP-Postfächer. Die konkrete rechtliche Ausgestaltung steht noch aus.

3. Das elektronische Gerichts- und Verwaltungspostfach (EGVP)

Als elektronischer Übermittlungsweg für die Justiz hatte sich bis zum Jahr 2017 das **Elektronische Gerichts- und Verwaltungspostfach (EGVP)** durchgesetzt und über Jahre etabliert. Obschon auch die Verwaltung namensgebend ist, hat sich die Exekutive – letztlich getrieben durch das eGovernment-Gesetz des Bundes – nicht zu einer flächendeckende Nutzung von EGVP durchringen können. Insbesondere wurde EGVP als nicht bürgerfreundlich genug erachtet. Die Erfahrungen der Justiz mit EGVP sind – nach ursprünglichem Fremdeln mit der Technik (die allerdings fast immer an unzureichenden Justizfachverfahren – vorwiegend in der ordentlichen Gerichtsbarkeit – lag), zwischenzeitlich fast durchweg positiv. Der Übertragungsweg ist durch eine Ende-zu-Ende – Verschlüsselung der Kommunikation hoch gesichert. Dass EGVP-Nachrichten bei ihrer Übertragung abgefangen oder gar verändert werden könnten, ist nach dem Stand der Technik durch das sog. **„Prinzip des Doppelten Umschlages"** (Trennung der verschlüsselten Nachrichteninhalte von den für den Nachrichtentransport erforderlichen Nutzdaten nach dem sog. „OSCI-Standard") nahezu ausgeschlossen. Die bislang als Hemmschuh kritisierte begrenzte Dateigröße von zunächst 30 bzw. 60 Megabyte und die Mengenbegrenzung von 100 Anlagen befindet sich aktuell in Auflösung. Die erforderliche Software kann teilweise kostenfrei im Internet bezogen werden.[15]

---

[15] Unter http://www.egvp.de → Informationen zu Drittanwendungen.

Durch die Neuregelung der §§ 130a Abs. 3, 4 ZPO, 174 Abs. 3, 4 ZPO verliert die pure Nutzung von EGVP als Übermittlungskanal deutlich an Bedeutung – EGVP ist derzeit kein „sicherer Übermittlungsweg"[16] gem. § 130a Abs. 4 ZPO. Nur als **Infrastrukturkomponente** für beA, beN und beBPO, sowie für den elektronischen Posteingang der Gerichte behält das EGVP seine herausgehobene Stellung:

EGVP kann für den **gerichtlichen Posteingang** auch nach dem 1. Januar 2018 noch uneingeschränkt genutzt werden, § 130a Abs. 3 1. Hs. ZPO i.V.m. § 4 Abs. 1 Nr. 2 ERVV. Anders als bis 31. Dezember 2017 müssen aber sämtliche per EGVP eingehende Dokumente qualifiziert elektronisch signiert werden (Abs. 3). Das Missverständnis, EGVP sei „**abgekündigt**" hält sich hartnäckig; richtig ist aber, dass EGVP an sich weiter unbeschränkt funktioniert, lediglich der bisherige kostenlose „Bürger-Client" eingestellt worden ist.[17]

Im **gerichtlichen Postausgang** sind dagegen jedenfalls förmliche Zustellungen (nur) per EGVP vom Gesetz nicht mehr vorgesehen. Gem. § 174 Abs. 3 Satz 3 ZPO müssen elektronische Dokument durch das Gericht dann auf einem sicheren Übermittlungsweg gem. § 130a Abs. 4 ZPO zugestellt werden. Die bisherige qualifiziert elektronisch signierte Zustellung in ein EGVP-Postfach gem. § 174 Abs. 3 ZPO a.F. wurde vom Gesetzgeber gestrichen. Über die Gründe hierfür schweigt die Gesetzesbegründung, so dass nicht ausgeschlossen werden kann, dass diese Streichung durch den Gesetzgeber letztlich unbeabsichtigt und nur deshalb geschehen ist, weil das eJustice-Gesetz den Anwaltsprozess (und deshalb das beA) als Regelfall vor Augen hatte und er davon ausgegangen ist, dass sämtliche in § 174 Abs. 1 ZPO genannten Personen ihrer Verpflichtung aus Abs. 3 Satz 4 nachkommen würden, einen sicheren Übermittlungsweg zu eröffnen. Der Ehrgeiz zur Einrichtung sicherer

---

[16] Hier könnte allerdings Abhilfe in Sicht sein; derzeit gibt es Bestrebungen, bestehende und neu eingerichtete EGVP-Postfächer zu authentifizieren (sog. bEGVP); die konkrete rechtliche Ausgestaltung liegt allerdings noch nicht vor.

[17] Unter www.egvp.de → Informationen zu Drittanwendungen sind aber alternative – teilweise auch kostenlose – Programm verfügbar.

Übermittlungswege scheint aber insbesondere in der Verwaltung, aber auch bei nichtanwaltlichen Prozessvertretern (Rentenberatern, Steuerberatern, Verbänden, Gewerkschaften etc.) noch gedämpft, wohl auch weil die Verpflichtung gem. § 174 Abs. 3 Satz 4 ZPO vom Gesetz nicht mit einer erkennbaren Sanktion belegt ist.

Wie die Gerichte auf die Streichung der bisher eingespielten Praxis der Zustellung mit EGVP reagieren – möglicherweise mit Rechtsfortbildung oder Analogieschlüssen – bleibt abzuwarten. Es wäre daher denkbar, dass Gerichte für den "Rückweg" an den Rechtsanwalt grundsätzlich EGVP nutzen und nur für die förmliche Zustellung andere Versandwege wählen (Post, Telefax oder De-Mail). Ebenso denkbar ist, dass Gerichte sich – lageangepasst – rechtswidrig verhalten und elektronisch in einen (bekannten) EGVP-Client unter Beifügung des eigentlich nicht mehr vorgesehenen EB-Formulars zustellen und "hoffen", dass dieser **Zustellungsmangel** gem. **§ 189 ZPO** durch Rücksendung des Empfangsbekenntnisses geheilt wird.[18]

---

[18] http://ervjustiz.de/erv-mit-den-gerichten-ab-1-1-2018-ohne-bea-welche-moeglichkeiten-gibt-es-noch.

C. Gesetzgebungsgeschichte

Die notwendigen normativen Grundlagen [19] für den elektronischen Rechtsverkehr mit der Justiz wurden bereits durch das Gesetz zur Anpassung der Formvorschriften des Privatrechts und anderer Vorschriften an den modernen Rechtsgeschäftsverkehr vom 13. Juli 2001 (**Formvorschriftenanpassungsgesetz**) [20] in die ZPO eingeführt. Die ursprüngliche Fassung der Norm bezog sich gem. Abs. 1 Satz 1 a.F. ausdrücklich nur auf schriftformbedürftige Dokumente und sah als „Soll-Vorschrift" eine qualifizierte elektronische Signatur der verantwortenden Person vor (§ 130a Abs. 1 Satz 2 ZPO a.F.). Diese „Soll-Vorschrift" wurde nach allgemeiner Meinung für schriftformbedürftige Schriftsätze als „Muss-Vorschrift" ausgelegt. Abs. 2 a.F. verwies hinsichtlich des Zeitpunkts der Eröffnung des elektronischen Rechtsverkehrs und das zulässigen Formats auf zu erlassende Landesrechtsverordnungen für die Gerichte der Länder bzw. auf eine Bundesrechtsverordnung für die Bundesgerichte. Das Ergebnis des Abs. 2 war das Entstehen des sog. „**Länderflickenteppichs**", weil die Bundesländer sehr unterschiedlich Gebrauch von der Möglichkeit der Einführung des elektronischen Rechtsverkehrs machten; während einige Bundesländer sehr früh und flächendeckend die Gerichte im Posteingang für den elektronischen Rechtsverkehr öffneten, blieben andere Bundesländer vollständig untätig. Teilweise wurde der elektronische Posteingang der Gerichte auch sehr unterschiedlich bei einzelnen Gerichtsbarkeiten oder sogar nur bei einzelnen Gerichten eröffnet. Diese Unterschiedlichkeit führte zu einer erheblichen Anwendungsunsicherheit insbesondere bei der Rechtsanwaltschaft, insbesondere auch deshalb, weil im Einzelfall bei Fehlanwendungen die Haftung drohte.[21]

---

[19] Ein ausführlicher historischer Überblick findet sich bei GK-ArbGG/*Horcher*, § 46c ArbGG Rn. 1 ff.
[20] BGBl I 2001, 1542.
[21] OLG Düsseldorf v. 24.07.2013 - VI-U (Kart) 48/12, U (Kart) 48/12.

Die **Abschaffung des Länderflickenteppichs** war deshalb eines der herausgehobensten Ziele des Gesetzes zur Förderung des elektronischen Rechtsverkehrs mit den Gerichten vom 10.10.2013 (ERVGerFöG, sog. **eJustice-Gesetz**).[22] Hierdurch wurde § 130a ZPO mit Wirkung zum 1.1.2018 vollständig umgestaltet und gleichzeitig mit den Parallelvorschriften in den übrigen großen Prozessordnungen harmonisiert. Wesentliche Veränderungen waren dabei die Einführung des elektronischen Posteingangs kraft Gesetz und damit bundesweit flächendeckend und unabhängig von einer Länderrechtsverordnung. Von der Möglichkeit eines „Opt-Outs" hat kein Bundesland Gebrauch gemacht, so dass zum 1.1.2018 der elektronische Posteingang bei sämtlichen deutschen Gerichten mit Ausnahme des Bundesverfassungsgerichts und einiger Landesverfassungsgerichte eröffnet ist, also der Länderflickenteppich beseitigt ist. Desweiteren harmonisiert die Neufassung des § 130a Abs. 2 ZPO die besonderen Formanforderungen bundesweit durch Schaffung einer bundeseinheitlichen Verordnung über die technischen Rahmenbedingungen des elektronischen Rechtsverkehrs und über das besondere elektronische Behördenpostfach (Elektronischer-Rechtsverkehr-Verordnung - **ERVV**)[23]. Gleichzeitig wurden durch die ERVV einzelne Formvorschrift (Begrenzung zulässiger Signaturarten und Dateiformate) erheblich verschärft und die bisherigen Länderrechtsverordnungen zum elektronischen Rechtsverkehr durch den Wegfall der Ermächtigungsnorm obsolet. Ferner wurden mit der Einführung des Abs. 4 i.V.m. Abs. 3 der neue **Rechtsbegriff der sicheren Übermittlungswege** eingeführt und erstmals durch sie eine technische Möglichkeit geschaffen, auch schriftformbedürftige Schriftsätze ohne qualifizierte elektronische Signatur einzureichen.

Auch für die weiteren Meilensteine im Digitalisierungsprozess der Justiz gibt das eJustice-Gesetz und einige ihm nachfolgende Gesetze **ambitionierte Fristen** für alle Verfahrensordnungen vor. Dies hat der

---

[22] BGBl I 2013, 3786.
[23] BGBl I 2017, 3803.

Gesetzgeber dadurch erreicht, dass er letztlich die professionellen Verfahrensbeteiligten, also vor allem die Rechtsanwaltschaft, dazu zwingt, **ab spätestens 1.1.2022** ausschließlich elektronisch mit den Gerichten zu kommunizieren (§ 130d ZPO n.F.). Im Gegenzug erhalten sie dadurch aber Privilegien, die die Kommunikation erleichtern sollen. Insbesondere wird ihnen durch die Bundesrechtsanwaltskammer (BRAK) ein besonderes elektronisches Anwaltspostfach (**beA**) bereitgestellt. Dieses „neue" EGVP-Postfach erhält jeder Rechtsanwalt aufgrund seiner Zulassung.

Die wesentliche Lücke des „eJustice-Gesetzes" besteht aber darin, dass es nur den **einseitigen elektronischen Rechtsverkehr** hin zu den Gerichten vorschreibt (gerichtlicher Posteingang), nicht aber die Gerichte ihrerseits zwingt, ebenfalls elektronische Post zu versenden. Aufgrund teilweiser mangelhafter Fachsoftware – vor allem in der ordentlichen Gerichtsbarkeit – wird dies einen echten, d.h. bidirektionalen, elektronischen Rechtsverkehr noch für längere Zeit verhindern und die Rechtsanwälte letztlich zur „Vorleistung" zwingen. Dieser Irrweg ist aus anwaltlicher Sicht kaum akzeptabel und auch wirtschaftlich nicht sachgerecht, denn elektronischer Rechtsverkehr rechnet sich vor allem über die Einsparung von Portokosten[24] – Personal kann dagegen durch die Digitalisierung des Arbeitsprozesses in den Gerichten und Kanzleien praktisch nicht eingespart werden; ganz im Gegenteil ist teilweise sogar ein qualifizierter Personalbedarf erkennbar.

Mit dem **Gesetz zur Einführung der elektronischen Akte in Strafsachen** und zur weiteren Förderung des elektronischen Rechtsverkehrs, dessen Verabschiedung derzeit wahrscheinlich ist, wird sich der Gesetzgeber wohl entschließen, einheitlich für alle Gerichtsbarkeiten zum 1. Januar 2026 eine verbindliche elektronische Gerichtsakte einzuführen. Hierzu werden unter anderem § 298a ZPO, § 46a ArbGG, § 65b SGG, § 55b VwGO, § 52b FGO jeweils ein neuer Abs. 1a angefügt:

„(1a) Die Prozessakten werden ab dem 1. Januar 2026 elektronisch geführt. Die Bundesregierung und die Landesregierungen bestimmen jeweils für ihren Bereich durch

---

[24] *Köbler*, DVBl 2016, 1506, 1510.

Rechtsverordnung die organisatorischen und dem Stand der Technik entsprechenden technischen Rahmenbedingungen für die Bildung, Führung und Aufbewahrung der elektronischen Akten einschließlich der einzuhaltenden Anforderungen der Barrierefreiheit. Die Bundesregierung und die Landesregierungen können jeweils für ihren Bereich durch Rechtsverordnung bestimmen, dass Akten, die in Papierform angelegt wurden, in Papierform weitergeführt werden.[...]"

Wesentliche Meilensteine des „eJustice-Gesetzes"	
Datum	Rechtsänderung
1.1.2016	**Einführung des elektronischen Schutzschriftenregisters** (ZSSR) gem. § 945a ZPO.
1.1.2016 (tatsächlich 28.11.2016)	Aktive und passive Nutzungsmöglichkeit des **besonderen elektronischen Anwalts- postfachs**.
1.1.2017	**Pflicht zur Nutzung des elektronischen Schutzschriftenregisters** (ZSSR) gem. § 945a ZPO, § 49c BRAO.
1.1.2018	**Elektronische Empfangsbereitschaft der Gerichte**, § 130a ZPO.[25] **Passive Nutzungspflicht des beA**, § 31a Abs. 6 BRAO.
1.1.2018	**Einführung des elektronischen Empfangsbekenntnisses (EEB)** und **Pflicht zur Eröffnung sicherer Übermittlungswege** gem. § 174 Abs. 4 ZPO.
1.1.2018	**Schriftformwahrung** bei Nutzung eines sicheren Übermittlungswegs (bspw. beA) auch **ohne qeS** möglich, wenn es von der verantwortenden Person (bspw. dem Rechtsanwalt) selbst versandt wird.

---

[25] Von einem Opt-Out haben einige Bundesländer für das Strafrecht gem. § 15 EGStPO Gebrauch gemacht. Vgl. *Kegel*, in jurPC Web-Dok. 155/2017. Eine Liste der Opt-Out – Erklärungen wurde von der BRAK bereitgestellt: https://bea.brak.de/bea-und-erv/achtung-opt-out/.

1.1.2020	Land kann die elektronische Einreichung zur Schriftformwahrung für Rechtsanwälte, Behörden und juristische Personen des öffentlichen Rechts – sog. „professionelle Einreicher" für verpflichtend erklären (**sog. Opt-In**). Das Land Schleswig-Holstein hat diesen Opt-In für die **Arbeitsgerichtsbarkeit Schleswig-Holstein** erklärt.[26]
1.1.2020	**Änderung des § 174 Abs. 4 ZPO.** Es steht nun im freien Ermessen des Gerichts, ob ein eEB angefordert wird oder ein konventionelles EB.[27]
1.1.2022	Spätester Zeitpunkt der **Verpflichtung zur elektronischen Einreichung** für alle professionellen Einreicher.
1.1.2026	Einführung der verbindlichen **elektronischen Gerichtsakte** in allen Gerichtsbarkeiten

---

[26] *Müller*, FA 2020, 2 ff.
[27] Vgl. https://ervjustiz.de/eeb-kommt-das-eb-formular-im-erv-zurueck.

D. eJustice

Rechtsgrundlage des elektronischen Posteingangs sind die §§ 130a ZPO, 65a SGG, 55a VwGO, 52a FGO, § 46c ArbGG, die im Wesentlichen **wortgleich** die Anforderungen an Schriftsätze regeln. Details hierzu finden sich ferner in der bundesweiten Rechtsverordnung über den elektronischen Rechtsverkehr (ERVV) und den auf § 5 ERVV beruhenden Bekanntmachungen zum elektronischen Rechtsverkehr (ERVB), die unter www.justiz.de veröffentlicht werden.

I. Der elektronische Posteingang der Gerichte

§ 130a Abs. 2 Satz 2 ZPO verweist auf die Verordnung über die technischen Rahmenbedingungen des elektronischen Rechtsverkehrs und über das besondere elektronische Behördenpostfach (Elektronischer-Rechtsverkehr-Verordnung - **ERVV**)[28]. Mit Inkrafttreten der Fassung des § 130a Abs. 2 Satz 2 ZPO zum 1.1.2018 wurden die bis dahin geltenden Länderrechtsverordnungen zum elektronischen Rechtsverkehr durch den Wegfall der Ermächtigungsnorm obsolet. Sie wurden dennoch teilweise nicht förmlich aufgehoben.

Gem. **§ 31c Nr. 3 BRAO** werden weitere Einzelheiten zum beA in der der Rechtsanwaltsverzeichnis- und –postfachverordnung (**RAVPV**) geregelt.[29] Weitere Einzelheiten zum beN regelt die Verordnung über das Notarverzeichnis und die besonderen elektronischen Notarpostfächer (NotVPV).[30]

Gem. § 5 Abs. 1 ERVV macht die Bundesregierung folgende technische Anforderungen an die Übermittlung und Bearbeitung elektronischer Dokumente im Bundesanzeiger und auf der Internetseite www.justiz.de

---

[28] BGBl. I 2017, 3803.
[29] BGBl. I 2016, 2167.
[30] BGBl. I 2019, 187.

bekannt (**Bekanntmachungen zum Elektronischen Rechtsverkehr – ERVB**)[31]:

1. 1.die Versionen der Dateiformate PDF und TIFF;
2. 2.die Definitions- oder Schemadateien, die bei der Übermittlung eines strukturierten maschinenlesbaren Datensatzes im Format XML genutzt werden sollen;
3. 3.die Höchstgrenzen für die Anzahl und das Volumen elektronischer Dokumente;
4. 4.die zulässigen physischen Datenträger;
5. 5.die Einzelheiten der Anbringung der qualifizierten elektronischen Signatur am elektronischen Dokument.

Mardorf[32] äußert hinsichtlich der ERVB **Zweifel an der Rechtmäßigkeit**. Nach § 5 Abs. 2 Satz 1 ERVV müssen die Anforderungen mit einer Mindestgültigkeitsdauer bekanntgemacht werden. Diese ist im Rahmen der ERVB 2018 vom 19.12.2017 hinsichtlich der Dateiformate mit bis mindestens 31.12.2020 angegeben. Durch die ERVB 2019 werde jedoch das Dateiformat .pdf faktisch abgeschafft, da die zwar allgemein formulierte Anforderung:

„Hinsichtlich der zulässigen Dateiversionen PDF, insbesondere PDF/A-1, PDF/A-2, PDF/UA, müssen alle für die Darstellung des Dokuments notwendigen Inhalte (insbesondere Grafiken und Schriftarten) in der Datei enthalten sein."

sich praktisch nur dadurch verwirklichen lasse, dass man in seinem Computerprogramm ein PDF/A erstellt. Damit werde gegen die in der ERVB 2018 normierte Mindestgültigkeitsdauer verstoßen, sodass die Bekanntmachung 2019 rechtswidrig und damit insoweit unbeachtlich sei.

M.E. geht dieser Schluss trotz der inhaltlich berechtigten Kritik zu weit, weil sich die Vorgaben zwar nur mit Mühe und Sorgfalt, aber faktisch eben doch auch ohne PDF/A einhalten lassen.[33]

---

[31] https://justiz.de/elektronischer_rechtsverkehr/index.php.
[32] *Mardorf*, jM 2020, 266, 269.
[33] Vgl. auch ArbG Lübeck, Urteil v. 9.6.2020 – 3 Ca 2203/19.

1. Anwendungsbereich

Sämtliche deutschen Gerichte [34] mit Ausnahme des Bundesverfassungsgerichts (§ 23 BVerfGG) und der meisten Landesverfassungsgerichte haben zwar seit dem 1. Januar 2018 einen elektronischen Zugangskanal für die rechtsverbindliche Kommunikation (kraft Gesetzes und auch faktisch) eröffnet.

Von einem **Opt-Out** hatten einige Bundesländer für das **Strafrecht** gem. § 15 EGStPO Gebrauch gemacht.[35] Der Bundesgesetzgeber hat den Landesregierungen in § 15 S. 1 EGStPO ermöglicht, durch Rechtsverordnung die Einführung des elektronischen Rechtsverkehrs hinauszuschieben und zu bestimmen, dass die Einreichung elektronischer Dokumente abweichend von § 32a StPO erst seit 1. Januar 2019 oder 2020 möglich war und bis dahin § 41a StPO in der bis 31. Dezember 2017 geltenden Fassung weiter anzuwenden war.[36]

Die Vorschrift bezieht sich nach ihrem Wortlaut explizit **nicht nur auf schriftformbedürftige Dokumente**, sondern auf sämtliche Einreichungen (schriftlich einzureichende Auskünfte, Aussagen, Gutachten, Übersetzungen und Erklärungen Dritter).

Gegenstand des § 130a ZPO sind gem. § 130a Abs. 1 ZPO vorbereitende Schriftsätze gem. § 129 ZPO und ihre Anlagen, sowie weitere schriftlich einzureichende Dokumente, namentlich Auskünfte, Aussagen, Gutachten, Übersetzungen und Erklärungen Dritter.

---

[34] Von einem Opt-Out haben einige Bundesländer für das Strafrecht gem. § 15 EGStPO Gebrauch gemacht. Vgl. *Kegel*, in jurPC Web-Dok. 155/2017.

[35] Vgl. *Kegel*, in jurPC Web-Dok. 155/2017. Eine Liste der Opt-Out – Erklärungen wurde von der BRAK bereitgestellt: https://bea.brak.de/bea-und-erv/achtung-opt-out/.

[36] Sog. „Optout"-Lösung; hierzu: BT-Drs. 18/9416, S. 71 und BT-Drs. 18/1330 S. 75; siehe auch OLG Zweibrücken (Senat für Bußgeldsachen), Beschluss vom 11.04.2019 - 1 OWi 2 Ss Rs.

a. Elektronische Dokumente

Dokumente unterfallen dann den Formanforderungen des § 130a ZPO, wenn sie als **elektronisches Dokument** eingereicht werden. [37] Elektronische Dokumente sind insbesondere von schriftlichen Dokumenten, abzugrenzen. Kein elektronisches Dokument, sondern ein schriftliches Dokument, ist insbesondere das **Telefax**.[38]

b. Anwendbarkeit auf bestimmende Schriftsätze

Nach allgemeiner Meinung ist § 130a ZPO auch auf **bestimmende Schriftsätze** anwendbar. [39] Im Unterschied zu bloß vorbereitenden Schriftsätzen, die ein Vorbringen nur ankündigen, wird eine Prozesshandlung durch einen bestimmenden Schriftsatz bereits vollzogen. Über die Verweisungsnormen in § 253 Abs. 4 ZPO, § 519 Abs. 4 ZPO, § 520 Abs. 5 ZPO, § 549 Abs. 2 ZPO und § 551 Abs. 4 ZPO wird aber für bestimmende Schriftsätze grundsätzlich auf die Regelungen für vorbereitende Schriftsätze und damit auch auf § 130a ZPO verwiesen.[40] Auch dort, wo eine explizite Verweisungsnorm fehlt, ist § 130a ZPO jedenfalls analog anzuwenden.

c. Anwendbarkeit auf Anlagen zu Schriftsätzen

Anders als vom Wortlaut des § 130a Abs. 1 ZPO nahegelegt, beziehen sich die Formvoraussetzungen aus § 130a Abs. 2 ZPO i.V.m. der ERVV nur ausnahmslos auf den einzureichenden Schriftsatz selbst. Auf **Anlagen** zu Schriftsätzen sind die Formvoraussetzungen **nach dem Sinn und Zweck** der Norm nur teilweise anwendbar. Eine Ausnahmevorschrift für die Anbringung einer qualifizierten elektronischen Signatur für den Fall, dass die Einreichung nicht über einen sicheren Übermittlungsweg erfolgt, findet sich bereits in § 130a Abs. 3 Satz 2 ZPO. Hinsichtlich des Dateiformats der Anlagen ist der Anwendungsbereich der

---

[37] Zum Begriff unter Rückgriff auf die eIDAS-VO: GK-ArbGG/*Horcher*, § 46c ArbGG Rn. 32.
[38] FG Kassel v. 6.12.2018 – 4 K 1880/14; a.A. VG Dresden vom 2. Oktober 2018 – 2 K 302/18 m. abl. Anm. *Müller*, NVwZ 2019, 95.
[39] *Leuering*, NJW 2019, 2739; GK-ArbGG/*Horcher*, § 46c ArbGG Rn. 31.
[40] BT-DS 17/12634 S. 25.

Formvorschriften teleologisch zu reduzieren: Grundsätzlich sind auch die Anlagen zu Schriftsätzen in den gem. § 130a Abs. 2 ZPO i.V.m. § 2 Abs. 1 ERVV, § 5 ERVV i.V.m. mit den ERVB als PDF-Datei oder als TIFF-Datei einzureichen. Dies gilt aber nur, wenn:

- die Umwandlung in PDF oder TIFF technisch möglich ist und der Aufwand für die Umwandlung verhältnismäßig ist,
- die Umwandlung in PDF oder TIFF die bildliche und inhaltliche Übereinstimmung der eingereichten Anlage mit ihrem Ursprungsdateiformat nicht beeinträchtigt,
- das Ursprungsdateiformat keinen zusätzlichen Nutzen hat (bspw. bei Excel-Tabellen, deren Funktionalität durch die Umwandlung in PDF verloren geht),
- es sich bei der Anlage nicht um ein elektronisches Beweismittel handelt,
- die Anlage in ihrem Ursprungsdateiformat nicht qualifiziert elektronisch signiert war.

Praktisch zu denken ist hier bspw. an privatrechtliche Verträge, die als Word-Datei abgefasst und qualifiziert elektronisch signiert worden sind, in Insolvenzverfahren tabellarische Übersichten im Format .xls oder Röntgen- oder MRT-Bilder, die üblicherweise im Format DICOM (Digital Imaging and Communications in Medicine) ausgegeben und möglicherweise so auch übersandt werden sollen, um sie an einen Sachverständigen weiterzureichen. Es ist im Hinblick auf die effiziente Rechtsschutzgewährung und in Ansehung der Gesetzesbegründung anzunehmen, dass dem Gesetz- bzw. Verordnungsgeber nicht daran gelegen war, ein solches, sinnvolles Vorgehen zu beschränken, obschon zu beachten ist, dass die Fachverfahren der Justiz teilweise darauf ausgelegt sind, insbesondere mit PDF umgehen zu können und deshalb andere Dateiformate justizintern einen Zusatzaufwand generieren:

„Die Anforderungen nach § 2 gelten nicht für die Einreichung elektronischer Dokumente zu Beweiszwecken. So können etwa Audio oder Videodateien in Dateiformaten wie WAV, MP3, MPEG oder AVI durch Vorlegung oder Übermittlung der Datei im Wege des Augenscheinsbeweises eingeführt werden (§ 371 Absatz 1 Satz 2 ZPO). Unberührt bleibt auch die Übermittlung von elektronischen Dokumenten, die nicht dem Anwendungsbereich von § 130a Absatz 1 ZPO, § 46c Absatz 1 ArbGG, § 65a Absatz 1 SGG, § 55a Absatz 1 VwGO Absatz 1 oder § 52a Absatz 1 FGO ZPO unterfallen, für die also die schriftliche Einreichung bei Gericht nicht vorgeschrieben ist. Dazu zählen alle

elektronischen Dokumente, die auf Anforderung des Gerichts eingereicht werden, wie die Anordnung eines Augenscheins durch Vorlegung des elektronischen Dokumentes (§ 144 Absatz 1 ZPO), die Anordnung der Aktenübermittlung durch die Partei (§ 143 ZPO) oder die Beiziehung von Behördenakten (§ 273 Absatz 2 Nummer 2 ZPO). Auch für die Praxis der Übermittlung von Excel-Tabellen oder ITR- bzw. ASCII-Dateien neben den Schriftsätzen als nicht aktenrelevante „Arbeitshilfen" für die Gerichte gilt die Verordnung nicht."[41]

Auf Anlagen, die **den Parteivortrag** weiter substantiieren und die keine Beweismittel sind, sind die Formvoraussetzungen des § 130a ZPO i.V.m. der ERVV/den ERVB dagegen uneingeschränkt anzuwenden.

---

[41] BR-DS 645/17 S. 11.

2. Prüfung der Form

§ 130a Abs. 1 ZPO definiert als Anwendungsbereich vorbereitende Schriftsätze gem. § 129 ZPO und ihre Anlagen, sowie weitere schriftlich einzureichende Dokumente, namentlich Auskünfte, Aussagen, Gutachten, Übersetzungen und Erklärungen Dritter. Nach allgemeiner Meinung ist § 130a ZPO auch auf bestimmende Schriftsätze anwendbar.[42]

Nach der Systematik des § 130a ZPO gliedert sich die Prüfung der Formvoraussetzungen in **zwei Aspekte**, die sich aus dem Sinn und Zweck der Formvorschriften des elektronischen Rechtsverkehrs ergeben[43]:

- die **Bearbeitbarkeit** des elektronischen Dokuments,
- die Prüfung der **Authentizität** des elektronischen Dokuments (die Feststellung der Identität der verantwortenden Person), die sich nach dem gewählten Übermittlungsweg richtet.

§ 130a Abs. 2 ZPO stellt klar zunächst klar, dass eingereichte elektronische Dokumente zur Bearbeitung durch das Gericht geeignet sein müssen. Eine weitergehende Definition des Begriffs der Bearbeitbarkeit enthält das Gesetz nicht. § 130a Abs. 2 Satz 2 ZPO bildet allerdings die Rechtsgrundlage für die ERVV, mittels der durch Rechtsverordnung die geeigneten technischen Rahmenbedingungen für die Übermittlung und die Bearbeitung elektronischer Dokumente bestimmt werden. Auffällig und wesentlich für die Auslegung ist, dass Satz 2, im Gegensatz zu Satz 1, zwei Begriffe – Übermittlung und Bearbeitung – enthält, während Satz 1 nur auf den Begriff der Bearbeitung abstellt. Zur Übermittlung zählt die Rechtsprechung den Übermittlungsweg selbst und die Art sowie die Gültigkeit der elektronischen Signatur.[44] Der Begriff der Bearbeitung wird dagegen auf die jeweils übersandte Datei bezogen. Er steht in unmittelbarem Zusammenhang zu Abs. 6. Aufgrund der ERVV werden die wesentlichen

---

[42] *Leuering*, NJW 2019, 2739.
[43] GK-ArbGG/*Horcher*, § 46c ArbGG Rn. 106 ff.
[44] BGH v. 15.5.2019 – XII ZB 573/18; BSG v. 9.5.2018 – B 12 KR 26/18; BSG v. 20.3.2019 – B 1 KR 7/18; BAG v. 15.8.2018 – 2 AZN 269/18; BVerwG v. 7.9.2018 – 2 WDB 3/18.

Anforderungen an das einzuhaltende Dateiformat definiert, insbesondere als Format grundsätzlich PDF, in druckbarer, kopierbarer und durchsuchbarer Form, vgl. § 2 ERVV.

§ 130a Abs. 3 ZPO beschreibt die Anforderungen an die elektronische „Unterschrift", letztlich also die Identifizierung der natürlichen Person, die den Schriftsatz verantwortet, mit dem Zweck, den Schriftsatz von einem versehentlich übermittelten Entwurf unterscheidbar zu machen (Abschlussfunktion der Unterschrift) und die Authentizität des elektronischen Dokuments nachzuweisen. Hierzu lässt § 130a Abs. 3 ZPO die bis 31.12.2017 übliche Form, nämlich (1. Var.) die Einreichung auf einem zugelassenen elektronischen Übermittlungsweg (insbesondere dem Elektronischen Gerichts- und Verwaltungspostfach – EGVP) und einer qualifizierten elektronischen Signatur zu oder (2. Var.) eingeführt seit 1.1.2018 die Einreichung auf einem sicheren Übermittlungsweg gem. Abs. 4 durch die verantwortende Person (bspw. den unterzeichnenden Rechtsanwalt) selbst und einer einfachen Signatur.

a. Formprüfung in der gerichtlichen Praxis
Die Prüfung der Gültigkeit der qualifizierten elektronischen Signatur erfolgt regelmäßig durch das Gericht unter Einsatz einer entsprechenden Software, ggf. im eingesetzten Justizfachverfahren. Es handelt sich insoweit um eine **richterliche Tätigkeit**, entsprechend der bisherigen Prüfung der Unterschrift zur Wahrung der Schriftform. Für die Rechte des Prozessgegners gilt allerdings ebenfalls nichts anderes als bei der Prüfung der eigenhändigen Unterschrift. Er hat ein eigenes Recht zur Prüfung.[45]

Das Gericht hat aber auch dem Prozessgegner die Prüfung der Gültigkeit zu ermöglichen ist. Rechtliche Grundlage dieser Frage ist das **Grundrecht auf rechtliches Gehör** als Ausprägung des Rechtsstaatsgebots, das gem. Art. 20 Abs. 3 GG, das durch Art. 103 Abs. 1 GG, Art. 6 Abs. 1 EMRK garantiert wird. Insbesondere ist in dieser Hinsicht zu beachten, dass ein Urteil nur auf solchen Tatsachen und Beweisergebnissen beruhen darf, von denen die Beteiligten Kenntnis erlangen konnten. Das gilt auch für Umstände, die für Zulässigkeit der Klage relevant sind, wie die wirksame Klageerhebung oder sonstige Sachurteilsvoraussetzungen; etwa die Frage, ob die Klage zuvor wirksam zurückgenommen worden oder durch Vergleich erledigt worden ist. Sofern die qualifizierte elektronische Signatur in einem derartigen Zusammenhang von Bedeutung ist, stellt sie einen Beweisgegenstand dar. Die **Beweiserhebung** folgt den Regeln des (parteiöffentlichen) Augenscheinsbeweises, § 371a ZPO.[46] Die Garantie rechtlichen Gehörs verlangt die Gewährung der Möglichkeit der eigenen Prüfung des Beweisgegenstands, vgl. nur § 357 ZPO.[47]

Das Gericht hat deshalb so vorzugehen, dass die Beteiligten bestmöglich in die Lage versetzt werden, prozessuale Entscheidungen zu treffen bzw. zu der Beweisaufnahme Stellung zu nehmen. Bei der Abwägung der Beteiligteninteressen und Verhältnismäßigkeitserwägung hat das Gericht zu beachten, dass bereits die Beurteilung der Wesentlichkeit der

---

[45] Siehe hierzu umfassend: *Müller*, NJW 2015, 822.
[46] *Fischer-Dieskau, Gitter, Paul, Steidle*, MMR 2002, 709.
[47] Vgl. etwa *Heinrich*, in: Münchener Kommentar, ZPO, 4. Aufl., 2012, § 357 Rn. 8, 9.

Beweisaufnahme möglicherweise eine subjektive Komponente hat und durch die Beteiligten anders beurteilt werden könnte. Letztlich besteht die Gefahr einer einseitigen oder unvollständigen Tatsachengrundlage und damit der Einschränkung der Angriffs- oder Verteidigungsmöglichkeiten der Beteiligten. Dies wäre beispielsweise denkbar, wenn das Gericht bei der Übersendung des (signierten) Dokuments an die Beteiligten keine Auskunft über das Ergebnis der Signaturprüfung gibt, aber auch, wenn das Gericht schlicht mitteilt, dass die Signaturprüfung im Gericht positiv (oder negativ) war.

aa. Prüfungsschema: Elektronischer Posteingang

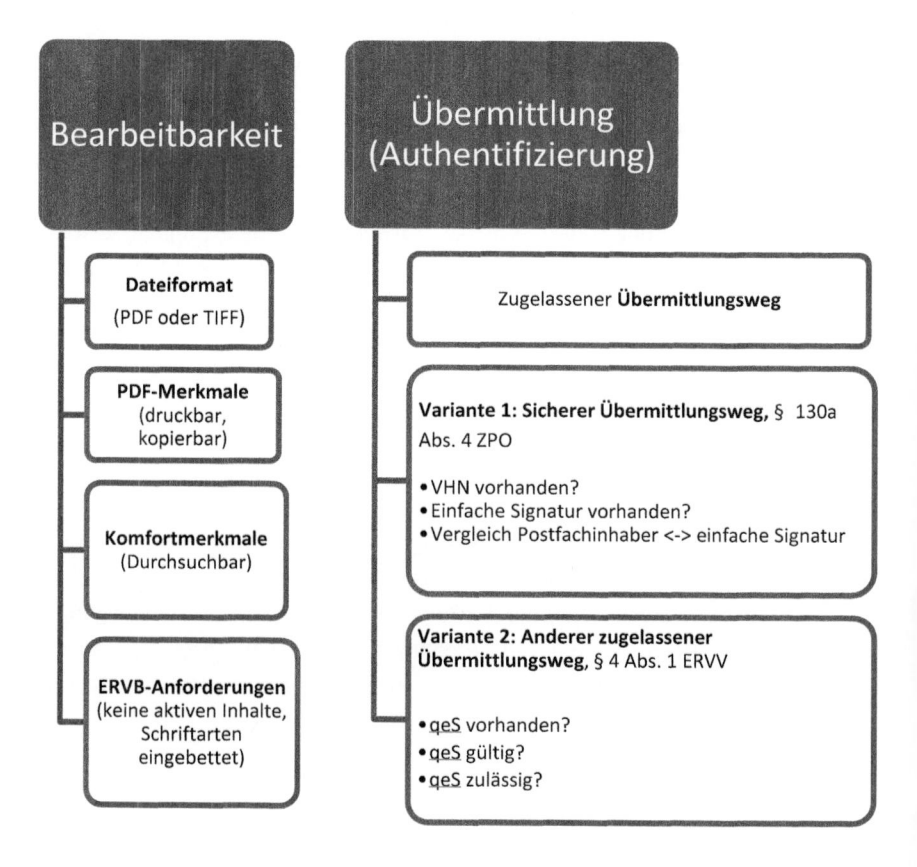

Bearbeitbarkeit

- **Dateiformat** (PDF oder TIFF)
- **PDF-Merkmale** (druckbar, kopierbar)
- **Komfortmerkmale** (Durchsuchbar)
- **ERVB-Anforderungen** (keine aktiven Inhalte, Schriftarten eingebettet)

Übermittlung (Authentifizierung)

- Zugelassener **Übermittlungsweg**

Variante 1: Sicherer Übermittlungsweg, § 130a Abs. 4 ZPO
- VHN vorhanden?
- Einfache Signatur vorhanden?
- Vergleich Postfachinhaber <-> einfache Signatur

Variante 2: Anderer zugelassener Übermittlungsweg, § 4 Abs. 1 ERVV
- qeS vorhanden?
- qeS gültig?
- qeS zulässig?

bb. Der Prüfvermerk

Die wichtigsten Informationen über die Merkmale der elektronisch eingegangenen Nachricht, lassen sich seit September 2019 [48] zusammengefasst dem sog. „Prüfvermerk" entnehmen. Weitere Informationen zum Prüfvermerk erhalten Sie im Mitarbeiterportal (MAP).

(1). Aufbau des Prüfvermerks

Zunächst wird hier der strukturelle Aufbau des Prüfvermerks erläutert. Im Anschluss werden dessen Bestandteile nochmals im Einzelnen beleuchtet.

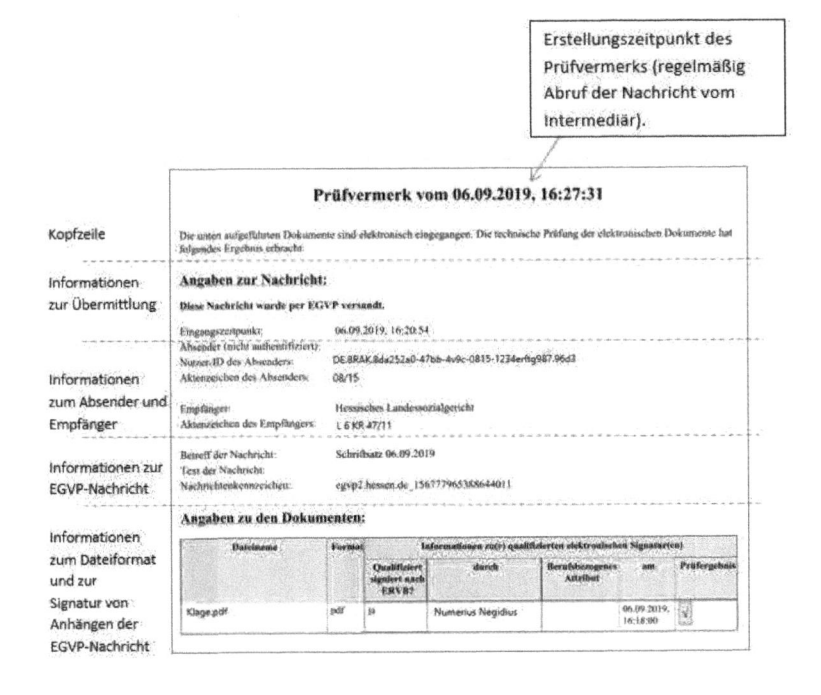

> Erstellungszeitpunkt des Prüfvermerks (regelmäßig Abruf der Nachricht vom Intermediär).

Prüfvermerk vom 06.09.2019, 16:27:31

Kopfzeile	Die unten aufgeführten Dokumente sind elektronisch eingegangen. Die technische Prüfung der elektronischen Dokumente hat folgendes Ergebnis erbracht.
Informationen zur Übermittlung	**Angaben zur Nachricht:** Diese Nachricht wurde per EGVP versandt.
	Eingangszeitpunkt: 06.09.2019, 16:20:54
	Absender (nicht authentifiziert):
	Nutzer-ID des Absenders: DE.BRAK.8da252a0-47bb-4v9c-0815-1234erftg987.96d3
Informationen zum Absender und Empfänger	Aktenzeichen des Absenders: 08/15
	Empfänger: Hessisches Landessozialgericht
	Aktenzeichen des Empfängers: L 6 KR 47/11
Informationen zur EGVP-Nachricht	Betreff der Nachricht: Schriftsatz 06.09.2019
	Test der Nachricht:
	Nachrichtenkennzeichen: egvp2.hessen.de_1567779653886440l1
Informationen zum Dateiformat und zur Signatur von Anhängen der EGVP-Nachricht	**Angaben zu den Dokumenten:**

Dateiname	Format	Informationen zu(r) qualifizierten elektronischen Signatur(en)			
		Qualifiziert signiert nach ERVB?	durch	Berufsbezogenes Attribut	am	Prüfergebnis
Klage.pdf	pdf	ja	Numerus Negidius		06.09.2019, 16:18:00	

---

[48] Die Einführung des sog. „Prüfvermerks" erfolgt nicht in allen Gerichtsbarkeiten und Bundesländern zeitgleich und ist abhängig von dem genutzten EGVP-Produkt.

(2). Informationen zur Übermittlung
Der obere Abschnitt des Prüfvermerks enthält

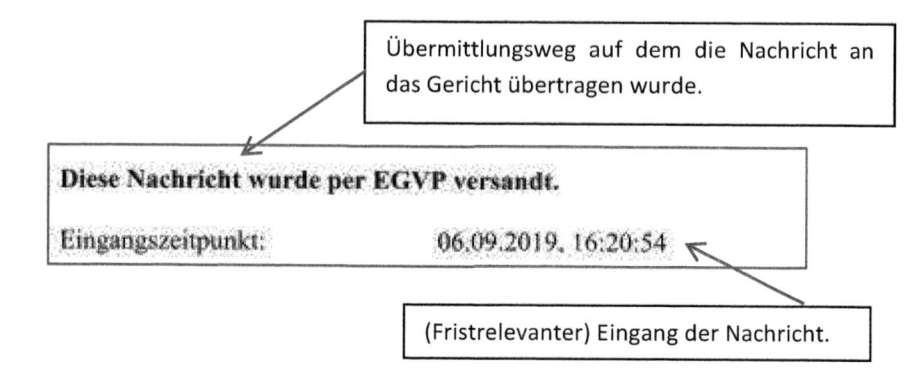

> Übermittlungsweg auf dem die Nachricht an das Gericht übertragen wurde.

Diese Nachricht wurde per EGVP versandt.

Eingangszeitpunkt: 06.09.2019. 16:20:54

> (Fristrelevanter) Eingang der Nachricht.

Der Hinweis „*Diese Nachricht wurde per EGVP versandt*" erfolgt, wenn
- der Absender einen **EGVP-Client** verwendet oder
- der Absender einen an sich sicheren Übermittlungsweg (beA) verwendet, aber der **Postfachinhaber den Sendevorgang nicht selbst vornimmt**, sondern bspw. durch ein Sekretariat vornehmen lässt.[49]

---

[49] Ausnahme: beBPo; siehe unten S. 64.

Bei der **De-Mail** lässt sich dem Prüfvermerk entnehmen, ob die De-Mail die Anforderungen des § 130a Abs. 4 Nr. 1 ZPO erfüllt, namentlich absenderbestätigt übersandt wurde:

> **Angaben zur Nachricht:**
>
> Sicherer Übermittlungsweg per absenderbestätigter De-Mail.
>
> Eingangszeitpunkt: 06.09.2019, 22:58:42

Abbildung: Absenderbestätigte De-Mail mit sicherer Anmeldung

Eine nicht absenderbestätigt übersandte De-Mail wird mit dem Hinweis „ohne Absenderbestätigung" gekennzeichnet. Gleiches gilt, wenn der Absender nicht sicher angemeldet war, weil die Versandart „mit Absenderbestätigung" nur mit sicherer Anmeldung möglich ist. Nach wohl vorherrschender Meinung ist eine nicht absenderbestätigte De-Mail wie eine gewöhnliche E-Mail zu behandeln; d.h. sie ist nicht zwingend dem juristischen Entscheider vorzulegen, weil die Nachricht nicht auf einem zugelassenen Übermittlungsweg eingegangen ist.

> **Angaben zur Nachricht:**
>
> Diese Nachricht wurde per De-Mail ohne Absenderbestätigung versandt.
>
> Eingangszeitpunkt: 06.09.2019, 13:24:16

Abbildung: Nicht absenderbestätigte De-Mail

(3). Informationen zum Absender und zum Empfänger
Der folgende Block des Prüfvermerks enthält Informationen zum Absender der Nachricht (Einreicher) und zum Empfänger (Gericht).

```
                Diese Nachricht wurde per EGVP versandt.
1
                Eingangszeitpunkt:            06.09.2019, 16:20:54
2               Absender (nicht authentifiziert):  Numerius Negidius
                Nutzer-ID des Absenders:      DE.BRAK.8da252a0-47bb-4v9c-0815-1234erftg987.96d3
3               Aktenzeichen des Absenders:   08/15

4               Empfänger:                    Hessisches Landessozialgericht
                Aktenzeichen des Empfängers:  L 6 KR 47/11
5
```

(1) „Absender" ist der Name des Absenderpostfachinhabers:
- Bei **EGVP-Posteingängen** ist dies der vom Absender bei Einrichtung des Postfachs frei gewählte, nicht authentifizierte Name:

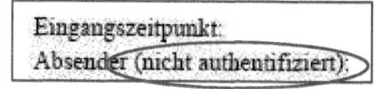

```
Eingangszeitpunkt:
Absender (nicht authentifiziert):
```

- Bei **sicheren Übermittlungswegen** handelt es um den tatsächlichen, authentifizierten Name (erkennbar dadurch, dass der Hinweis „(nicht authentifiziert)" fehlt. Bei Nutzung des **beA/beN** durch einen Rechtsanwalt/Notar als Postfachinhaber selbst, steht hier also sein Name (wichtig dieser Name muss dann mit der einfachen Signatur auf dem Schriftsatz übereinstimmen).

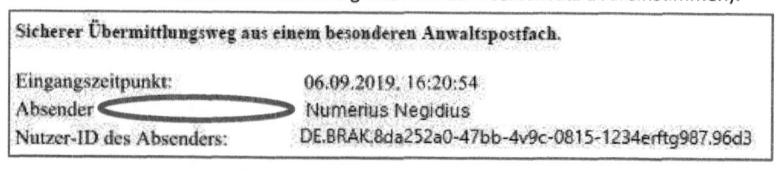

```
Sicherer Übermittlungsweg aus einem besonderen Anwaltspostfach.

Eingangszeitpunkt:        06.09.2019, 16:20:54
Absender                  Numerius Negidius
Nutzer-ID des Absenders:  DE.BRAK.8da252a0-47bb-4v9c-0815-1234erftg987.96d3
```

Bei Nutzung des **beBPo** steht hier der Name der Behörde. Bei Nutzung der De-Mail handelt es sich um den tatsächlichen Namen des Postfachinhabers, wenn er die (einzig zulässige) Versandart „mit Absenderbestätigung" wählt.

(2) **„Nutzer-ID"** ist die SAFE-ID des Absender-Postfachs; bei De-Mail bleibt diese Zeile leer.

(3) **„Aktenzeichen des Absenders"** ist das vom Absender selbst hinterlegte eigene Aktenzeichen.

(4) **„Empfänger"** ist der Name des Empfängerpostfachs wie im EGVP-Adressbuch enthalten (beim gerichtlichen Posteingang das Gericht).

(5) **„Aktenzeichen des Empfängers"** ist das vom Absender eingetragene Aktenzeichen des Empfängers (beim gerichtlichen Posteingang das gerichtliche Aktenzeichen). Dieses kann das Gericht bei Nutzung einer geeigneten Justizsoftware auslesen und zur automatisierten Dokumentenzuordnung nutzen, um die Poststellenprozesse zu optimieren.

(4). Informationen zur EGVP-Nachricht
Der folgende Block des Prüfvermerks enthält Informationen, die sich auf die EGVP-Nachricht beziehen.

Betreff der Nachricht:	Schriftsatz 06.09.2019
Text der Nachricht:	
Nachrichtenkennzeichen:	egvp2.hessen.de_156777965388644011

- Der **Betreff der Nachricht** wird vom Absender frei gewählt.

- Der **„Text der Nachricht"** enthält Eingaben, die in das EGVP-Nachrichtenfeld getätigt werden. Entsprechende Eingaben lassen derzeit noch alle EGVP-Clients und das beA zu. Da diese Nachrichten nicht um als PDF-Datei übermittelt werden, können hier aber keine formbedürftigen Erklärungen enthalten sein. Im Übrigen ist die EGVP-Nachricht nicht vollständig von der Verschlüsselung umfasst. Im Ergebnis ist deshalb festzuhalten, dass das Nachrichtenfeld nicht verwendet werden sollte, weshalb dieser Eintragung regelmäßig leer sein dürfte. Es ist derzeit beabsichtigt, den EGVP-Nachrichtentext insgesamt abzuschaffen.

Problematisch ist der Ausdruck auf dem Prüfvermerk insbesondere wegen der sog. „ERV light"-Rechtsprechung des BGH [50], nach der Formmängel elektronisch eingereichter Schriftsätze durch Ausdruck und Einbringen in den gewöhnlichen Geschäftsgang ggf. geheilt sein könnten. Es empfiehlt sich aus gerichtlicher Sicht daher ggf. den Prüfvermerk nicht standardmäßig auszudrucken, sondern ihn nur elektronisch vorzuhalten.

- „**Nachrichtenkennzeichen**" bezeichnet die eindeutige EGVP-Nachricht, die sog. „Nachrichten-ID".

Die Nachrichten-ID dient dem Wiederauffinden des gesamten Nachrichten-Containers in EGVP. Im Übrigen lassen sich über die Nachrichten-ID die weiteren beschreibenden Dateien („xjustiz-nachricht.xml", das eEB) und Protokolle (Prüfvermerk, Transfervermerk, Prüfprotokolle, Acknowledgment-Datei/Eingangsbestätigung) der Nachricht eindeutig zuordnen. Hierdurch kann auch ein Nachweis des tatsächlichen Versands – bspw. zum Zwecke der Begründung eines Wiedereinsetzungsantrags – geführt werden.

---

[50] Vgl. BGH, 8. Mai 2019 – XII ZB 8/19; zuvor BGH, Beschl. v. 18. März 2015 – XII ZB 424/14; *Köbler*, AnwBl 2015, 845, 846; kritisch hierzu *Müller*, AnwBl 2016, 27; *ders.* FA 2019, 198, 199 ff..

(5). Informationen zu den Anlage(n) der elektronischen Nachricht

Angaben zu den Dokumenten:

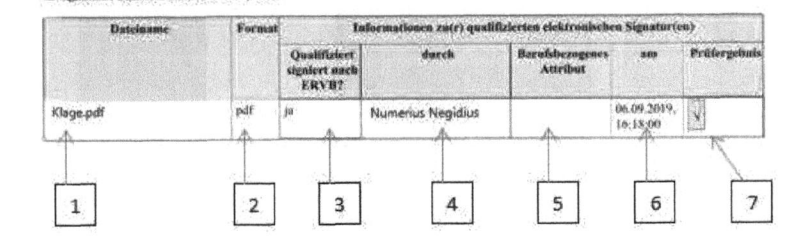

Dateiname	Format	Informationen zu(r) qualifizierten elektronischen Signatur(en)				
		Qualifiziert signiert nach ERVB?	durch	Berufsbezogenes Attribut	am	Prüfergebnis
Klage.pdf	pdf	ja	Numerius Negidius		06.09.2019, 10:18:00	✓
1	2	3	4	5	6	7

(1) „**Dateiname**" der Anlage der EGVP-Nachricht. Die „Anlagen" im Sinne des elektronischen Rechtsverkehrs enthalten die eigentlichen juristischen Informationen. Sämtliche übermittelten Dateien werden daher als „Anlage" bezeichnet – auch der eigentliche Schriftsatz.

Der Dateiname im Prüfvermerk dient dem Auffinden der elektronischen Datei selbst, bspw. um anhand der elektronischen Datei weitere Prüfungen durchzuführen (bspw. eine Prüfung der elektronischen Signatur, des Dateiformats oder der Texterkennung).

(2) „**Format**" meint das Dateiformat der eingereichten Anlage. Hier wird nicht das tatsächliche Dateiformat ausgelesen, sondern die Bestimmung des Dateiformats erfolgt anhand der (veränderlichen) Dateiendung. Keinen Hinweis gibt dieses Feld auf die Merkmale „kopierbar", „druckbar" und „durchsuchbar" i.S.d. § 2 Abs. 1 ERVV.

(3) „**Qualifiziert signiert nach ERVB?**": Es wird geprüft, ob eine qualifizierte elektronische Signatur (qeS) vorhanden ist; wenn keine qeS (sondern gar keine oder bloß eine einfache oder fortgeschrittene Signatur) mitgesandt wurde, erfolgt die Angabe „nein":

Qualifiziert signiert nach ERVB?
ja
nein
nein

49

Wenn eine qeS zwar vorhanden ist, es sich aber nicht um eine zulässige Signaturart den Bekanntmachungen zum elektronischen Rechtsverkehr gem. § 5 ERVV (ERVB) handelt, wird dies an dieser Stelle ebenfalls dargestellt. Zulässig sind die sog. *detached Signatur* und die sog. *Inlinesignatur*[51]:

Qualifiziert signiert nach ERVB?	durch	Berufsbezogenes Attribut	am	Prüfergebnis
Containersignatur				

(4) Die Spalte „durch" enthält den tatsächlichen Namen der signierenden Person, wie er bei Beantragung des qualifizierten Zertifikats angegeben und authentifiziert wurde. Dies hat der Name der verantwortenden Person zu sein, weil die qeS im Rechtsverkehr die eigenhändige Unterschrift ersetzt (bspw. der Name des verfahrensführenden Rechtsanwalts).

(5) Berufsbezogene Attribute (bspw. „Rechtsanwalt") können bei Beantragung des Zertifikats mitbeantragt werden, haben aber derzeit keine Bedeutung im Rechtsverkehr. Sie werden ggf. in dieser Spalte angezeigt.

(6) Die Spalte „am" gibt das Datum und die Uhrzeit der Signatur wieder. Es handelt sich um die nicht validierbare Systemzeit des Rechners an dem die Signatur vorgenommen wurde. Die Zeit kann daher nicht zu Beweiszwecken, auch nicht zur Glaubhaftmachung im Falle eines Wiedereinsetzungsantrags, herangezogen werden.

---

[51] Siehe im Detail unten S. 100 ff.

(7) Das „Prüfergebnis" stellt das Gesamtergebnis der Authentizitäts- und Integritätsprüfung dar. Denkbar sind hier ein (grüner) Haken, ein (gelbes) Ausrufezeichen oder ein (rotes) X:

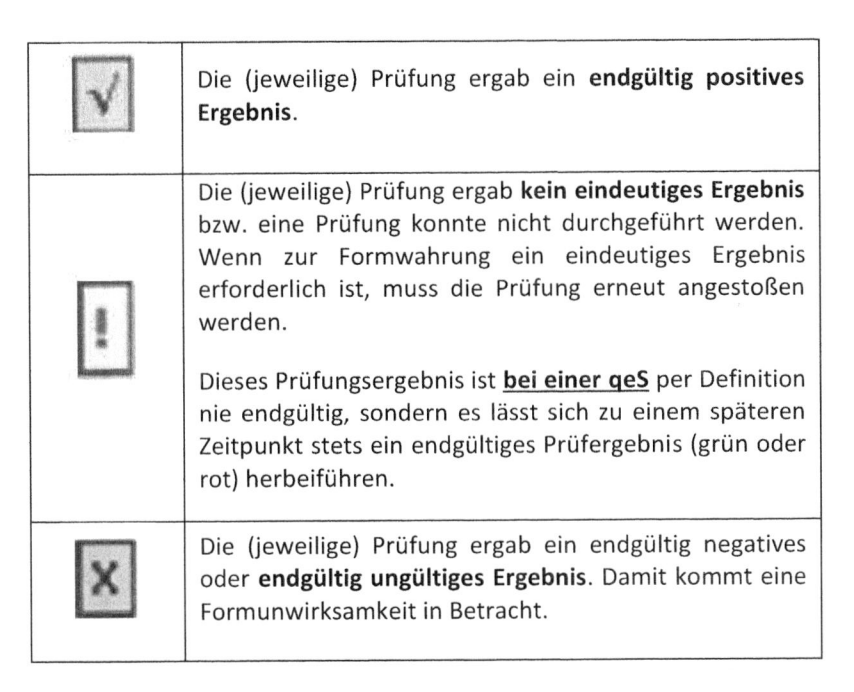

✓	Die (jeweilige) Prüfung ergab ein **endgültig positives Ergebnis**.
!	Die (jeweilige) Prüfung ergab **kein eindeutiges Ergebnis** bzw. eine Prüfung konnte nicht durchgeführt werden. Wenn zur Formwahrung ein eindeutiges Ergebnis erforderlich ist, muss die Prüfung erneut angestoßen werden. Dieses Prüfungsergebnis ist **bei einer qeS** per Definition nie endgültig, sondern es lässt sich zu einem späteren Zeitpunkt stets ein endgültiges Prüfergebnis (grün oder rot) herbeiführen.
X	Die (jeweilige) Prüfung ergab ein endgültig negatives oder **endgültig ungültiges Ergebnis**. Damit kommt eine Formunwirksamkeit in Betracht.

Details zu den Prüfergebnissen – insbesondere worauf sich ein ungültiges oder uneindeutiges Ergebnis bezieht – kann nur dem Transfervermerk (hier Unterteilung nach Authentizität und Integrität) oder noch detaillierter dem Prüfprotokoll „signed attachments" (signierte Anhänge) entnommen werden.

cc. Der Transfervermerk

Transfervermerk
erstellt am: 01.09.2016, 11:59:18
(weitere Details und Anmerkungen können Sie dem separaten Prüfprotokoll entnehmen)

Prüfergebnis der OSCI-Nachricht: govapp_1472722627058798(

Eingang auf dem Server: 01.09.2016, 11:37:07
(Ende des Empfangsvorgangs) (lokale Serverzeit)

Inhaltsdaten: nachricht.xml, nachricht.xsl, visitenkarte.xml,
Anhänge: Lorem ipsum dolor sit amet-signed.pdf

Fristprüfung: Eingang auf dem EGVP-Intermediär; bei der De-Mail ggf. auch De-Mail-Prüfprotokoll beachten.

Prüfergebnis signierte Anhänge:

Lorem ipsum dolor sit amet-signed.pdf

Signiert durch (soweit feststellbar)	Signiert am	Qualifiziertes Zertifikat	Integrität (mathematische Signaturprüfung)
...lumbillo...en	28.07.2016, 09:13:09	ja	ja

Name des Signaturinhabers:
Ist dies die „verantwortende Person" (bspw. der Rechtsanwalt)?

Nicht ausreichend ist, wenn eine andere, als die „verantwortende" Person signiert. Fraglich ist, ob Vertretungsregeln hier Anwendung finden können; jedenfalls nur, wenn auch auch der Vertreter postulationsfähig ist.

Authentizität:
Mögliche Inhalte: „ja" oder „nein":

„Ja": Es handelt sich um ein
- qualifiziertes Zertifikat, dass
- nicht abgelaufen,
- gültig und nicht gesperrt ist.

Bei „nein" fehlt eine Eigenschaft. Welche Eigenschaft fehlt, zeigt das Prüfprotokoll.

Integrität: Mögliche Inhalte: „ja" oder „nein":

Bei „nein" oder „ungültig" könnte das Dokument absichtlich oder versehentlich manipuliert worden sein.

Bezuggenommene Datei (= formbedürftiger Schriftsatz):
Hier ist zu erkennen, auf welche Datei sich die Signaturprüfung bezieht. Regelmäßig ist eine gültige qualifizierte elektronische Signatur für den formbedürftigen Schriftsatz (bspw. die Klageschrift) erforderlich.

Fraglich ist die Rechtsfolge bei unsignierten, nicht formbedürftigen Schriftsätzen (bspw. bei Anlagen).

Zulässiges Dateiformat: Die Dateiendung gibt einen Hinweis auf ein möglicherweise unzulässiges Dateiformat. Zulässig ist regelmäßig nur PDF. Verlässliche Klarheit verschafft nur die Funktionsprüfung der elektronischen Datei.

b. Authentizitätsprüfung

Die Prüfung der Authentizität des elektronischen Dokuments (die Feststellung der Identität der verantwortenden Person), richtet sich nach dem gewählten Übermittlungsweg. § 130a Abs. 3 ZPO sieht **zwei Wege** vor, die Authentizität des Dokuments, d.h. die Verknüpfung des Erklärungsinhalts („elektronisches Dokument") mit der Identität des Absenders („verantwortende Person"), nachzuweisen. Hierdurch wird auf elektronischem Wege die Funktion der handschriftlichen Unterschrift ersetzt.

Das Gesetz nennt hierfür zwei Möglichkeiten. Entweder stellt eine am übermittelten Dokumente angebrachte **qualifizierte elektronische Signatur** die Identität des Absenders entsprechend einer handschriftlichen Unterschrift sich (§ 130a Abs. 3 Satz 1 1. Var. ZPO) **oder** die Identität lässt sich aufgrund der **Nutzung eines sicheren Übermittlungswegs** gem. § 130a Abs. 4 ZPO durch den Absender feststellen (§ 130a Abs. 3 Satz 1 2. Var. ZPO).

aa. Zugelassene elektronische Übermittlungswege

Die zugelassenen Übermittlungswege für den elektronischen Rechtsverkehr mit den Gerichten werden bundeseinheitlich einerseits unmittelbar durch das Prozessrecht bestimmt (§ 130a Abs. 4 ZPO – die sicheren Übermittlungswege), andererseits hinsichtlich der Übermittlungswege, die für den elektronischen Rechtsverkehr mit qualifizierter elektronischer Signatur genutzt werden dürfen, durch die Verordnung gem. § 130a Abs. 2 Satz 2 ZPO (ERVV). Während die sicheren Übermittlungswege, bereits ein Identifikationsmerkmal enthalten, so dass auf die qualifizierte elektronische Signatur verzichtet werden kann, beinhalten die weiteren zugelassenen Übermittlungswege gem. § 130a Abs. 2 Satz 2 ZPO kein Identifikationsmerkmal, so dass dort eine qualifizierte elektronische Signatur zur Feststellung der Authentizität zwingend ist. Zugelassen ist gem. § 4 Abs. 1 Nr. 2 ERVV neben den sicheren Übermittlungswegen des § 130a Abs. 4 ZPO derzeit ausschließlich das Elektronische Gerichts- und Verwaltungspostfach (EGVP).

Die Verordnungsermächtigung beschränkt sich nicht in der Bestimmung zusätzlicher zugelassener elektronischer Übermittlungswege, sondern sie definiert auch die rechtlichen Rahmenbedingungen für die Übermittlung sowohl über die sicheren Übermittlungswege gem. § 130a Abs. 4 ZPO als auch über weitere zugelassene elektronische Übermittlungswege. Zu den Rahmenbedingungen gehören insbesondere die **Größen- und Mengenbeschränkungen** für elektronische Nachrichten. Ferner zählt die Rechtsprechung auch die Regelungen über die zulässigen **Arten qualifizierter elektronischer Signatur** zu den Rahmenbedingungen der Übermittlung.[52] Hierzu gehört insbesondere auch der Ausschluss der sog. Containersignatur[53] gem. § 4 Abs. 2 ERVV und der sog. Enveloping Signatur gem. § 5 ERVV i.V.m. mit Nr. 4 ERVB 2018.

Des Weiteren können ergänzende Regelungen zu den sicheren Übermittlungswegen nach Absatz 4 Nummer 1 (besonderes elektronisches Anwaltspostfach – beA) und Nr. 2 (besonderes elektronisches Behördenpostfach – beBPo) getroffen werden. Von der Verordnungsermächtigung gem. § 130a Abs. 4 Nr. 2 ZPO hat die Bundesregierung in den §§ 6 - 9 ERVV Gebrauch gemacht. Schließlich können in der Rechtsverordnung gem. § 130a Abs. 4 Nr. 4 ZPO weitere sichere Übermittlungswege festgelegt werden. Von der Ermächtigung gem. § 130a Abs. 4 Nr. 4 ZPO hat die Bundesregierung bislang keinen Gebrauch gemacht.

---

[52] BGH v. 15.5.2019 – XII ZB 573/18; BSG v. 9.5.2018 – B 12 KR 26/18; BSG v. 20.3.2019 – B 1 KR 7/18; BAG v. 15.8.2018 – 2 AZN 269/18.

[53] BGH v. 15.5.2019 – XII ZB 573/18; BSG v. 9.5.2018 – B 12 KR 26/18; BSG v. 20.3.2019 – B 1 KR 7/18; BAG v. 15.8.2018 – 2 AZN 269/18; BVerwG v. 7.9.2018 – 2 WDB 3/18 a.A. OLG Brandenburg v. 6.3.2018 - 13 WF 45/18, LAG Düsseldorf v. 7.8.2018 - 3 Sa 213/18; LSG Niedersachsen-Bremen v. 10.10.2018 - L 2 R 117/18.

(1). Übersicht über die zugelassenen elektronischen Übermittlungswege
Zugelassene Übermittlungswege sind

- die in § 130a Abs. 4 ZPO genannten **sicheren Übermittlungswege**, § 4 Abs. 1 Nr. 1 ERVV, wobei es bei Verwendung einer qualifizierten elektronischen Signatur zulässig ist, dass der Versandprozess aus dem sicheren Übermittlungsweg auch von einer anderen Person als dem Postfachinhaber selbst angestoßen wird; vielmehr kann in dieser Variante auch ein Sekretariat oder ein Vertreter senden, und

- das Elektronische Gerichts- und Verwaltungspostfach (**EGVP**) für dessen Nutzung ein zugelassener EGVP-Client (registriertes Drittprodukt für den OSCI-gestützten elektronischen Rechtsverkehr) erforderlich ist, § 4 Abs. 1 Nr. 2 ERVV.

(a). Elektronisches Gerichts- und Verwaltungspostfach (EGVP)
Als elektronischer Übermittlungsweg für die Justiz hat sich bereits seit dem Formvorschriftenanpassungsgesetz[54] das Elektronische Gerichts- und Verwaltungspostfach (EGVP) durchgesetzt und über Jahre etabliert. Obschon auch die Verwaltung namensgebend ist, hat sich EGVP in der Exekutive – letztlich getrieben durch das eGovernment-Gesetz des Bundes und der Landes-eGovernment-Gesetze, die auf andere elektronische Übermittlungswege setzen – deutlich weniger verbreitet. Insbesondere wurde EGVP als nicht bürgerfreundlich genug erachtet.

EGVP ist durch eine **Ende-zu-Ende – Verschlüsselung** vom EGVP-Client des Absenders bis zum EGVP-Client des Empfängers hoch gesichert. Dass EGVP-Nachrichten bei ihrer Übertragung abgefangen oder gar verändert werden könnten, ist nach dem Stand der Technik durch das sog. „Prinzip des Doppelten Umschlages" (Trennung der verschlüsselten Nachrichteninhalte von den für den Nachrichtentransport erforderlichen

---

[54] BGBl I 2001, 1542.

Nutzdaten nach dem sog. „**OSCI-Standard**") nahezu ausgeschlossen. Bislang ist die Kommunikation auf eine Dateigröße von 60 Megabyte und 100 Anlagen begrenzt. Die für die Nutzung des EGVP erforderliche Software kann teilweise kostenfrei im Internet bezogen werden.[55]

Durch die Neuregelung der §§ 130a Abs. 3, 4 ZPO, 174 Abs. 3, 4 ZPO verliert die pure Nutzung von EGVP als Übermittlungskanal deutlich an Bedeutung – EGVP ist derzeit kein „sicherer Übermittlungsweg" gem. § 130a Abs. 4 ZPO. Nur als Infrastrukturkomponente für beA, beN und beBPO, sowie für den elektronischen Posteingang der Gerichte behält das EGVP deshalb seine herausgehobene Stellung:

(b). Die sicheren Übermittlungswege

§ 130a Abs. 4 ZPO nennt vier gesetzlich definierte sichere Übermittlungswege:

- die **absenderauthentifizierte De-Mail**, § 130a Abs. 4 Nr. 1 ZPO,

- das besondere elektronische Anwaltspostfach (**beA**) und das besondere elektronische Notarpostfach (**beN** – i.V.m. § 78n Abs. 1 BNotO), § 130a Abs. 4 Nr. 2 ZPO,

- das besondere Behördenpostfach (**beBPo**), § 130a Abs. 4 Nr. 3 ZPO.

Diese vier bereits vom Gesetz definierten sicheren Übermittlungswege sind seit 1. Januar 2018 ohne weiteres zur rechtssicheren Kommunikation nutzbar. Einer zusätzlichen Rechtsverordnung bedarf es für diese Übermittlungswege nicht. Sie sind kraft Gesetzes zulässig, wie der Umkehrschluss aus § 130a Abs. 4 Nr. 4 ZPO zeigt.

---

[55] Eine Übersicht findet sich hier: https://egvp.justiz.de/Drittprodukte/index.php.

(aa). Die absenderauthentifizierte De-Mail, § 130a Abs. 4 Nr. 1 ZPO
Der seit 2012 verfügbare Kommunikationsdienst De-Mail ist ein Verfahren zum Austausch von Nachrichten, das anders als das EGVP auf **E-Mail – Protokollen** beruht. Im Gegensatz zu klassischen E-Mails wird die De-Mail auf der Übertragungsstrecke zwischen dem De-Mail – Provider des Absenders und dem des Empfängers verschlüsselt übertragen. Das hierzu verwendete technische Konzept beruht auf einer Technischen Richtlinie des Bundesamts für die Sicherheit in der Informationstechnik (BSI).[56] De-Mail – Provider sind – auch insoweit besteht ein Unterschied zu EGVP – **private Dienstleister**.

Ihre **rechtliche Grundlage** findet die De-Mail im De-Mail-Gesetz vom 28. April 2011.[57] Danach können De-Mail-Postfächer sowohl durch natürliche Personen als auch durch juristische Personen wie Unternehmen, Personengesellschaften oder öffentliche Stellen (Behörden und Ministerien) betrieben werden. Für die Eröffnung eines Benutzerkontos bei einem De-Mail-Provider müssen sich die Nutzer zunächst bei ihrem Anbieter registrieren und vor allem identifizieren lassen. Diese Identifizierung bewirkt die – bei EGVP derzeit nicht vorhandene – Authentifizierung, die wiederum für die Einbeziehung der De-Mail in den Kreis der prozessrechtlichen sog. sicheren Übermittlungswege[58] so bedeutsam ist. Bei jeder Adress- sowie Namensänderung muss deshalb auch eine neue Registrierung erfolgen. Da die zuverlässige Erstregistrierung Grundlage der Identifizierbarkeit des Absenders ist, werden nur Verfahren akzeptiert, die hohen Sicherheitsanforderungen genügen. Dies kann bspw. der elektronische Personalausweis (nPA) sein.

Jedem De-Mail-Konto ist mindestens eine De-Mail-Adresse ähnlich einer herkömmlichen E-Mail-Adresse zugeordnet. Die Adressen einer juristischen Person müssen deren Namen enthalten, also den Firmennamen. Natürliche Personen dürfen auch zusätzliche Adressen

---

[56] BSI TR-0120 (TR-DM).
[57] BGBl. I S. 666 in der Fassung vom 18. Juli 2017 (BGBl. I S. 2745, 2751).
[58] *Müller*, NZS 2018, 207.

unter einem Pseudonym unterhalten, allerdings muss das Pseudonym als solches erkennbar sein. Die Adresse einer natürlichen Person folgt folgenden Konventionen: <Vorname>.<Nachname>.<ggf. Unterscheidungsmerkmal>@<De-Mail-Anbieter>.de-mail.de. Kommt ein Name beim selben De-Mail-Anbieter mehrfach vor, wird die Adresse um einen Punkt und eine Zahl ergänzt.

Ähnlich wie beim beA ist auch bei der **absenderauthentifizierten** (nicht bei der gewöhnlichen) De-Mail die Authentizität der Teilnehmer sicherstellt. Die sichere Anmeldung im Sinne des § 4 Absatz 1 Satz 2 des De-Mail-Gesetzes setzt nämlich voraus, dass der Nutzer zwei geeignete und voneinander unabhängige Sicherungsmittel, zum Beispiel eine Kombination aus Besitz und Wissen, einsetzt (üblich ist bspw. die Identitätsfunktion des neuen Personalausweises (nPA) oder ein mTAN-Verfahren, wie es aus dem Online-Banking – Bereich bekannt ist). Bestätigt der akkreditierte Diensteanbieter die sichere Anmeldung gemäß § 5 Absatz 5 Satz 2 des De-Mail-Gesetzes, muss er die gesamte Nachricht einschließlich eventueller Dateianhänge gemäß § 5 Absatz 5 Satz 3 des De-Mail-Gesetzes mit einer qualifizierten elektronischen Signatur versehen.

Das elektronische Dokument kann sowohl eine Anlage der De-Mail, aber auch der Nachrichtentext der De-Mail selbst sein. Eine qualifizierte elektronische Signatur ist nicht erforderlich, sofern die verantwortende Person (bspw. der Rechtsanwalt) den Versand selbst vornimmt. Andernfalls wäre eine qualifizierte elektronische Signatur der verantwortenden Person anzubringen. Im Übrigen gelten für die De-Mail dieselben Formvoraussetzungen, wie sie bei Nutzung des beA hätten eingehalten werden müssen (PDF als reguläres Dateiformat, einfache Signatur etc.).[59] Zu beachten ist aber, dass bei Nutzung der De-Mail ein elektronisches Empfangsbekenntnis (**eEB**) abgegeben werden müsste. Im Gegensatz zum beA-Webclient verfügen aber die Webclients der De-Mail-Anbieter nicht über eine solche Funktion. Entsprechend muss hierfür eine

---

[59] *Müller*, NZS 2018, 207, 208 ff.

andere Software eingesetzt werden[60] – oder entgegen des gesetzlich (aber sanktionslos) vorgesehenen Formzwangs gem. § 174 Abs. 3, 4 ZPO der Empfang formlos bestätigt werden.

Der Empfang und der Versand von De-Mail – Nachrichten erfolgt über das EGVP-Postfach des Gerichts. Die Gerichte verfügen über keine eigenen De-Mail – Postfächer. Vielmehr werden durch ein sog. **Gateway** die EGVP-Infrastruktur und die De-Mail – Infrastruktur gekoppelt.

De-Mail – Nachrichten können an eine eigene Gerichtsadresse geschickt werden, die aus der safe-ID („EGVP-ID") des Gerichts oder dem Namen des Gerichts gebildet wird; bspw.

safe-sp1-12345678904711-12345670815@egvp.de-mail.de

sg-darmstadt@egvp.de-mail.de

Auf Groß- und Kleinschreibung ist hierbei zu achten. Andernfalls kommt eine Zustellung technisch nicht zustande.

Im EGVP-Prüfprotokoll, dem Prüfvermerk und im Transfervermerk ist erkennbar, dass die eingegangene EGVP-Nachricht des De-Mail-Gateways der Justiz der Übermittelung einer De-Mail dient. Auf dem Server des De-Mail – Dienstleisters der Justiz wird die Umwandlung der De-Mail in eine EGVP-Nachricht vorgenommen. Die EGVP-Nachricht enthält die De-Mail als Anhang im **.eml-Format**. In die EGVP-Betreffzeile wird der Präfix De-Mail-Dienst und Betreff der De-Mail übernommen. Die Anlagen der De-Mail werden als Anlagen der EGVP-Nachricht übernommen. Der Nachrichtentext der De-Mail wird in den Nachrichtentext der EGVP-Nachricht übernommen. Im Ergebnis liegt die De-Mail daher bei Eingang im Gericht doppelt vor; einmal unverändert als .eml-Datei und einmal ihre „Einzelteile" als „Emulation" in eine EGVP-Nachricht. Der EGVP-Nachricht als Anlage beigefügt ist – im Gegensatz zu originären EGVP-

---

[60] Siehe hierzu: http://ervjustiz.de/justiz-stellt-kostenlos-software-zur-erzeugung-eines-eeb-zur-verfuegung.

Nachrichten – das PDF-De-Mail-Prüfprotokoll ist. Es trägt den Dateinamen De_Mail_Pruefprotokoll.pdf.

Ein sicherer Übermittlungsweg im Sinne des § 130a Abs. 4 Nr. 1 ZPO ist die De-Mail nur, wenn sie als sog. absenderauthentifizierte De-Mail gem. § 4 f. De-MailG versandt wurde und der Absender sicher angemeldet war. Die fehlende Absenderauthentifizierung lässt sich zunächst in der mit der per EGVP eingegangenen De-Mail – „..eml-Datei" feststellen. Diese „.eml-Datei" kann in einem E-Mail – Programm geöffnet werden. Unter den Eigenschaften der Mail lässt sich sodann der sog. **X-Header der Mail** darstellen. Der Eintrag X-de-mail-auth-level enthält hier den Eintrag „high", sofern der Absender sicher angemeldet war; der **Eintrag x-de-mail-authoritative** zeigt „yes", wenn es sich um eine absenderbestätigte De-Mail handelte.[61] Daneben ergibt sich die Absenderbestätigung auch aus dem Prüfvermerk.

---

[61] BSG, Beschluss vom 13.05.2020 – B 13 R 35/20 B; OLG Düsseldorf v. 10.3.2020 – 2 RVs 15/20; *Müller*, Checklisten zum elektronischen Rechtsverkehr für die Justiz, 2. Aufl. 2019, S. 14.

(bb). Das besondere elektronische Anwaltspostfach – beA, § 130a Abs. 4 Nr. 2 ZPO

Mit dem **besonderen elektronischen Anwaltspostfach** (beA) gemäß §§ 130a Abs. 4 Nr. 2 ZPO, 31a BRAO erhalten alle Rechtsanwälte aufgrund ihrer Zulassung, **kraft Gesetzes**, ein **persönliches**, sicheres elektronisches Postfach mit der EGVP-Infrastruktur als technischer Basis. Zwar müssen sich die Rechtsanwälte individuell für das Postfach freischalten, das Postfach ist aber – unabhängig von dieser Freischaltung – faktisch durch die Gerichte adressierbar, sobald der entsprechende Eintrag im Gesamtverzeichnis durch die zuständige Rechtsanwaltskammer vorgenommen ist.

Die **BRAK als Betreiber** des beA stellt über ihren technischen Dienstleister einen Webclient zur Nutzung des beA zur Verfügung. Eine Nutzung des beA ist ferner über eine Kanzleisoftware möglich, die über eine Schnittstelle mit dem beA verbunden ist.

Das beA ist nach seiner gesetzlichen Konstruktion in § 31a BRAO **an die Person des einzelnen Rechtsanwalts geknüpft**. § 31a Abs. 1 S. 1 BRAO bindet die Existenz des Postfachs des Rechtsanwalts an seine anwaltliche Zulassung, ohne dass es auf die Zugehörigkeit des Rechtsanwalts zu einer bestimmten Kanzlei ankäme. Der Rechtsanwalt nimmt sein Postfach daher auch bei einem Kanzleiwechsel mit.

Nach Widerruf der Zulassung oder Tod des Rechtsanwalts wird daher das Postfach zunächst **deaktiviert** und nach Ablauf einer angemessenen Zeit gelöscht, § 31a Abs. 4 BRAO. Ein deaktiviertes Postfach ist für eingehende Nachrichten nicht zu erreichen. Die Deaktivierung des Postfachs erfolgt, sobald der entsprechende Eintrag im Gesamtverzeichnis nach § 31 BRAO durch die jeweilige Rechtsanwaltskammer gelöscht wird. Erst dann ist auch eine Adressierung des Postfachs nicht mehr möglich. Eine besondere Mitteilung an die Bundesrechtsanwaltskammer ist bei Widerruf der Zulassung oder Tod eines Rechtsanwalts nicht erforderlich. Ein schlichter Kammerwechsel hat dagegen für das beA keine Bedeutung.

Auch eine Mitteilung hierüber an die BRAK als beA-Betreiber ist nicht notwendig.[62]

Eine Besonderheit besteht ferner hinsichtlich **Rechtsanwaltsgesellschaften**; § 59 I BRAO verleiht der Rechtsanwaltsgesellschaft die Prozess- und Postulationsfähigkeit. Hintergrund der Sonderregelung ist, dass die Rechtsanwaltsgesellschaft nicht nur ein Instrument gemeinsamer Berufsausübung ist, sondern selbst rechtsbesorgend tätig wird, nämlich durch ihre Organe und die durch diese bevollmächtigten Personen. Die Rechtsanwaltsgesellschaft kann sowohl als Verfahrensbevollmächtigter als auch als Prozessbevollmächtigter beauftragt und dementsprechend tätig werden. Da die Postulationsfähigkeit grundsätzlich Prozessfähigkeit voraussetzt, erklärt § 59 I BRAO die Rechtsanwaltsgesellschaft für prozessfähig. Nicht der einzelne Anwalt, sondern die GmbH wird mandatiert und erbringt die anwaltlichen Dienstleistungen. Gleichwohl ist die Postulationsfähigkeit von derjenigen abhängig, die der für die Rechtsanwaltsgesellschaft vor Gericht auftretende Vertreter hat. Der für die Gesellschaft auftretende Rechtsanwalt braucht nicht gesondert bevollmächtigt zu werden.[63]

Trotz dieser Besonderheiten der Rechtsanwaltsgesellschaft, verfügt die Gesellschaft selbst über kein beA. Der BGH hält die Nichtberücksichtigung der Rechtsanwaltsgesellschaft für verfassungsrechtlich unbedenklich. Die einfachgesetzlichen Vorschriften der § 31 BRAO § 31 Abs. 1 Satz 1, § 31a Abs. 1 Satz 1 BRAO die die empfangsbereite Einrichtung des beA in ihrer Zusammenschau nur zugunsten derjenigen Mitglieder einer Rechtsanwaltskammer vorsehen, die natürliche Personen sind entspreche dem historischen Willen des Gesetzgebers. Die so verstandene Regelung verstoße weder gegen Art. 12 GG, noch gegen Art. 3 Abs. 1 GG. Insbesondere sei sie nicht unverhältnismäßig, weil die hierdurch entstehenden Einschränkungen durch organisatorische Vorkehrungen ausgeglichen werden könnten.

---

[62] Quelle zu gesamten Komplex: Hinweise der BRAK im Internet: bea.brak.de.
[63] *Feuerich/Weylandt*, Bundesrechtsanwaltsordnung, 9. Auflage 2016 m. w. N.

Die Besonderheiten des beA bei Rechtsanwaltsgesellschaften wirken sich vor allem im Zustellungsrecht aus. Auch wenn Zustellungen an eine Rechtsanwaltsgesellschaft grundsätzlich nach den Vorschriften über die Zustellung an eine GmbH zu erfolgen haben, spricht die Vorschrift des § 59 I Satz 3 BRAO und die Entscheidung des Gesetzgebers für ein personenbezogenes beA deshalb eher dafür, dass Zustellungen an die einzelnen Anwälte einer Rechtsanwalts-GmbH mittels beA möglich sind und nicht grundsätzlich verweigert werden können. Jedenfalls möglich ist aber die Zustellung an das beA-Postfach des GmbH-Geschäftsführers, weil dieser gem. § 59f BRAO Rechtsanwalt sein muss und gem. § 170 Abs. 1 ZPO stets zustellungsbevollmächtigt ist.[64]

Auch für Posteingänge aus einem beA gilt, dass der sichere Übermittlungsweg und damit die Möglichkeit zur Schriftformwahrung **auf die qualifizierte elektronische Signatur zu verzichten** nicht auf dem elektronischen Dokument selbst ersichtlich ist, sondern nur dem Transfervermerk, dem Prüfvermerk oder dem Prüfprotokoll entnommen werden kann. Diese enthalten dann den Eintrag *„Informationen zum Übermittlungsweg: Sicherer Übermittlungsweg aus einem besonderen Anwaltspostfach"*. Hierdurch wird der Übermittlungsweg im Sinne des § 298 Abs. 2, 3 ZPO aktenkundig gemacht. Die SAFE-ID bzw. ERV-ID ist ebensowenig ein taugliches Unterscheidungsmerkmal, wie die elektronisch übersandte *„Visitenkarte"*.[65] Die Postfächer des beA besitzen zwar eine eindeutige SAFE-ID, die stets mit DE.BRAK beginnt. Die DE.BRAK – SAFE-ID alleine genügt aber nicht als Hinweis darauf, ob das beA auch als sicherer Übermittlungsweg im Sinne des § 130a Abs. 4 Nr. 2 ZPO verwendet wurde, weil sie sich nicht unterscheidet, wenn nicht der Rechtsanwalt selbst gesendet hat, sondern eine andere Person (bspw. das Sekretariat).

---

[64] So auch BGH v. 6.5.2019 – AnwZ (Brfg) 69/18 mit zust. Anm. *Müller*, NZS 2019, 825.
[65] *Müller*, FA 2019, 170, 171.

Gem. § 31c Nr. 3 BRAO werden weitere Einzelheiten zum beA in der der Rechtsanwaltsverzeichnis- und –postfachverordnung (RAVPV) geregelt.[66]

(cc). Das besondere elektronische Notarpostfach – beN, § 130a Abs. 4 Nr. 2 ZPO i.V.m § 78n Abs. 1 BNotO

Entsprechend der Konstruktion des beA für die Rechtsanwaltschaft wird gem. § 130a Abs. 4 Nr. 2 ZPO i.V.m. § 78n Abs. 1 BNotO für sämtliche in das Notarverzeichnis eingetragene Notare eine **besonderes elektronisches Notarpostfach** (beN) eingerichtet. Wie das beA ist das beN mit der Person des Notars verknüpft und an seine Eintragung in das Notarverzeichnis gebunden. Ein Notar mit mehreren Notarämtern hat für jedes Notaramt ein eigenes Postfach mit eigener ID im Verzeichnisdienst. Technisch basiert auch das beN auf der EGVP-Infrastruktur. Betreiber des beN ist die Bundesnotarkammer.

Für Posteingänge aus einem beN gilt entsprechend dem beA, dass der sichere Übermittlungsweg und damit die Möglichkeit zur Schriftformwahrung **auf die qualifizierte elektronische Signatur zu verzichten** nicht auf dem elektronischen Dokument selbst ersichtlich ist, sondern nur dem Transfervermerk, dem Prüfvermerk oder dem Prüfprotokoll entnommen werden kann. Diese enthalten dann den Eintrag „*Informationen zum Übermittlungsweg: Sicherer Übermittlungsweg aus einem besonderen Notarpostfach*". Hierdurch wird der Übermittlungsweg im Sinne des § 298 Abs. 2, 3 ZPO aktenkundig gemacht. Die SAFE-ID bzw. ERV-ID ist ebensowenig ein taugliches Unterscheidungsmerkmal, wie die elektronisch übersandte „*Visitenkarte*".[67] Die Postfächer des beN besitzen zwar eine eindeutige SAFE-ID, die stets mit DE.BEN beginnt. Die DE.BEN – SAFE-ID alleine genügt aber nicht als Hinweis darauf, ob das beN auch als sicherer Übermittlungsweg im Sinne des § 130a Abs. 4 Nr. 2 ZPO verwendet wurde, weil sie sich nicht unterscheidet, wenn nicht der Notar selbst gesendet hat, sondern eine andere Person (bspw. das Sekretariat).

---

[66] BGBl. I S. 2167.
[67] *Müller*, FA 2019, 170, 171.

Anwaltsnotare können das beN wie ihr beA auch für Geschäfte als Rechtsanwalt nutzen. Eine Beschränkung des sicheren Übermittlungswegs auf eine bestimmte Funktion oder Tätigkeit besteht prozessual nicht. Lediglich Gründe der anwaltlichen Verschwiegenheit oder des Datenschutzes könnten je nach Büroorganisation eine Beschränkung der Nutzung erfordern.

Weitere Einzelheiten zum beN regelt die Verordnung über das Notarverzeichnis und die besonderen elektronischen Notarpostfächer (NotVPV).[68]

(dd). Das besondere elektronische Behördenpostfach – beBPo, § 130a Abs. 4 Nr. 3 ZPO

Wie beA und beN basiert auch das besondere elektronische Behördenpostfach (beBPo) auf der **EGVP-Infrastruktur**. Der wesentliche Unterschied zwischen beA/beN einerseits und beBPo andererseits liegt darin, dass das beBPo **nicht mit einer natürlichen Person verknüpft** ist, sondern mit der Behörde als Postfachinhaber.

Das besondere elektronische Behördenpostfach (beBPo) ist in den §§ 6 bis 9 ERVV geregelt. Entgegen des etwas umständlichen Formulierung des § 6 ERVV ist die Umsetzung letztlich technisch durch ein konventionelles EGVP-Postfach realisiert, dem aufgrund einer Identifizierung eine besondere EGVP-Rolle „Behörde" zugewiesen wird und das ertüchtigt wird einen VHN den übersandten Nachrichten aus dem Postfach hinzuzufügen.

Die Identifizierung des beBPo erfolgt durch eine sog. **beBPo-Prüfstelle** gem. § 7 ERVV. Die eigentlichen zusätzlichen Anforderungen des beBPo im Vergleich zu „konventionellen" EGVP-Postfächern enthält aber § 8 ERVV.[69] Danach muss die Behörde insbesondere durch Rechte- und Rollenkonzepte und technisch durch ein passwortgesichertes elektronisches Zertifikat sicherstellen, dass nur dokumentiert

---

[68] BGBl. I 2019, 187.
[69] Siehe im Einzelnen *Müller*, KrV 2019, 99, 102.

zugangsberechtigte natürliche Personen Zugriff auf das beBPo-Postfach erhalten. Damit wird – ähnlich wie bei der Zuordnung des beA zur einzelnen Person des Rechtsanwalts – der mögliche Kreis absendender Personen aus einem beBPo beschränkt und hierdurch die Authentizität der Nachricht garantiert. Die Beschränkung erfolgt freilich anders als beim beA nicht unmittelbar für nur eine einzige natürliche Person, sondern letztlich auf den gesamten Personenkreis, der damit auch für die Behörde (elektronisch) nach außen auftreten kann. Sinnvollerweise ist dieser Kreis nicht größer als die für die Behörde in Rechtssachen zeichnungsberechtigten Personen.

Es obliegt der Behörde ihr beBPo **anforderungsgemäß** (vgl. § 130a Abs. 2 Satz 2 ZPO i. V. m. § 6 ERVV) unter Einhaltung des spezifischen Authentisierungs- und Identifizierungsverfahrens (vgl. § 130a Abs. 2 Satz 2 ZPO i. V. m. § 7 ERVV) **einzurichten**, zu betreiben (vgl. etwa: § 130a Abs. 2 Satz 2 ZPO i. V. m. § 9 ERVV) und zu verwalten, wobei sie insbesondere sicherzustellen hat, dass der Zugang zu ihrem beBPo ausschließlich mithilfe eines (Zugangs-) Zertifikats und des zugehörigen Zertifikats-Passwortes und nur den von ihr als Postfachinhaber bestimmten Zugangsberechtigten möglich ist (vgl. § 130a Abs. 2 Satz 2 ZPO i. V. m. § 8 ERVV). Sie muss darüber hinaus auch dafür Sorge tragen, dass ihre Sendekomponenten ordnungsgemäß implementiert und eingerichtet sind. Vor dem Hintergrund des § 130a Abs. 2 Satz 2 ZPO i. V. m. § 6 Abs. 1 Nr. 4 ERVV muss sie dabei insbesondere sicherstellen, dass das bestimmte beBPo-VHN-(Signatur-)Zertifikat funktionsfähig eingebunden ist und – ggf. auch automatisiert – im Prozess der Nachrichtenversendung durch ihre zugangsberechtigten und sicher angemeldeten Sachbearbeiter korrekt adressiert und an die jeweilige Nachricht angebracht wird.

Der sichere Übermittlungsweg aus einem beBPo wird ausschließlich durch das Vorhandensein des **VHN nachgewiesen**. Nur die Übermittlung aus einem durch eine bestimmte safe-ID nachvollziehbaren EGVP-Postfach, das (jedenfalls auch) als beBPo genutzt werde, genügt nicht. Dies ist beim beBPo im Vergleich zu beA und beN erst Recht der Fall, weil sich – anders als bei beA und beN – die SAFE-ID eine beBPo-Postfachs von der anderer EGVP-Postfächer ohnehin nicht durch einen besondere Prefix (wie bei beA DE.BRAK) unterscheiden lässt. Insbesondere ist ohne den VHN nicht erkennbar, ob das Dokument überhaupt von einer berechtigten Person der Behörde und mit deren Willen in den Rechtsverkehr gelangt ist.

(ee). Weitere sichere Übermittlungswege kraft Gesetzes, § 130a Abs. 4 Nr. 2 2. Hs. ZPO

Gem. § 130a Abs. 4 Nr. 2 2. Hs. ZPO kann der Gesetzgeber ein dem beA entsprechendes elektronisches Postfach auf gesetzlicher Grundlage errichten. Hierüber kann für andere Berufsgruppen als Rechtsanwälte oder andere Gruppen und Organisationen, insbesondere verkammerte Berufe, ein neuer sicherer Übermittlungsweg geschaffen werden. Zu denken wäre hier insbesondere an Steuerberater, Gewerkschaften, prozessvertretungsberechtigte Verbände, insbesondere im arbeits- oder sozialgerichtlichen Verfahren.

Außer für die Notare in § 78n BNotO wurde von der Möglichkeit des § 130a Abs. 4 Nr. 2 2. Hs. ZPO bislang kein Gebrauch gemacht.

(ff). Weitere sichere Übermittlungswege kraft Rechtsverordnung, § 130a Abs. 4 Nr. 4 ZPO

§ 130a Abs. 4 Nr. 4 ZPO lässt als sichere Übermittlungswege ferner „sonstige bundeseinheitliche Übermittlungswege, die durch Rechtsverordnung der Bundesregierung mit Zustimmung des Bundesrates festgelegt werden" zu, wenn bei diesen „die Authentizität und Integrität der Daten sowie die Barrierefreiheit gewährleistet sind."

Nach der Gesetzesbegründung sollte damit dem Gebot der Nachhaltigkeit entsprechend eine technologieoffene Regelung geschaffen werden, die es erlaubt noch nicht absehbare Kommunikationskanäle – schnell und unkompliziert („zeitnah") – durch Rechtsverordnung als sichere Übermittlungswege zu definieren.

Auch auf diesem Weg lässt der Gesetzgeber die Errichtung weiterer beA-ähnlicher Postfächer bspw. im Sinne von Verbandpostfächern oder

Zugängen für besondere Berufsgruppen wie Steuerberatern zu. Postfächer die aufgrund dieser Regelung eingeführt werden unterfallen jedoch nicht der aktiven Nutzungspflicht gem. § 130d ZPO.

Bislang hat der Verordnungsgeber von der Ermächtigung keinen Gebrauch gemacht.

(2). Umgang mit verfahrensbezogenen E-Mails
Wo die hochsichere Kommunikation mit EGVP und beA den Rechtsverkehr beherrschen, ist kein Raum für die „**informelle E-Mail**". IT-Sicherheit rückt verstärkt in den Fokus, aber auch in die Verantwortung, des einzelnen Anwenders. Eine einfache E-Mail an das Gericht stellt grundsätzlich kein geeignetes Kommunikationsmittel im Prozess dar.

Gem. § 130a Abs. 1, 2 ZPO *müssen* elektronische Dokumente auf einem zugelassenen Übermittlungsweg eingereicht werden. Diese Übermittlungswege sind in § 4 Abs. 1 ERVV abschließend aufgezählt. Es also durchaus eine rechtlich naheliegende Option, elektronische Nachrichten, die das Gericht auf andere Weise erreichen, vollständig zu ignorieren.

Da es sich nämlich um einen nicht zugelassenen elektronischen Übermittlungsweg handelt, können verfahrensbezogene E-Mails bereits **durch die Justizverwaltung gelöscht** werden. Aus Fürsorgegesichtspunkten ist der Absender der E-Mail grundsätzlich hiervon durch ein (standardisiertes) Schreiben – ebenfalls per E-Mail – zu unterrichten. Dies kann auch automatisiert erfolgen. Dem juristischen Entscheider im Gericht muss die E-Mail durch die Justizverwaltung nicht vorgelegt werden.

Bedenken dagegen sind natürlich nicht von der Hand zu weisen, insbesondere dort, wo möglicherweise (Verfahrens-)Grundrechte betroffen sind oder der Amtsermittlungsgrundsatz gilt. Man beachte zudem bspw. auch den weitgehenden Verzicht auf Formvoraussetzungen in der Sozialgerichtsbarkeit nach dem Grundsatz der Klägerfreundlichkeit. Dennoch spricht vieles dafür, bei Gerichten die elektronischen

Zugangswege zu kanalisieren, um sie überhaupt handhabbar zu halten. Das Gesetz macht klare Vorgaben. Diese Vorgaben zu ignorieren wirft die Frage auf, wo die Grenze zu ziehen ist und wann eine Art Dammbruch droht, bei dem im elektronischen Rechtsverkehr kaum noch eine Zugangsreglementierung greifen würde – im Extremfall wären andernfalls Klagen per WhatsApp oder Facebook nach entsprechenden Grundsätzen denkbar.

(a). E-Mails und IT-Sicherheit
§ 130a ZPO und die ERVV lassen E-Mails bereits deshalb nicht zu weil E-Mails leicht abfangbar (und damit von Unberechtigten lesbar) und auch manipulierbar sind. Unter **IT-Sicherheitsgesichtspunkten** entspricht eine (einfache[70]) E-Mail letztlich mehr einer Postkarte als einem Brief in einem Umschlag. E-Mails in der Kommunikation mit Verfahrensbeteiligten sind daher praktisch tabu. Dies gilt schon für die Kommunikation von Rechtsanwälten mit ihren Mandanten, aber erst recht für Korrespondenz von oder mit dem Gericht. Nicht besser ist Nutzung der E-Mail als „Hilfsmittel" (bspw. um das zuhause, am häuslichen PC, geschriebene Urteil unanonymisiert zur weiteren Bearbeitung an die Gerichts-Mailadresse zu schicken). Durch neue cloudbasierte oder –unterstützte Betriebssysteme oder Office-Anwendungen ist ohnehin fraglich, inwieweit die ungesicherte Nutzung privater IT-Infrastruktur ein zulässiger Weg bleibt; eine sichere Datenablage ist dort zwar nicht unmöglich, eine entsprechende Konfiguration der eingesetzten Software ist aber immer öfter erforderlich. Ein „Löschkonzept" ist bei Nutzung privater Hard- und Software durch den Arbeitgeber schlicht nicht sicherzustellen.

(b). Kein „ERV light"
Hoch bedenklich ist deshalb aber jede **Rechtsprechung**, die die Nutzung von E-Mails erlaubt. Der BGH[71], das BAG[72] und weitere Instanzgerichte[73]

---

[70] Es gibt freilich auch Verfahren zur Verschlüsselung des E-Mail-Verkehrs.
[71] BGH, Beschluss vom 15.7.2008 - X ZB 8/08 mit ablehnender Anmerkung von *Köbler*, MDR 2009, 357; a.A. BSG, Urteil vom 12.10.2016 – B 4 AS 1/16 R.
[72] BAG, Beschluss vom 11.7.2013 – 2 AZB 6/13.

teilen entgegen der hier vertretenen Ansicht aber gerade den Rechtsstandpunkt, dass eine E-Mail – d.h. ein elektronisches Dokument, das das Gericht auf einem nicht nach der ERVV [74] zugelassenen Übertragungsweg erreicht – dann die Schriftform wahrt, wenn sie beim Empfänger ausgedruckt wird, weil es auch dann wieder nur noch auf die Merkmale ihrer **„Verkörperung"** nach dem Medienbruch ankomme. Diese – in der Sache auch abzulehnende Rechtsprechung – sollte keinesfalls als Einladung betrachtet werden.

Beobachtet werden muss diese Rechtsprechung dennoch. Ihren (konsequenten) Höhepunkt sie zuletzt durch einen Beschluss des BGH vom 18. März 2015 erreicht.[75] In einer familienrechtlichen Streitigkeit hatte die Beschwerdeführerin die Beschwerde dem AG Tempelhof-Kreuzberg mittels EGVP übermittelt, diese aber nicht qualifiziert elektronisch signiert. Auf der eingescannten Beschwerdeschrift, die dem Gericht als PDF-Datei vorlag, war die Unterschrift der Beschwerdeführerin abgebildet. Das KG Berlin hatte die Beschwerde als unzulässig verworfen, weil sie weder eigenhändig unterschrieben sei, noch den Voraussetzungen des § 130a ZPO genüge. Der BGH hob diese Entscheidung auf. Er begründet seine Entscheidung damit, dass das Amtsgericht das elektronische Dokument noch innerhalb der Beschwerdefrist ausgedruckt und in den Geschäftsgang gegeben habe. Danach sei entsprechend § 130 Nr. 6 Alt. 2 ZPO unschädlich, dass die Unterschrift nur in Kopie wiedergegeben sei; entscheidend sei, ob das eingescannte Original des Schriftsatzes eigenhändig unterschrieben sei. Habe die Beschwerdeführerin das Original unterzeichnet, habe sie damit ausreichend zu erkennen gegeben, das sie das Schreiben autorisiert hat. Dieses Vorgehen entspreche der ständigen Rechtsprechung zum Computerfax.

---

[73] OLG Düsseldorf, v. 10. März 2020; FG Düsseldorf, Urteil vom 9.7.2009 – 16 K 572/09 E; leicht anders liegt der Fall bei BFH, Urteil vom 22.6.2010 – VIII R 38/08.
[74] Es gibt auch ERV-RVOs, die einen elektronischen Rechtsverkehr mit E-Mail aus bestimmten, sicheren Netzen zulassen; bspw. Rheinland-Pfalz, vgl. *Geis*, „Ein Rahmenwerk für den elektronischen Rechtsverkehr", 2014, S. 207 ff.
[75] BGH, Beschl. v. 18. März 2015 – XII ZB 424/14.

Im Schrifttum wurde diese Rechtsschöpfung „**elektronischer Rechtsverkehr light**"[76] (bzw. „*Ausdrucktheorie*"[77]) getauft. Frei übersetzt bedeutet sie: Der Ausdruck eines elektronischen Dokuments wird zum Allheilmittel für die besonderen elektronischen Formvorschriften.

Abgesehen davon, dass höchst fraglich ist, ob überhaupt Raum für eine solche Rechtsfortbildung bestand – immerhin hat der Gesetzgeber mit § 130a ZPO die Formvoraussetzungen für ein elektronisches Dokument genau umrissen -, ist jedenfalls der Vergleich zwischen einem elektronischen Dokument und einem Telefax verfehlt. Bereits der Übertragungsweg eines Telefaxes unterscheidet sich erheblich von dem eines per EGVP/beA übermittelten Dokuments. So stellte der GmS-OGB zur **Telefax-Rechtsprechung** maßgeblich darauf ab, dass gesichert sei, dass am Empfangsort unmittelbar eine körperliche Urkunde erstellt werde. Dies entspricht für das Telefax auch heute noch der Praxis der meisten Gerichte.[78] Der Ausdruck eines unsignierten elektronischen Dokuments bedarf hingegen noch einer Willensbetätigung der Mitarbeiterinnen und Mitarbeiter des Gerichts. Ein automatisierter Ausdruck ist von modernen Justizfachverfahren nicht (zwingend) vorgesehen. Zudem erfolgt die Faxübersendung in analoger Form über eine normale Telefonverbindung, ohne dass der Empfänger unmittelbar eine Datei erhält. Hieran ändert auch die Umstellung der Telefontechnik auf eine digitale Übertragungsweise (Voice-over-IP – VOIP) dem Grund nach nichts[79]; auch hier wird gerade nicht eine Datei übertragen. Aus dem letztgenannten Grunde ist das Telefax auch kein elektronisches Dokument. Jedenfalls beim klassischen Telefaxempfang ist dementsprechend die Unterschrift stets ein „Abbild" im Sinne des § 130

---

[76] *Köbler* AnwBl 2015, 845, 846; kritsch hierzu *Müller*, AnwBl 2016, 27.
[77] GK-ArbGG/*Horcher*, § 46c ArbGG Rn.63 bzw. speziell zur E-Mail: Rn. 93.
[78] In der hessischen Sozialgerichtsbarkeit ist das dagegen schon heute anders, weil hier ein digitales Telefaxsystem Verwendung findet, dessen eingehende Telefaxe entsprechend Eingängen im elektronischen Rechtsverkehr in digitaler Form in das verwendete Fachverfahren EUREKA-Fach eingelesen werden und ein Ausdruck unter Umständen deutlich später erfolgt.
[79] Vgl. aber *Köbler* AnwBl 2015, 845, 846.

Nr. 6 2. Hs. ZPO. Schon beim Computerfax ist dies aber nicht sichergestellt, weil die Unterschrift fast beliebig als gesondert vorgehaltenes Bild einfügbar ist – ohne, dass sich dies allerdings effektiv überprüfen ließe. Im ERV dagegen gilt grundsätzlich dasselbe wie beim Computerfax; mit einem bedeutenden Unterschied: Es lässt sich durch Analyse der übersandten Datei herausfinden, ob es sich um einen einheitlichen Scan handelt, oder, ob die Unterschrift nachträglich eingefügt worden ist.

So sieht es jedenfalls auch das **Bundessozialgericht**. In dem Verfahren B 4 AS 1/16 R (Urteil vom 12. Oktober 2016) im Gegensatz zu den anderen Bundesgerichten entschieden, für die Beurteilung der Formrichtigkeit im elektronischen Rechtsverkehr seien allein die hierfür vorgesehen gesetzlichen Voraussetzungen maßgebend. Ein ergänzender, diese Voraussetzungen einschränkender Rückgriff auf Grundsätze, die für originär „schriftlich" eingereichte Dokumente entwickelt wurden, komme nicht in Betracht."

(3). Umgang mit nicht-absenderauthentifizierten De-Mails
Gem. § 4 Abs. 1 ERVV sind nur EGVP und die sicheren Übermittlungswege gem. § 130a Abs. 4 ZPO zugelassene elektronische Posteingangskanäle zu den Gerichten. Die De-Mail stellt aber nur einen sicheren Übermittlungsweg dar, wenn sie „absenderauthentifiziert" versandt wurde. Fraglich ist nun der Umgang mit nicht-absenderauthentifizierten – **„einfachen" – De-Mails**.[80]

Abstrakt betrachtet spricht vieles dafür, die nicht-absenderauthentifizierte De-Mail **wie die Einreichung einer (verfahrensbezogenen) E-Mail** bei Gericht zu behandeln. In den meisten Gerichten werden solche E-Mails nicht dem juristischen Entscheider vorgelegt, sondern mit einer Standardantwort – ebenfalls per E-Mail – bedacht, dass die rechtswirksame Einreichung per Mail nicht möglich ist. Die E-Mail wird sodann gelöscht.

---

[80] So bspw. BSG, Beschluss vom 13. Mai 2020 – B 13 R 35/20.

In der Praxis ist dieses naheliegende Verfahren nicht so einfach umzusetzen. E-Mails landen im Gericht in einem personenbezogenen und Funktions-Postfach (bspw. der Gerichtsverwaltung) an. Sie sind damit von den Postfächern der zugelassenen Übermittlungswege deutlich getrennt. Die rechtliche Unzulässigkeit ist damit vom Postfachinhaber schnell identifiziert und die Standardantwort kann von der Justizverwaltung daher leicht versandt werden. Dies ist bei der nicht-absenderauthentifizierten De-Mail konstruktionsbedingt anders. Sie erreicht das Gericht im selben Postfach, in dem auch die rechtswirksamen Übermittlungswege – die absenderauthentifizierte De-Mails und die EGVP-basierten Übermittlungswege (EGVP, beA, beN und beBPo) – ankommen, denn die Justiz leitet an das Gericht adressierte De-Mails über ein Gateway an das EGVP-Postfach des Gerichts weiter. Die nicht-absenderauthentifizierte De-Mail ist also nicht isoliert, wie die unzulässige E-Mail, sondern im „Poststapel" der Poststelle.

In der **Poststelle** stellt sich damit das erste Problem: Dort müsste die nicht-absenderauthentifizierte De-Mail als solche erkannt werden. Alleine das ist schon keinesfalls simpel.

Gem. § 130a Abs. 1, 2 ZPO *müssen* elektronische Dokumente auf einem zugelassenen Übermittlungsweg eingereicht werden. Diese Übermittlungswege sind in § 4 Abs. 1 ERVV abschließend aufgezählt. Es also durchaus eine rechtlich naheliegende Option, elektronische Nachrichten, die das Gericht auf andere Weise erreichen, vollständig zu ignorieren.

Die nicht-absenderauthentifizierte De-Mail ist insbesondere kein zugelassener Übermittlungsweg gem. § 4 Abs. 1 Nr. 2 ERVV. Danach können elektronische Dokumente an das für den Empfang elektronischer Dokumente eingerichtete Elektronische Gerichts- und Verwaltungspostfach des Gerichts über eine Anwendung, die auf OSCI oder einem diesen ersetzenden, dem jeweiligen Stand der Technik entsprechenden Protokollstandard beruht, übersandt werden. Ausweislich der Verordnungsbegründung hat der Verordnungsgeber hierbei ausschließlich an das EGVP gedacht. Der Zusatz im zweiten Halbsatz ermöglicht – im Sinne der Technikoffenheit – lediglich, dass EGVP zu einem späteren Zeitpunkt einmal auf eine neue technische Grundlage abseits des OSCI-Standards gehoben wird. Die De-Mail – Infrastruktur ist damit nicht gemeint.

Bedenken dagegen sind natürlich nicht von der Hand zu weisen, insbesondere dort, wo möglicherweise (Verfahrens-)Grundrechte betroffen sind oder der Amtsermittlungsgrundsatz gilt. Man beachte zudem bspw. auch den weitgehenden Verzicht auf Formvoraussetzungen in der Sozialgerichtsbarkeit nach dem Grundsatz der Klägerfreundlichkeit. Dennoch spricht vieles dafür, bei Gerichten die elektronischen **Zugangswege zu kanalisieren**, um sie überhaupt handhabbar zu halten. Das Gesetz macht klare Vorgaben. Diese Vorgaben zu ignorieren wirft die Frage auf, wo die Grenze zu ziehen ist und wann eine Art Dammbruch droht, bei dem im elektronischen Rechtsverkehr kaum noch eine Zugangsreglementierung greifen würde – im Extremfall wären andernfalls Klagen per WhatsApp oder Facebook nach entsprechenden Grundsätzen denkbar.

Folgt man dieser **strengen Auffassung**, ändert sich auch nichts dadurch, wenn mit der nicht-absenderauthentifizierten De-Mail eine qualifiziert elektronisch signierte Datei eingereicht wird. Zwar wird der Zweck der Absenderauthentifizierung – nämlich die Identitätsfunktion – durch die qualifizierte Signatur gleichermaßen sichergestellt (sogar nicht sicherer), aber der gewählte Zugangsweg bleibt unzulässig. Der Fall liegt nicht anders, als wenn ein qualifiziert elektronisch signiertes Dokument per E-Mail eingereicht wird.

Faktisch ist der Umgang mit der nicht-absenderauthentifizierten De-Mail für das Gericht aufgrund der eigentlich cleveren **Gateway-Lösung** noch weiter erschwert: Es ist nämlich der Gerichtsverwaltung faktisch kaum möglich, auf die (unzulässige) De-Mail einfach mit einem Standardschreiben zu antworten. Die Versendung einer De-Mail über das Gateway ist für das Gericht nämlich wiederum nur durch Erzeugung einer

EGVP-Nachricht möglich, die bestimmte Konventionen erfüllen muss. Diese Konventionen werden nur von den hierzu ertüchtigten gerichtlichen Fachverfahren – bspw. EUREKA-Fach für die Fachgerichte – eingehalten. Einfach antworten ist deshalb nicht denkbar, sondern es muss **aus dem Fachverfahren heraus geantwortet** werden – hierzu ist die Poststelle zumeist gar nicht berechtigt.

Das Gericht muss den Antwortprozess deshalb zunächst organisatorisch umsetzen und wird ihn wohl in der Geschäftsstelle ansiedeln müssen.

(4). Abgrenzung zum Telefax
Bereits seit den 1990er Jahren allgemein anerkannt und durch das Formvorschriftenanpassungsgesetz[81] seit 2001 Gesetz geworden ist, dass ein **verschriftlichtes Rechtsschutzgesuch**, das mittels Telefax dem Gericht zugeleitet wird und dort ausgedruckt wird, die Schriftform wahrt.[82] Die eigenhändige Unterschrift auf dem Original des Schriftstücks werde zwar aufgrund der Faxübertragung auf dem Ausdruck im Gericht „nur" abgebildet, sie sei aber dennoch als solche erkennbar und erfülle die ihr zukommende Identifikations- und Nachweisfunktion.[83] Der Gemeinsame Senat der obersten Gerichtshöfe des Bundes bestätigte dies sogar für das sog. „**Computerfax**"[84] : Bestimmende Schriftsätze können danach formwirksam durch elektronische Übertragung einer Textdatei mit eingescannter Unterschrift auf das Fax des Gerichts übermittelt werden, soweit der Zweck der Schriftform auf diese Weise gewährleistet wird.[85] Unter § 130a ZPO fällt das Telefax dabei nicht, sondern es „gilt" als schriftliches Dokument – unabhängig davon, mit welchen technischen Mitteln (klassisches Fax oder Digitalfax) das Gericht die Faxsendung empfängt. Dies ist auch folgerichtig, denn als analoge Technologie

---

[81] BGBl I 2001, 1542.
[82] BVerfG, Beschl. v. 1.8.1996 – 1 BvR 121/95 –, NJW 1996, 2857; BGH, Beschl. v. 20.9.1993 – II ZB 10/93 –, NJW 1993, 3141; BGH, Beschl. v. 8.10.1997 – XII ZB 124/97 –, NJW 1998, 762.
[83] *Jaritz*, in: *Roos/Wahrendorf*, SGG, 1. Aufl., 2014, § 90 Rn. 36.
[84] BGH, Vorlagebeschl. v. 29.9.1998 – XI ZR 367/97 –, NJW 1998, 3469.
[85] GmS-OGB, Beschl. v. 5.2.2000 – Gms-OGB 1/98; bestätigt durch: BVerfG, Beschl. v. 4.7.2002 – 2 BvR 2168/00 –, NJW 2002, 3534.

übermittelt das Telefax keine Dateien und wäre deshalb nicht in der Lage qualifizierte elektronische Signaturen zu übertragen.

Mit dem **Justizkommunikationsgesetz** hat der Gesetzgeber keine gesonderte Regelung zur Computerfaxübermittlung eingefügt, obschon sich in dieser Novelle sicher die Gelegenheit hierzu ergeben hätte. Diese gesetzgeberische Zurückhaltung nährte erneute Zweifel hinsichtlich der Schriftformwahrung durch Computerfax.[86] Die neu geschaffenen hohen Anforderungen an schriftformwahrende elektronische Dokumente dienen schließlich gerade der Gewährleistung der vom GmS-OGB hervorgehobenen Authentizität und Integrität.[87] Höchstrichterlich hat sich hiermit der BFH beschäftigt und in seiner Entscheidung die frühere Linie der Bundesgerichte zum Computerfax bestätigt:[88]

„[...] Per Telefax übersandte Bescheide sind erst mit ihrem Ausdruck durch das – auf automatischen Ausdruck eingestellte – Empfangsgerät wirksam „schriftlich erlassen". [...] Hat das Empfangsgerät nach dem unwiderleglichen Vortrag des Adressaten den Bescheid nicht ausgedruckt, gehen die sich daraus ergebenden Zweifel an der wirksamen Bekanntgabe zu Lasten der Finanzbehörde. [...]

Nicht vertretbar ist schließlich, dass auch ein **Computerfax eine qualifizierte elektronische Signatur erfordere**. So hat es in einer vielfach kritisierten Entscheidung das **VG Dresden** mit Urteil vom 2. Oktober 2018 – 2 K 302/18 entschieden:[89] *„Dem Begriff des elektronischen Dokuments kommt eine sehr breite umfassende Bedeutung zu [...]. Er erfasst jegliche Erscheinungsform der elektronischen Bearbeitung bei der Verwendung von Texten/ Dokumenten, sei es deren Herstellung oder sei es deren Übermittlung an das Gericht als Erklärungsempfänger"*, meint das VG Dresden in seiner Entscheidung. Und subsumiert deshalb auch an das Gericht übermittelte Telefaxe unter den in § 55a VwGO verwendeten

---

[86] *Jaritz*, in: BeckOGK, SGG, § 90 Rn. 39; GK-ArbGG/*Horcher*, § 46c ArbGG Rn.33 ff.
[87] BT-Drs. 15/4067, S. 24.
[88] BFH Urteil vom 18. März 2014 - VIII R 9/10.
[89] NVwZ 2019, 93 mit abl. Anm. *Müller.*

Begriff, mit der Folge, dass zur Formwahrung eine qualifizierte elektronische Signatur erforderlich wäre. Diese Einschätzung ist vor allem im Ergebnis kaum haltbar.

Ein formbedürftiger Schriftsatz müsse, so das Gericht, mit einer qualifizierten elektronischen Signatur der verantwortenden Person versehen sein oder von der verantwortenden Person signiert und auf einem sicheren Übertragungsweg bei Gericht eingereicht werden (vgl. § 55a VwGO), wenn es sich um ein elektronisches Dokument handelt (vgl. § 55a Abs. 1, Abs. 3 VwGO). Ein solches stelle das Telefax des Klägers dar, weil es dem Gericht auf elektronische Weise zugeleitet wurde.

Zur Übermittlung des Telefaxes hat der Kläger offenbar einen **E-Mail – to – Fax – Dienst** genutzt, wie sich nicht deutlich im Tatbestand des Urteils aber im Verweis auf die Gründe eines früheren Urteils des Gerichts mit ähnlicher Sachlage (Urteil vom 21. November 2017 – 2 K 2108/16) zeigt.

Im Ergebnis würde der Schluss des Verwaltungsgerichts, es müsse sich bei Digitalfaxen um elektronische Dokumente handeln, aber zu einer **absurden Rechtsfolge** führen: Weil qualifizierte elektronische Signaturen nicht per Telefax übertragbar sind, wäre die Formwahrung unter Anwendung der hier abgelehnten Rechtsprechung im Ergebnis nie denkbar.

bb. Prüfung sicherer Übermittlungswege, § 130a Abs. 4 ZPO

Gem. § 130a Abs. 3 Satz 1 2. Var. ZPO ist es auch zulässig, dass das elektronische Dokument **statt mit einer qualifizierten elektronischen Signatur** bloß mit einer einfachen Signatur versehen und von der verantwortenden Person selbst auf einem sicheren Übermittlungsweg gem. § 130a Abs. 4 ZPO versandt wird.

Dieser **Identitätsnachweis** über den Übermittlungsweg lebt also von zwei **Prinzipien**:

- Ein elektronisches Postfach eines sicheren Übermittlungswegs gem. § 130a Abs. 4 ZPO kann nur gegen Nachweis der Identität eingerichtet werden.

- Der Postfachinhaber ist verpflichtet, den Zugang zu dem Postfach so zu schützen, dass nur er selbst (bzw. beim beBPo; nur Berechtigte) einen Versand aus dem sicheren Übermittlungsweg vornehmen können. Für das beA ist dieses Prinzip in § 26 Abs. 1 RAVPV, für das beBPo in § 8 Abs. 2 Satz 2 ERVV und für die De-Mail in § 10 Abs. 2 De-Mail-G speziell geregelt.

Die **Voraussetzungen des § 130a Abs. 3 Satz 1 2. Var. ZPO** lassen sich wie folgt zusammenfassen:

- Übermittlungsweg des elektronischen Dokuments ist ein sicherer Übermittlungsweg gem. § 130a Abs. 4 ZPO,

- der Versendeprozess wurde vom Postfachinhaber selbst (bzw. beim beBPo von einer berechtigten Person) angestoßen und

- das elektronische Dokument trägt die einfache Signatur des Postfachinhabers (bzw. beim beBPo einer berechtigten Person).

Die Prüfung, ob ein sicherer Übermittlungsweg vorlag oder nicht, ist deshalb für die Beurteilung der Wahrung der prozessualen Form essentiell. Sie ist deshalb **vom juristischen Entscheider** – je nach Prozessordnung regelmäßig von Amts wegen – durchzuführen, aber auch **vom Verfahrensgegner**.

Die Prüfung erfolgt durch Überprüfung des Vorliegens eines **Vertrauenswürdigen Herkunftsnachweises (VHN)**.

(1). Der vertrauenswürdige Herkunftsnachweis (VHN)
Die Nutzung des sicheren Übermittlungswegs durch die berechtigte Person (regelmäßig den Postfachinhaber) selbst, wird durch den **Vertrauenswürdigen Herkunftsnachweis (VHN)** bestätigt. Der VHN ist eine fortgeschrittene elektronische Signatur, die nachweist, dass der Postfachinhaber sicher an seinem Verzeichnisdienst angemeldet war und, dass dieser Verzeichnisdienst ihn als Inhaber eines der oben genannten sicheren Übermittlungswege ausweist. Ob das eingegangene Dokument aus einem sicheren Übermittlungsweg versandt worden ist, lässt sich daher (nur) anhand des Prüfvermerks, des Transfervermerks oder des Prüfprotokolls erkennen. Sie visualisieren den VHN. Auf dem eingegangenen Dokument selbst befindet sich kein (verlässlicher) Hinweis auf den Übermittlungsweg.

Ein VHN **wird nicht übersandt**, wenn der sichere Übermittlungsweg zwar in Form seiner Infrastruktur, aber nicht durch den Postfachinhaber selbst genutzt wird. Dies ist bspw. dann der Fall, wenn zwar über das beA eines Rechtsanwalts ein elektronisches Dokument verschickt wird, der Versendeprozess aber durch das Sekretariat des Rechtsanwalts angestoßen wird.

Auf dem Transfervermerk, dem Prüfvermerk oder dem Prüfprotokoll lässt sich das Vorhandensein eines VHN durch den Eintrag *„Informationen zum Übermittlungsweg: Sicherer Übermittlungsweg aus einem….."* erkennen. Hierdurch wird der Übermittlungsweg im Sinne des § 298 Abs. 2, 3 ZPO aktenkundig gemacht.

Die **SAFE-ID** bzw. ERV-ID ist ebensowenig ein taugliches Unterscheidungsmerkmal, wie die elektronisch übersandte *„Visitenkarte"*.[90] Die Postfächer des besonderen elektronischen Anwaltspostfachs (beA) besitzen zwar eine eindeutige SAFE-ID, die stets mit DE.BRAK beginnt. Hierdurch ist – im Gegensatz zu SAFE-IDs von bspw. besonderen Behördenpostfächern – leicht erkennbar, dass der Absender

---

[90] *Müller*, FA 2019, 170, 171.

einer Nachricht ein beA-Postfach genutzt hat. Die DE.BRAK – SAFE-ID alleine genügt aber nicht als Hinweis darauf, ob das beA auch als sicherer Übermittlungsweg im Sinne des § 130a Abs. 4 Nr. 2 ZPO verwendet wurde.

Hierfür ist **das Vorliegen eines VHN das einzige Unterscheidungsmerkmal,** [91] denn unabhängig davon, ob der Rechtsanwalt selbst oder ein Mitarbeiter gesendet hat, wird immer die SAFE-ID des Anwalts im Prüfprotokoll der eingehenden Nachricht angezeigt (lediglich ohne den VHN). Die aufgrund des Mitarbeiterzertifikats in der beA-Verwaltung sichtbare SAFE-ID des Mitarbeiters tritt nach außen dagegen nicht in Erscheinung. Ist aber der VHN vorhanden, hat der Postfachinhaber (oder beim beBPo: eine berechtigte Person) selbst den Versendeprozess angestoßen. Fehlt der Eintrag, liegt kein Fall des § 130a Abs. 3 Satz 1 2. Var. ZPO vor; das elektronische Dokument würde daher die prozessuale Form nur wahren, wenn qualifiziert elektronische signiert wäre, § 130a Abs. 3 Satz 1 1. Var. ZPO.

---

[91] BAG, Beschluss vom 5. Juni 2020 – 10 AZN 53/20.

(2). Prüfung des VHN

Ob das eingegangene Dokument aus einem sicheren Übermittlungsweg versandt worden ist, lässt sich anhand des Prüfvermerks, des Transfervermerks und des Prüfprotokolls erkennen.[92]

Auf dem eingegangen Dokument selbst befindet sich kein (verlässlicher) Hinweis darauf

Prüfvermerk vom 06.09.2019, 13:42:59

Die unten aufgeführten Dokumente sind elektronisch eingegangen. Die technische Prüfung der elek folgendes Ergebnis erbracht:

Angaben zur Nachricht:

Sicherer Übermittlungsweg aus einem besonderen Anwaltspostfach.

Abbildung 1: Prüfvermerk

Transfervermerk
erstellt am: 27.09.2017, 15:22:31
(weitere Details und Anmerkungen können Sie dem separaten Prüfprotokoll entnehmen.)

Prüfergebnis der OSCI-Nachricht: test-itplr_1506515289346761 391839670523508

Informationen zum Übermittlungsweg: Sicherer Übermittlungsweg au   postfach
Eingang auf dem Server: 27.09.2017, 14:28:20
(Ende des Empfangsvorgangs) (lokale Serverzeit)
Inhaltsdaten: nachricht.xml, nachricht.xsl, visitenkarte.xml, visitenkarte.xsl, herstellerinformation.xml
Anhänge:

Abbildung 2: Transfervermerk

---

[92] BAG, Beschluss vom 5. Juni 2020 – 10 AZN 53/20.

Prüfprotokoll vom 18.09.2017 11:44:19

Informationen zum Übermittlungsweg
Sicherer Übermittlungsweg aus einem besonderen **Behördenpostfach**.

Zusammenfassung und Struktur

OSCI-Nachricht:	
Gesamtprüfergebnis	☑ Sämtliche durchgeführten Prüfungen lieferten ein positives Ergebnis.
Betreff	Testnachricht
Nachrichtenkennzeichen	gov2test_15057278540384108671661294748924
Absender	
Empfänger	
Eingang auf dem Server	18.09.2017 11:44:14 (lokale Serverzeit)

Inhaltsdatencontainer: project_coco
Inhaltsdaten nachricht.xml, nachricht.xsl, visitenkarte.xml, visitenkarte.xsl, herstellerinformation.xml
Anhänge

Inhaltsdatencontainer: govello_coco
Inhaltsdaten additional_infos
Anhänge

Abbildung 3: Prüfprotokoll

Ein sicherer Übermittlungsweg im Sinne des § 130a Abs. 4 Nr. 1 ZPO ist die De-Mail nur, wenn sie als sog. absenderauthentifizierte De-Mail gem. § 4 f. De-MailG versandt wurde und der Absender sicher angemeldet war. Die sichere Anmeldung erfolgt durch ein zweites Sicherungsmittel, bspw. ein mTAN-Verfahren oder das Identifikationsmerkmal des neuen Personalausweises. Die Absenderauthentifizierte Sendung einer De-Mail ist nur möglich, wenn der Absender sicher angemeldet ist.

Bei der **De-Mail** lässt sich dem Prüfvermerk entnehmen, ob die De-Mail die Anforderungen des § 130a Abs. 4 Nr. 1 ZPO erfüllt, namentlich absenderbestätigt übersandt wurde:

> **Angaben zur Nachricht:**
> Sicherer Übermittlungsweg per absenderbestätigter De-Mail.
> Eingangszeitpunkt: 06.09.2019, 22:58:42

Abbildung 4: Absenderbestätigte De-Mail mit sicherer Anmeldung

Eine nicht absenderbestätigt übersandte De-Mail wird mit dem Hinweis „ohne Absenderbestätigung" gekennzeichnet. Gleiches gilt, wenn der Absender nicht sicher angemeldet war, weil die Versandart „mit Absenderbestätigung" nur mit sicherer Anmeldung möglich ist. Nach wohl vorherrschender Meinung ist eine nicht absenderbestätigte De-Mail wie eine gewöhnliche E-Mail zu behandeln; d.h. sie ist nicht zwingend dem juristischen Entscheider vorzulegen, weil die Nachricht nicht auf einem zugelassenen Übermittlungsweg eingegangen ist.

> **Angaben zur Nachricht:**
> Diese Nachricht wurde per De-Mail ohne Absenderbestätigung versandt.
> Eingangszeitpunkt: 06.09.2019, 13:24:16

Abbildung 5: Nicht absenderbestätigte De-Mail

Prüfung der Absenderbestätigung in der .eml-Datei:

Das Fehlen der Absenderbestätigung bei der De-Mail lässt sich ferner den sog. x-Headern der De-Mail (.eml-Datei) entnehmen. Die x-Header lassen sich in gängigen E-Mail – Programmen einblenden (Beispiel: MS Outlook):

Test 4

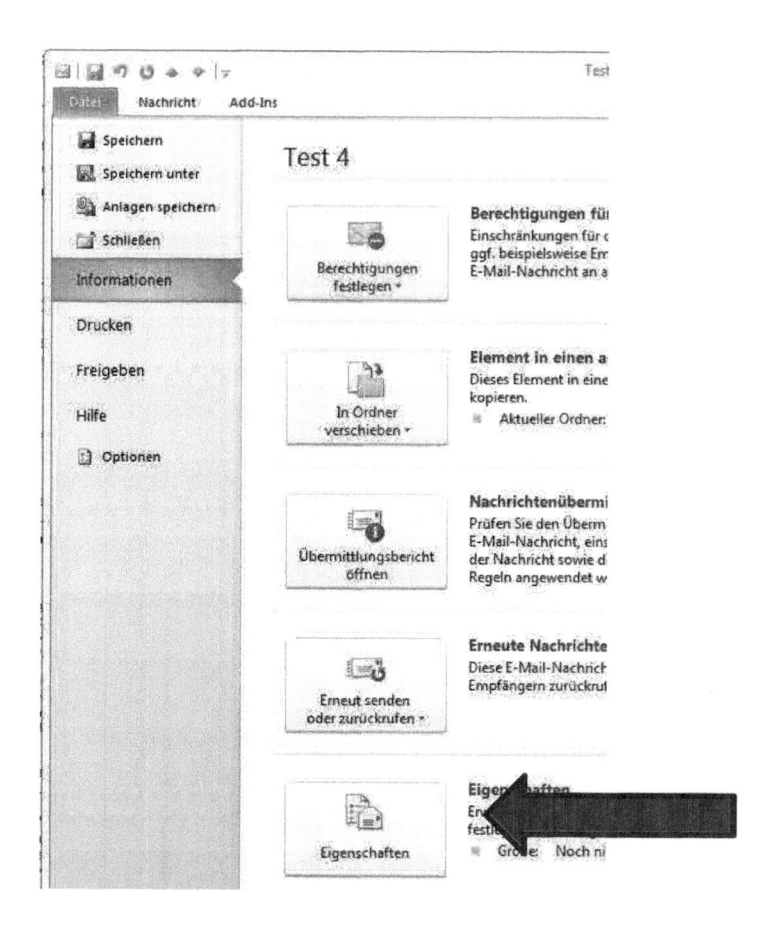

Speichern
Speichern unter
Anlagen speichern
Schließen
Informationen
Drucken
Freigeben
Hilfe
Optionen

Berechtigungen fü
Berechtigungen festlegen ▾
Einschränkungen für
ggf. beispielsweise Em
E-Mail-Nachricht an a

Element in einen a
In Ordner verschieben ▾
Dieses Element in eine
kopieren.
■ Aktueller Ordner:

Nachrichtenübermi
Übermittlungsbericht öffnen
Prüfen Sie den Überm
E-Mail-Nachricht, eins
der Nachricht sowie d
Regeln angewendet w

Erneute Nachrichte
Erneut senden oder zurückrufen ▾
Diese E-Mail-Nachrich
Empfängern zurückruf

Eigenschaften
Eigenschaften
Er
festl
■ Größe: Noch ni

Das dann sich öffnende „Eigenschaften"-Fenster enthält im unteren Bereich ein Text-Fenster „Internetkopfzeilen" (sog. x-header).

Wesentlich sind in diesem Fenster (Screenshot siehe nächste Seite) die folgenden Einträge:

„x-de-mail-authoritative:"

Dort steht

- **„yes"** für absenderauthentifiziert (und damit einen sicheren Übermittlungsweg)
- **„no"** für eine nicht absenderauthentifizierte De-Mail, die keinen sicheren Übermittlungsweg gem. § 130a Abs. 4 ZPO darstellt.

„x-de-mail-auth-level:"

Dort steht

- **„high"** für die gem. § 130a Abs. 4 ZPO erforderliche, sichere Anmeldung des Absenders.

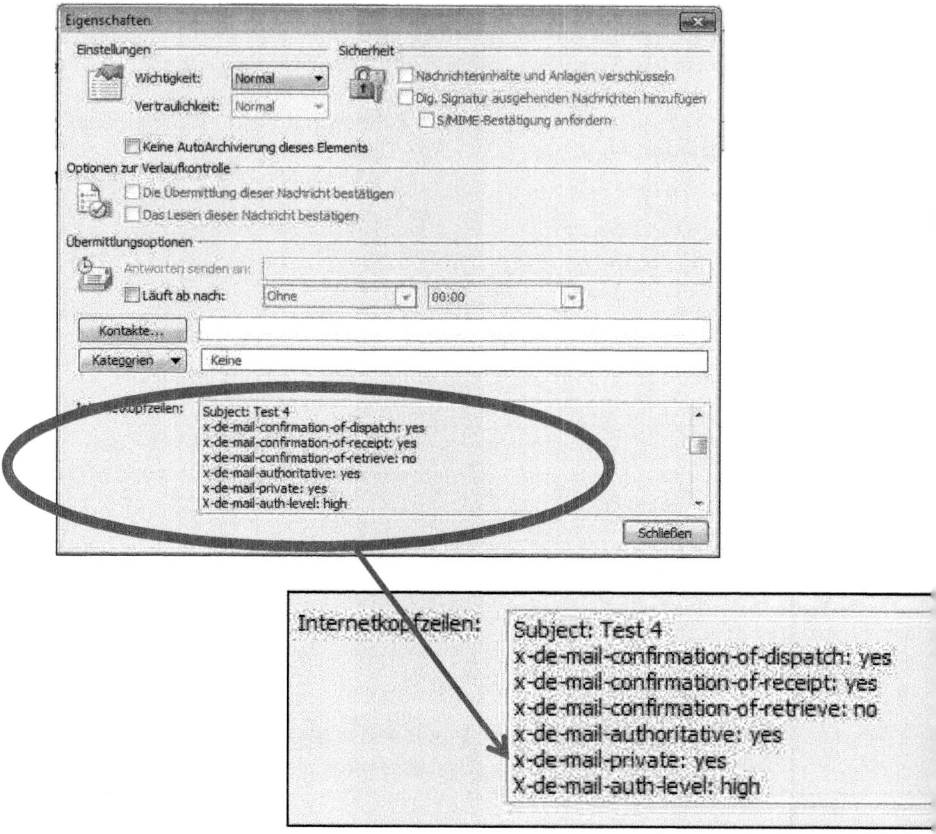
Eigenschaften
Einstellungen
Sicherheit
Wichtigkeit: Normal
Vertraulichkeit: Normal
Nachrichteninhalte und Anlagen verschlüsseln
Dig. Signatur ausgehenden Nachrichten hinzufügen
S/MIME-Bestätigung anfordern
Keine AutoArchivierung dieses Elements
Optionen zur Verlaufkontrolle
Die Übermittlung dieser Nachricht bestätigen
Das Lesen dieser Nachricht bestätigen
Übermittlungsoptionen
Antworten senden an:
Läuft ab nach: Ohne 00:00
Kontakte...
Kategorien Keine
Subject: Test 4
x-de-mail-confirmation-of-dispatch: yes
x-de-mail-confirmation-of-receipt: yes
x-de-mail-confirmation-of-retrieve: no
x-de-mail-authoritative: yes
x-de-mail-private: yes
X-de-mail-auth-level: high
Schließen
Internetkopfzeilen:
Subject: Test 4
x-de-mail-confirmation-of-dispatch: yes
x-de-mail-confirmation-of-receipt: yes
x-de-mail-confirmation-of-retrieve: no
x-de-mail-authoritative: yes
x-de-mail-private: yes
X-de-mail-auth-level: high

Die Angaben zum Absender unterscheiden sich bei der De-Mail im Vergleich zu EGVP-Eingängen ebenfalls.

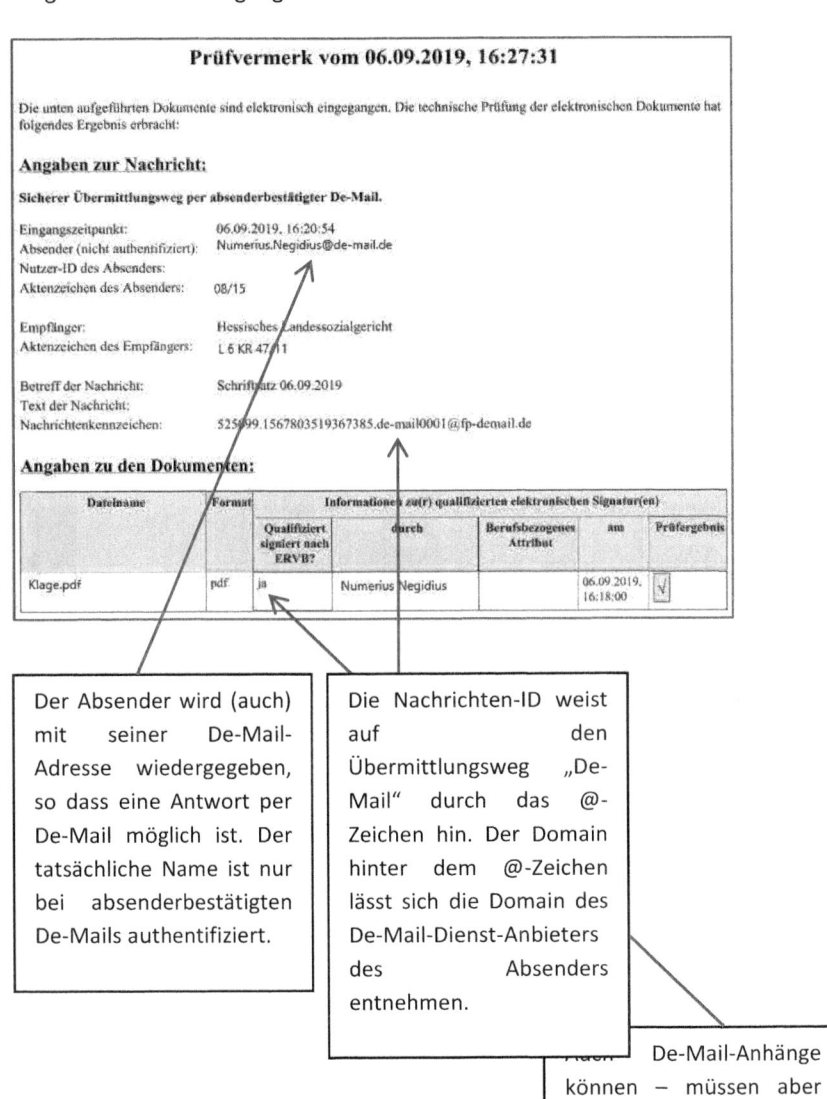

Prüfvermerk vom 06.09.2019, 16:27:31

Die unten aufgeführten Dokumente sind elektronisch eingegangen. Die technische Prüfung der elektronischen Dokumente hat folgendes Ergebnis erbracht:

Angaben zur Nachricht:

Sicherer Übermittlungsweg per absenderbestätigter De-Mail.

Eingangszeitpunkt:	06.09.2019, 16:20:54
Absender (nicht authentifiziert):	Numerius.Negidius@de-mail.de
Nutzer-ID des Absenders:	
Aktenzeichen des Absenders:	08/15
Empfänger:	Hessisches Landessozialgericht
Aktenzeichen des Empfängers:	L 6 KR 47/11
Betreff der Nachricht:	Schriftsatz 06.09.2019
Text der Nachricht:	
Nachrichtenkennzeichen:	52599.1567803519367385.de-mail0001@fp-demail.de

Angaben zu den Dokumenten:

Dateiname	Format	Informationen zu(r) qualifizierten elektronischen Signatur(en)				
		Qualifiziert signiert nach ERVB?	durch	Berufsbezogenes Attribut	am	Prüfergebnis
Klage.pdf	pdf	ja	Numerius Negidius		06.09.2019, 16:18:00	√

Der Absender wird (auch) mit seiner De-Mail-Adresse wiedergegeben, so dass eine Antwort per De-Mail möglich ist. Der tatsächliche Name ist nur bei absenderbestätigten De-Mails authentifiziert.

Die Nachrichten-ID weist auf den Übermittlungsweg „De-Mail" durch das @-Zeichen hin. Der Domain hinter dem @-Zeichen lässt sich die Domain des De-Mail-Dienst-Anbieters des Absenders entnehmen.

De-Mail-Anhänge können – müssen aber nicht – qualifiziert signiert sein.

(3). Einfache Signatur

Die sog. einfache Signatur ist lediglich die Angabe des Urhebers oder Absenders. Sie ist in des eIDAS-VO **nicht gesondert geregelt**. Entsprechend Art. 3 Nr. 10 eIDAS-VO handelt es sich um *„Daten, die der Unterzeichner zum Unterzeichnen verwendet"*.

Die Einhaltung einer bestimmten Form ist hierfür nicht vorgeschrieben. Einfache Signatur kann bspw. der **maschinenschriftliche Namenszug** unter dem Schriftsatz sein (bspw. „gez. Müller") oder eine **eingescannte Unterschrift**.[93] Die einfache Signatur muss weder zwingend den Vornamen enthalten, noch eine Dienst-, Amts- oder Berufsbezeichnung. Auch bei Rechtsanwälten ist deshalb die Bezeichnung „Rechtsanwalt" nicht erforderlich.

Wie bei der Unterschrift ist es auch bei der einfachen Signatur erforderlich, dass sie **am Ende** des unterzeichneten Textes, um ihrer Abschlussfunktion zu genügen.[94]

Wird die einfache Signatur in Form einer eingescannten Unterschrift angebracht, muss die Unterschrift die von der Rechtsprechung aufgestellten Voraussetzungen für eine Unterschrift (insbesondere in Abgrenzung zur Paraphe) erfüllen: Für die Unterschrift bei schriftlicher Einreichung ist hinsichtlich der Art und Weise der Unterschrift ihre **Handschriftlichkeit**, d.h. die Erstellung der Unterschrift ohne technische Hilfsmittel konstitutiv.[95] Insbesondere eine maschinenschriftliche[96] oder vervielfältigte[97] Unterschrift als Vorlage für den Scan ist daher unwirksam. Abzugrenzen ist die Unterschrift vom **Kürzel oder der Paraphe**; dabei ist zwar die Lesbarkeit einzelnen Buchstaben nicht erforderlich, wohl aber ein die Identität des Unterzeichners hinreichend

---

[93] GK-ArbGG/*Horcher*, § 46c ArbGG Rn.76.
[94] BGH v. 20.11.1990 – XI ZR 107/89.
[95] BGH v. 29.5.1962 – I ZR 137/61.
[96] BFH v. 18.5.1972 – V R 1/71.
[97] BGH v. 29.5.1962 – I ZR 137/61.

kennzeichnender, individueller Schriftzug.[98] Hierzu muss der Schriftzug gewisse Charakteristika des vollen Namens erkennen lassen, obschon die Rechtsprechung eine gewisse Flüchtigkeit bzw. ein „Abschleifen" der Unterschrift toleriert.[99]

Von rechtlicher Relevanz ist die einfache Signatur neben der prozessualen Form des § 130a Abs. 3 Satz 1 2. Var. ZPO vor allem im Zivilrecht beim **Vertragsschluss** in elektronischer Form gem. **§ 127 Abs. 3 BGB**, für den grundsätzlich eine qualifizierte elektronische Signatur nicht erforderlich ist.

Die einfache Signatur erfüllt **keine besonderen Sicherheitsanforderungen**, ihr liegt auch kein (technisches) digitales Signaturverfahren zugrunde. Vor allem kann sie nicht sicher einer Person zugeordnet werden, daher eignet sie sich lediglich für formfreie Verträge oder dem besonderen prozessualen Zweck gem. § 130a Abs. 3, 4 ZPO, da bei letzterem die eindeutige Identifizierung über den Zugang zum Übermittlungsweg feststellbar ist – letztlich über den VHN. Im Prozessrecht ist die Funktion der einfachen Signatur vor allem, die **Urheberschaft leicht und mit einem Blick** auf das elektronische Dokument selbst, freilich mit sehr eingeschränkter Sicherheit, feststellen zu können, ohne auch in zweifelsolen Fällen stets weitere Dokumente wie den Transfervermerk oder den Prüfvermerk zu Hilfe nehmen zu müssen.

Nicht zulässig ist nach der bisherigen Rechtsprechung die (alleinige) **Verwendung einer anderen als der einfachen Signatur**.[100] Zusätzlich zur einfachen Signatur darf aber selbstverständlich auch eine fortgeschrittene oder qualifizierte elektronische Signatur angebracht werden. Hintergrund ist, dass diese technisch prüfbaren Signaturen es

---

[98] BGH v. 21.6.1990 – I ZB 6/90;
[99] Siehe mit zahlreichen Beispielen: Greger in: Zöller, Zivilprozessordnung, 33. Aufl. 2020, § 130 ZPO, Rn. 11.
[100] OLG Braunschweig, Beschluss vom 8. April 2019 – 11 U 164/18 m.Anm. *Müller*, FA 2019, 170, 172.

gerade nicht auf einen Blick erlauben, den Namen der verantwortenden Person zu erkennen und ihn mit dem Postfachinhaber zu vergleichen.

(4). Versendung durch die verantwortende Person
Der Wortlaut des § 130a Abs. 3 Satz 1 2. Var. ZPO spricht dafür, dass die verantwortende Person und die einreichende Person identisch sein müssen: Es dürfte grammatikalisch naheliegen, dass sich das Subjekt „verantwortende Person" sowohl auf die Tätigkeiten „signieren", als auch „einreichen" bezieht. Zudem streitet hierfür auch der Sinn und Zweck des sicheren Übermittlungswegs: Die Nutzung des konkret auf eine natürliche Person zurückführbaren beA-Postfachs soll ja gerade die fehlende technische Absicherung der einfachen Signatur ergänzen und damit die verantwortende Person hinreichend sicher identifizieren. Nur deshalb ist bei der Nutzung eines sicheren Übermittlungswegs eine qualifizierte elektronische Signatur als **Identitätsnachweis** entbehrlich, weil deren technische Sicherung durch das persönliche Postfach ersetzt wird. Eine Einreichung für den „nach Diktat verreisten" Rechtsanwalt mittels beA durch einen anderen Rechtsanwalt ist danach nicht mehr ohne weiteres möglich.[101]

Möglich bleibt der Versand eines elektronischen Dokuments durch einen vertretenden Kollegen für einen abwesenden Rechtsanwalt aber dennoch: Der vertretene Rechtsanwalt muss hierzu sicherstellen, dass sich auf dem Schriftsatz auch **die einfache Signatur des sendenden Kollegen** befindet (ggf. mit einem weiteren Hinweis an das Gericht, dass die weitere Korrespondenz über das beA des gerade abwesenden Rechtsanwalts zu führen ist). Entsprechend ist für die Bevollmächtigung des sendenden Rechtsanwalts zu sorgen. Alternativ ist die qualifizierte elektronische Signatur des abwesenden Rechtsanwalts erforderlich, dann nämlich ist die sendende Person unerheblich, weil dann ein Fall des § 130a Abs. 3 Satz 1 1. Var. ZPO vorläge.

---

[101] So auch ein Hinweis des ArbG Lübeck v. 10.10.2018 – 6 Ca 2050/18; OLG Braunschweig v. 8.4.2019 – 11 U 164/18 mit abl. Anm. Lapp, jurisPR-ITR 17/2019 Anm. 3; *Müller*, FA 2019, 170; Radke, jM 2019, 272.

Das **Auseinanderfallen** von einfacher Signatur und sendendem beA-Postfach muss zusätzlich unter Zuhilfenahme des Prüfprotokolls „*inspection_sheet*" bzw. der „*Visitenkarte*" der Absender ermittelt werden. Die dortigen Angaben sind mit der einfachen Signatur auf dem elektronischen Dokument selbst zu vergleichen.

Im **Vertretungsfall** ist gem. § 130 Nr. 1a ZPO zu beachten, dass der Schriftsatz Angaben darüber enthält, mich welchem beA zukünftig die Kommunikation erfolgen soll.

(5). Besonderheiten der einfachen Signatur beim beBPo
Abweichend zum beA lässt es die von § 130a Abs. 4 Nr. 3 ZPO in Bezug genommene ERVV in § 8 ERVV ausdrücklich zu, dass die Postfachinhaber, nämlich Behörden sowie juristische Personen des öffentlichen Rechts (§ 6 Abs. 1 ERVV), natürlichen Personen Zugang zu ihrem einheitlichen besonderen elektronischen Behördenpostfach ermöglichen, und regelt die dabei zu beachtenden Anforderungen. Eine dem § 23 Abs. 3 Satz 5 RAVPV entsprechende Regelung findet sich in der ERVV nicht. Da die Postfachinhaber nur durch natürliche Personen handeln können, liefe die Privilegierung des § 55 Abs. 4 Nr. 3 VwGO andernfalls auch leer.

Einer qualifizierten elektronischen Signatur bedarf es daher bei Übermittlungen aus einem beBPo grundsätzlich nicht. Vielmehr genügt es, wenn das Dokument **lediglich den Namen des Urhebers** oder dessen eingescannte Unterschrift am Textende (einfache Signatur) wiedergibt.[102] Im Gegensatz zum beA kommt es dann nicht mehr darauf an, wer den Sendevorgang vornimmt.

Besteht **Vertretungszwang**, muss die einfache Signatur eine vertretungsberechtigte Person ausweisen.

---

[102] VGH Mannheim v. 4.3.2019 – A 3 S 2890/18.

(6). Ungültige qualifizierte elektronische Signatur bei sicheren Übermittlungswegen

Eine zu beobachtende Rechtsfrage ergibt sich in folgendem Fall: Ist eine **schriftformbedürftige Einsendung** eigentlich wirksam, wenn das Dokument auf einem **sicheren Übermittlungsweg** eingereicht wird – und folglich die qualifizierte Signatur eigentlich entbehrlich gewesen wäre -, aber dennoch (überobligatorisch) eine **qualifizierte Signatur** angebracht wird, die aber **ungültig** ist.

Eine Lösung wäre bspw. denkbar, in dem man die Funktionen der Signatur betrachtet: So bietet der sichere Übermittlungsweg zwar eine der Signatur vergleichbare Identifikationsfunktion, aber **keinen Manipulationsschutz**. Es ließe sich daher gut vertreten, die Einreichung als zulässig anzusehen, wenn die Ungültigkeit auf der fehlenden Authentifikation beruht (bspw. abgelaufenes oder gesperrtes Zertifikat), die Schriftform aber nicht als gewahrt anzusehen, wenn die Integrität zweifelhaft ist (bspw. weil das Dokument nach der Signatur nochmals verändert wurde). Gerade letzteres wird ja durch den sicheren Übermittlungsweg nicht verhindert.

Die Rechtsprechung hierzu muss gut beobachtet werden, denn Fälle werden bald auftreten, denn die "versehentliche Manipulation" ist ein typischer **"Anfängerfehler"** bei der erstmaligen Nutzung von qualifizierten elektronischen Signaturen (Bsp: Nach dem Signaturvorgang wird noch ein Kommafehler entdeckt und verbessert – trotz der inhaltlich völlig irrelevanten Verbesserung, ist die elektronische Signatur zerstört). Da die sicheren Übermittlungswege mit der Möglichkeit auf die qualifizierte Signatur zu verzichten aber erst am 1. Januar 2018 an den Start gehen, muss sich erst eine Rechtsprechung herausbilden.

cc. Prüfung anderer zugelassener Übermittlungswege

In der Variante des § 130a Abs. 3 Satz 1 1. Var. ZPO erfolgt die Authentizitätsprüfung nicht anhand des Zugangs zu einem zugangsgeschützten und einer bestimmten juristischen oder natürlichen Person zugeordneten Postfach wie bei den sicheren Übermittlungswegen, sondern der **Identitätsnachweis** wird dadurch erbracht, dass das elektronische Dokument mit einer **qualifizierten elektronischen Signatur** der verantwortenden Person versehen wird. Bei Nutzung dieser Variante darf das elektronische Dokument auf allen **zugelassenen elektronischen Übermittlungswegen**, durch jede beliebige Person versandt werden. Insbesondere kann der Versandprozess also auch durch ein Sekretariat oder einen Vertreter erfolgen. Die Beschränkung der Versandwege auf die zugelassenen Übermittlungswege hat in dieser Variante nur Gründe aus dem Datenschutzrecht bzw. der IT-Sicherheit. Der Versandweg selbst wird hier nicht zur Identitätsfeststellung genutzt.

Die **qualifizierte elektronische Signatur** muss **die der verantwortenden Person** sein. Die Weitergabe der für die Signaturerstellung erforderlichen Daten (also insbesondere der PIN bzw. des Passworts) an andere Personen ist nicht zulässig, weil der Unterzeichner diese Daten unter seiner alleinigen Kontrolle haben muss, Art. 26 c), Art. 3 Nr. 12, 11 eIDAS-VO.

Für den gerichtlichen Posteingang muss die qualifizierte elektronische Signatur also immer auf die Person lauten und von ihr selbst angebracht werden, die die Verantwortung für den Inhalt des Dokuments übernimmt. Er oder sie kann den Signaturprozess nicht delegieren. Der Posteingang unterscheidet sich insoweit vom Postausgang; bei gerichtlichen Zustellungen signiert nicht zwingend die Richterin oder der Richter, sondern regelmäßig die/der Urkundsbeamte, § 169 Abs. 4 ZPO.

(1). Die qualifizierte elektronischen Signatur (qeS)
Die qualifizierte elektronische Signatur ersetzt im elektronischen Rechtsverkehr per EGVP oder – bis 1. Januar 2018 auch bei Nutzung der sog. sicheren Übertragungswege (bspw. des beA) - die **Unterschrift des Urhebers** des Dokuments.[103]

Sie ist daher sowohl im Postein- als auch im Postausgang nur dort erforderlich, wo sie durch das **Gesetz ausdrücklich vorgeschrieben** ist oder sonst dazu bestimmt ist, die Form zu wahren.[104] Insbesondere bestimmende Schriftsätze haben Verfahrensbeteiligte daher qualifiziert elektronisch zu signieren. § 130a Abs. 1 Satz 2 ZPO a.F. (bis 31. Dezember 2017) sprach insoweit zwar von „soll", der BGH las dies zu Recht aber als „muss".

Seit 1. Januar 2018 muss aber **nach dem Gesetzeswortlaut** nun **jedes eingereichte Dokument** – unabhängig von der Frage der Schriftformwahrung – qualifiziert elektronisch signiert sein, § 130a Abs. 3 ZPO n.F. sofern es nicht über einen sicheren Übermittlungsweg eingereicht wird. Diese Formverschärfung im gerichtlichen Posteingang findet keine unmittelbar Entsprechung im gerichtlichen Postausgang; auch dies ist aber konsequent, denn § 174 Abs. 3 ZPO kennt nach seinem Wortlaut nur noch die Zustellung über sichere Übermittlungswege. Wie die Rechtsprechung aber mit **nicht schriftformbedürftigen**, unsignierten elektronischen Posteingängen umgehen wird, bleibt abzuwarten – insbesondere dort wo Amtsermittlungsgrundsatz besteht, dürfte es kaum eine Grundlage dafür geben, das Dokument zu ignorieren.

---

[103] *Müller*, NJW 2015, 822.
[104] Vgl. bspw. für das Empfangsbekenntnis § 174 Abs. 3 Satz 3 ZPO.

zugelassene elektronische Übermittlungswege (bspw. EGVP)	sicherer Übermittlungsweg
qeS obligatorisch; - Signatur der verantwortenden Person selbst - zugelassene Signaturarten: PDF-Inline oder detached Signatur	*qeS nicht zwingend erforderlich*
zugelassenes **Dateiformat** (grds. texterkannte PDF)	zugelassenes **Dateiformat** (grds. texterkannte PDF)
*Keine zusätzlichen **Versand**voraussetzungen*	**Versand** durch die verantwortende Person selbst (bspw. einen postualtionsfähigen Rechtsanwalt)
Rechtsfolge: *Einhaltung der Voraussetzungen des § 130a ZPO*	***Rechtsfolge:*** *Einhaltung der Voraussetzungen des § 130a ZPO*

Praktisch erfolgt die Anbringung der Signatur dadurch, dass eine Signaturkarte[105] in ein Kartenlesegerät eingeführt wird und auf dem Lesegerät eine PIN eingegeben wird; der Vorgang dauert nur wenige Sekunden.

Die Anbringung der Signatur erfordert daher den **Besitz der Karte** und die **Kenntnis der PIN**, was einen Missbrauch bei sorgfältiger Behandlung durch den Inhaber fast unmöglich macht. Aufgrund ihres hochkomplexen mathematischen Aufbaus ist die Signatur ohne Besitz der Karte und Kenntnis der PIN **praktisch unfälschbar** – zumeist ganz im Gegensatz zur händischen Unterschrift, die sie ersetzt.

Schriftsätze, die nicht der Schriftform bedürfen, müssen zwar nicht signiert werden – sollten es aber dennoch. In der Praxis werden häufig signiert, um neben der Identitätsfunktion durch die Signatur auch ihre **nachträgliche Manipulierbarkeit** auszuschließen. In der Kombination mit der Nutzung des EGVP-Übertragungswegs erreicht der Absender so eine maximale IT-Sicherheit – jedenfalls nach dem Stand der Technik.

---

[105] Eine Chipkarte auf der ein Zertifikat eines sog. Vertrauensdiensteanbieters aufgespielt ist, das wiederum die Identität des Zertifikatsinhabers, z.B. des Rechtsanwalts, geprüft hat (bspw. durch ein Post-Ident-Verfahren) und das nur eine bestimmte zeitliche Gültigkeit hat.

Die gesetzliche Grundlage findet die früher in § 2 Nr. 3 SigG[106] geregelte qualifizierte elektronische Signatur in der **eIDAS-Verordnung** über elektronische Identifizierung und Vertrauensdienste.[107] Gem. Art 3 Nr. 12 eIDAS-VO ist die qualifizierte elektronische Signatur

- eine **fortgeschrittene Signatur**,

- die von einer qualifizierten elektronischen **Signaturerstellungseinheit erstellt** wurde

    o Nr. 23: regelt die „Qualifizierte elektronische Signaturerstellungseinheit"

- und auf einem **qualifizierten Zertifikat** für elektronische Signaturen beruht.

    o Nr. 15: qualifiziertes Zertifikat für elektronische Signaturen: Ein von einem qualifizierten Vertrauensdiensteanbieter ausgestelltes Zertifikat für elektronische Signaturen, das die Anforderungen des Anhangs I der eIDAS-VO erfüllt.

    o Nr. 16-20: regeln den „qualifizierten Vertrauensdiensteanbieter"

---

[106] Gesetz über Rahmenbedingungen für elektronische Signaturen (Signaturgesetz) vom 16. Mai 2001 (BGBl. I S. 876) zuletzt geändert durch Art. 2 Abs. 135 Art. 4 Abs. 111 G zur Strukturreform des Gebührenrechts des Bundes vom 7. 8. 2013 (BGBl. I S. 3154).
[107] Verordnung (EU) Nr. 910/2014.

(2). Technische Varianten der qualifizierten elektronischen Signatur
Anders als eine händische Unterschrift, ist eine qualifizierte elektronische Signatur **nicht zwingend sichtbar**. Es handelt sich vielmehr um ein Datum oder Meta-Datum im signierten Dokument bzw. um eine eigene Datei.

Im Gegensatz zu Einsendungen über sichere Übermittlungswege ist nach dem Wortlaut des § 130a Abs. 3 1. Var. ZPO nun für alle Eingänge, nicht nur für schriftformbedürftige Dokumente, eine qeS vorgeschrieben.

Nach der bisherigen Rechtsprechung der obersten Bundesgerichte waren alle Arten von elektronischen Signaturen zugelassen.[108] Ab 1. Januar 2018 gilt gem. § 4 Abs. 2 ERVV, dass *mehrere elektronische Dokumente nicht mit einer gemeinsamen qualifizierten elektronischen Signatur übermittelt werden dürfen*. Damit ist die sog. **Containersignatur** nach h.Rspr. nicht mehr zulässig.[109]

Zulässige Signaturarten sind damit vor allem noch die PDF-*Inlinesignatur* (die qeS ist Teil einer PDF-Datei) und die **detached Signatur** (die qeS befindet sich in einer zweiten Datei neben dem Dokument; diese zweite Datei ist regelmäßig an der Dateiendung .pkcs7 oder .p7s erkennbar). Die *enveloping Signatur* (die Signaturdatei – regelmäßig mit der Dateiendung .p7m – bettet das Dokument ein) ist gem. der Bekanntmachung zu § 5 der ERVV (Nr. 4) unzulässig.[110]

Die Art der qeS lässt sich regelmäßig am **Transfervermerk** erkennen (anhand der im „grauen Rahmen" befindlichen Dateien). Ferner ergibt sich die Zulässigkeit der angebrachten qeS aus dem **Prüfvermerk**.

---

[108] BGH, Beschluss vom 14. 5. 2013 – VI ZB 7/13; BFH, Urteil vom 18. 10. 2006 - XI R 22/06 m. zust. Anm. *Viefhues*, jurisPR-ITR 2/2007, Anm. 5; a.A. *Müller*, NJW 2013, 3758.
[109] Vgl. BGH Beschl. v. 15.5.2019 - XII ZB 573/18 m.Anm. *Müller* FA 2019, 198; a.A. OLG Brb Beschl. v. 6.3.2018 – 13 WF 45/18.
[110] Die *enveloping Signatur* ist (nur) sicher erkennbar im Prüfprotokoll „*signed attachments*" → Spalte „*Signaturformat*". Dort ist sie gekennzeichnet als „*Signatur mit Dokumenteninhalt*" (die *detached Signatur* als „*Signatur ohne Dokumenteninhalt*").

(a). Container-Signatur

Bei der Container-Signatur bezieht sich die qeS auf den Nachrichtencontainer oder sonstige Container (bspw. .zip-Dateien).

Erkennung: Der graue Kasten, der die Signaturangaben umfasst, beinhaltet mehrere Dateien:

```
                         Transfervermerk
                      erstellt am: 01.09.2016, 11:44:20
              (weitere Details und Anmerkungen können Sie dem separaten Prüfprotokoll entnehmen)
Prüfergebnis der OSCI-Nachricht: govapp_1472722476562416261289589549 0377

Eingang auf dem Server: 01.09.2016, 11:34:38
(Ende des Empfangsvorgangs) (lokale Serverzeit)
    Inhaltsdaten: nachricht.xml, nachricht.xsl, visitenkarte.xml, visitenkarte.xsl, herstellerinformation.xml
    Anhänge: Lorem ipsum dolor sit amet.pdf

Signiert durch    Signiert am                          Qualifiziertes Zertifikat   Integrität
                  (lokale Systemzeit der Signaturanbringung)                        (mathematische Signaturprüfung)
                  01.09.2016, 11:34:38                 ja                          gültig
```

Die unzulässige Containersignatur ist ferner im sog. „Prüfvermerk" erkennbar:

Qualifiziert signiert nach ERVB?	durch	Berufsbezogenes Attribut	am	Prüfergebnis
Containersignatur				

Rechtsfolge: Verstoß gegen § 4 Abs. 2 ERVV (bzw. bei .zip-Dateien auch gegen § 2 Abs. 1 ERVV).[111]

---

[111] Vgl. zur Containersignatur: BSG, Beschluss vom 9. Mai 2018 - B 12 KR 26/18 B; BAG, Beschluss vom 15. August 2018 – 2 AZN 269/18.

(b). PDF-Inline - Signatur

Bei der PDF-Inline - Signatur (auch *embedded* oder *enveloped* Signatur) wird die Signatur Teil des übermittelten PDF-Dokuments.

Erkennung: Der graue Kasten, der die Signaturangaben umfasst, beinhaltet eine PDF-Datei:

Transfervermerk
erstellt am: 01.09.2016, 11:59:18
(weitere Details und Anmerkungen können Sie dem separaten Prüfprotokoll entnehmen)

Prüfergebnis der OSCI-Nachricht: govapp_14727226270587980409285739417412

Eingang auf dem Server: 01.09.2016, 11:37:07
(Ende des Empfangsvorgangs) (lokale Serverzeit)
Inhaltsdaten: nachricht.xml, nachricht.xsl, visitenkarte.xml, visitenkarte.xsl, herstellerinformation.xml
Anhänge: Lorem ipsum dolor sit amet-signed.pdf

Prüfergebnis signierte Anhänge:

Lorem ipsum dolor sit amet-signed.pdf

Signiert durch	Signiert am (soweit feststellbar)	Qualifiziertes Zertifikat	Integrität (mathematische Signaturprüfung)
	28.07.2016, 09:13:09	ja	ja

Im **Prüfvermerk** wird die Inline-Signatur als „qualifiziert signiert nach ERVB": „ja" angezeigt:

Angaben zu den Dokumenten:

Dateiname	Format	Informationen zu(r) qualifizierten elektronischen Signatur(en)			
		Qualifiziert signiert nach ERVB?	durch	Berufsbezogenes Attribut	am	Prüfergebnis
Klage.pdf	pdf	ja	Numerius Negidius		06.09.2019, 16:18:00	√

Rechtsfolge: Zulässige Signaturart gem. § 4 Abs. 1 ERVV.

(c). detached Signatur
Bei der detached Signatur wird eine gesonderte Signaturdatei neben dem signierten Dokument erzeugt (Dateiendung: .pkcs7 oder .p7s).

Achtung: Leicht zu verwechseln mit der unzulässigen enveloping Signatur, die allerdings das signierte Dokument ins sich einbettet (zu erkennen daran, dass kein signiertes Dokument als weitere Datei beigefügt ist).

Erkennung: Der graue Kasten, der die Signaturangaben umfasst, beinhaltet eine .pkcs7 oder .p7s – Datei; er befindet sich ferner unterhalb der Überschrift „Prüfergebnis signierte Anhänge":

```
Transfervermerk
erstellt am: 01.09.2016, 12:14:18
(weitere Details und Anmerkungen können Sie dem separaten Prüfprotokoll entnehmen)
Prüfergebnis der OSCI-Nachricht: govapp_1472722742445306382055505849 8232

Eingang auf dem Server: 01.09.2016, 11:39:02
(Ende des Empfangsvorgangs) (lokale Serverzeit)
Inhaltsdaten: nachricht.xml, nachricht.xsl, visitenkarte.xml, visitenkarte.xsl, herstellerinformation.xml
Anhänge: Lorem ipsum dolor sit amet.docx.pkcs7, Lorem ipsum dolor sit amet.docx

Prüfergebnis signierte Anhänge:
Lorem ipsum dolor sit amet.docx.pkcs7
```

Signiert durch	Signiert am (soweit feststellbar)	Qualifiziertes Zertifikat	Integrität (mathematische Signaturprüfung)
▓▓▓▓▓▓	01.09.2016, 11:37:21	ja	ja

Im **Prüfvermerk** wird die Inline-Signatur als „qualifiziert signiert nach ERVB": „ja" angezeigt:

Angaben zu den Dokumenten:

Dateiname	Format	Informationen zu(r) qualifizierten elektronischen Signatur(en)				
		Qualifiziert signiert nach ERVB?	durch	Berufsbezogenes Attribut	am	Prüfergebnis
Klage.pdf	pdf	ja	Numerius Negidius		06.09.2019, 16:18:00	✓

Rechtsfolge: Zulässige Signaturart gem. § 4 Abs. 1 ERVV.

(3). Rechtsfolgen bei Verwendung unzulässiger Signaturen
Obwohl der Ausschluss der Container-Signatur insbesondere der Rechtsanwaltschaft durchaus hätte bekannt sein können (vgl. bspw. BRAK-Newsletter zum beA vom 16.11.2017) war faktisch insbesondere zum Jahreswechsel 2017/2018 weder in der Rechtsanwaltschaft noch in der Justiz die Sensibilität hierfür flächendeckend gegeben. Aufgrund der Neuregelung des § 4 Abs. 2 ERVV und der darin enthaltenen Abkehr von **der bisherigen obergerichtlichen Rechtsprechung**, dass alle Arten der qualifizierten elektronischen Signatur gültig seien, entsteht für die juristischen Bearbeiter gerichtlicher Streitigkeiten ein völlig neuer Prüfungsaufwand: Es ist nun bei der elektronischen Übermittlung (aus anderen als den sicheren Übermittlungswegen) nicht mehr nur zu prüfen, ob eine qualifizierte elektronische Signatur vorhanden und gültig ist, sondern auch, ob nicht eine gem. § 4 Abs. 2 ERVV, § 5 ERVV i.V.m. den ERVB[112] zulässige Signatur vorliegt. Diese Prüfung wird aufgrund der Sperrigkeit der Darstellung in den Transfervermerken gepaart mit teilweise fehlenden Schulungen in weiten Teilen der Justiz als lästig wahrgenommen und ist entsprechend fehlerbehaftet.

Allerdings verfolgte der Verordnungsgeber der ERVV mit dem Ausschluss der Container-Signatur einen durchaus **legitimen Zweck**. Doch genau diesen legitimen Zweck des § 4 Abs. 2 ERVV zog das Brandenburgische Oberlandesgericht in einer Entscheidung vom 12. Januar 2018 (13 W 45/18)[113] in Zweifel. Um deshalb nicht gegen das Rechtsstaatsprinzip zu verstoßen, müsse § 4 Abs. 2 ERVV einschränkend ausgelegt werden. Entsprechend hat am 10. Oktober 2018 auch das LSG Niedersachsen-Bremen entschieden (L 2 R 117/18). BSG, BAG, BVerwG[114] und der BGH[115] haben dieser Rechtsprechung in den oben zitierten Entscheidungen dagegen eine klare Absage erteilt.

---

[112] Vgl. *Müller*, FA 2019, 98 ff.
[113] NJW 2018, 1482 m. Anm. *Müller*.
[114] BSG, Beschl. v. 9. Mai 2018 - B 12 KR 26/18 B; BAG, Beschl. v. 15. August 2018 - 2 AZN 269/18; BVerwG, Beschl. v. 7. September 2018 – 2 WDB 3/18.
[115] BGH, Beschl. v. 15. Mai 2019 - XII ZB 573/18.

Die **Eingangsfiktion des § 130a Abs. 6 ZPO** wendet der BGH[116] ebenso wie BSG und BAG **nicht an**. Und lässt vielsagend offen, welchen Anwendungsbereich die Vorschrift seines Erachtens habe (*„Dabei kann dahinstehen, ob diese Bestimmung bei einem Verstoß gegen § 4 Abs. 2 ERVV einschlägig ist (dies verneinend etwa BSG Beschluss vom 20. März 2019 B 1 KR 7/18 B juris Rn. 7 f.; BAG NJW 2018, 2978 Rn. 8 ff.)"*). Der BGH verweist hier nämlich auf eine von ihm neu formulierte Anforderung an den Anwendungsbereich der Eingangsfiktion: *„Denn die Beklagte hat das die Berufungseinlegung beinhaltende elektronische Dokument nicht mit einer qeS nachgereicht, sondern in ihrem Wiedereinsetzungsantrag und mithin durch ein neues Dokument erklärt, Berufung einzulegen. Hierfür gilt die Zugangsfiktion des § 130 a Abs. 6 Satz 2 ZPO nicht, weil die Vorschrift eng auszulegen ist (vgl. Senatsbeschluss vom 8. Mai 2019 XII ZB 8/19 zur Veröffentlichung vorgesehen)"*. Die Eingangsfiktion greift nach Auffassung des BGH also nur dann, wenn exakt dieselbe Datei nochmals eingereicht wird – er stellt offenbar also nicht auf den Inhalt des Schriftsatzes, sondern seine technische Manifestation ab. An diesem Satz werden sich Gerichte zukünftig abzuarbeiten haben, wenn die zunächst – nicht bearbeitbar – eingesandte Datei so fehlerhaft war, dass sie gar nicht zu öffnen war. Dann wird die Identität nämlich oftmals nur schwer überprüfbar sein. Rettung dürfte sein, dass dies nur glaubhaft zu machen ist.

Bemerkenswert sind schließlich die Ausführungen des BGH zur Anwendung der **allgemeinen Regelungen zur Wiedereinsetzung** in den vorigen Stand, die von BSG und BAG mit relativer Großzügigkeit zur „Rettung des Einsenders" eingesetzt wurden. Hier legt der BGH einen demgegenüber hohen Maßstab an und formuliert zunächst klar, dass den Rechtsanwalt ein Verschulden treffe, wenn er rechtsirrtümlich entgegen § 4 Abs. 2 ERVV eine Containersignatur verwende: *„Von einem Rechtsanwalt ist zu verlangen, dass er sich anhand einschlägiger Fachliteratur über den aktuellen Stand der Rechtsprechung informiert. Dazu besteht umso mehr Veranlassung, wenn es sich um eine vor kurzem*

---

[116] BGH, Beschl. v. 15. Mai 2019 - XII ZB 573/18.

geänderte Gesetzeslage handelt, die ein erhöhtes Maß an Aufmerksamkeit verlangt.“ Unvermeidbar sei der Rechtsirrtum zudem nicht gewesen, denn der einschlägigen Fachliteratur sei auf die Unzulässigkeit der Containersignatur ausführlich und gerade auch mit Bezug auf das anwaltliche Haftungsrisiko eingegangen worden.

Durch die Einreichung der Berufung erst am letzten Tag der Frist, habe der Prozessbevollmächtigte dem Gericht zudem die Möglichkeit genommen, rechtzeitig auf den Fehler hinzuweisen. Ein **Verstoß gegen die Fürsorgepflichten** durch das Unterlassen eines solchen Hinweises – entsprechend der Rechtsprechung von BSG und BAG – der das anwaltliche Verschulden überwiegen könnte, scheidet damit nach Auffassung des BGH aus: *„Da die Berufung am letzten Tag der Berufungsfrist eingelegt wurde, wäre die Fristversäumnis auch dann eingetreten, wenn das Oberlandesgericht den Formfehler im gewöhnlichen Geschäftsgang bemerkt und auf ihn hingewiesen hätte.“* Dies wirft die Frage auf, die auch das BAG in seinem Beschluss vom 15. August 2018 (2 AZN 269/18) eher noch umschifft hatte, nämlich „wie lang" der gewöhnliche Geschäftsgang der Justiz eigentlich ist – immerhin war der Posteingang ja nicht am Abend des letzten Tages der Frist (so dass das Gericht „chancenlos" gewesen wäre, sondern noch am Vormittag zur gewöhnlichen Arbeitszeit).

Zur Dauer des gewöhnlichen Geschäftsgangs haben sich unter anderem das Hessische LAG geäußert[117] und für eine Einreichung zwei Tage vor Ablauf der Frist zusätzlich in seine Erwägungen eingestellt, dass die Feststellung des Formmangels nicht trivial sei und dem Bearbeiter hierzu Zeit zur juristischen und tatsächlich Würdigung einzuräumen sei; zwei Tage ließ das LAG dafür nicht ausreichen. Das BAG hat in einem Beschluss vom 5. Juni 2020[118] einen Zeitraum von acht Arbeitstagen zwischen Einreichung und Fristablauf genügen lassen, damit das Gericht einen rechtzeitigen Hinweis erteilen kann. In diesem Fall ging es allerdings nicht

---

[117] Urteil vom 18. Oktober 2018 – 11 Sa 70/18.
[118] 10 AZN 53/20.

um eine Containersignatur, sondern um das leichter feststellbare Fehlen eines VHN.

Letztlich gilt deshalb: Ein „ordnungsgemäßer Geschäftsgang" garantiert auch nach dem BGH sicher keine sofortige, nicht einmal aber eine taggleiche Prüfung. Die Rechtsprechung mahnt daher, dass die Verfahrensbeteiligten bei **Ausreizung der Frist** nicht erwarten können, dass eine richterliche Beurteilung und ein entsprechender Hinweis noch innerhalb der Frist erfolgen. Es gibt mithin keinen Automatismus für eine Wiedereinsetzung bei Formfehlern im elektronischen Rechtsverkehr. Diese Rechtsprechung bezieht sich im Übrigen nicht nur auf die Verwendung der Containersignatur, sondern auf sämtliche Fehler bei der Anwendung der ERVV – bspw. auch Fehler im genutzten Dateiformat.[119]

Prüfung der Formvoraussetzungen	Fehler der Bearbeitbarkeit: § 130a Abs. 6 ZPO --> unverzüglicher Hinweis	Fehler der Übermittlung: Wiedereinsetzungsantrag nach allgemeinen Regeln möglich.

Zusammenfassend gilt also für Fehler der Signatur, dass die Signatur nicht die Bearbeitbarkeit des elektronischen Dokuments betrifft, weshalb **nicht § 130a Abs. 6 ZPO** mit seiner verschuldensunabhängigen Eingangsfiktion anwendbar ist. Vielmehr hat das Gericht im Rahmen der allgemeinen prozessualen Fürsorgepflicht **auf den Formmangel hinzuweisen**. Sofern der regelmäßige Geschäftsgang dies zulässt, muss der Hinweis innerhalb der laufenden Rechtsmittelfrist ergehen, damit der Einreicher den Fehler

---

[119] Ausführlich *Müller*, FA 2019, 98 ff.

korrigieren kann. Ggf. kommt **Wiedereinsetzung in den vorigen Stand in Betracht.**

Die Rechtsprechung geht insoweit vom Wortlaut des § 130a Abs. 6 ZPO („bearbeitbar") aus und meint, dass Formfehler, die nur die „Übermittlung" betreffen hiervon nicht umfasst seien. Systematisch wäre auch eine andere Meinung vertretbar gewesen, weil § 130a Abs. 2 ZPO hinsichtlich der „Bearbeitbarkeit" sehr pauschal auf die ERVV verweist und dort auch der Ausschluss der Containersignatur geregelt ist. Überzeugend die Ansicht des BSG dennoch, weil sie durch die klare Eingrenzung der Hinweispflicht zu Ergebnissen führt, die in der **Gerichtsorganisation** handhabbar sind und der Rechtssicherheit dienen. Eine mangelnde Bearbeitbarkeit wird danach v.a. dann vorliegen, wenn die übermittelte Datei beschädigt oder virenverseucht ist.

Das eigentlich naheliegende Verschulden des Einreichers, eine unzulässige Signaturart verwendet zu haben, tritt zurück, wenn der Gericht es versäumt hat, innerhalb eines **ordnungsgemäßen Geschäftsgangs** so rechtzeitig auf den Formmangel hinzuweisen, dass eine Korrektur für den Einreicher noch innerhalb der laufenden Frist möglich gewesen wäre.

(4). Prüfergebnisse der Prüfprotokolle
Die **Details der Prüfvorgänge**, die sich als Zusammenfassung im Transfervermerk wiederfinden, ergeben sich aus den Prüfprotokollen.

Es wird mindestens das Prüfprotokoll „inspectionsheet.html" erzeugt, das Informationen zum Übermittlungsweg und zu einer möglichen Container-Signatur des Nachrichtencontainers enthält.

Wurden mit der Nachricht auch signierte Anhänge übermittelt, wird zudem das Prüfprotokoll „signedattachments.html" erzeugt, das Informationen über den Signaturstatus der Anhänge enthält.

Das Endergebnis und die Zwischenergebnisse der Signaturprüfung, werden in Form einer **Ampellogik** dargestellt. Hierbei ist beachten, dass die Zusammenfassung der Prüfung im Kopf des Prüfprotokolls keine Aussagen zum Signaturniveau enthält[120] und dazu, ob die richtige Person signiert hat:

Zusammenfassung und Struktur

OSCI-Nachricht:	
Gesamtprüfergebnis	☑ Sämtliche durchgeführten Prüfungen lieferten ein positives Ergebnis.
Betreff	Allgemeine Nachricht

---

[120] Dass „sämtliche durchgeführten Prüfungen" ein positives Ergebnis geliefert haben, besagt deshalb nicht, dass eine qualifizierte elektronische Signatur i.S.d. § 4 Abs. 1 ERVV vorliegt, sondern es könnte auch eine einfache oder fortgeschrittene Signatur vorliegen, die nicht die Anforderungen des § 4 Abs. 1 ERVV erfüllen würde. Sie wäre deshalb nur bei Nutzung eines sicheren Übermittlungswegs ausreichend.

(a). Ampellogik der Prüfprotokolle

✓	Die (jeweilige) Prüfung ergab ein **endgültig positives Ergebnis**.
!	Die (jeweilige) Prüfung ergab **kein eindeutiges Ergebnis** bzw. eine Prüfung konnte nicht durchgeführt werden. Wenn zur Formwahrung ein eindeutiges Ergebnis erforderlich ist, muss die Prüfung erneut angestoßen werden. Dieses Prüfungsergebnis ist <u>**bei einer qeS**</u> per Definition nie endgültig, sondern es lässt sich zu einem späteren Zeitpunkt stets ein endgültiges Prüfergebnis (grün oder rot) herbeiführen.
X	Die (jeweilige) Prüfung ergab ein endgültig negatives oder **endgültig ungültiges Ergebnis**. Damit kommt eine Formunwirksamkeit in Betracht.

(b). Detailinformationen im Prüfprotokoll

Informationen zum Signaturniveau:

Prüfprotokoll „signedattachements.html": Gem. § 4 Abs. 1 ERVV ist nur eine **qualifizierte Signatur** ausreichend, sofern das Dokument nicht von der verantwortenden Personen auf einem sicheren Übermittlungsweg versandt wird.

Signaturprüfungen

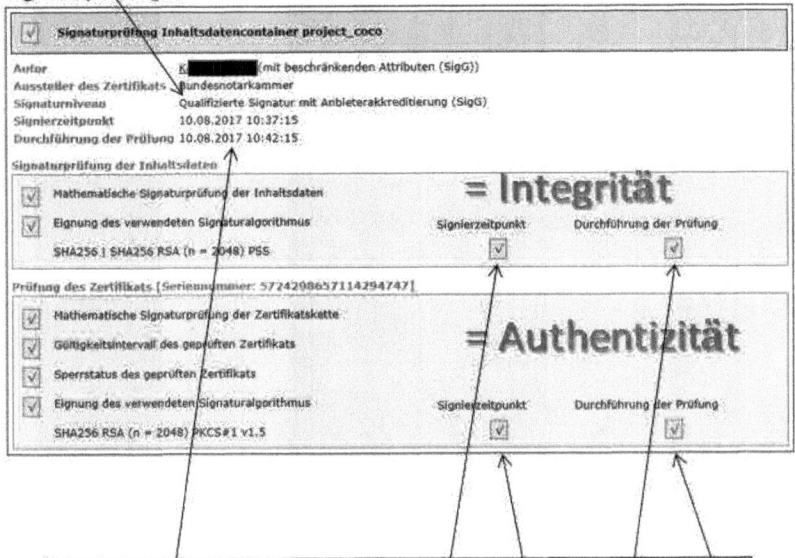

☑ Signaturprüfung Inhaltsdatencontainer project_coco

Autor K....... (mit beschränkenden Attributen (SigG))
Aussteller des Zertifikats Bundesnotarkammer
Signaturniveau Qualifizierte Signatur mit Anbieterakkreditierung (SigG)
Signierzeitpunkt 10.08.2017 10:37:15
Durchführung der Prüfung 10.08.2017 10:42:15

Signaturprüfung der Inhaltsdaten

☑ Mathematische Signaturprüfung der Inhaltsdaten   = **Integrität**
☑ Eignung des verwendeten Signaturalgorithmus   Signierzeitpunkt   Durchführung der Prüfung
   SHA256 | SHA256 RSA (n = 2048) PSS   ☑   ☑

Prüfung des Zertifikats [Seriennummer: 57242086571142947471]

☑ Mathematische Signaturprüfung der Zertifikatskette
☑ Gültigkeitsintervall des geprüften Zertifikats   = **Authentizität**
☑ Sperrstatus des geprüften Zertifikats
☑ Eignung des verwendeten Signaturalgorithmus   Signierzeitpunkt   Durchführung der Prüfung
   SHA256 RSA (n = 2048) PKCS#1 v1.5   ☑   ☑

Bezug des Ergebnisses zum jeweiligen Zeitpunkt:

Es ist denkbar, dass die Prüfergebnisse zum Signierzeitpunkt und zum Zeitpunkt der Durchführung der Prüfung im Gericht (i.d.R. beim Ausdruck des Dokuments in der Poststelle) auseinanderfallen. Es ist eine Frage der rechtlichen Würdigung, welcher Zeitpunkt maßgeblich ist. Hierbei ist zu berücksichtigen, dass der Absender auf den Prüfzeitpunkt im Gericht keinen Einfluss hat und dieser evtl. auch einige Tage nach dem Signierzeitpunkt liegen kann. Die genaue Zeit findet sich im Kopf dieses Protokollabschnitts.

Bsp: Im Signierzeitpunkt (am Freitag) war die Signatur gültig. Am Samstag verliert die verantwortende Person ihre Signaturkarte und lässt sie sperren. Am Montag prüft das Gericht die Signatur. Das Ergebnis wäre ein ☒ im Signierzeitpunkt und ein ☒ bei „Sperrstatus" und im Feld „Durchführung der Prüfung". Es spricht vieles dafür, den Eingang als formwirksam anzusehen.

(c). Weitere Informationen zum Versandweg im Prüfprotokoll

Zertifikate

Zertifikat des Absenders Stefan ▮▮▮▮▮

```
Inhaber
    Organisation BRAK
    Organisationseinheit beA
        Name Stefan ▮▮▮▮▮▮▮
        UID DE.BRAK▮▮▮▮▮▮▮▮
    Seriennummer 30000000000000114746
    Land DE
Aussteller
    Organisation Bundesnotarkammer
    Organisationseinheit Zertifizierungsstelle
        Name beA OSCI CA 1:PN
    Land DE
Allgemeines
    Gültig ab 15.12.2015 11:19:25
    Gültig bis 15.12.2020 11:19:25
    Seriennummer 828365633420038983
                 72 f5 75 ba 7b d8 5b 47
    Signaturalgorithmus SHA512withRSA
```

Zertifikat des Empfängers Hessisches Landessozialgericht

```
Inhaber
    Organisation Landessozialgericht HE
    Organisationseinheit Landessozialgericht HE
```

Die Angaben zum Zertifikat im Prüfprotokoll „inspectionsheet.html" geben einen weiteren Hinweis zum genutzten Übermittlungsweg und – bei Nutzung von beA oder beN – zur Person des Versenders:

- **Safe-ID:** Bei beA und beN erkennt man aus der Safe-ID den genutzten Übermittlungsweg:
    - **beA:** IDs des beA beginnen stets mit „DE.BRAK...",
    - **beN:** IDs des beN beginnen steht mit „DE.BEN_PROD...",

- **De-Mail:** Die Safe-ID im Prüfprotokoll ist die des De-Mail-Gateways der Justiz.

- **beBPo:** Behördenpostfächer sind anhand der Safe-ID nicht als solche erkennbar, sondern werden mit einer „safe...", „govello..." oder „justiz..."-Safe-ID betrieben.

- **EGVP:** Wie bei Behördenpostfächern beginnt die Safe-ID von EGVP-Postfächern mit „safe...", „govello..." oder „justiz..."

- **Person des Versenders:** Bei beA und beN enthält das Prüfprotokoll den Namen des Inhabers des Übermittlungsweg (also des Rechtsanwalts bzw. des Notars). Der dort aufgeführte Name muss gem. § 130a Abs. 3 ZPO identisch sein mit „der verantwortenden Person", die den Schriftsatz einfach signiert hat.[121]

---

[121] OLG Braunschweig, Urteil vom 8. April 2019 – 11 U 164/18 m.Anm. *Müller*, FA 2019, 170 ff.

c. Prüfung der Bearbeitbarkeit

Gem. § 130a Abs. 2 ZPO muss das elektronische Dokument für die Bearbeitung durch das Gericht geeignet sein. Die rechtlichen Rahmenbedingungen im Einzelnen bestimmt aufgrund der in § 130a Abs. 2 ZPO enthaltenen Verordnungsermächtigung die bundesweit gültige Verordnung über die technischen Rahmenbedingungen des elektronischen Rechtsverkehrs und über das besondere elektronische Behördenpostfach (**Elektronischer-Rechtsverkehr-Verordnung - ERVV**)[122], hier insbesondere §§ 2 Abs. 1, 5 ERVV.

(1). Zugelassene Dateiformate

Gem. § 2 Abs. 1 ERVV **ist** das elektronische Dokument in

- **druckbar**er,
- **kopierbar**er und,
- soweit technisch möglich, **durchsuchbar**er Form (d.h. texterkannt),
- im Dateiformat **PDF** (Version PDF/A-1, PDF/A-2, PDF/UA) zu übermitteln. Wenn bildliche Darstellungen im Dateiformat PDF nicht verlustfrei wiedergegeben werden können, darf das elektronische Dokument zusätzlich im Dateiformat **TIFF** (Version 6) übermittelt werden. Die Dateiformate PDF und TIFF müssen den unter www.justiz.de bekanntgemachten Versionen entsprechen. Bis zum 30. Juni 2019 kann von der Texterkennung des Dokuments abgesehen werden.

Gem. § 5 Abs. 1 ERVV macht die Bundesregierung folgende technische Anforderungen an die Übermittlung und Bearbeitung elektronischer Dokumente im Bundesanzeiger und auf der Internetseite www.justiz.de bekannt (**Bekanntmachungen zum Elektronischen Rechtsverkehr – ERVB**)[123]:

1. die Versionen der Dateiformate PDF und TIFF;
2. die Definitions- oder Schemadateien, die bei der Übermittlung eines strukturierten maschinenlesbaren Datensatzes im Format XML genutzt werden sollen;

---

[122] BGBl I 2017, 3803.
[123] https://justiz.de/elektronischer_rechtsverkehr/index.php.

3. die Höchstgrenzen für die Anzahl und das Volumen elektronischer Dokumente;
4. die zulässigen physischen Datenträger;
5. die Einzelheiten der Anbringung der qualifizierten elektronischen Signatur am elektronischen Dokument.

Letztlich werden hierdurch vor allem IT-Sicherheitsanforderungen bedient und die Funktionsfähigkeit der Infrastruktur der Justiz sichergestellt. Zudem stellen die Anforderungen der ERVB sicher, dass das elektronische Dokument auch ohne notwendiges Nachladen von Inhalten aus dem Internet lesbar ist; diese Anforderung trägt auch dem Umstand Rechnung, dass viele Justiznetze der Gerichte nicht unmittelbar mit dem Internet verbunden sind, weshalb ein Nachladen von Inhalten gar nicht ohne weiteres möglich wäre.

Praktisch relevant werden die neuen Anforderungen vor allem hinsichtlich der Einbettung aller Schriftarten; hier zeigt sich, dass diese Anforderung oft bei grafisch gestalteten Kanzleibriefköpfen nicht gewahrt ist.

(2). Erforderliche PDF-Merkmale

Gem. § 2 Abs. 1 ERVV **ist** das elektronische Dokument in

- **druckbar**er,
- **kopierbar**er und,
- im Dateiformat **PDF** (Version PDF/A-1, PDF/A-2, PDF/UA) zu übermitteln. Wenn bildliche Darstellungen im Dateiformat PDF nicht verlustfrei wiedergegeben werden können, darf das elektronische Dokument zusätzlich im Dateiformat **TIFF** (Version 6) übermittelt werden. Die Dateiformate PDF und TIFF müssen den unter www.justiz.de bekanntgemachten Versionen entsprechen. Bis zum 30. Juni 2019 kann von der Texterkennung des Dokuments abgesehen werden.

Diese Voraussetzungen sind im Adobe Reader (*Menü: Datei* → *Eigenschaften*) überprüfbar:

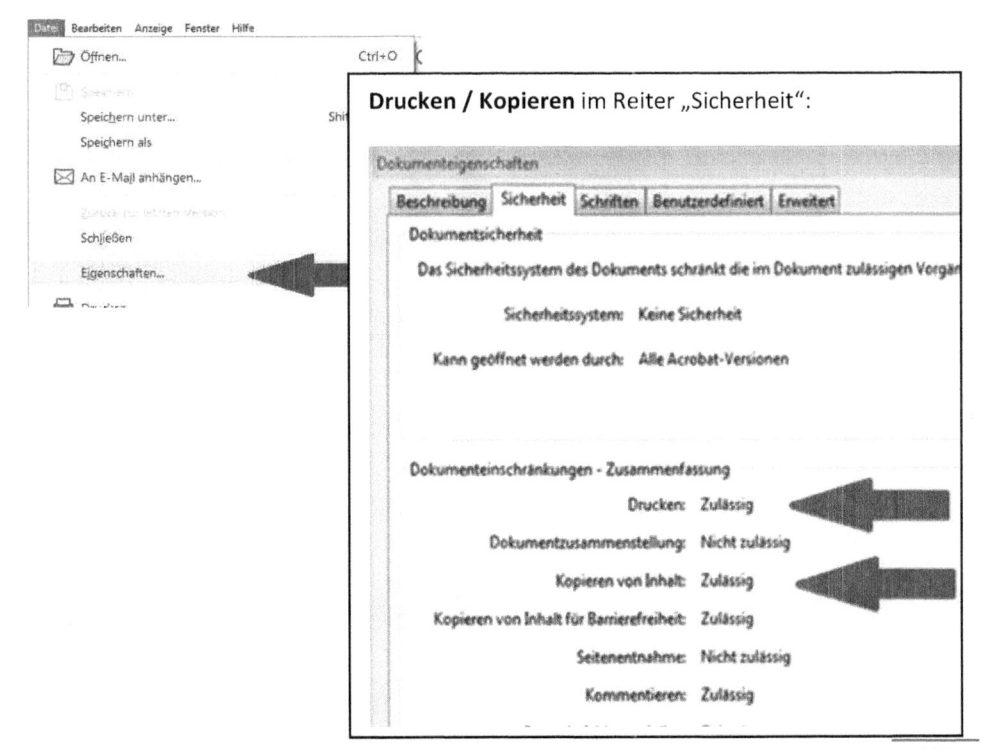

Drucken / Kopieren im Reiter „Sicherheit":

(3). Durchsuchbarkeit

Seit dem 1. Juli 2019 müssen bei Gericht eingereichte elektronische Dokumente gem. § 2 Abs. 1 ERVV soweit technisch möglich, durchsuchbar übermittelt werden.

Der Begriff der "Durchsuchbarkeit" bezieht sich auf darauf, dass das Dokument in **texterkannter Form** (OCR) einzureichen ist. Dies ergibt sich aus der Verordnungsbegründung (S. 12) und dem Zweck der Vorschrift. Der Sinn und Zweck ist ausweislich der Verordnungsbegründung, die pragmatische Idee, dass hierdurch die Weiterbearbeitung im Gericht und bei weiteren Verfahrensbeteiligten gefördert wird.

„…die Anforderungen ermöglichen das barrierefreie elektronische Vorlesen des elektronischen Dokuments für blinde und sehbehinderte Personen und erleichtern die elektronische Weiterverarbeitung durch die Gerichte, Gerichtsvollzieherinnen und Gerichtsvollzieher, Behörden, Rechtsanwältinnen und Rechtsanwälte und weiteren Verfahrensbeteiligten, denen das elektronische Dokument übermittelt wird."

Die Verordnungsbegründung führt weiter aus: Ein eingescannter Schriftsatz kann als elektronisches Dokument übermittelt werden, wenn es mit einem Texterkennungsprogramm als OCR-Scan (Optical Character Recognition) erstellt wurde. Zudem wird – neben diesem Hinweis aus der Verordnungsbegründung – der Regelfall sein, dass der Schriftsatz mit einem Textverarbeitungsprogramm erstellt wurde, das ein Abspeichern als PDF zulässt.

(a). Technisch nicht mögliche Texterkennung
Nicht näher ausgeführt und auch von der Rechtsprechung bislang nicht geklärt ist, wann die Texterkennung "**technisch nicht möglich**" i.S.d. § 2 Abs. 1 ERVV ist. Sicher ist dies der Fall bei Dokumenten, die keinen Text enthalten (bspw. reine Bilddokumente). Aber auch andere Fälle sind denkbar; die Verordnungsbegründung führt hierzu wie folgt aus:

„[Die Texterkennung] kann jedoch technisch unmöglich sein, wenn das Ausgangsdokument etwa handschriftliche oder eingeschränkt lesbare Aufzeichnungen oder Abbildungen enthält, die mit dem Texterkennungsprogramm nicht erfasst werden können. Diese elektronischen Dokumente müssen nicht in durchsuchbarer Form übermittelt werden."

Danach ist eine Texterkennung technisch bereits dann nicht möglich, wenn sie nicht zielführend ist, weil der "erkannte" Text ohnehin nicht zu gebrauchen wäre. Es stellt sich daraus aber weiter die Frage, wie schnell der Einsender "aufgeben" darf und ob er eine Texterkennung bspw. bei einem Telefax überhaupt versuchen muss oder nur bei handschriftlichen oder völlig unleserlichen Texte von vornherein weitere Bemühungen unterlassen darf. Dass eine Texterkennung schon dann "technisch unmöglich" ist, wenn der Einsender schlicht nicht über eine Software zur Texterkennung verfügt, dürfte nur schwer vertretbar sein. So wie, von ihm verlangt wird eine PDF-Datei erstellen zu können, wird von ihm wohl zukünftig auch die Texterkennung erwartet – hier lässt die Verordnung wohl kaum Spielraum.

Die Frage ist deshalb so virulent, weil sie – je nach vertretender Rechtsauffassung zur Rechtsfolge – möglicherweise über die **Formwirksamkeit einer Klage** oder eines Rechtsmittels entscheiden könnte.[124] Sie betrifft möglicherweise also direkt und unmittelbar den Ausgang eines Rechtsstreits.

---

[124] So BAG, Beschluss vom 12. März 2020 - 6 AZM 1/20 m.Anm. *Müller*, FA 2020, 158.

(b). Prüfung der Durchsuchbarkeit
Die Durchsuchbarkeit lässt sich zunächst im Adobe Reader (*Menü: Datei → Eigenschaften*) überprüfen:

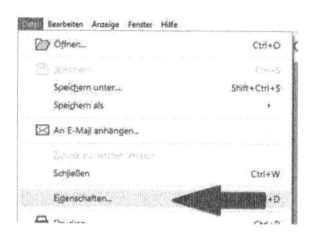

Im Reiter „Schriften" muss mindestens ein Eintrag vorhanden sein, es darf nicht leer sein:

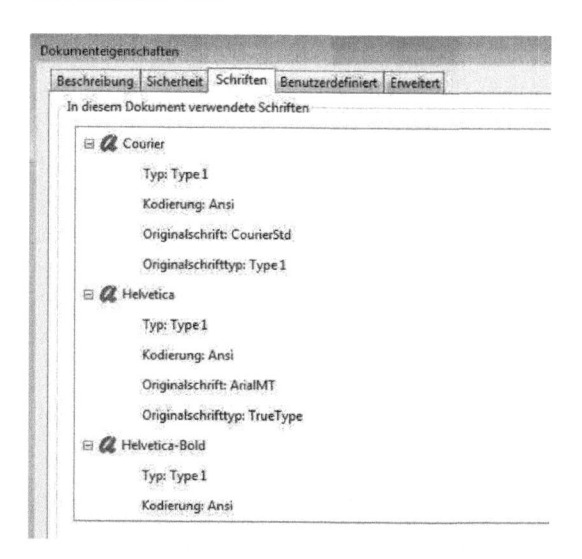

Dieses Ergebnis ist allerdings noch nicht eindeutig – es ist auch denkbar, dass bei einem nicht-durchsuchbaren Dokument Schriftarten eingebettet werden – eindeutig ist deshalb nur die Funktionsprüfung, bspw. durch die „Kopiertasten-Kombinationen" (strg+a → strg+c im betreffenden Dokument und sodann strg+v in einem Texteditor).

(4). Anforderungen der ERVB

Die ERVB 2018 (Bekanntmachung zum elektronischen Rechtsverkehr gem. § 5 ERVV) sehen als Dateiversionen für PDF-Einreichungen PDF einschließlich Version 2.0 (also sämtliche ältere Formate), PDF/A-1, PDF/A-2 und PDF/UA vor. Weitere Einschränkungen ergeben sich aus den ERVB 2019:

Hinsichtlich der zulässigen Dateiversionen PDF, insbesondere PDF/A-1, PDF/A-2, PDF/UA, müssen alle für die Darstellung des Dokuments notwendigen Inhalte (insbesondere Grafiken und Schriftarten) in der Datei enthalten sein. Ein Nachladen von Datenströmen aus externen Quellen ist nicht zulässig. Der Dokumenteninhalt muss orts- und systemunabhängig darstellbar sein. Ein Rendering für spezifische Ausgabegeräte ist unzulässig. Die Datei darf kein eingebundenes Objekt enthalten, dessen Darstellung ein externes Anwendungsprogramm oder eine weitere Instanz des PDF-Darstellungsprogramms erfordern würde. Zulässig ist das Einbinden von Inline-Signaturen und Transfervermerken. Die Datei darf keine Aufrufe von ausführbaren Anweisungsfolgen, wie z. B. Scripts, beinhalten, insbesondere darf weder innerhalb von Feldern in Formularen noch an anderer Stelle JavaScript eingebunden sein. Zulässig sind Formularfelder ohne JavaScript. Zulässig sind Hyperlinks, auch wenn sie auf externe Ziele verweisen.

Zusammenfassend ist es also notwendig, dass die PDF-Datei aus sich heraus und **alleinstehend verwendbar** ist, insbesondere ohne, dass ein Internet-Zugang erforderlich ist. Außerdem dürfen keine weiteren Dateien oder aktiven Inhalte eingebettet sein. Der naheliegende Grund ist die IT-Sicherheit, zudem sind in einzelnen Bundesländern die Internet-Zugänge aus dem Justiz-Netz erheblich beschränkt, so dass ein Nachladen von Inhalten oder Schriftarten teilweise auch technisch nicht möglich wäre.

In der Literatur wurden vereinzelt **Zweifel an der Rechtmäßigkeit** der ERVB geäußert, die in der Rechtsprechungspraxis aber bislang nicht aufgegriffen wurden.[125]

---

[125] Siehe hierzu oben S. 33.

(a). Keine aktiven Inhalte
Aktive Inhalte, insbesondere eingebettete Objekte, die externe Programme aufrufen und ausführbare Inhalte, wie Scripts, sind in elektronischen Dokumenten nicht erlaubt.

Solche Inhalte können **Schadsoftware** enthalten und bedrohen deshalb latent die IT-Sicherheit der Gerichte und der übrigen Verfahrensbeteiligten. Ferner stören sie die Darstellungsmöglichkeiten der in den Gerichten zum Einsatz kommenden **eAkten-Viewer**.

Zulässige PDF-Dateien müssen sich daher auf die optische Darstellung unbewegter Inhalte – auf Texte und einfache Grafiken – beschränken. Sollen darüberhinausgehende Inhalte dargestellt werden, ist dies in elektronischen Dokumenten, die den ERVV/ERVB unterfallen unmöglich. Solche Inhalte wären nur als elektronische Beweismitteln – dann nämlich unabhängig von den Einschränkungen der ERVV/ERVB – in das Verfahren einzubringen.

Zulässig sind allerdings **Formularfelder** ohne JavaScript, obschon für solche in einem gerichtlichen Verfahren kaum ein Anwendungsfall denkbar scheint.

Zulässig sind ferner **Hyperlinks**, auch wenn sie auf externe Ziele im Internet verweisen. Insoweit ist allerdings zu beachten, dass die Sicherheitseinstellungen der Justiz nicht in allen Bundesländern einen frei aufrufbaren Internetzugang vorsehen, sondern dass das Internet teilweise nur über (grafische) Firewalls zugänglich ist, so dass Links nicht ohne Weiteres an jedem Arbeitsplatz aufrufbar sind.

(b). Eingebettete Schriftarten

Die von den ERVB 2019 geforderte **Einbettung von Schriftarten** lässt sich im Reiter „Schriften" überprüfen. Steht hinter der dort angezeigten Schriftart „eingebettet", bedeutet dies, dass die PDF-Datei die gesamte Schriftart enthält. „Eingebettete Untergruppe" heißt, dass alle verwendeten Zeichen der Schriftart eingebettet sind. Beides genügt den Anforderungen der ERVB 2019. Nicht ausreichend wäre hingegen, wenn hinter der Schriftart angezeigt wird „Schriftart nicht eingebettet" oder, wenn hinter der jeweiligen Schriftart kein Klammerzusatz aufgeführt ist:

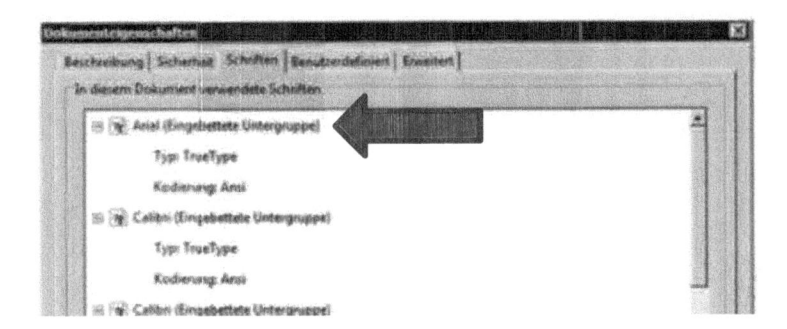

Hintergrund ist auch insoweit, dass die PDF-Datei aus sich heraus und **alleinstehend verwendbar** sein muss, insbesondere ohne, dass ein Internet-Zugang erforderlich ist. Zudem soll sichergestellt sein, dass das elektronische Dokument an jedem beliebigen Arbeitsplatz und Darstellungsmedium dasselbe Erscheinungsbild aufweist.

Weil in einzelnen Bundesländern die Internet-Zugänge aus dem Justiz-Netz erheblich beschränkt sind, ist ein Nachladen von Inhalten oder Schriftarten teilweise auch technisch gar nicht möglich. Daher kann es sein, dass eine nicht eingebettete Schriftart an einem Justiz-Arbeitsplatz vollständig unleserlich oder aber sogar **gar nicht dargestellt** wird. Aus diesem Grund dürften auch Ausnahme vom Erfordernis der vollständigen Einbettung (bspw. nur wesentliche Inhalte des Schriftsatzes müssen eingebettet sein) nicht ohne Weiteres denkbar sein, denn der juristische Entscheider *weiß nicht, was er nicht sieht.*

Praktisch problematisch sind insbesondere in besonders grafisch gestalteten **Briefköpfen** von Rechtsanwaltskanzleien und Behörden verwendete – nicht selten exotische – Schriftarten, die nicht eingebettet werden. Insoweit erscheint es zunächst naheliegend, dass dies die Unzulässigkeit eines Rechtsbehelfs kaum rechtfertigen kann. Andererseits spricht der Wortlaut der ERVV/ERVB und deren Sinn und Zweck eher für eine restriktive Haltung der Justiz hinsichtlich dieser Merkmale.

Eine Klärung der Anforderungen in der Rechtsprechung steht noch aus. Im Hinblick darauf, dass das BAG[126] auch die Texterkennung eines elektronischen Dokuments, die weder die IT-Sicherheit betrifft noch zu einer fehlerhaften Darstellung des Schriftsatzinhaltes führt, als zwingend erforderlich ansieht, muss davon ausgegangen werden, dass die Rechtsprechung tendenziell auch auf eingebettete Schriftarten bestehen wird.

---

[126] BAG, Beschluss vom 12. März 2020 - 6 AZM 1/20 m.Anm. *Müller*, FA 2020, 158.

(c). Erstellung ERVB-konformer Schriftsätze durch Nutzung von PDF/A

Zur Einhaltung der oben genannten Voraussetzungen sollte idealerweise das Format PDF/A genutzt werden. PDF/A ist ein Dateiformat zur Langzeitarchivierung digitaler Dokumente, das von der *International Organization for Standardization* (ISO) als Unterform des *Portable Document Format* (**PDF**) genormt wurde. Die Norm legt fest, wie die Elemente der zugrundeliegenden PDF-Versionen im Hinblick auf die Langzeitarchivierung verwendet werden müssen.

Insbesondere garantiert die PDF/A-Nutzung folgende von den ERVB 2019 geforderten Merkmale:

- Nicht erlaubt sind Referenzen auf Ressourcen, die nicht in der Datei selbst enthalten sind, das heißt insbesondere, dass alle verwendeten Bilder und Schriftarten (die Begrenzung auf die verwendeten Zeichen ist erlaubt) in der Datei enthalten sein müssen.

- Die Verwendung von JavaScript oder von Aktionen sind nicht zugelassen, da ihre Ausführung den Inhalt oder die Darstellung des PDFs verändern oder beeinflussen könnten. Audio- oder Videodaten dürfen nicht eingebettet sein.

- Verschlüsselungen und damit auch teilweises Sperren von Funktionen der Datei wie Drucken und Daten herauskopieren sind untersagt.

- Die Einbettung von digitalen Signaturen wird unterstützt.

Bei der **Erstellung von Dokumenten** zum Beispiel aus Microsoft Word, kann beim Speichern einfach eine PDF/A – Datei erzeugt werden. Im Dialogfenster „Speichern" wird als Dateityp „PDF" ausgewählt; unter dem Feld „Optionen" kann sodann als „PDF-Option" **PDF/A** ausgewählt werden.

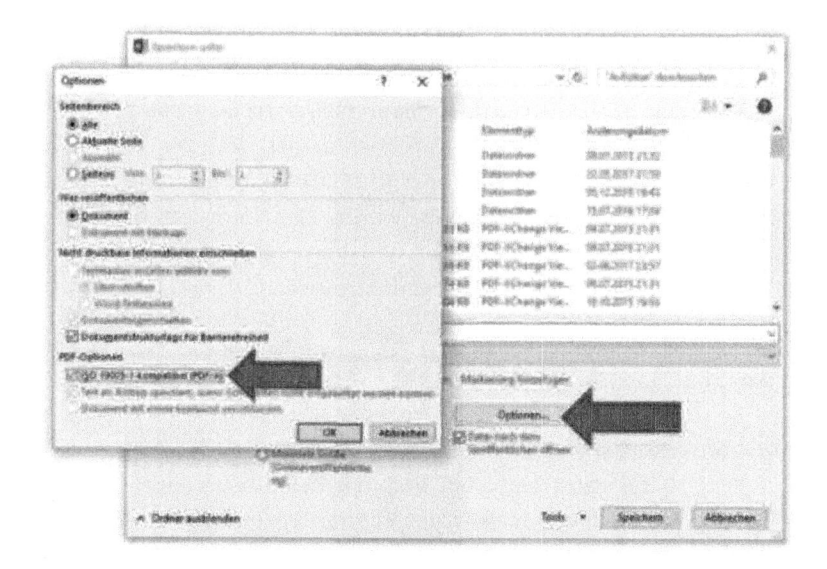

Im **Adobe Reader** ist die PDF/A – Datei an der entsprechenden Kopfzeile erkennbar, die Veränderungen im Dokument verhindern soll:

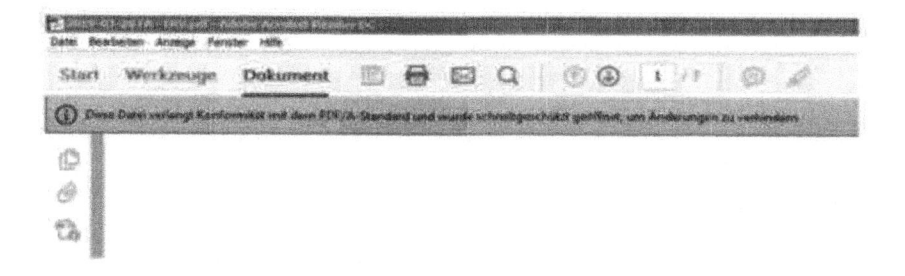

d. Rechtsfolgen bei Verstößen gegen die ERV-Formvorschriften

Gem. § 130a Abs. 2 ZPO muss das elektronische Dokument für die Bearbeitung durch das Gericht geeignet sein. Hieran knüpft insbesondere die Eingangsfiktion des § 130a Abs. 6 ZPO an. Der Begriff der „Bearbeitbarkeit" selbst und die Rechtsfolgen bei deren Fehlen werden in § 130a Abs. 2 ZPO nicht genauer definiert.

(1). Defekte Datei / Virenbefall

Nach rein grammatikalischer Auslegung sicher nicht „zur Bearbeitung geeignet" sind Dokumente, die sich bspw. aufgrund eines korrupten Dateiformats oder infolge einer Virenverseuchung durch das Gericht nicht öffnen lassen. Diese Dokumente können dem juristischen Bearbeiter des Verfahrens nicht vorgelegt und daher auch nicht unter rechtlichen Gesichtspunkten geprüft und bewertet werden. Insbesondere fallen derartige Probleme des übermittelten Dokuments bereits in der **Posteingangsstelle** des Gerichts auf, ohne dass hierfür ein besonderer technischer oder vor allem auch rechtlicher Sachverstand erforderlich wäre.

(2). falsches Dateiformat

Nach rein grammatikalischer Auslegung dagegen wäre eher anzunehmen, dass eine Datei, die nur in einer Form übermittelt werden, die nicht der ERVV entspricht, deren Inhalt aber dem juristischen Entscheider zur Würdigung zur Verfügung gestellt werden, zur Bearbeitung durch das Gericht geeignet ist, bspw. Schriftsatz im .doc-Dokument, mit einer Container-Signatur, gänzlich ohne qualifizierte elektronische Signatur, aber nicht auf einem sicheren Übermittlungsweg oder in nicht texterkannter Form. In diesen Fällen ist die Rechtsfolge der nicht ERVV-konformen Übermittlung zwar durch den juristischen Bearbeiter des Falls festzustellen und in seiner Entscheidung zu berücksichtigen. Insbesondere kommt in Betracht, dass hierdurch die **Schriftform einer Einreichung nicht gewahrt** sein könnte und daher die Klage, der Antrag oder ein Rechtsmittel unzulässig sein könnten.

Unter **systematischen Gesichtspunkten** spricht gegen eine solche grammatikalische Auslegung allerdings § 130a Abs. 2 Satz 2 ZPO. Die dortige Verordnungsermächtigung für die ERVV bezieht sich explizit auf die Bestimmung der rechtlichen Rahmenbedingung auch für die Bearbeitbarkeit, so dass gefolgert werden könnte, dass gerade die ERVV, hier insbesondere §§ 2 Abs. 1, 5 ERVV, den unbestimmten Rechtsbegriff der Bearbeitbarkeit näher ausgestaltet. Für diese Auffassung spricht auch die **Gesetzesbegründung**, die explizit das falsche Dateiformat als Beispiel für die fehlende Bearbeitbarkeit sowohl in § 130a Abs. 2 ZPO als auch in § 130a Abs. 6 ZPO aufgreift. [127] Die hierdurch erzeugte großzügige Heilungsmöglichkeit bei Formfehlern, solle das Nutzervertrauen stärken, weil Anwendungsfehler nicht zu Fristversäumnissen führen würden. Den Prozessparteien dürfe nach der Rechtsprechung des Bundesverfassungsgerichts [128] der Zugang zu den Gerichten durch Anforderungen des formellen Rechts, wie etwa Formatvorgaben, nicht in unverhältnismäßiger Weise erschwert werden. Daher dürfe ein Formatfehler, wenn er unverzüglich korrigiert werde, nicht zum Rechtsverlust einer Partei führen, sofern diese durch Vorlage eines Papierausdrucks den Inhalt des nicht bearbeitungsfähigen Dokuments und die Übereinstimmung mit dem nachträglich in richtigem Format eingereichten Dokument glaubhaft mache.

Andererseits zeigt gerade der **systematische Zusammenhang zu § 130a Abs. 6 ZPO**, wonach die fehlende Bearbeitbarkeit eine unverzüglich auszuübende Hinweispflicht des Gerichts auslöst und sodann den Einreicher mittels Eingangsfiktion privilegiert, die Problematik bei einer zu weiten Auslegung des Begriffs der „Bearbeitbarkeit". Die Überlegung, dass der Hinweis und damit die Prüfung sämtlicher Formalien der ERVV „unverzüglich" zu erfolgen hätten und eine möglicherweise erst später entdeckte Unzulässigkeit der Einreichung auf den entsprechenden Hinweis des Gerichts nahezu zu jedem denkbaren Verfahrenszeitpunkt – evtl. nach Jahren – noch gem. § 130a Abs. 6 ZPO heilbar wäre, legt es nahe, den Begriff der „Bearbeitbarkeit" enger zu definieren und auf offensichtliche und schwere Fehler zu begrenzen.

---

[127] BT-DS 17/12634 S. 25, 26.
[128] BVerfG v. 22.10.2004 – 1 BvR 894/04.

Im Ergebnis wird man daher nach dem Sinn und Zweck insbesondere der Eingangsfiktion des § 130a Abs. 6 ZPO zu differenzieren haben: § 130a Abs. 2 Satz 1, Abs. 6 ZPO meinen lediglich die Nichtbearbeitbarkeit des Dokuments durch das Gericht in dem Sinne, dass das Gericht nicht in der Lage ist, das elektronische Dokument mit verhältnismäßigen Mitteln dem juristischen Bearbeiter zur Würdigung oder zur Entscheidung zuzuführen oder es der (elektronischen) Akten hinzuzufügen. Insbesondere ausgeschlossen ist die Bearbeitung also durch Virenbefall, eine defekte Datei oder ein exotisches Dateiformat, für welches (auch) nach den Grundsätzen des **fairen Verfahrens** kein Viewer im Gericht oder beim Verfahrensgegner bereitgehalten werden muss. In diesen Fällen hat das Gericht gem. § 130a Abs. 6 ZPO unverzüglich einen Hinweis auf die Nichtbearbeitbarkeit unter Verweis auf die geltenden Rahmenbedingungen zu geben. Es kann aber diesen Hinweis auch im Rahmen der üblichen Gerichtsorganisation ohne Weiteres geben, weil die Feststellung der mangelnden Bearbeitbarkeit keine aufwendige juristische oder technische Prüfung erfordert, sondern unmittelbar beim Posteingang im Gericht bereits auffällt. Abseits dieser offensichtlichen Fälle, gelten dagegen nur die allgemeinen **Hinweis- und Hinwirkungspflichten** des Gerichts. Das besondere Verfahren des Abs. 6 ist in diesen Fällen nicht anwendbar. Fehler bei der Einreichung sind deshalb auch im Rahmen der allgemeinen Wiedereinsetzungsvorschriften zu klären, wobei hierbei nach der allgemeinen Meinung in der Rechtsprechung hinsichtlich des Verschuldens auch zu berücksichtigen ist, ob das Gericht seinen prozessualen Fürsorge- und Hinwirkungspflichten sorgfältig nachgekommen ist. Gerade diese offensichtlichen und schweren Fehler einer Datei sind solche, die ein typisches Risiko der Anwendung von IT darstellen und bei denen kaum ein schwerwiegendes Verschulden des jeweiligen Nutzers ohne vorausgesetzte IT-Kenntnisse angenommen werden kann: Eine defekte Datei kann auf einer (möglicherweise unerkannt) fehlerhaften Hard- oder Software beruhen oder auf einer Verseuchung der Infrastruktur mit Schadsoftware. Bei Verwirklichung solch typischer Risiken außerhalb des durchschnittlichen **Kenntnis- und Ausbildungshorizonts** des juristischen Einreichers ist die großzügige Eingangsfiktion des § 130a Abs. 6 ZPO zum

Erhalt der **Nutzerakzeptanz** zweckmäßig, weil auch typisierend davon ausgegangen werden kann, dass ein Verschulden des Einreichers nicht gegeben ist. In allen anderen Formatfehlerfällen ist es dagegen sinnvoll, unter Anwendung der allgemeinen und verschuldensabhängigen Wiedereinsetzungsregeln zu prüfen, ob an der Unzulässigkeit der Einreichung festzuhalten ist.

(3). Eingangsfiktion des § 130a Abs. 6 ZPO

Eine Rettung formwidriger Einreichungen kommt nach den allgemeinen Wiedereinsetzungsregeln oder aufgrund der Eingangsfiktion des § 130a Abs. 6 ZPO in Betracht. Ausgehend vom Wortlaut des § 130a Abs. 6 ZPO („bearbeitbar") betrifft die Eingangsfiktion nur Formfehler, die nicht nur die „Übermittlung" betreffen. Hierdurch ist auch die gerichtliche Hinweispflicht klar eingegrenzt. Eine mangelnde Bearbeitbarkeit wird danach v.a. dann vorliegen, wenn die übermittelte Datei beschädigt, kennwortgeschützt ohne bekanntgegebenes Kennwort oder virenverseucht ist.

§ 130a Abs. 6 ZPO steht als rein **privilegierende Regelung** für den elektronischen Rechtsverkehr neben den allgemeinen **Wiedereinsetzungsregeln.** [129] Da § 130a Abs. 6 ZPO verschuldensunabhängig ist, dürften seine Voraussetzungen grundsätzlich leichter zu erfüllen sein.

Die Eingangsfiktion dient nach dem ausdrücklichen Willen des Gesetzgebers primär der **Stärkung des Nutzervertrauens**.[130] Auch der Gesetzgeber geht zwar davon aus, dass insbesondere bei falscher Formatwahl in der Regel von einem Verschulden des Absenders auszugehen ist, so dass eine Wiedereinsetzung aus diesem Grund nicht in Betracht kommt. Den Prozessparteien dürfe aber nach der Rechtsprechung des Bundesverfassungsgerichts[131] der Zugang zu den Gerichten durch Anforderungen des formellen Rechts, wie etwa

---

[129] Siehe zur Abgrenzung *Müller*, NZA 2019, 1120, 1122.
[130] BT-DS 17/12634 S. 26.
[131] vgl. BVerfG v. 22.10.2004 – 1 BvR 894/04.

Formatvorgaben, nicht in unverhältnismäßiger Weise erschwert werden. Daher dürfe ein Formatfehler, wenn er **unverzüglich korrigiert** werde, nicht zum Rechtsverlust einer Partei führen, sofern diese durch Vorlage eines Papierausdrucks den Inhalt des nicht bearbeitungsfähigen Dokuments und die Übereinstimmung mit dem nachträglich in richtigem Format eingereichten Dokument glaubhaft macht. Die Fiktion des früheren Eingangs gilt auch für die Rechtswirkungen des Eingangs in § 167 ZPO.

(a). Verfahren
Ist ein elektronisches Dokument nicht zur Bearbeitung für das Gericht geeignet, entsteht zunächst eine **Hinweispflicht** für das Gericht. Die Hinweispflicht hat folgende Inhalte:

- Einzelfallbezogener Hinweis auf die Unwirksamkeit des Eingangs,
- Mitteilung der technischen Rahmenbedingungen in allgemeiner Form.

(b). Unverzüglich
Der Begriff „unverzüglich" betrifft in § 130a Abs. 6 ZPO sowohl die **gerichtliche Hinweispflicht** gem. § 130a Abs. 6 Satz 1 ZPO als auch die Möglichkeit der **fristwahrenden Nachreichung** gem. § 130a Abs. 6 Satz 2 ZPO. Der Zeitkorridor für das Nachreichen beginnt erst nach der Erfüllung der Hinweispflicht des Gerichts zu laufen.

Unverzüglich i.S.d. § 130a Abs. 6 ZPO bedeutet allgemein und bezogen sowohl auf § 130a Abs. 6 Satz 1 ZPO als auch auf Satz 2 „ohne schuldhaftes Zögern".

Für die Hinweispflicht des Gerichts gem. § 130a Abs. 6 Satz 1 ZPO lässt sich der Begriff konkret so ausfüllen, dass der Einreicher grundsätzlich erwarten kann, dass Formfehler vom Gericht in angemessener Zeit bemerkt werden und innerhalb eines ordnungsgemäßen Geschäftsgangs die notwendigen Maßnahmen getroffen werden, um ein drohendes

Fristversäumnis zu vermeiden.[132] Ein ordnungsgemäßer Geschäftsgang garantiert andererseits keine sofortige, auch keine tagesgleiche, juristische Beurteilung.[133]

(c). Hinweispflicht
Der Inhalt der Hinweispflicht orientiert sich an den **Prozessgrundrechten** der Verfahrensbeteiligten. Zur Wahrung rechtlichen Gehörs ist dem Absender nicht nur mitzuteilen, dass der Eingang unwirksam war, sondern auch aus welchen Gründen das Gericht von der Unwirksamkeit ausgeht. Es hat hierzu jedenfalls zu beschreiben, weshalb das elektronische Dokument für die Bearbeitung durch das Gericht nicht geeignet war, sofern dem Gericht dies angesichts der Problemlage bei der Einreichung möglich ist. Maßstab für die Erfüllung der Hinweispflicht ist, dass der Absender **in die Lage versetzt** werden soll, einen möglichen Fehler auf seiner Seite zu erkennen, um ihn bei der Nachreichung nicht mehr zu machen, oder aber, das Gericht seinerseits darauf hinzuweisen, dass die Problemlage auf Seiten des Gerichts bestand, weshalb bereits von einer fristwahrenden Einreichung ausgegangen wird. Der Hinweis auf die Unwirksamkeit darf daher nicht schemahaft erfolgen, sondern muss **am Einzelfall ausgerichtet** sein.

Der Hinweis durch das Gericht für denselben Formfehler jeweils nur einmal zu erteilen.[134] Andernfalls würde eine Gefahr drohen, dass § 130a Abs. 6 ZPO zur Verschleppung von Verfahren missbraucht werden könnte, wenn eine **Flucht in die Nichtbearbeitbarkeit** möglich wäre. Da diese Begrenzung im Wortlaut des § 130a Abs. 6 ZPO keine Stütze findet, ergibt sich eine Begrenzung wiederholender Hinweise aus dem Sinn und Zweck der Eingangsfiktion: Reicht der Einsender einen Schriftsatz fehlerhaft ein und erhält einen konkreten Hinweis auf seinen Fehler, sowie einen abstrakten Hinweis auf die zu beachtenden Voraussetzungen, kann von ihm erwartet werden, dass er sich an diese

---
[132] BAG v. 15.8.2018 – 2 AZN 269/18.
[133] LAG Frankfurt am Main v. 18.10.2018 – 11 Sa 70/18.
[134] BAG v. 12.3.2020 – 6 AZM 1/20.

Vorgaben hält und nicht denselben Fehler erneut begeht (bspw. wie hier die Texterkennung nochmals zu versäumen). Ein nochmaliger Hinweis ist deshalb obsolet. Anders liegt dagegen der Fall bei schweren Fehlern, möglicherweise auch unbekannten Ursprungs (bei einer korrupten, deshalb nicht zu öffnenden Datei oder auch einer Virenverseuchung). In diesen Fällen ist die Fehlerbehebung möglicherweise im ersten Versuch nicht gelungen. Sofern keine Hinweise auf einen Missbrauch vorliegen, dürfte vieles dafürsprechen, dass dann auch ein weiterer Hinweis durch das Gericht erforderlich ist.

(d). Mitteilung der technischen Rahmenbedingungen
Die Mitteilung der technischen Rahmenbedingungen kann sich in einem Verweis auf die Rechtslage, insbesondere der ERVV und der ERVB erschöpfen. Sie sollte bei unvertretenen Absendern in Ausübung der gerichtlichen Fürsorgepflicht ausführlicher erfolgen, als bei rechtskundig vertretenen Absendern. Ein **Verweis auf kostenlos verfügbare Internetportale** (bspw. die Homepage des Gerichts oder des Justizministeriums oder das Justizportal www.justiz.de) ist zulässig, weil für den elektronischen Rechtsverkehr der Zugang zum Internet ohnehin Voraussetzung ist.

(e). Nachreichung
Die Nachreichung erfolgt durch Vorlage des früher eingereichten Schriftsatzes in der ursprünglichen Fassung, allerdings unter Wahrung der Bearbeitungsvoraussetzungen.

Nach der Rechtsprechung des BGH[135] darf der ursprüngliche Schriftsatz dabei **nicht verändert** werden. Die Eingangsfiktion greift nach Auffassung des BGH nur dann, wenn exakt dieselbe Datei nochmals eingereicht wird. Er stellt nicht auf den Inhalt des Schriftsatzes, sondern seine technische Manifestation ab. Diese Rechtsprechung kann vor allem deshalb kritisiert werden, weil die vom BGH geforderte Prüfung der Identität gar nicht

---

[135] BGH v. 15.5.2019 - XII ZB 573/18 mit krit. Anm. *Müller*, FA 2019, 198.

möglich ist, wenn die Datei deshalb durch das Gericht nicht bearbeitbar war, weil sie dort gar nicht zu öffnen war.

(f). Glaubhaftmachung
Inhalt der Glaubhaftmachung ist die Bestätigung, dass das ursprünglich eingereichte und das nachgereichte Dokument inhaltlich übereinstimmen.

An die Glaubhaftmachung selbst sind regelmäßig **keine besonderen Anforderungen** zu stellen. Es genügt grundsätzlich eine entsprechende formlose Versicherung des Einreichers. Soweit teilweise gefordert wird, die Glaubhaftmachung müsse dadurch geschehen, dass der Absender einen Ausdruck des Inhalts des nicht bearbeitungsfähigen Inhalts in Papier vorlegt[136], geht diese Forderung an der zunehmend digitalisierten Arbeitswirklichkeit und den Zielen des eJustice-Gesetzes vorbei. Zweifel an der Identität des ursprünglichen und des nachgereichten Dokuments können bspw. daraus erwachsen, dass die Dateigrößen des ursprünglichen Dokuments und des nachgereichten Dokuments, die sich aus der jeweiligen Eingangsbestätigung gem. § 130a Abs. 5 Satz 2 ZPO (sog. **Acknowledgment-Datei**) ergeben, erheblich auseinanderfallen. In diesem Fall liegt es am Einreicher, im Rahmen der Glaubhaftmachung diese Auffälligkeit aufzuklären.

Die Glaubhaftmachung muss zeitgleich mit der Nachreichung erfolgen.

(g). Rechtsfolge
Gem. § 130a Abs. 6 Satz 2 ZPO gilt das elektronische Dokument als zum Zeitpunkt der früheren Einreichung eingegangen. Eine ggf. laufende Frist ist hierdurch also gewahrt. Dies betrifft auch materiell-rechtliche Fristen.[137]

---

[136] BT-Drs. 17/12634, 26; *Schenke*, in: Kopp/Schenke § 55a Rn. 16; *Skrobotz*, in: Bauer/Heckmann/Ruge/Schallbruch/Schulz § 55a Rn. 17 f.; *Braun Binder*, in: Sodan/Ziekow § 55a Rn. 128.
[137] Vgl. LAG Berlin-Brandenburg v. 7.11.2019 – 5 Sa 134/19.

(h). Beispiel für einen gerichtlichen Hinweis gem. § 130a Abs. 6 ZPO
Beispiel für einen gerichtlichen Hinweis gem. § 130a Abs. 6 ZPO

in p.p. weise ich gem. § 130a Abs. 6 Zivilprozessordnung (ZPO) darauf hin, dass ihre am 7. August 2020 eingegangene elektronische Nachricht an das XYgericht **Stadt** nicht zur Bearbeitung geeignet war. Der Eingang war daher gem. § 130a Abs. 2 Satz 1 ZPO unwirksam.

Grund der Nichtbearbeitbarkeit ist...

Bitte nutzen Sie für Schriftsätze in gerichtlichen Verfahren ausschließlich die zugelassenen elektronischen Übermittlungswege; das Elektronische Gerichts- und Verwaltungspostfach (EGVP) sowie die sicheren Übermittlungswege gem. § 130a Abs. 4 ZPO. Klagen, Anträge und Verfahrensschriftsätze, die per E-Mail bei dem Sozialgericht eingehen, bleiben unbearbeitet. Sie werden weder zur Kenntnis genommen noch beantwortet. Gleiches gilt für übermittelte Dateien, die eine Schadsoftware (bspw. einen Computervirus) enthalten.

Während bei einer Einsendung über das EGVP eine qualifizierte elektronische Signatur (qeS) stets erforderlich ist (§ 130a Abs. 3 1. Var. ZPO), kann bei Einreichungen aus einem sicheren Übermittlungsweg gem. § 130a Abs. 4 ZPO auf die Anbringung einer qeS verzichtet werden; dann genügt eine einfache Signatur (bspw. der maschinenschriftliche Namenszug oder eine eingescannte Unterschrift). Die Nutzung eines sicheren Übermittlungswegs macht es erforderlich, dass die den Schriftsatz verantwortende Person selbst (bspw. der Rechtsanwalt selbst als Inhaber eines besonderen elektronischen Anwaltspostfachs) den Sendevorgang vornimmt.

In beide Fällen muss die Einreichung unter Nutzung eines durch die Rechtsverordnung gem. § 130a Abs. 2 Satz 2 ZPO (ERVV) zugelassenen Dateiformats erfolgen. Gem. § 2 Abs. 1 ERVV ist als Dateiformat grundsätzlich eine kopierbare und druckbare PDF-Datei zugelassen. Falls eine sachgerechte bzw. qualitätserhaltende Umwandlung in PDF nicht möglich ist, kann (neben der Bild-PDF-Datei) auch eine Bilddatei im Format TIFF mitübersandt werden. Die Details, insbesondere die zugelassenen Formatversionen sind der Internetpräsenz www.justiz.de zu entnehmen.

Gem. § 130a Abs. 6 Satz 2 ZPO gilt das Dokument als zum Zeitpunkt der früheren Einreichung eingegangen, sofern der Absender es **unverzüglich** in einer für das Gericht zur Bearbeitung geeigneten Form **nachreicht und glaubhaft macht**, dass es mit dem zuerst eingereichten Dokument inhaltlich übereinstimmt.

Mit freundlichen Grüßen,

(4). Fehlende Schriftformwahrung
Nach der bis zum 31. Dezember 2017 gültigen Fassung bezogen sich die dort definierten besonderen Anforderungen an Dateitypen oder die Notwendigkeit einer qualifizierten elektronischen Signatur nur auf Dokumente, für die „die Schriftform vorgesehen ist". Dies ist vor allem also bei bestimmenden Schriftsätzen der Fall -, im Übrigen (also bspw. bei Anlagen zu Schriftsätzen, bei Sachverständigengutachten etc.) aber nicht. § 130a Abs. 1 – 3 ZPO in der seit 1. Januar 2018 gültigen Fassung verschärft diese Voraussetzungen. Ab diesem Zeitpunkt **„müssen"** (explizit genannt) Anlagen, Gutachten etc. die besonderen Formvorschriften des elektronischen Rechtsverkehrs beachten. Eine Rechtsfolge dieser erweiterten Rechtspflicht zur Einhaltung von Formvorschriften enthält das Gesetz allerdings nicht.

(a). Schriftformwahrung
§ 130a ZPO und die ERVV formulieren keine explizite **Sanktion** bei Verstößen. Naheliegend ist, dass Vorschriften, die den Formanforderungen des § 130a ZPO und der ERVV i.V.m. ERVB nicht genügen jedenfalls eine prozessrechtlich oder materiell-rechtlich vorgesehene Schriftform nicht wahren.

(b). Verhältnismäßigkeitserwägungen
Unter Berücksichtigung der Rechtsprechung des **Bundesverfassungsgerichts**[138] nach der der Zugang zu den Gerichten durch Anforderungen des formellen Rechts, wie etwa Formatvorgaben, nicht in **unverhältnismäßiger Weise erschwert** werden darf, liegt spricht vieles dafür, dass eine starre Rechtsfolge für die Formvoraussetzungen der ERVV und ERVB nicht formuliert werden kann, sondern es stets einer Verhältnismäßigkeitsabwägung bedarf.

In einer solchen Abwägung spricht zugunsten der Unzulässigkeit einer Einreichung eines elektronischen Dokuments, das nicht der Form der ERVV/ERVB entspricht:

---

[138] BVerfG v. 22.10.2004 – 1 BvR 894/04.

- Die Einreichung ist nicht lesbar, nicht zu öffnen oder nicht der (elektronischen) Akte des Gerichts hinzufügbar (bspw. defekte/korrupte Datei, Virenbefall, exotisches Dateiformat).

- Die Einreichung gefährdet die IT-Sicherheit des Gerichts oder des Verfahrensgegners (bspw. für Schadsoftware anfälliges Dateiformat, aktive Inhalte der Datei).

- Die Datei ist passwortgeschützt (auch bei bekanntem Passwort), nicht druckbar oder nicht kopierbar, weshalb die Weiterverarbeitbarkeit in der elektronischen Gerichtsakte oder in einer Papiergerichtsakte erheblich erschwert wird.

Im Rahmen einer **Abwägung** kann im Ergebnis die Einreichung eines elektronischen Dokuments, das nicht der Form der ERVV/ERVB entspricht, aber auch zulässig sein, wenn:

- das elektronische Dokument prozessrechtlich oder materiell-rechtlich nicht der Schriftform unterlag und faktisch für das Gericht lesbar war (bspw. eine Anlage zu einem Schriftsatz),

- das elektronische Dokument nur eine „Soll-Vorschrift" der ERVV/ERVB verletzt (bspw. § 2 Abs. 2, 3 ERVV),

- das elektronische zwingende Vorschriften der ERVV/ERVB verletzt, die aber bloße Ordnungsvorschriften darstellen, weil eine Weiterverarbeitung nur unwesentlich erschwert wird (bspw. fehlende Texterkennung[139]).

Es ist im Übrigen im Hinblick auf den Wortlaut fraglich, ob die Verordnungsermächtigung des § 130a Abs. 2 Satz 2 ZPO die Bestimmung zwingender Formvorschriften auch dann deckt, wenn sie nur Komfortfunktionen bei der Weiterverarbeitung dienen (bspw.

---

[139] a.A. BAG v. 12.4.2020 – 6 AZM 1/20.

Texterkennung) und die Bearbeitbarkeit des Dokuments selbst nicht betreffen.

(c). Heilung von Formfehlern durch Ausdruck
Der BGH[140], das BAG[141] und weitere Instanzgerichte[142] haben in mehreren Entscheidungen vertreten, dass ein elektronisches Dokument, das entgegen der jeweiligen prozessualen Formvoraussetzungen für den elektronischen Rechtsverkehr (d.h. in einem falschen Dateiformat, auf einem nicht zugelassenen Übermittlungsweg) eingereicht wurde dann die Schriftform wahrt, wenn sie beim Empfänger ausgedruckt wird, weil es auch dann wieder nur noch auf die Merkmale ihrer „Verkörperung" nach dem Medienbruch ankomme („ERV light – Rechtsprechung").[143] Dieses Vorgehen entspreche der ständigen **Rechtsprechung zum Computerfax**.

Diese Rechtsprechung ist abzulehnen.[144] Abgesehen davon, dass höchst fraglich ist, ob angesichts des § 130a ZPO überhaupt Raum für eine solche Rechtsfortbildung bestand, ist jedenfalls der Vergleich zwischen einem elektronischen Dokument und einem Telefax verfehlt.[145] Bereits der Übertragungsweg eines Telefaxes unterscheidet sich erheblich von dem eines per EGVP/beA übermittelten Dokuments. So stellte der GmS-OGB zur Telefax-Rechtsprechung maßgeblich darauf ab, dass gesichert sei, dass am Empfangsort unmittelbar eine körperliche Urkunde erstellt werde. Dies entspricht für das Telefax auch heute noch der Praxis der meisten Gerichte. Der Ausdruck eines unsignierten elektronischen Dokuments bedarf hingegen noch einer Willensbetätigung der Mitarbeiterinnen und Mitarbeiter des Gerichts. Ein automatisierter

---

[140] BGH, Beschl. v. 18.3.2015 – XII ZB 424/14; BGH, v. 15.7.2008 - X ZB 8/08 mit ablehnender Anmerkung von *Köbler*, MDR 2009, 357; a.A. BSG, v. 12.10.2016 – B 4 AS 1/16 R; siehe auch *Köbler* AnwBl 2015, 845, 846; kritsch hierzu *Müller*, AnwBl 2016, 27.
[141] BAG, Beschluss vom 11.7.2013 – 2 AZB 6/13.
[142] OLG Düsseldorf, v. 10.3.2020 – 2 RVs 15/20; FG Düsseldorf, v. 9.7.2009 – 16 K 572/09 E; leicht anders liegt der Fall bei BFH, Urteil vom 22.6.2010 – VIII R 38/08.
[143] Siehe oben S. 69.
[144] So auch BSG, v. 12.10.2016 – B 4 AS 1/16 R; LSG Darmstadt v. 20.5.2016 – L 6 AS 256/15 Rn. 22.
[145] Siehe hierzu auch *Müller*, NVwZ 2019, 95.

Ausdruck ist von modernen Justizfachverfahren nicht (zwingend) vorgesehen. Zudem erfolgt die Faxübersendung in analoger Form über eine normale Telefonverbindung, ohne dass der Empfänger unmittelbar eine Datei erhält. Hieran ändert auch die Umstellung der Telefontechnik auf eine digitale Übertragungsweise (Voice-over-IP – VOIP) dem Grund nach nichts[146]; auch hier wird gerade nicht eine Datei übertragen. Aus dem letztgenannten Grunde ist das Telefax auch kein elektronisches Dokument. Jedenfalls beim klassischen Telefaxempfang ist dementsprechend die Unterschrift stets ein „Abbild" im Sinne des § 130 Nr. 6 2. Hs. ZPO. Schon beim Computerfax ist dies aber nicht sichergestellt, weil die Unterschrift vom Absender fast beliebig als gesondert vorgehaltenes Bild einfügbar ist – ohne, dass sich dies allerdings effektiv überprüfen ließe. Im ERV dagegen gilt zwar grundsätzlich dasselbe wie beim Computerfax, allerdings mit dem Unterschied, dass sich durch Analyse der übersandten Datei herausfinden lässt, ob es sich um einen einheitlichen Scan handelt, oder, ob die Unterschrift nachträglich eingefügt worden ist.

---

[146] Vgl. aber *Köbler* AnwBl 2015, 845, 846.

e. Besonderheiten bei der Beantragung von Prozesskostenhilfe

Gem. § 117 Abs. 4, 3 ZPO muss für die **Erklärung über die wirtschaftlichen und persönlichen Verhältnisse** im Rahmen der Beantragung von Prozesskostenhilfe (**PKH**) das hierfür vorgesehene Formular verwendet werden. Bei Nichtverwendung des Formulars, wird der **PKH-Antrag abgelehnt**.[147]

Nach der obergerichtlichen Rechtsprechung ist dabei die **eigenhändige Unterzeichnung des Vordrucks** Wirksamkeitsvoraussetzung der Erklärung über die persönlichen und wirtschaftlichen Verhältnisse.[148] Der Antragsteller muss mit seiner Unterschrift versichern, dass seine Angaben vollständig und wahr sind. Der Vordruck muss außerdem mit einem Datum versehen sein, damit das Gericht prüfen kann, ob es sich um eine aktuelle Erklärung über die persönlichen und wirtschaftlichen Verhältnisse handelt oder nicht.

Eine Erklärung mit Unterschrift der Partei bzw. deren gesetzlichen Vertreters kann in elektronischer Form durch die Partei bzw. deren gesetzlichen Vertreter nur mit einem persönlichem Zertifikat als **qualifiziert elektronisch signierte** Datei übermittelt werden. Über eine eigene Signaturkarte wird dieser Personenkreis regelmäßig aber nicht verfügen. Als sicherer Übermittlungsweg für den Bürger mag sich künftig De-Mail anbieten.

(1). Elektronische Übermittlung

Es ist daher fraglich, ob es genügt, dass ein bevollmächtigter **Rechtsanwalt** eine unterschriebene Erklärung der Partei **scannt**, die erstellte Datei seinerseits qualifiziert elektronisch signiert und / oder seit dem 1. Januar 2018 über einen sicheren Übertragungsweg wie das

---

[147] MüKoZPO/*Wache* ZPO § 117 Rn. 24.
[148] Vgl. bspw. LAG Hamm (Westfalen), Beschluss vom 12. Februar 2001 – 4 Ta 601/00 Rn. 7; LAG Rheinland-Pfalz, Beschluss vom 23. Juni 2010 – 10 Ta 109/10 Rn. 12; *Kalthoener/Büttner/Wrobel-Sachs*, Prozeßkostenhilfe und Beratungshilfe, 2. Aufl. 1999, S, 44 Rz. 131.

besondere elektronische Anwaltspostfach übermittelt [149]. Dies hätte sicher **praktischen Bedürfnissen** Rechnung getragen, ist aber deshalb nicht unproblematisch, als die Prüfung der Authentizität der Erklärung, die nach den gesetzlichen Bestimmungen dem Gericht obliegt, auf den bevollmächtigten Rechtsanwalt verlagert würde. Weder der qualifiziert elektronischen Signatur noch der Übermittlung auf einem sicheren Übertragungsweg kommt per se ein Erklärungsgehalt hinsichtlich der „Echtheit" der – eigenhändigen – Unterschrift der Partei auf einer (nur) dem von ihr rechtsgeschäftlich bevollmächtigten, aber nicht zur Beglaubigung i. S. d. Beurkundungsgesetzes (vgl. §§ 40, 66, 70 Beurkundungsgesetz) berechtigten Rechtsanwalt vorliegenden Formularerklärung zu.[150]

Pragmatisch löst das **LAG Sachsen** das Dilemma eines vom Mandanten handschriftlich unterzeichneten, vom Rechtsanwalt bloß eingescannten und per beA übersandten Formulars:[151]

„Es fehlt auch nicht an einer wirksamen Antragstellung. Ein Prozesskostenhilfeantrag, der nicht zu Protokoll der Geschäftsstelle erklärt, sondern schriftlich gestellt wird (§ 117 Abs. 1 Satz 1 ZPO), muss vom Antragsteller unterschrieben und mit der Versicherung der Vollständigkeit und Richtigkeit seiner Angaben versehen werden (BGH, Beschluss vom 04.05.1994 – XII ZB 21/94 –, Juris Rn. 8; OVG Berlin-Brandenburg, Beschluss vom 09.11.2017 – OVG 11 N 10.17 – Rn. 2, Juris). Dieser Anforderung ist allerdings genügt, wenn feststeht, dass die Erklärung von der Partei stammt. § 117 Abs. 2 ZPO verlangt auch in der seit Inkrafttreten des Gesetzes zur Änderung des Prozesskostenhilfe- und Beratungshilferechts im Jahre 2013 geltenden Fassung nicht, dass die Erklärung, um wirksam zu sein, eigenhändig unterschrieben sein muss und im Original vorgelegt wird (so schon BGH 10.07.1985 – IV b ZB 47/85 – und OLG Karlsruhe 07.12.1995 – 2 WF 145/95 – zu § 117 Abs. 2 ZPO a. F.). Ein solches Erfordernis stellt auch die PKHVordruckVO vom 22.01.2014 nicht auf (so auch LAG Schleswig-Holstein, Beschluss vom 17.05.2017 – 6 Ta 67/17 – Rn. 14, Juris)."

---

[149] So noch in der 2. Aufl. S. 107.
[150] Diesen Komplex übernommen von Specht: http://ervjustiz.de/pkh-antrag-und-erklaerung-elektronisch#more-446.
[151] Beschluss vom 25. Oktober 2018 – 4 Ta 52/18.

Für den vorliegenden Fall bedeutet dies, nachdem bei der Prozesskostenhilfeerklärung **kein zwingendes Schriftformerfordernis** besteht, dass der vollständig ausgefüllte und vom Antragsteller/Kläger unterschriebene Erklärungsvordruck auch in Form eines elektronischen Dokuments mit eingescannter Unterschrift vorgelegt werden kann, wenn die Erklärung unzweifelhaft vom Antragsteller stammt und er zu seinen Angaben steht.

Dogmatisch steht die Entscheidung des LAG Sachsen nicht vollständig sicher da. Das Vorgehen die PKH-Erklärung elektronisch zu übersenden ist deshalb **nicht völlig gefahrlos**. Pragmatischerweise zu begrüßen ist die Entscheidung dennoch. Sie passt im Wesen zum Prozesskostenhilfeverfahren, das grundsätzlich eine **Glaubhaftmachung** der maßgeblichen Tatsachen ausreichen lässt, vgl. § 118 Abs. 2 Satz 1 ZPO. Im Übrigen erleichtert sie sowohl das Verfahren auf Seite der Rechtsanwaltschaft als auch der Justiz, weil **unnötige Kommunikationsbrüche** weitgehend **vermieden** werden.

(2). Trennungsgebot
Wesentlich ist ferner, die **Erklärung über die persönlichen und wirtschaftlichen Verhältnisse** der Partei nicht in einer einheitlichen Datei mit dem sonstigen Vorbringen zu übersenden. Die Erklärung darf gem. § 117 Abs. 2 S. 2 ZPO dem Gegner nur mit Zustimmung der Partei zur Kenntnis gebracht werden. Dadurch werden die Gerichte vor ein Dilemma gestellt. Eine schlichte „Trennung" des elektronischen Dokuments ist technisch nicht immer möglich und im Fall einer elektronischen Signatur sogar ausgeschlossen.[152] Es blieben für das Gericht deshalb letztlich nur die zwei – gleichermaßen wenig elegante – Lösungsmöglichkeiten: Die Bitte an die Partei um nochmalige – getrennte – Einreichung oder Ausdruck (und ggf. teilweiser Scan) zum Zwecke der Weiterleitung.[153]

---

[152] *Müller* NZA 2018, 1315, 1317; GK-ArbGG/*Horcher*, § 46c ArbGG Rn. 46.
[153] GK-ArbGG/*Horcher*, § 46c ArbGG Rn. 46.

f. Besonderheiten bei der Einreichung der Vollmacht

Gem. § 80 Satz 1 ZPO ist die Prozessvollmacht **schriftlich** zu den Akten zu reichen. Sie wird als einseitige empfangsbedürftige Willenserklärung vom Mandanten erklärt. Obschon die Vollmachtserklärung eigentlich formlos ist, ist die schriftliche Einreichung zu **Nachweiszwecken** vorgesehen; nur so ist § 80 Satz 1 ZPO zu verstehen.

Es gilt mithin letztlich dasselbe **Formproblem** wie bei der Vorlage der Erklärung über die wirtschaftlichen und persönlichen Verhältnisse bei der Prozesskostenhilfe; die elektronische Form ist im Gesetz *de lege lata* nicht vorgesehen.

Dennoch kann – wegen § 88 ZPO gerade im Zivilprozess – durchaus die Vollmacht zunächst elektronisch als Scan eingereicht werden; es handelt sich dann zwar nur um eine **Abschrift**. Es sollte jedoch genügen, das **Original in der mündlichen Verhandlung** mitzuführen, um jedes Risiko auszuschließen.

g. Besonderheiten des elektronischen Schutzschriftenregisters (ZSSR)

Schutzschriften sind vorbeugende Verteidigungsschriftsätze gegen erwartete Anträge auf Arrest oder einstweilige Verfügungen. Weder Anträge, Gegenanträge noch Verteidigungsschriftsätze nach Einreichung eines Antrags sind Schutzschriften. Durch die Einreichung einer Schutzschrift wird versucht, sowohl die Annahme der besonderen Dringlichkeit als auch die Glaubhaftmachung von Verfügungsanspruch und Verfügungsgrund zu entkräften, jedenfalls eine mündliche Verhandlung zu erreichen. Die Gerichte haben eine eingereichte Schutzschrift nach Art. 103 GG zu berücksichtigen, sind aber selbstverständlich nicht an sie gebunden. [154]

Nach dem **bisherigen Rechtsstand** konnte eine Schutzschrift bei allen (möglicherweise zuständigen) Gerichten eingereicht werden. Insbesondere bei fliegenden Gerichtsständen in wettbewerbs-rechtlichen oder presserechtlichen Streitigkeiten ergab sich die Schwierigkeit, dass sie faktisch bei allen Gerichten eingereicht werden musste, um sicher wirksam zu sein. Der Aufwand sowohl für die Prozessbeteiligten als auch für die Justiz war enorm.

Für die Verfahren des einstweiligen Rechtsschutzes vor den ordentlichen Gerichten außer den Familiengerichten und vor den Arbeitsgerichten ermöglicht § 945a Abs. 1 Satz 1 ZPO nunmehr, die **Schutzschrift elektronisch** beim zentralen Schutzschriftenregister einzureichen, das die Landesjustizverwaltung Hessen für alle Bundesländer unter https://schutzschriftenregister.hessen.de führt.

Die Einreichung wirkt nach Abs. 2 Satz 1 wie eine Einreichung in Papierform **bei allen Gerichten** der Länder der ordentlichen Gerichtsbarkeit und der Arbeitsgerichtsbarkeit.

---

[154] BT-Drs. 17/12634, 35. Zur Schutzschrift vgl. *Hilgard*, Die Schutzschrift im Wettbewerbsrecht, 1985; *May*, Die Schutzschrift im Arrest- und einstweiligen Verfügungsverfahren, 1983; *Wehlau/Kalbfus*, Die Schutzschrift, 2015; MüKoZPO/*Drescher* ZPO § 945a Rn. 3.

Rechtsanwälte sind allerdings seit 1. Januar 2017 nach § 49c BRAO **berufsrechtlich zur Benutzung verpflichtet.**[155] Da es sich nur um eine berufsrechtliche Pflicht handelt, sind in Papierform bei den Gerichten eingereichte anwaltliche Schutzschriften bis zur Einführung einer bindenden Pflicht zur elektronischen Einreichung ab spätestens 1. Januar 2022 prozessrechtlich **nicht unwirksam.**[156] Nach § 2 Abs. 1 Satz 1 SRV ist zur Einreichung einer Schutzschrift beim Schutzschriftregister jeder berechtigt, der eine Schutzschrift einreichen kann. **Anwaltszwang besteht nicht**, auch natürliche oder juristische Personen können eine solche Schutzschrift einreichen.[157]

Praxistipp:

Elektronische Einreichung nutzen – sie hat erhebliche Vorteile gegenüber der Papiereinreichung!

Schutzschriften in Papier sind zwar weiterhin zulässig, weil die Nutzung des ZSSR auch für Rechtsanwälte nur eine standesrechtliche Verpflichtung ist. Die Papierschutzschriften werden aber nicht in das Schutzschriftenregister übertragen bzw. eingestellt. Sie entfalten deshalb auch nicht die Wirkung gem. §945a Abs. 2 S. 1 ZPO bzw. §§ 62 Abs. 2 S. 3, 85 Abs. 2 S.3 ArbGG.

Ein **Abruf** aus dem Register ist **nur Gerichten** in einem automatisierten Verfahren möglich, wobei die Abrufe protokolliert werden, § 945a Abs. 3 ZPO. Der Einsteller oder auch Dritte (bspw. der potentielle Antragsteller im einstweiligen Rechtsschutz) können das Register nicht einsehen. Wenn ein Gericht eine Schutzschrift bei einem Abruf als einschlägig

---

[155] MüKoZPO/*Drescher* ZPO § 945a Rn. 5; *Zöller/Vollkommer* Rn. 2; *Bacher* MDR 2015, 1329 (1330); *Walker* FS Schilken, 2015, 815 (819); *Schlingloff* WRP, 2016, 301 (302).
[156] MüKoZPO/*Drescher* ZPO § 945a Rn. 5; *Zöller/Vollkommer* Rn. 2; *Bacher* MDR 2015, 1329 (1330); *Walker* FS Schilken, 2015, 815 (820); *Schlingloff* WRP, 2016, 301 (302).
[157] MüKoZPO/*Drescher* ZPO § 945a Rn. 5.

kennzeichnet, erhält der Absender aber drei Monate nach Abruf eine **Mitteilung** über das abrufende Gericht und das Aktenzeichen.

Es gibt **zwei Möglichkeiten für die Einreichung** zum ZSSR:

(1). Einreichung über EGVP/beA
Die Einreichung erfolgt durch Übermittlung eines elektronischen Schriftsatzes gem. § 130a ZPO, der in einem **strukturierten Datensatz** (im xJustiz-Format mit dem Dateinamen „xjustiz_nachricht.xml" in der Version 2.1, Fachmodul ZSSR) mindestens die Bezeichnung der Parteien und die bestimmte Angabe des Gegenstandes enthalten muss und dem Anlagen beigefügt werden können, § 2 Abs. 1 Satz 2 SRV. Die Schutzschrift muss entweder **qualifiziert elektronisch** signiert sein **oder** von der verantwortenden Person auf einem **sicheren Übermittlungsweg** (bspw. beA) mit einer einfachen elektronischen Signatur übermittelt werden, § 2 Abs. 5 SRV.

Als **Dateiformate** für die Anlagen sind zugelassen:

- PDF/A (Dateiendung .pdf),
- Rich Text Format (Dateiendung .rtf),
- MS Word – Dokumente ohne Makros (Dateiendung .doc oder .docx),
- XML (Dateiendung .xml).

Da mit der Einstellung nach der Fiktion von § 945a Abs. 2 Satz 1 ZPO die Schutzschrift als bei allen ordentlichen Gerichten der Länder eingereicht gilt, ist die Angabe von Gerichten auf der Schutzschrift und die Einreichung mehrerer Schutzschriften nicht erforderlich. Der Einsteller erhält eine Bestätigung über den Zeitpunkt der Einstellung, § 3 Abs. 4 SRV.

Zusammenfassend hat die Einreichung per EGVP/beA zum zentralen Schutzschriftenregister hat folgende Voraussetzungen:

- Anlagen in einem zugelassenen Dateiformat (idealerweise .pdf),
- „xjustiz_nachricht.xml" als Anlage in der Version 2.1, Fachmodul ZSSR, mit dem Mindestinhalt (Bezeichnung der Parteien und des Streitgegenstands),
- Signatur:
    - entweder qualifizierte elektronische Signatur der verantwortenden Person (bspw. des Rechtsanwalts),
    - Nutzung eines sicheren Übermittlungsweges (bspw. beA) durch die verantwortende Person selbst und einfache Signatur.

Fehlende Pflichtangaben im XJustiz-Datensatz oder sonstige Abweichungen vom Datenschema, die Verwendung unzulässiger Dateiformate, das Fehlen notwendiger qualifizierter elektronischer Signaturen (qeS) etc. führen jeweils zur automatisierten Zurückweisung der Einreichung, welche somit nicht in das Register eingestellt wird!

(2). Einreichung über ein Online-Formular

Unter der Adresse https://www.zssr.justiz.de/ steht ein **Online-Formular** zur Verfügung, mittels dessen alle notwendigen Daten übermittelt und die nach der Schutzschriftenregisterverordnung erforderlichen Dateien automatisch und im Hintergrund erzeugt und übersandt werden.

Auch **Schutzschriftenrücknahmen** sind über das Online-Formular möglich.

h. (Online-)Mahnverfahren

Gem. § 702 Abs. 2 ZPO können Anträge und Erklärungen im Mahnverfahren in einer nur **maschinell lesbaren Form** übermittelt werden. Werden Anträge und Erklärungen, für die maschinell bearbeitbare Formulare nach § 703c Absatz 1 Satz 2 Nummer 1 eingeführt sind, von einem **Rechtsanwalt** oder einer registrierten Person nach § 10 Absatz 1 Satz 1 Nummer 1 des Rechtsdienstleistungsgesetzes übermittelt, ist **nur diese Form** der Übermittlung zulässig; hiervon **ausgenommen ist der Widerspruch**. Der handschriftlichen Unterzeichnung bedarf es nicht, wenn in anderer Weise gewährleistet ist, dass die Anträge oder Erklärungen nicht ohne den Willen des Antragstellers oder Erklärenden übermittelt werden.

Antragsdaten mit einzelnen Anträgen können über die **EDA-Download-Funktion** mit dem online-Mahnantrag erzeugt werden. Eine Offline-Erzeugung von Antragsdaten ist über eine Fach- oder Branchensoftware möglich, die entsprechend installiert und eingerichtet werden muss. Für die Erzeugung von Anträgen **über eine Fachsoftware** wird zwingend eine Kennziffer und eine EDA-ID benötigt. Diese erteilt das Mahngericht auf Antrag:

www.mahngerichte.de/verfahrenshilfen/keziant.htm.

Eine solche Software bietet in der Regel auch die Möglichkeit, Folgeanträge im Verfahren zu stellen und Verfahrensnachrichten vom Gericht zu empfangen (elektroni-scher Datenaustausch).[158]

Die **ERVV** mit ihren Formvorschriften **gilt nicht** für das Online-Mahnverfahren. § 1 ERVV verweist auf § 130a ZPO, der auf das automatisierte Mahnverfahren nicht anwendbar ist. §§ 690, 702 ZPO ist insoweit die speziellere Vorschrift. Dies ergibt sich auch aus § 1 Abs. 2 ERVV, nach dem besondere bundesrechtliche Vorschriften über die

---

[158] Die aktuellen EDA-Konditionen sind zu beachten: www.mahngerichte.de/publikationen/edakonditionen.htm.

Übermittlung elektronischer Dokumente und strukturierter maschinenlesbarer Datensätze unberührt bleiben.[159]

Die ERVV gilt im Mahnverfahren nicht. Daher ist insbesondere auch die sonst unzulässige <u>Container-Signatur</u> im Mahnverfahren weiter zulässig.

Hierdurch ist die Nutzung der bisherigen EGVP-Clients für das Mahnverfahren geeignet, denn diese Clients besitzen bereits eine Funktionalität zur Anbringung einer Container-Signatur.

---

[159] Vgl. auch BRat-DS 645/17 v. 20.09.2017 S. 10 unten.

i. Elektronischer Rechtsverkehr mit Sachverständigen

In zahlreichen Rechtsgebieten spielen (medizinische) Gutachten eine bedeutende verfahrensrechtliche und inhaltliche Rolle. Die Kommunikation zwischen dem Sachverständigen und dem Gericht findet aber nur selten elektronisch statt.

Dabei läge die Einbeziehung auch das Sachverständigen in den elektronischen Rechtsverkehr auf der Hand: Praktisch ausnahmslos werden Dokumente im professionellen Justizumfeld am Computer produziert. Dies betrifft auch (medizinische) Gutachten in gerichtlichen Verfahren. Die digitale Form ist das „Original" dieses Dokuments. Bereits der Ausdruck zur Übersendung an das Gericht stellt einen Medienbruch dar, der **Qualität** kosten kann – bspw. bei ausgedruckten **digitalen Fotografien**.

Jedenfalls eine „Meta-Information" geht durch den Ausdruck aber auf jeden Fall verloren: Das am Computer erstellte Textdokument ist in Perfektion im **Volltext durchsuchbar**. Sobald das Dokument ausgedruckt wird, müsste es – um diesen „Mehrwert" wiederzuerlangen – erneut eingescannt und texterkannt werden. Dies ist nicht nur mühsam, sondern unweigerlich mit Qualitätsverlusten verbunden. Es gibt daher keinen vernünftigen Grund, das elektronische Original nach dessen Erstellung am Computer und nur zu dessen Übersendung wieder auf Papier erstarren zu lassen. Einzig sinnvoll ist die elektronische Übermittlung der Datei selbst.

Der **elektronische Rechtsverkehr zwischen dem Gericht und dem Sachverständigen** ist daher zwar **noch keine gängige Praxis**. Er ist aber bereits heute ein echtes Qualitätsmerkmal des Gutachtens, denn nur hierdurch erhalten der Richter und die Verfahrensbeteiligten als „Adressaten" des erstellten Textes effizient Zugriff auf die „Mehrwerte" einer elektronischen Datei.

(1). Das elektronische Gutachten[160]
Entschließt sich der Sachverständige dazu, sein Gutachten im Wege des elektronischen Rechtsverkehrs vorzulegen, ergeben sich alleine hieraus praktisch **keine Besonderheiten**. Schon heute werden Gutachten in der Regel vollständig unter Nutzung eines Computers und einer Textverarbeitung erstellt.

(a). Formvoraussetzungen
Normativ und auch unter rein praktischen Gesichtspunkten sind für die Nutzung des elektronischen Rechtsverkehrs durch den Sachverständigen allerdings verschiedene Formvoraussetzungen zu beachten, zu deren Einhaltung der Sachverständige auch technische Vorkehrungen treffen muss.

(aa). Die Formvoraussetzungen des elektronischen Rechtsverkehrs, § 130a ZPO
Gem. § 411 Abs. 1 ZPO ist ein Gutachten von dem Sachverständigen als „**unterschriebenes Gutachten**" zu übermitteln, wenn die schriftliche Begutachtung vom Gericht angeordnet wird.[161]

Gem. § 130a Abs. 1, Abs. 3 ZPO „müssen" Gutachten etc. von der verantwortenden Person, d.h. dem Sachverständigen selbst, **qualifiziert elektronisch signiert** werden, wenn sie mittels EGVP übertragen werden, § 130a Abs. 3 ZPO. Die bloß eingescannte eigenhändige Unterschrift genügt nach dem Wortlaut des Gesetzes nicht.

Die ebenfalls in Abs. 3 vorgesehene Möglichkeit, anstelle der qualifizierten elektronischen Signatur einen sog. „**sicheren Übermittlungsweg**" zu nutzen, ist für den Sachverständigen zunächst noch inhaltsleer, weil – im Gegensatz zu Rechtsanwälten mit dem beA – Sachverständigen kaum sichere Übermittlungswege zur Verfügung stehen. Hier kommt lediglich die absenderauthentifizierte **De-Mail** in Betracht, § 130a Abs. 4 Nr. 1 ZPO.

---

[160] Siehe hierzu ausführlich: *Müller*, MEDSACH 2018, S. 16 ff.
[161] Vgl. *Roller*, SGb 1998, 401, 402; BSG, Urteil vom 31. Juli 1958 – 9 RV 536/57.

(bb). Ausschließliche elektronische Einreichung oder Einreichung als elektronisches Doppel
Die Formvorschriften des § 130a Abs. 1, Abs. 3 ZPO gelten jedenfalls unmittelbar, wenn das Gutachten **ausschließlich im elektronischen Rechtsverkehr** an das Gericht übermittelt wird. Dann stellt diese elektronische Fassung des Gutachtens das „Original"[162] dar, mögliche Ausdrucke – sei es für die (noch) führende gerichtliche Papierakte, für nicht am elektronischen Rechtsverkehr teilnehmende Verfahrensbeteiligte oder zur Lektüre auf Papier – sind lediglich eine Abschrift, ein Abbild, dieser Original-Datei.

Nicht von § 130a Abs. 1 ZPO umfasst ist dagegen des **elektronische Doppel eines Gutachtens**, das neben dem papiergebundenen, unterschriebenen „Original" zusätzlich als elektronisches Hilfsmittel eingereicht wird. Das elektronische Doppel des Gutachtens ist dann lediglich eine nicht-förmliche und damit auch nicht formgebundene „Dreingabe" als Werkzeug für den juristischen Entscheider, um die **„Mehrwerte"** der elektronischen Aktenbearbeitung nutzen zu können. Liegt ein papiergebundenes, unterschriebenes Exemplar des Gutachtens vor, sind daher die Formvoraussetzungen stets erfüllt, ohne, dass es auf § 130a Abs. 1, Abs. 3 ZPO ankäme. Zur Vermeidung von Irritation sollte das elektronische Doppel eindeutig als „Doppel" gekennzeichnet werden. Das Gericht hat allerdings sicherzustellen, dass das „Original" den Beteiligten zur Kenntnis oder Stellungnahme übermittelt wird. Insbesondere wenn diese wiederum am elektronischen Rechtsverkehr teilnehmen, ist entweder das Papiergutachten (nochmals?) einzuscannen oder aber gewissenhaft sicherzustellen, dass das vorliegende elektronische „Doppel" inhaltlich vollständig mit dem papiergebundenen Original übereinstimmt. Hier bleibt ein Restrisiko.

---

[162] Vgl. zum Begriff des Originals im digitalen Umfeld, *De Felice/Müller*, in: FS für *Herberger*, 2016, S. 215 ff.

(cc). Dateiformat
Die zulässigen Dateiformate für den gerichtlichen Posteingang ergeben sich aus der **ERVV**. Grundsätzlich sind daher PDF-Dateien zu übersenden.

Anlagen in anderen Formaten, bspw. Fotos, Dateien bildgebender Verfahren, Pläne etc. sind aber zulässig, wenn eine Umwandlung in PDF unmöglich, unzweckmäßig oder unverhältnismäßig wäre. Es ist insoweit aber zu beachten, dass die Adressaten für **exotische Dateiformate** keine Viewer bereithalten werden. Grundsätzlich empfiehlt sich deshalb auch insoweit eine Umwandlung in PDF.

(dd). Qualifizierte elektronische Signatur
Auch und gerade für das medizinische Umfeld sind gleich mehrere **Anbieter** auf dem Markt, die qualifizierte Zertifikate zur Erzeugung dieser Signaturen anbieten. Die laufenden Kosten belaufen sich hierfür regelmäßig auf weniger als 100,00 € pro Jahr. Auch die „Anfangsinvestition" für die Anschaffung einer Signatursoftware und eines Signaturterminals liegen bei gerade einmal einmalig etwa 100,00 €.[163] Teilweise sind in Praxisverwaltungs- Softwarelösungen für Ärzte entsprechende Module bereits integriert.

(b). (Keine) Folgen bei Formverstoß
Die Folgen eines Verstoßes des Sachverständigen gegen die Formvorschriften des § 130a ZPO sind durch die Rechtsprechung noch nicht geklärt. Vor allem dort, wo die Verfahrensordnungen durch das Amtsermittlungsprinzip geprägt sind, wird es – neben der **pragmatischen Lösungen**, den Sachverständigen um die nochmalige, formwirksame (möglicherweise papiergebundene) Einreichung zu bitten – kaum eine Möglichkeit geben, das Gutachten bspw. in Ermangelung einer qualifizierten elektronischen Signatur vollständig zu ignorieren.

---

[163] Eine Anbieterübersicht findet sich auf der Internetpräsenz der Bundesnetzagentur https://www.bundesnetzagentur.de/DE/Service-Funktionen/ElektronischeVertrauensdienste/QualifizierteVD/QualifizierteSignatur/Anbieterliste/AnbieterliseQeSignatur_node.html.

Schon bisher lag der **Sinn und Zweck** der eigenhändigen Unterschrift des Sachverständigen in lediglich zwei Funktionen. Mit seiner Unterschrift dokumentierte der Sachverständige die Endgültigkeit seiner gutachterlichen Ausführungen. Er legitimierte daher mit der Unterschrift die prozessuale Verwendung des Gutachtens durch das Gericht und gab es damit aus seiner Hand. Die Unterschrift stellte daher die **Abgrenzung zum Entwurfsstadium** dar. Die zweite Funktion der Unterschrift lag darin, dass der Sachverständige die Verantwortung für das Gutachten übernahm und damit seiner Pflicht als Sachverständiger zur persönlichen Begutachtung nachgekommen war.[164] Die Unterschriftsfunktionen beim Gutachten eines Sachverständigen sind damit nicht zwingend deckungsgleich mit der Funktion der Unterschrift bei der allgemeinen Schriftform gem. § 126 BGB. Eine entsprechende Förmlichkeit ist für den Sachverständigen auch nicht erforderlich, weil etwaige Zweifelsfälle im Wege der **persönlichen Anhörung** des Sachverständigen gem. § 411 Abs. 3 ZPO behoben werden können.[165]

Es liegt daher auch für das elektronische Gutachten nahe, eine pragmatische Annäherung an die Formvorschriften für den elektronischen Rechtsverkehr zu suchen, jedenfalls dort, wo es um die – systematisch ja gerichtsinterne – Kommunikation zwischen dem Gericht und dem von ihm beauftragten Sachverständigen geht. Hier sollte grundsätzlich die Formwahrung, d.h. die Anbringung einer qualifizierten elektronischen Signatur, angestrebt werden. Dort wo diese Möglichkeit nicht oder noch nicht besteht, kann allerdings durch Einreichung auch eines unterschriebenen, papiergebundenen Gutachtens oder sogar durch den mit dem **Amtsermittlungsprinzip** legitimierten völligen Verzicht auf die elektronische Signatur – und dann bloß der eingescannten eigenhändigen Unterschrift – **Umgehungsmöglichkeiten** gefunden werden. In der Kommunikation zwischen Gericht und Sachverständigen verbliebe § 130a

---

[164] *Roller*, SGb 1998, 401, 402; BSG, Urteil vom 31. Juli 1958 – 9 RV 536/57.
[165] *Katzenmeier*, in: *Prütting/Gehrlein*, ZPO, 8. Aufl., § 411 Rn. 13 unter Verweis auf RGZ 9, 375, 376 f..

Abs. 1 ZPO als reine Ordnungsvorschrift, die keine Sanktion bei ihrer Nichtbeachtung zur Folge hat.[166]

(2). Die elektronische Schweigepflichtsentbindung

Bei der Datenerhebung bei dem von § 203 StGB erfassten Personenkreis (insbesondere bei behandelnden Ärzten[167]) ist deren Schweigepflicht zu beachten. Insoweit ist zunächst beim Betroffenen eine Schweigepflichtsentbindungserklärung einzuholen. [168] Die Schweigepflichtsentbindung sollte, muss aber nicht, **ausdrücklich** erfolgen.[169] Ausreichend als Schweigepflichtentbindung ist, dass der Kläger sich in seinem Vortrag auf (bestimmte) Krankenunterlagen als Beweismittel bezieht. Eine **konkludente** Schweigepflichtsentbindung darf nur aus Umständen und Erklärungen geschlossen werden, die klar erkennen lassen, dass der Betroffene den Umfang der Beweiserhebung erkannt hat. Die Schweigepflichtsentbindung ist auf Verlangen dem **Geheimnisträger vorzulegen**, damit sich dieser vergewissern kann, dass seine Strafbarkeit gem. § 203 StGB durch Übermittlung der Daten ausgeschlossen ist.[170] Üblich ist aber ohnehin die Übermittlung einer formularmäßigen Schweigepflichtsentbindung durch das Gericht an den Kläger.

Es handelt sich um eine **höchstpersönliche Erklärung**, die insbesondere nicht in Vertretung durch einen Bevollmächtigten abgegeben werden

---

[166] Anders in der Kommunikation zwischen dem Gericht und den Verfahrensparteien, *Müller*, AnwBl 2016, 27 ff.; *Müller*. Betriff Justiz 2017, 22, 24 f. Hier sind die besonderen Formvorschriften des elektronischen Rechtsverkehrs mit gutem Grund einzuhalten.

[167] Nicht beim Sachverständigen; er unterliegt dem Gericht gegenüber keiner Schweigepflicht.

[168] Vgl. *Müller*, in: Roos/Wahrendorf, 1. Aufl., 2014, § 103 Rn. 38.

[169] *BSG*, Urteil vom 24.6.1998 – B 9 SB 2/98 R Rn. 15; *BGH*, Urteil v. 11.12.1991 – VIII ZR 4/91 Rn. 31; *OLG Karlsruhe*, Beschluss v. 28.10.1993 – 3 Ws 154/93; *OLG Frankfurt am Main*, Beschluss v. 19.5.2005 – 3 Ws 405/05; vgl. *SG Frankfurt am Main*, Beschluss v. 24.9.1998 – S 4 SF 47/98 Rn. 21 unter Bezugnahme auf ein Rundschreiben des Hessischen Datenschutzbeauftragten von Mai 1997 an die Gesundheitsämter in Hessen.

[170] A.A. *SG Frankfurt am Main*, Beschluss v. 24.9.1998 – S 4 SF 47/98.

kann.[171] Ob die Schweigepflichtsentbindung ausreichend ist, hat der Geheimnisträger (hier: der Arzt) zu entscheiden, weil es im Ergebnis um seine mögliche Strafbarkeit gem. § 203 StGB geht.[172]

Auch die Schweigepflichtsentbindungserklärung kann im Wege des elektronischen Rechtsverkehrs an das Gericht übersandt werden. Es handelt sich insoweit nicht um eine *„schriftlich einzureichende [...] Erklärung der Partei"* im Sinne des § 130a Abs. 1 ZPO, da das Gericht letztlich nicht Adressat der Entbindungserklärung ist, sondern der Geheimnisträger. Eine Erklärung mit Unterschrift der Partei bzw. deren gesetzlichen Vertreters kann in elektronischer Form durch die Partei bzw. deren gesetzlichen Vertreter nur mit einem persönlichen Zertifikat als **qualifiziert elektronisch signierte** Datei übermittelt werden. Über eine eigene Signaturkarte wird dieser Personenkreis regelmäßig aber nicht verfügen. Als sicherer Übermittlungsweg für den Bürger mag sich künftig De-Mail anbieten. Es ist daher fraglich, ob es genügt, dass ein bevollmächtigter **Rechtsanwalt** eine unterschriebene Erklärung der Partei **scannt**, die erstellte Datei seinerseits qualifiziert elektronisch signiert und / oder seit dem 1. Januar 2018 über einen sicheren Übertragungsweg wie das besondere elektronische Anwaltspostfach übermittelt[173]. Dies hätte sicher **praktischen Bedürfnissen** Rechnung getragen, ist aber deshalb nicht unproblematisch, weil die Prüfung der Authentizität der Erklärung, die nach den gesetzlichen Bestimmungen **dem Geheimnisträger** obliegt, auf den bevollmächtigten Rechtsanwalt verlagert würde. Weder der qualifiziert elektronischen Signatur noch der Übermittlung auf einem sicheren Übertragungsweg kommt per se ein Erklärungsgehalt hinsichtlich der „Echtheit" der – eigenhändigen – Unterschrift der Partei

---

[171] *Roller*, in: HK-SGG § 106 Rn. 4; *Hauck*, in: *Hennig*, SGG, § 106 Rn. 18; *Kühl*, in: *Breitkreuz/Fichte*, SGG, § 106 Rn.14; a.A. *Kolmetz*, in: *Jansen*, SGG, § 106 Rn. 10.

[172] A.A. *Kühl*, in: *Breitkreuz/Fichte*, SGG, § 106 Rn.14, der zwar grundsätzlich auch eine Entscheidungsbefugnis des Arztes annimmt, diese aber wiederum - ohne Rechtsgrundlage - einer gerichtlichen Kontrolle unterwirft.

[173] Die Problematik entspricht damit der Übermittlung der Erklärung über die wirtschaftlichen und persönlichen Verhältnisse für die Beantragung von Prozesskostenhilfe, siehe oben B III 5.

auf einer (nur) dem von ihr rechtsgeschäftlich bevollmächtigten, aber nicht zur Beglaubigung i. S. d. Beurkundungsgesetzes (vgl. §§ 40, 66, 70 Beurkundungsgesetz) berechtigten Rechtsanwalt vorliegenden Erklärung zu.[174]

Dennoch ist ein pragmatische Handhabung denkbar – Rechtsprechung hierzu steht freilich noch aus: Man könnte es als ausreichend ansehen, wenn sichergestellt ist, dass die (eindeutige) Entbindungserklärung von demjenigen stammt, dessen Geheimnis durch die Schweigepflicht geschützt wird. Dies ist insbesondere dann der Fall, wenn die Entbindungserklärung die **eigenhändige Unterschrift** des Betroffenen trägt und der **Scan** der unterschriebenen Entbindungserklärung von seinem eigenen elektronischen Postfach übermittelt wird oder, wenn sein Prozessbevollmächtigter die vom Betroffenen eigenhändig unterschriebene Erklärung eingescannt und qualifiziert elektronisch signiert (mit dem Zertifikat des Bevollmächtigten) und sie an das Gericht übermittelt bzw. hierfür einen sicheren Übertragungsweg gem. § 130a Abs. 4 ZPO n.F., bspw. sein beA, nutzt. Nicht nur ließe ein solches Vorgehen in Zweifelsfällen eine Nachfrage des Geheimnisträgers oder des Gerichts jederzeit zu. Der Geheimnisträger könnte sich hinsichtlich seiner strafrechtlichen Verantwortung bei tatsächlichem Nichtvorliegen einer (wirksamen) Entbindungserklärung [175] überdies darauf berufen, (irrtümlich und wegen der besonderen Vertrauensstellung des Rechtsanwalts bzw. des Gerichts auch unvermeidbar) vom Vorliegen einer Entbindung ausgegangen zu sein.

---

[174] Diesen Komplex übernommen von Specht: http://ervjustiz.de/pkh-antrag-und-erklaerung-elektronisch#more-446.

[175] Letztlich wäre dieser Fall ja nur über eine gefälschte Entbindungserklärung konstruierbar.

3. Prüfung der Fristwahrung im Klageverfahren

Für die Prüfung von Rechtsbehelfsfristen kommt es nach allgemeinen Regeln darauf an, wann der Rechtsbehelf dem zuständigen Gericht zugeht. Im Falle der Einreichung einer Klageschrift ist dies dann der Fall, wenn diese bestimmungsgemäß in den **Machtbereich des Gerichts** gelangt.[176]

Es kommt insbesondere nicht auf **den gerichtlichen Eingangsstempel** an (der freilich grundsätzlich das richtige Datum abbilden müsste), noch auf den Zeitpunkt der Signatur oder den Zeitpunkt der Erstellung des Transfervermerks (die letzten beiden Zeitpunkte könnten in die Irre führen, weil sie ebenfalls auf dem Transfervermerk abgedruckt sein können).

a. Grundlagen der Fristprüfung im elektronischen Rechtsverkehr

Für den elektronischen Rechtsverkehr gilt, dass elektronische Posteingänge stets im Elektronischen Gerichts- und Verwaltungspostfach (EGVP) der Gerichte erfolgen. Dies gilt unabhängig davon, ob der Absender ebenfalls einen EGVP-Client für den Versand nutzt oder einen sicheren Übermittelungsweg – das besonderen elektronischen Anwaltspostfach (beA), das besondere elektronische Notarspostfach (beN) oder das besondere elektronische Behördenpostfach (beBPo) – die auf die EGVP-Infrastruktur aufsetzen. Selbst Eingänge aus einem De-Mail-Dienst werden über ein Gateway in das EGVP des Gerichts geleitet. Der Übertragungsweg EGVP ist durch eine Ende-zu-Ende – Verschlüsselung der Kommunikation gesichert. Genutzt wird der sog. „OSCI-Standard" zur Trennung der verschlüsselten Nachrichteninhalte von den für den Nachrichtentransport erforderlichen Nutzdaten nach dem „Prinzip des Doppelten Umschlages". Der „Empfang" der Nachricht in der EGVP-Infrastruktur erfolgt über einen sog. Intermediär, auf dem die Nachricht zur Abholung durch das Gericht zwischengespeichert wird, ähnlich der

---

[176] Föllmer in: Schlegel/Voelzke, jurisPK-SGG, 1. Aufl., § 90 SGG (Stand: 24.07.2019), Rn. 36.

Funktion eines E-Mail-Servers.[177] Der Intermediär gehört im Hinblick auf die Zugangsvoraussetzungen zur Sphäre des Nachrichtenempfängers, weshalb die Frist mit dem **Eingang auf dem Intermediär** gewahrt wird. Über den Zeitpunkt des Eingangs wird der Empfänger der Nachricht im von der EGVP-Infrastruktur erzeugten Prüfprotokoll und im Transfervermerk in der Zeile „Eingang auf dem Server" informiert, so dass die Fristwahrung sekundengenau eindeutig feststellbar ist. Aufgrund der technischen Funktionsweise des Intermediärs wird auch der Absender mit dem Einlegen der Nachricht auf den Intermediär in der Mitteilung gem. § 65a Abs. 5 Satz 2 SGG (sog. „Acknowledgment-Datei") über exakt denselben Zeitpunkt informiert, so dass ein Streit über die Fristwahrung praktisch ausgeschlossen sein sollte.[178]

Das für die Fristwahrung maßgebliche Datum lässt sich dem Prüfvermerk oder dem Transfervermerk und dem Prüfprotokoll „inspectionsheet.html" entnehmen.

---

[177] https://egvp.justiz.de/behoerdenpostfach/Voraussetzungen/index.php - abgerufen am 9. August 2019.
[178] Vgl. aber BFH v. 5.6.2019 – IX B 121/18 m. abl. Anm. Müller, NZA 2019, 1158.

b. Prüfung der Fristwahrung in der EGVP-Infrastruktur

Bei elektronischen Nachrichten, die von einem EGVP-basierten elektronischen Übermittlungsweg versandt wurden (EGVP, beA, beN und beBPo), zeigen der Transfervermerk, das Prüfprotokoll und der Prüfvermerk den identischen Eingangszeitpunkt an. Dieser ist bei der Fristprüfung zugrunde zu legen.

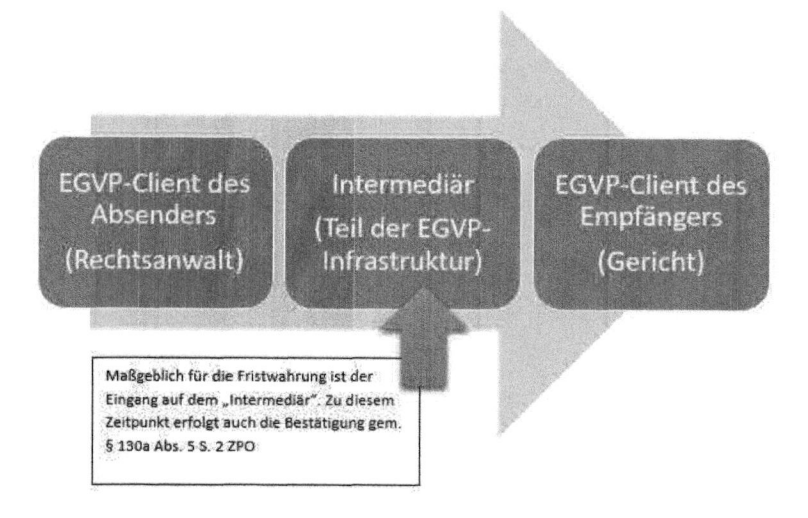

EGVP-Client des Absenders (Rechtsanwalt) → Intermediär (Teil der EGVP-Infrastruktur) → EGVP-Client des Empfängers (Gericht)

Maßgeblich für die Fristwahrung ist der Eingang auf dem „Intermediär". Zu diesem Zeitpunkt erfolgt auch die Bestätigung gem. § 130a Abs. 5 S. 2 ZPO

Auf dem **Transfervermerk** ist der Eintrag „Eingang auf dem Server" maßgeblich:

Transfervermerk
erstellt am: 27.09.2017, 15:22:31
(weitere Details und Anmerkungen können Sie dem separaten Prüfprotokoll entnehmen)
Prüfergebnis der OSCI-Nachricht: test-itplr_150651528934676113918396 70523508

Informationen zum Übermittlungsweg: Sicherer Übermittlungsweg aus einem besonderen Behördenpostfach
Eingang auf dem Server: 27.09.2017, 14:28:20
(Ende des Empfangsvorgangs) (lokale Serverzeit)
Inhaltsdaten: nachricht.xml, nachricht.xsl, visitenkarte.xml, visitenkarte.xsl, herstellerinformation.xml
Anhänge:

Das **Prüfprotokoll** enthält ebenfalls eine Zeile „Eingang auf dem Server":

Prüfprotokoll vom 18.09.2017 11:44:19

Informationen zum Übermittlungsweg
Sicherer Übermittlungsweg aus einem besonderen **Behördenpostfach**.

Zusammenfassung und Struktur

OSCI-Nachricht:	
Gesamtprüfergebnis	☑ Sämtliche durchgeführten Prüfungen lieferten ein positives Ergebnis.
Betreff	Testnachricht
Nachrichtenkennzeichen	gov2test_150572785403841086716612947 48924
Absender	Thölken
Empfänger	Thölken
Eingang auf dem Server	18.09.2017 11:44:14 (lokale Serverzeit) ⬅

Inhaltsdatencontainer: project_coco
Inhaltsdaten nachricht.xml, nachricht.xsl, visitenkarte.xml, visitenkarte.xsl, herstellerinformation.xml
Anhänge

Inhaltsdatencontainer: govello_coco
Inhaltsdaten additional_infos
Anhänge

Ebenso kann das Datum dem sog. **Prüfvermerk** entnommen werden:

> **Diese Nachricht wurde per EGVP versandt.**
>
> Eingangszeitpunkt: 06.09.2019, 16:20:54

c. Prüfung der Fristwahrung bei De-Mail – Diensten

Der Empfang und der Versand von De-Mail – Nachrichten erfolgt über das EGVP-Postfach des Gerichts. Hierzu werden durch ein sog. Gateway die EGVP-Infrastruktur und die De-Mail – Infrastruktur gekoppelt.

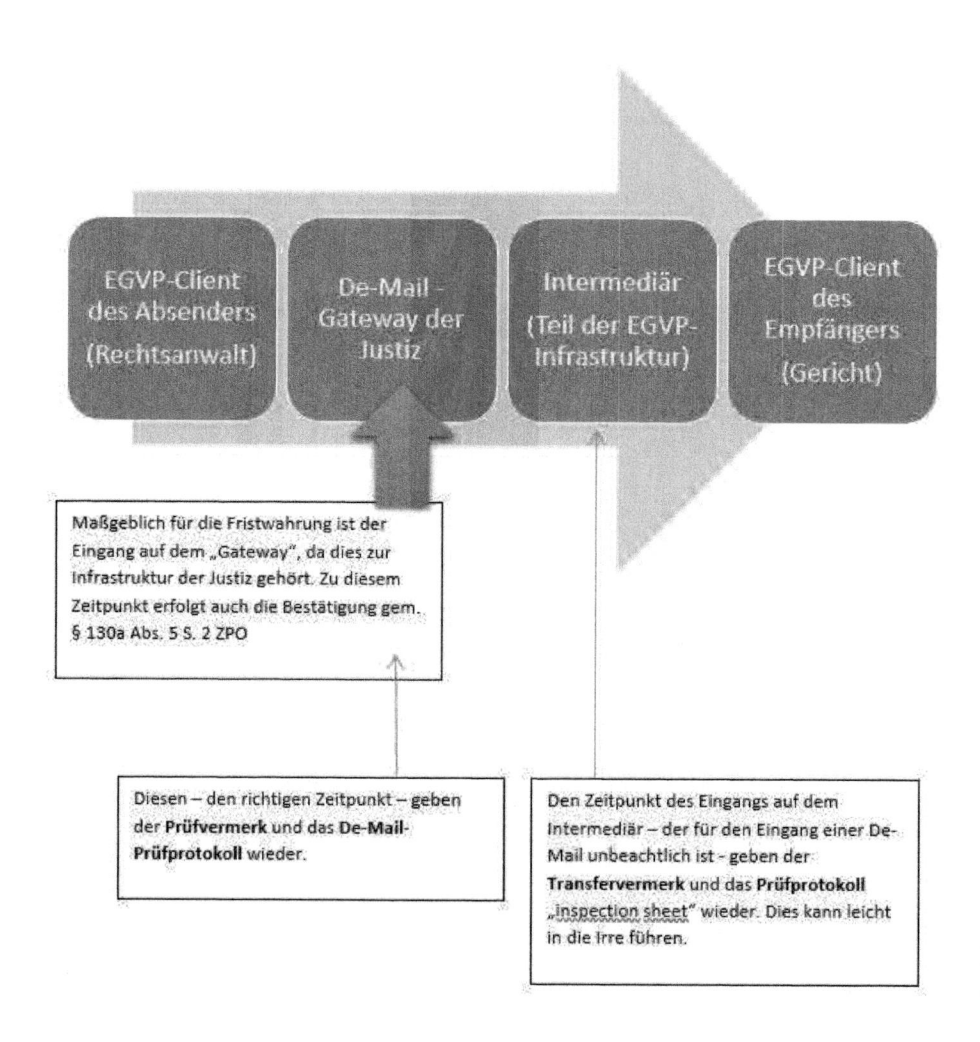

```
EGVP-Client        De-Mail -          Intermediär        EGVP-Client
des Absenders  →   Gateway der    →   (Teil der EGVP- →  des
(Rechtsanwalt)     Justiz             Infrastruktur)     Empfängers
                                                         (Gericht)
```

Maßgeblich für die Fristwahrung ist der Eingang auf dem „Gateway", da dies zur Infrastruktur der Justiz gehört. Zu diesem Zeitpunkt erfolgt auch die Bestätigung gem. § 130a Abs. 5 S. 2 ZPO

Diesen – den richtigen Zeitpunkt – geben der **Prüfvermerk** und das **De-Mail-Prüfprotokoll** wieder.

Den Zeitpunkt des Eingangs auf dem Intermediär – der für den Eingang einer De-Mail unbeachtlich ist – geben der **Transfervermerk** und das **Prüfprotokoll** „inspection sheet" wieder. Dies kann leicht in die Irre führen.

Im Prüfvermerk, dem Transfervermerk und dem EGVP-Prüfprotokoll ist erkennbar, dass die EGVP-Nachricht der Übermittelung einer De-Mail dient.

> **Angaben zur Nachricht:**
>
> Sicherer Übermittlungsweg per absenderbestätigter De-Mail.
>
> Eingangszeitpunkt: 06.09.2019, 22:58:42

Abbildung: Prüfvermerk De-Mail; Eingangszeitpunkt = auf dem De-Mail-Gateway

Auf dem Server des De-Mail – Dienstleisters der Justiz (Fa. Procilon) wird die Umwandlung der De-Mail in eine EGVP-Nachricht vorgenommen. Hierbei wird unter anderem ein **PDF-De-Mail-Prüfprotokoll** erstellt, dass der EGVP-Nachricht als Anlage beigefügt ist. Es trägt den Dateinamen De_Mail_Pruefprotokoll.pdf.

Im Gegensatz zu Eingängen über EGVP, beA, beN und beBPo kommt es bei Eingängen per De-Mail zur Wahrung der Frist ausschließlich auf den **Prüfvermerk** oder das **De-Mail-Prüfprotokoll** an – **unbeachtlich** ist das Datum auf dem **Transfervermerk** oder dem **Prüfprotokoll** „inspectionsheet.html", weil diese den Eingang auf dem Intermediär ausweisen.

De-Mail-Prüfprotokoll über die sichere und absenderbestätigte Anmeldung:

Der Absender der De-Mail mit dem nachfolgenden Angaben war bei Versand der Nachricht sicher im Sinne des § 4 Abs.1 S.2 des De-Mail Gesetzes angemeldet.

Die sichere Anmeldung ist bestätigt worden.

Der De-Mail-Absender hat keine Eingangsbestätigung angefordert. Ihm wurde der Eingang beim De-Mail-Dienst mit gesonderter De-Mail bestätigt.

Angaben:

De-Mail-Empfänger	demail.com
De-Mail-Absender	sammelpostfach@procilon.fp-demail.com
Betreff	mit_absendebestaetigung_ohne_empfangsbestaetigung
Nachrichten ID der De-Mail	1895391.1509983517364151.de-mail0001@fp-demail.com
Eingang beim De-Mail Empfänger	Montag, 2017.11.06 16:51:56 +0100
automatisierte Versandbestätigung erteilt	Nein
automatisierte Eingangsbestätigung erteilt	Nein
gesonderte Eingangsbestätigung per De-Mail-Nachricht erteilt	Ja

Handelt es sich nicht um eine <u>absenderauthentifizierte</u> De-Mail fehlt das De-Mail – Prüfprotokoll.

Das De-Mail – Prüfprotokoll und der Prüfvermerk zeigen stets das identische Datum/Uhrzeit an, so dass die Prüfung nur eines dieser beiden Dokumente praktisch für die Fristprüfung ausreicht.

II. Der elektronische Postausgang der Gerichte

Der gerichtliche elektronische Postausgang beruht auf § 174 Abs. 3 ZPO. An Verfahrensbeteiligte, an die gem. § 174 Abs. 1 ZPO gegen Empfangsbekenntnis zugestellt werden kann, und an solche, die ausdrücklich einer elektronischen Zustellung zugestimmt haben, kann das Gericht Dokumente in digitaler Form übersenden oder förmlich zustellen. Das Prozessrecht regelt damit den elektronischen Postausgang nicht unvollständig.

1. Rechtsgrundlagen des elektronischen Postausgangs

Die Formvorschriften für elektronische Zustellungen ergeben sich aus den § 169 Abs. 4, 5 und § 174 Abs. 3, 4 ZPO. Danach können Schriftstücke oder elektronische in beglaubigter elektronischer Abschrift zugestellt werden. Die förmliche Zustellung ist nur gegen Empfangsbekenntnis – zumeist das elektronische Empfangsbekenntnis (eEB) – und vor allem nur in sichere Übermittlungswege, d.h. insbesondere das besondere elektronische Anwaltspostfach (beA) vorgesehen.

Regeln über nicht-förmliche elektronische Übermittlungen fehlen in der ZPO dagegen. Hieraus lässt sich eine weitgehende (Form-)Freiheit für die sendenden Gerichte ableiten.[179] Die §§ 166 ff. ZPO sind das Fundament für die förmliche Zustellung in sämtlichen großen Prozessordnungen. Da die förmliche Zustellung gem. § 166 Abs. 1 ZPO letztlich nur ein Unterfall der Bekanntgabe darstellt und die §§ 167 ff. ZPO nur eine „bestimmte Form" vorschreiben, kann aus der Möglichkeit förmliche Zustellungen gem. § 174 Abs. 3 ZPO auch elektronisch vorzunehmen, gefolgert werden, dass dieser Übermittlungsweg für die nicht-förmliche Bekanntgabe an Personen, an die gem. § 174 Abs. 1 ZPO gegen Empfangsbekenntnis zugestellt werden darf oder die gem. § 174 Abs. 3

---

[179] OVG Schleswig-Holstein, Beschluss vom 21. Januar 2020 – 4 O 4/20 m. Anm. *Müller*, FA 2020, 65.

Satz 2 ZPO einer elektronischen Zustellung ausdrücklich zugestimmt haben, erst Recht zur Verfügung steht.[180]

2. initiativer elektronischer Rechtsverkehr

§ 174 Abs. 3 ZPO erlaubt die elektronische Übermittlung an Personen, an die gegen Empfangsbekenntnis zugestellt werden darf (§ 174 Abs. 1 ZPO) Sie ist daher auch zulässig und wirksam, wenn diese Personen zwar über ein den Anforderungen entsprechendes elektronisches Postfach verfügen, gegenüber dem Gericht aber tatsächlich gar keine elektronische Kommunikation betreiben – und eigentlich auch nicht betreiben wollen (sog. *initiativer elektronischer Rechtsverkehr*).

Gleiches gilt für andere Verfahrensbeteiligte (bspw. auch natürliche Personen), wenn sie der Übermittlung elektronischer Dokumente **ausdrücklich zugestimmt** haben.

§ 31a Abs. 6 BRAO regelt die sog. **„passive Nutzungspflicht"** der Rechtsanwaltschaft hinsichtlich des **beA** zusätzlich berufsrechtlich.

Gem. § 174 Abs. 3 ZPO sind elektronische Zustellungen vor allem an den Personenkreis der **sog. EB-Privilegierten** möglich. Hierbei handelt sich um solche Zustellungsempfänger, die insbesondere aufgrund ihres Berufs als besonders zuverlässig gelten und die deshalb ohne die Befürchtung von Rechtsmissbrauch mit Mitwirkungspflichten in den Zustellungsprozess eingebunden werden können. Für das Gericht ergibt sich aus der Zustellung gegen Empfangsbekenntnis eine Vereinfachung des Versendeprozesses und eine Kostenersparnis im Verhältnis zur Zustellung gegen Zustellungsurkunde. Der Empfänger genießt den Vorteil des sog. voluntativen Elements; d.h. er kann den exakten Zustellungszeitpunkt in einem recht großzügigen, gesetzlich nicht festgeschriebenen Zeitfenster selbst bestimmen und damit den Fristlauf willentlich beeinflussen.

Nach dem Ermessen des Gerichts können auch andere als die „besonders zuverlässigen Personen" gem. § 174 Abs. 1 ZPO Adressat einer

---

[180] Müller, FA 2019, 272, 276.

elektronischen Zustellung gegen Empfangsbekenntnis werden, wenn sie der Übermittlung **„ausdrücklich" zugestimmt** haben. Dazu, wie diese „ausdrückliche" Zustimmung konkret ausgestaltet sein muss, verhält sich das Gesetz nicht. Während der Wortlaut – v.a. im Vergleich mit dem der §§ 3a Abs. 1 VwVfG, 36a Abs. 1 SGB I („eröffnet") – es nahelegt, dass eine explizite Willenserklärung notwendig ist, spricht unter praktischen Gesichtspunkten viel dafür, dass jedenfalls die eigene Nutzung des EGVP-Clients durch den **Bürger** für die rechtsverbindliche Kommunikation dem Erfordernis der „ausdrücklichen Zustimmung" genügt. Es dürfte bereits als *venire contra factum proprium* anzusehen sein, wenn der Bürger ohne Erklärung eines entsprechenden expliziten Ausschlusses dem Gericht elektronischen Nachrichten aus einem auf seinen Namen eingerichteten Postfach übermittelt, dann aber nicht davon ausgeht, dorthinein auch Antworten des Gerichts zu erhalten. Hinzu tritt aber noch, dass der Bürger im Rahmen des Installationsprozess jedenfalls der gängigen EGVP-Clients[181] zur Erstellung eines Postfachs auswählen muss, mit der Nutzung des Postfachs „zur rechtsverbindlichen Kommunikation" einverstanden zu sein. Letztlich in Umkehr des Wortlauts wird man deshalb letztlich fordern können, dass der Bürger, der selbst EGVP zur Einreichung von Schriftsätzen nutzt, ausdrücklich erklären muss, keine Antwort auf diesem Wege zu wünschen; nur über diese Erklärung wird sich das Gericht wohl nicht hinwegsetzen können. Jedenfalls bei förmlichen Zustellung ist zudem auch der Bürger durch das voluntative Element des Empfangsbekenntnisses geschützt, denn auch an ihn ist im elektronischen Rechtsverkehr nur diese Zustellungsform vorgesehen. Bei der einfachen Bekanntgabe – wie im vorliegenden Fall – entfällt dieser Schutz freilich.

a. „passive Nutzungspflicht" des beA
Grundsätzlich gelten gem. **§ 31a Abs. 6 BRAO** die gleichen Regelungen auch für das besondere elektronische Anwaltspostfach (beA), mit der Besonderheit, dass alle Rechtsanwälte aufgrund ihrer Zulassung, kraft Gesetzes – also nicht willensgetragen wie bei EGVP -, ein persönliches

---

[181] Vgl. www.egvp.de → Drittprodukte.

elektronisches Postfach erhalten. Zwar müssen sich die Rechtsanwälte individuell für das Postfach freischalten, das Postfach ist aber – unabhängig von dieser Freischaltung – faktisch durch die Gerichte adressierbar und im Adressbuch auffindbar.

Neben die prozessrechtliche passive Nutzungspflicht des § 174 Abs. 3 ZPO tritt deshalb für die Rechtsanwaltschaft noch zusätzlich eine **berufsrechtliche passive Nutzungspflicht**, die wiederum konkret auf das beA ausgerichtet ist.

b. „passive Nutzungspflicht" bei Ausfall des beA

Ebenso wie bei allen anderen Übermittlungswegen, ist auch bei den elektronischen Übermittlungswegen und damit auch beim beA ein (vorübergehender) Ausfall der Technik denkbar. Hinsichtlich der Rechtsfolgen ist zu differenzieren zwischen einem Ausfall auf Seiten des Betreibers und einem Ausfall auf Seiten des Nutzers.

aa. Ausfall des beA auf Seiten des Betreibers

Im Falle eines vorübergehenden **Ausfalls des beA auf Seiten des Betreibers** (der BRAK und ihrer Dienstleister) besteht für Rechtsanwältinnen und Rechtsanwälte keine Pflicht, sich kurzfristig um einen anderen sicheren Übermittlungsweg zu bemühen.

Der **standesrechtlichen passiven Nutzungspflicht** gem. § 31a Abs. 6 BRAO genügt ein Rechtsanwalt bereits, wenn er alles Erforderliche veranlasst hat, um sein beA in Betrieb nehmen zu können. Steht das System nicht zur Verfügung, hat (und kann) er es auch nicht (passiv) zu nutzen:

„(6) Der Inhaber des besonderen elektronischen Anwaltspostfachs ist verpflichtet, die für dessen Nutzung erforderlichen technischen Einrichtungen vorzuhalten sowie Zustellungen und den Zugang von Mitteilungen über das besondere elektronische Anwaltspostfach zur Kenntnis zu nehmen."

Schwieriger zu beurteilen ist die **prozessrechtliche Frage**, genauer die im Zustellungsrecht geschaffene Pflicht, einen sicheren Übermittlungsweg vorzuhalten, § 174 Abs. 3 Satz 4 ZPO. An der normativen Verpflichtung bestehen angesichts des Wortlauts des § 174 ZPO keine Zweifel:

„(3) An die in Absatz 1 Genannten kann auch ein elektronisches Dokument zugestellt werden. [...] Die in Absatz 1 Genannten haben einen sicheren Übermittlungsweg für die Zustellung elektronischer Dokumente zu eröffnen."

Im Gegensatz zu § 31a BRAO bezieht sich § 174 Abs. 3 ZPO auch gerade nicht ausschließlich auf das beA, sondern auf sämtliche sicheren Übermittlungswege gem. § 130a Abs. 4 ZPO; also auch auf die allgemein zugängliche **De-Mail**.

Fraglich ist aber, welche Folge die Nichtbeachtung des Normbefehls des § 174 Abs. 3 Satz 4 ZPO hat. In Betracht käme, ihn lediglich als **sanktionslose Ordnungsvorschrift** anzusehen. Der drohende "worst case" für die betroffenen Rechtsanwälte, die ja ebenso wie der Gesetzgeber auf die Funktionsfähigkeit des beA vertraut hatten, und Hauptgrund ihrer Sorge wäre es aber, in ihm eine echte Mitwirkungspflicht im Zustellungsrecht zu sehen, deren Nichtbeachtung als **Zustellungsvereitelung** betrachtet werden könnte, mit der Folge, dass die (dann ja faktisch gar nicht mögliche) Zustellung als bewirkt anzusehen wäre. Aufgrund der Herleitung der Zustellungsvereitelung aus Treu und Glauben ist sie ebenso schwer fassbar, wie die zukünftige Rechtsprechung hierzu einschätzbar ist. Sehr naheliegend wäre diese Annahme nicht: Jedenfalls Arglist dürfte dem einzelnen Rechtsanwalt bei einem betreiberseitigem Ausfall des beA nicht vorzuwerfen sein. Es spricht daher vieles dafür, die Pflicht zur Eröffnung eines sicheren Übermittlungswegs jedenfalls gegenüber der Rechtsanwaltschaft **teleologisch** dahingehend **zu reduzieren**, dass lediglich die Verpflichtung besteht, alles Erforderliche zu tun, um **mittels beA** erreichbar zu sein. Eine Verpflichtung, sich auch um einen weiteren sicheren

Übermittlungsweg als Ausfallreserve zu bemühen – hier ist insbesondere an die De-Mail zu denken – besteht dagegen nicht.[182]

---

[182] Vgl. BVerfG, Beschl. v. 7. April 1997 – Az. 1 BvL 11/96.

bb. Ausfall des beA auf Seiten des Nutzers

Anders ist die Sachlage allerdings bei **einem Ausfall des beA auf Seiten des Nutzers** (des Rechtsanwalts), bspw. wegen eines dort bestehenden IT-Problems o.ä. zu beurteilen. *De lege ferenda* greift ab der aktiven Nutzungspflicht des beA in diesem Fall § 130d ZPO mit der Möglichkeit einer Ersatzeinreichung. Gegenwärtig bei nur passiver Nutzungspflicht besteht lediglich die Pflicht ggf. andere verfügbare, ggf. auch konventionelle Übermittlungswege (EGVP, Telefax, Bote) zu nutzen. Besteht keine zumutbare Möglichkeit der (fristwahrenden) Einreichung auf einem **alternativen Übermittlungsweg**, handelt es sich um einen Fall der **Wiedereinsetzung** in den vorigen Stand nach den allgemeinen Vorschriften.

Im Ergebnis gelten daher folgende Schlussfolgerungen hinsichtlich der **Verpflichtungen des Nutzers**:[183]

- Das beA muss vom Rechtsanwalt **beherrscht** werden. Dies umfasst eine sachgerechte und haftungssichere Einbindung des beA in die Kanzleiorganisation, die notwendige Aus- und Fortbildung für die Nutzung und die Vorplanung für einen Supportfall.
- Die **Adressierung** muss korrekt sein.
- Die zum Betrieb des beA erforderlichen **technischen Einrichtungen** müssen vorgehalten werden. Dies betrifft die Hardwareausstattung und auch einen hinreichenden Internetzugang.
- Auch für das beA wird die **Rechtzeitigkeitsrechtsprechung** gelten. Hier ist insbesondere die Uploadgeschwindigkeit des lokal verfügbaren Internetzugangs zu beachten.
- Es besteht eine **Kompensationspflicht**. Scheitert die Übermittlung, sind Alternativen zu erwägen. Zu den Alternativen zählen elektronische Alternativen (EGVP, De-Mail) oder konventionelle Alternativen (Telefax, Bote). Es besteht

---

[183] *Kulow*, BRAK-Mitteilungen 2019, 2.

keine Verpflichtung des Rechtsanwalts einen weiteren elektronischen Übermittlungsweg neben dem beA als Ausfallsicherheit bereit zu halten.

- Derzeit offen ist, inwieweit eine **Beobachtungspflicht** für das EGVP-Netz angenommen werden wird. Empfehlenswert ist es dennoch den entsprechenden Newsletter, der über Ausfälle per E-Mail informiert, unter www.egvp.de zu abonnieren und die Meldungen ggf. auch zu speichern, um einen Ausfall glaubhaft machen zu können.

3. Besonderheiten bei elektronischen Zustellungen, § 169 ZPO

Neben dem Übermittlungsweg hat das Gericht im gerichtlichen Postausgang weitere Formvorschriften für eine mangelfreie förmliche Zustellung zu wahren.

a. beglaubige elektronische Abschriften

§ 169 Abs. 4 ZPO sieht vor, dass ein Schriftstück oder ein elektronisches Dokument **in beglaubigter elektronischer Abschrift** zugestellt werden kann. Die Beglaubigung erfolgt mit einer qualifizierten elektronischen Signatur des Urkundsbeamten der Geschäftsstelle. Die qualifizierte elektronische Signatur ersetzt also Unterschrift und Dienstsiegel als traditionelles Mittel der Beglaubigung des Urkundsbeamten. § 169 Abs. 5 ZPO sieht die Ausnahmen von der Notwendigkeit einer qualifizierten elektronischen Signatur vor. Ohne zusätzliche Beglaubigung kann das Dokument vom Gericht elektronisch zugestellt werden, wenn es (Nr. 1) nach § 130a oder § 130b Satz 1 mit einer qualifizierten elektronischen Signatur der verantwortenden Personen versehen ist, wenn es (Nr. 2) nach § 130a auf einem sicheren Übermittlungsweg eingereicht wurde oder wenn es (Nr. 3) rechtssicher eingescannt wurde. In den Fällen der Nr. 2 und Nr. 3 ist jeweils der Transfer- bzw. der Prüfvermerk zu übersenden, der im Fall der Nr. 2 den sicheren Übermittlungsweg nachweist und im Fall der Nr. 3 die bildliche und inhaltliche Übereinstimmung des gescannten Dokuments mit der Urschrift in Papier („ersetzendes Scannen"). Im Fall des Nr. 1 ist ein Transfervermerk nicht erforderlich, weil der Zustellungsempfänger die Signaturprüfung selbst durchführen kann.

Systematisch handelt es sich bei der Übersendung in den Fällen des § 169 Abs. 5 Nr. 1 und Nr. 2 ZPO nicht um die Zustellung einer (beglaubigten) Abschrift, sondern um die Weiterleitung der Urschrift. Diese neue Form der Zustellung der Urschrift im schriftlichen Verfahren des Gerichts war bei der papiergebundenen Kommunikation nicht denkbar, weil die Urschrift einmalig war. Im elektronischen Rechtsverkehr ist die Urschrift dagegen beliebig vervielfältigbar. Bei der Zustellung gem. § 169 Abs. 5 Nr. 3 ZPO wird zwar nicht die auf Papier verkörperte Urschrift selbst zugestellt, aber ein digitaler Repräsentant derselben, der nach einem ersetzenden Scanvorgang die Urschrift ersetzt hat, was letztlich die gleichen rechtlichen Wirkungen entfaltet.

b. Verstoß gegen Zustellungsvorschriften

Verstößt das Gericht gegen Zustellungsvorschriften und erzeugt es dadurch einen Zustellungsmangel, bleibt dies immer dann folgenlos, wenn trotz des Mangels ein tatsächlicher Zugang vorlag, § 189 ZPO. Die Heilung des Zustellungsmangels tritt kraft Gesetzes ein. Ein Beschluss hierüber ergeht nicht, sondern es handelt sich um eine Vorfrage, die bei der Entscheidung über die Einhaltung der durch die Zustellung in Gang gesetzte Frist zu entscheiden ist.

Nach allgemeiner Meinung werden sämtliche Zustellungsmängel von § 189 ZPO erfasst. Voraussetzung ist lediglich, dass es sich tatsächlich um eine (fehlgeschlagene) Zustellung gehandelt hat, was letztlich nicht mehr als den Zustellungswillen des Absenders gegenüber einem bestimmten Adressaten voraussetzt.[184]

Die Heilung tritt sodann durch den tatsächlichen Zugang des Dokuments ein. Der tatsächliche Zugang setzt einerseits voraus, dass das zugestellte Dokument den Adressaten der Zustellung faktisch erreicht. Dies ist mit dem Eintritt in dessen Machtbereich nach den allgemeinen bürgerlich-rechtlichen Vorschriften gegeben. Dieser Zeitpunkt lässt sich durch die automatisierte Empfangsbestätigung des elektronischen Rechtsverkehrs (sog. Acknowledgment-Datei) sekundengenau feststellen. Speziell bei der Zustellung gegen Empfangsbekenntnis ist aber zudem die Empfangsbereitschaft des Adressaten erforderlich, also dessen Bereitschaft, das Schriftstück als zugestellt entgegenzunehmen.[185] Dieser rein subjektive Annahmewille lässt sich nicht objektiv aus den vom EGVP erzeugten Bestätigungsprotokollen feststellen, wohl aber könnte er

---

[184] Musielak/Voit/Wittschier, 16. Aufl. 2019, ZPO § 189 Rn. 2.
[185] BGH, Urteil vom 22-11-1988 - VI ZR 226/87; Musielak/Voit/Wittschier, 16. Aufl. 2019, ZPO § 189 Rn. 3; vgl. auch Müller, FA 2019, 272, 279 f.

weiteren Indizien entnommen werden – insbesondere dann, wenn aufgrund des erhaltenen Dokuments Handlungen folgen.[186]

Weitere Formvoraussetzungen sind vom Gericht nicht einzuhalten. Insbesondere gelten die Beschränkungen des § 2 ERVV (Dateiformate) für den gerichtlichen Posteingang nicht. Die ERVV ist insoweit eine Einbahnstraße; ihr Geltungsbereich erstreckt sich nach dem eindeutigen Wortlaut des § 1 Abs. 1 ERVV nur auf den gerichtlichen Posteingang („Übermittlung an die Gerichte"). Die weitgehende Formfreiheit des gerichtlichen Postausgangs ist logisch, denn die Gerichte können keinesfalls eingehende elektronische Dokumente formwandeln (bspw. Umwandlung in PDF) – dies ist insbesondere bei qualifiziert elektronisch signierten Dokumenten eindeutig, würde eine Formwandlung doch die aufgebrachte Signatur zerstören. Auch bei anderen Dokumenten bestünde aber durch eine Änderung des Formats stets das Risiko, versehentlich darin enthaltene Informationen zu verändern oder zu unterdrücken.

Letztlich wird die große Freiheit der Gerichte im Postausgang nur durch das Prozessgrundrecht auf ein faires Verfahren dahingehend beschränkt, dass die Verarbeitbarkeit besonders atypischer Dateiformate auch von Verfahrensbeteiligten nicht verlangt werden kann. Im Übrigen ergeben sich Leitplanken für das elektronische Zustellungsrecht aus dem Datenschutz und der IT-Sicherheit. Beides wird vor allem dazu führen, dass auch die Gerichte nur auf den gem. § 4 Abs. 1 ERVV zugelassenen elektronischen Übermittlungswegen rechtsverbindlich kommunizieren dürfen – insbesondere also nicht mittels einfacher E-Mail.

---

[186] Vgl. BayLSG, Beschl. v. 17.02.2017 – L 16 AS 859/16 B ER mit krit. Anm. Müller, FA 2019, 272, 276.

4. Zustellung gegen Empfangsbekenntnis, § 174 Abs. 3 ZPO

Die Verortung der elektronischen Zustellungsvorschriften in § 174 ZPO zeigt zudem, dass der elektronische Rechtsverkehr stets von der Mitwirkung des Zustellungsempfängers abhängig ist. Eine von dessen Wissen und Willen unabhängige Zustellung – eine elektronische Zustellungsurkunde – ist dem elektronischen Rechtsverkehr fremd,[187] obschon der Absender im elektronischen Rechtsverkehr aufgrund der automatisierten Empfangsbestätigung sogar sekundengenau den Zeitpunkt kennt, zu dem seine Nachricht den digitalen Machtbereich des Empfängers erreicht hat.

a. Technische Grundlagen des elektronischen Empfangsbekenntnisses

Gemäß § 174 Abs. 4 S. 3–5 ZPO ist das eEB vom Zustellungsempfänger in strukturierter maschinenlesbarer Form zu übermitteln.[188] Hierfür ist ein vom Gericht mit der Zustellung zur Verfügung gestellter strukturierter Datensatz zu nutzen, wenn das Gericht diesen „zur Verfügung stellt".[189] Entgegen der missverständlichen Formulierung des Gesetzes ist es mitnichten so, dass das Gericht bei der Anforderung des eEB gewissermaßen eine „auszufüllende Datei" übersendet. Vielmehr erkennt die Software des Zustellungsempfängers (bei Rechtsanwältinnen und Rechtsanwälten der beA-Webclient oder die Rechtsanwaltssoftware) die Notwendigkeit, ein eEB zurückzusenden, in dem vom Gericht mitübersandten XJustiz-Datensatz (**„xjustiz_nachricht.xml"**) der elektronisch empfangenen Nachricht.

---

[187] *Müller*, JuS 2019, 1193, 1198.
[188] Siehe zum eEB ausführlich *Müller*, NJW 2017, 2713.
[189] So gem. § 174 IV 5 ZPO idF des am 14. November 2019 vom Bundestag beschlossenen Gesetzes zur Regelung der Wertgrenze für die Nichtzulassungsbeschwerde in Zivilsachen, zum Ausbau der Spezialisierung bei den Gerichten sowie zur Änderung weiterer zivilprozessrechtlicher Vorschriften, Art. 2 Nr. 7.

Dieser **Datensatz** enthält die Zeile

<tns:ruecksendung_EEB_erforderlich>***true***</tns:ruecksendung_EEB_erforderlich>

(falls kein eEB angefordert wird, ist das Wort „true" durch „false" ersetzt).

Der Vorteil des maschinenlesbaren eEB liegt darin, dass es im Gericht eine weitgehende Automatisierung der Zustellungsüberwachung ermöglicht. Anders als früher müssen nicht mehr (mühsam) die Daten aus den meist handschriftlich ausgefüllten EB-Formularen in das Justizfachverfahren und die Gerichtsakte übertragen werden.[190]

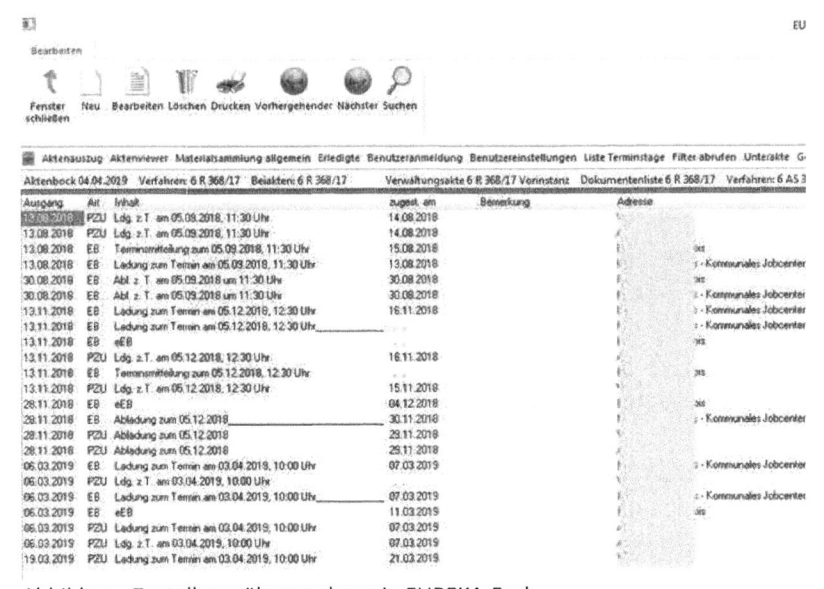

Abbildung: Zustellungsüberwachung in EUREKA-Fach.

---

[190] Das Verfahren im Gericht ist unter http://ervjustiz.de/der-elektronische-rechtsverkehr-in-den-fachgerichten (zuletzt abgerufen am 19.8.2019) dargestellt.

Erkennt die Software des Zustellungsempfängers die Anforderung eines eEB, erzeugt diese einen neuen XJustiz-Datensatz („xjustiz_nachricht.xml") mit dem Inhalt des XJustiz-Fachmoduls XJustiz.EEB. Der Aufbau dieses Schemas ist unter www.xjustiz.de veröffentlicht. Diese Veröffentlichung stellt letztlich das in § 174 Abs. 4 S. 5 ZPO umschriebene „Zurverfügungstellen" des Datensatzes dar.

Nach diesem Schema hat ein eEB nach erfolgreicher Zustellung folgenden, von der Softwareanwendung des Empfängers automatisch erzeugten Inhalt:

```
<tns:nachricht.eeb.zuruecklaufend.2200007
xmlns:tns="http://www.xjustiz.de"
xmlns:xsi="http://www.w3.org/2001/XMLSchema-instance"
xsi:schemaLocation="http://www.xjustiz.de xjustiz_2200_eeb_2_1.xsd">

    <tns:nachrichtenkopf>
<tns:erstellungszeitpunkt>2017-07-18T13:30:47</tns:erstellungszeitpunkt>
        <tns:absender_Sonstige>Jobcenter N.N.</tns:absender_Sonstige>
        <tns:empfaenger_Gericht listVersionID="2.1">
            <code>D6264</code>
        </tns:empfaenger_Gericht>
<tns:eigene_Nachrichten_ID>00000000-0000-0000-0000-000000000001</tns:eigene_Nachrichten_ID>
<tns:fremde_Nachrichten_ID>743BC6F4-82FD-4433-9B02-F6587BD6B3D8</tns:fremde_Nachrichten_ID>
    </tns:nachrichtenkopf>
    <tns:grunddaten xjustizVersion="2.1.0"/>
    <tns:fachdaten>
<tns:empfangsbestaetigung>2017-07-18</tns:empfangsbestaetigung>
    </tns:fachdaten>
</tns:nachricht.eeb.zuruecklaufend.2200007>
```

Mittels eines **Stylesheets** erzeugen Justiz- und Anwaltsfachverfahren hieraus eine **menschenlesbare Fassung** des eEB:

Empfangsbekenntnis

Geschäftszeichen
2 U 100/14
Finanzgericht Nürnberg

In Sachen

Egon Müller ./. Land Niedersachsen

bin ich zur Entgegennahme legitimiert und habe heute als elektronische(s) Dokument(e) erhalten:

Typ	Dokumentendatum	Anzeigename
Ausgangsschreiben	k.A.	Mein Dokument1

Datum
07.07.2017

Zustellungsempfänger oder Zustellungsempfängerin
Bundesamt für Migration

Der **Anzeigename** im eEB entspricht dem hinterlegten Dokumententyp im Justizfachverfahren. Der dortige Eintrag ist also nicht vom Zustellungsempfänger beeinflussbar, sondern vom Absender.

Sollen hier daher **genauere Angaben** erscheinen (bspw. Ladung zum Termin am 1.6.2019 oder Beschluss vom 15.4.2019) muss dieser Eintrag im Gericht vorgenommen werden, bevor die Zustellung bewirkt wird.

Die Abgabe des Empfangsbekenntnisses bildet faktisch das Ausfüllen des hergebrachten EB-Formulars digital nach. Bei angefordertem eEB ist im beA-Webclient in der Spalte „Empfangsbekenntnis" das Wort

„angefordert" zu sehen. Durch Druck auf die Schaltfläche „abgeben" kann das eEB erzeugt werden.[191]

Wie beim herkömmlichen EB kann selbstverständlich auch beim eEB das **Zustellungsdatum** im Rahmen des prozess- und berufsrechtlich Zulässigen [192] selbst gewählt werden. Hierin liegt ja gerade der Unterschied zwischen der Zustellung gegen Empfangsbekenntnis mit seinem voluntativen Element und mitwirkungsunabhängigen Zustellungsarten, wie der Zustellungsurkunde, die im elektronischen Rechtsverkehr aber explizit nicht vorgesehen sind. Durch die Eintragung des Datums wird in dem strukturierten Datensatz, der an das Gericht übersandt wird, folgende Zeile eingetragen:

<tns:empfangsbestaetigung>2018-06-01</tns:empfangsbestaetigung>

Die Zeile enthält also schlicht das vom Zustellungsempfänger eingetragene Datum. Was also auf den ersten Blick sehr technisch anmutet, unterscheidet sich in der Sache und insbesondere rechtlich nicht vom früheren Rechtsstand.

Ist die Rechtsanwältin oder der Rechtsanwalt, an die/den die Zustellung gerichtet war, selbst im beA angemeldet, kann sie/er das eEB sofort versenden. Soll das eEB über das Sekretariat oder eine andere Person versandt werden, muss es vom Rechtsanwalt qualifiziert elektronisch signiert werden. Diese **Funktionalität** entspricht der allgemeinen Rechtsauffassung: Die Befugnis, Empfangsbekenntnisse zu unterschreiben, steht nach ganz herrschender Meinung nur dem privilegierten Adressatenkreis gem. § 174 Abs. 1 ZPO zu.[193] Sie ist an das Vertrauen geknüpft, das der Gesetzgeber ihm entgegenbringt, und ist deswegen nicht übertragbar. Dementsprechend sieht der beA-Webclient andere Möglichkeiten nicht vor; die entsprechende Schaltfläche ist für

---

[191] Eine übersichtliche Schritt-für-Schritt-Anleitung für den beA-Webclient enthält der beA-Newsletter 20/2018.
[192] Vgl. hierzu BGH, Beschl. v. 19.4.2012 – IX ZB 303/11 Rn. 8.
[193] Siehe nur MüKoZPO/Häublein, 5. Aufl. 2016, § 174 ZPO Rn. 11 m.w.N.

das Sekretariat bis zur Anbringung der qualifizierten elektronischen Signatur durch den Berufsträger „ausgegraut". Für Sozietäten gilt nach der Rechtsprechung des BGH ferner im Zweifel jeder Sozius als mandatiert und somit unterschriftsberechtigt, auch wenn die Nachricht an einen anderen Sozius adressiert ist.[194]

Das abgegebene Empfangsbekenntnis kann auch vom Zustellungsempfänger **nochmals eingesehen** werden. Der an das Gericht übersandte Strukturdatensatz im XML-Format nach dem XJustiz-Standard wird hierzu mittels eines Stylesheets in eine „menschenlesbare" Form übersetzt. Da das Gericht das identische Stylesheet einsetzt, entsprechen sich die Darstellungen im beA-Client und beim Gericht. Weder erforderlich noch sinnvoll ist es, dieses „menschenlesbare" Empfangsbekenntnis nochmals an das Gericht zu senden. Es liegt dort automatisch vor. Für die Handakte (nicht für das Gericht!) kann das (mittels Stylesheet menschenlesbar gemachte) eEB aus dem „Gesendet-Ordner" aufgerufen und ausgedruckt oder abgespeichert werden.

b. Rückmeldung fehlerhafter Zustellungen

Ist die Zustellung fehlerhaft, wird ebenfalls ein XJustiz-Datensatz für die Rücksendung an das Gericht erzeugt. Statt eines gewählten Zustelldatums enthält dieser Datensatz aber in der Zeile

```
<tns:stoerungsmeldung>
    <tns:stoerungs_ID listVersionID="2.0">
        <code>1</code>
    </tns:stoerungs_ID>
</tns:stoerungsmeldung>
```

einen Fehlercode. Folgende vom Absender zu verantwortende Zustellungsfehler sind hier vorgesehen und können vom Zustellungsempfänger ausgewählt werden:

---

[194] BGH, Urt. v. 10.6.1976 – IX ZR 51/75.

„1": Zustellungsempfänger nicht am Verfahren beteiligt
„2": Inhalt der Sendung unklar oder unvollständig
„3": Zertifikatsprüfung fehlgeschlagen

5. Rechtsbehelfsbelehrungen

Der **notwendige Inhalt** der Rechtsbehelfsbelehrung ergibt sich aus ihrem Sinn und Zweck: Sie soll dem Betroffenen aufzeigen, mit welchem Mittel er sich wo und bei wem innerhalb welcher Frist gegen eine Entscheidung wehren kann (sog. Wegweiserfunktion der Belehrung).[195]

a. Unterschiede der Gerichtsbarkeiten

Ob hierzu auch eine **Belehrung über die Formvoraussetzungen** gehört, wird in den öffentlich-rechtlichen Gerichtsbarkeiten uneinheitlich angenommen.

In der **Verwaltungsgerichtsbarkeit** wird weitgehend mit Blick auf den Wortlaut des § 58 Abs. 1 VwGO, der nur die Frist, aber nicht die Form nennt, vertreten, eine Belehrung über die Form der Rechtsbehelfseinlegung sei insgesamt nicht erforderlich.[196] So meinte jüngst das Schleswig-Holsteinische Verwaltungsgericht in einem Urteil vom 22. Mai 2019[197], dass die Rechtsmittelbelehrung durch den Hinweis auf die elektronische Form zu unübersichtlich werde. Ein bloßer Verweis auf ein Internetangebot sei andererseits nicht vereinbar mit der Rechtsprechung des Bundesverwaltungsgerichts, wonach jede Rechtsmittelbelehrung aus sich heraus verständlich, vollständig und richtig sein muss. Der Betroffene solle auch allein anhand der vorliegenden Rechtsmittelbelehrung deren Vollständigkeit und Richtigkeit überprüfen und danach die Frage beantworten können, ob die Monatsfrist des § 58 Abs. 1 VwGO in Lauf gesetzt sei oder nicht.[198] Ein solcher Verweis wäre aber gerade keine allein aus der Rechtsbehelfsbelehrung und aus sich heraus verständliche und für sich sprechende Anweisung für den Rechtsuchenden, wie er gegen eine behördliche/gerichtliche Entscheidung weiteren Rechtsschutz ersuchen

---

[195] BeckOK SozR/Mink, 55. Ed. 1.12.2019, SGG § 66 Rn. 2; Müller, FA 2019, 272, 277 f.
[196] BVerwG, Urteil vom 27. 2. 1976 - IV C 74/74, Eyermann/Hoppe, 15. Aufl. 2019, VwGO § 58 Rn. 12; a.A. NK-VwGO/Sebastian Kluckert, 5. Aufl. 2018, VwGO § 58 Rn. 61 m.w.N.; differenzierend Schoch/Schneider/Bier/Meissner/Schenk, 37. EL Juli 2019, VwGO § 58 Rn. 43 (Formbelehrung nicht zwingend, aber „nobile officium").
[197] OVG Schleswig-Holstein, Urteil vom 22. Mai 2019 - 4 A 640/17.
[198] BVerwG, Urteil vom 30. April 2009 – 3 C 23/08 Rn. 18.

kann. Inkonsequent an dieser Rechtsprechung ist allerdings, dass sie den Bürger – den sie gerade zu schützen gedenkt – letztlich hinsichtlich der notwendigen Form, die schließlich für die Fristwahrung zwingend erforderlich ist, alleine und in Unsicherheit lässt.

Die **Sozialgerichtsbarkeit** hält dagegen überwiegend eine Belehrung über die einzuhaltende Form für zwingend.[199] Dies beinhaltet naturgemäß die kraft Gesetzes zulässigen Formen – schriftlich oder zu Niederschrift – ferner aber auch die elektronische Form.

Letzteres hatte das **BSG** in einer Entscheidung aus 2013[200] für dem elektronischen Rechtsverkehr mit den Gerichten noch anders gesehen: Zwar sei die „elektronische Form" keine Unterform der Schriftform. Dies komme beispielsweise im Wortlaut des § 158 Satz 1 SGG zum Ausdruck. Es handele sich aber („noch") nicht um einen „klassischen" bzw. **„allgemein gebräuchlichen" Weg** zu den Gerichten.[201] Die elektronische Einreichung habe trotz ihrer Zulassung noch keine solche praktische Bedeutung erlangt, dass es geboten wäre, die Beteiligten auf diese Form hinzuweisen. Zwar seien die erforderlichen IT-Geräte mit Internetzugang mittlerweile weit verbreitet; die Rechtsbehelfsbelehrung könne sich aber auf Wege beschränke, die auch ohne „informationstechnische Spezialkenntnisse und eine spezifische technische Ausstattung" nutzbar sind.

Diese **Entscheidung hat sich aber überholt**, denn spätestens seit dem Jahr 2018 ist die elektronische Kommunikation mit Behörden und

---

[199] BSG, Urteil vom 16. Juni 1982 – 10 RKg 35/81; BSG, Urteil vom 9. Februar 1995 – 7 Rar 56/94; BSG, Urteil vom 14. März 2013 – B 13 R 19/12 R; LSG Berlin-Brandenburg, Beschluss vom 25.11.2010 - L 5 AS 1773/10 B PKH; LSG Darmstadt, Urteil vom 13. April 2012 – L 5 R 154/11; ferner LAG Baden-Württemberg, Beschluss vom 9. Mai 2018 – 4 TaBV 7/17; VGH Mannheim, Beschluss vom 5. Februar 2018 – A 11 S 192/18; Sozialgericht Darmstadt, Beschluss vom 23. Mai 2018 – S 19 AS 309/18 ER; BeckOK SozR/Mink SGG § 66 Rn. 2.
[200] BSG, Urteil vom 14. März 2013 – B 13 R 19/12 R; vgl. kritisch *Müller*, NZS 2015, 896, 898; a.A. LSG Darmstadt, Urteil vom 13. April 2012 – L 5 R 154/11.
[201] Sog. Überfrachtungsverbot; BSG, Beschluss vom 18. Oktober 2007 – B 3 P 24/07; siehe auch Meyer-Ladewig/Keller/Leitherer/Schmidt, SGG, 12. Aufl. 2017, § 66 Rn. 5d.

Gerichten im Allgemeinen längst nicht mehr als außergewöhnlich zu bezeichnen. Nunmehr handelt sich bei der elektronischen Form um einen **"Regelweg"**, mit der Folge, dass ohne einen Hinweis hierauf die Wegweiserfunktion der Rechtsmittelbelehrung nicht erfüllt ist. Denn ein fehlender Hinweis erscheint durchaus geeignet, bei den Beteiligten den Eindruck zu erwecken, dass der Rechtsbehelf eben nicht in elektronischer Form eingelegt werden könne. Nähere technische Ausführungen können aber mit Blick auf die Funktion bloß „erste Schritte" zu ermöglichen, unterbleiben. Hierfür kann auf frei verfügbare Informationsangebote, bspw. www.justiz.de, verwiesen werden.

Vorzugswürdig ist die sozialgerichtliche Auffassung, über Formvorschriften zu belehren. Gerade die weitere Auffächerung der zugelassenen Kommunikationswege durch digitale Mittel und auch der hier besprochene Fall der (möglicherweise konkludenten) Zugangseröffnung, sprechen dafür, dass die Wegweiserfunktion ohne eine Hinweis auf die möglichen Formen kaum noch erfüllbar ist.

In der Praxis hat sich die Belehrung auch über die Form ohnehin eingebürgert.[202] So auch hier: Die beklagte Behörde hatte Formhinweise aufgenommen, allerdings keinen elektronischen Zugangsweg für den statthaften Widerspruch benannt. Richtig wäre diese Belehrung nur, wenn auch tatsächlich kein elektronischer Zugangsweg für den Widerspruch eröffnet wäre.

---

[202] Schoch/Schneider/Bier/Meissner/Schenk, 37. EL Juli 2019, VwGO § 58 Rn. 43.

b. Muster-Rechtsmittelbelehrung

Für die Gerichte ergibt sich unter Zugrundelegung der hier vertretenen **Rechtsauffassung der Sozialgerichtsbarkeit** folgende Musterrechtsmittelbelehrung:

Die elektronische Form wird durch Übermittlung eines elektronischen Dokuments gewahrt, das für die Bearbeitung durch das Gericht geeignet ist und

- *von der verantwortenden Person qualifiziert elektronisch signiert ist und auf einem zugelassenen elektronischen Übermittlungsweg gem. § 4 Abs. 1 der Verordnung über die technischen Rahmenbedingungen des elektronischen Rechtsverkehrs und über das besondere elektronische Behördenpostfach (Elektronischer-Rechtsverkehr-Verordnung – ERVV) oder*

- *von der verantwortenden Person signiert und von ihr selbst auf einem sicheren Übermittlungsweg gem. § 130a Abs. 4 Zivilprozessordnung (ZPO) eingereicht wird.*

Weitere Voraussetzungen, insbesondere zu den zugelassenen Dateiformaten und Übermittlungswegen, sowie zur qualifizierten elektronischen Signatur, ergeben sich aus ERVV in der jeweils gültigen Fassung. Über das Justizportal des Bundes und der Länder (www.justiz.de) können weitere Informationen über die Rechtsgrundlagen, Bearbeitungsvoraussetzungen und das Verfahren des elektronischen Rechtsverkehrs abgerufen werden.

6. Bedeutung des faktischen Zugangs, § 189 ZPO

Auch in diesem Zusammenhang – und gerade bei vorsätzlicher Verweigerung der Nutzung des beA (evtl. aus grundsätzlichen Erwägungen heraus), sollte jedoch unbedingt **§ 189 ZPO im Blick gehalten** und gefürchtet werden. [203] Fraglich ist zwar, ob es im elektronischen Rechtsverkehr nicht bereits genügt, dass aus den EGVP-Rückmeldedaten (die sog. „**Acknowledgement**-Datei") ersichtlich ist, dass die übersandte Datei geöffnet wurde. Hiermit ist nämlich nur der tatsächliche Zugang in der Sphäre des Empfängers zweifelsfrei ersichtlich – und vor allem auch der exakte Zeitpunkt dessen. Ohne weiteres heilt dann § 189 ZPO die **fehlende Rücksendung** des EB-Formulars.[204] Die zu umschiffende Klippe bleibt aber, dass auch der **Annahmewille** nachweisbar sein muss. Hierfür wird das automatisch erzeugte Acknowledgement gewiss nicht ausreichen. Wohl aber, wenn der Empfangswillen nachträglich aus den Umständen erkennbar wird, bspw. weil gegen die zugestellte Entscheidung Rechtsmittel eingelegt und auf sie Bezug genommen wird.[205] Der Fristbeginn ließe sich dann – unter Zugrundelegung der im Acknowledgement angegebenen Zeit – wesentlich früher ansetzen, was im Ergebnis leicht bedeuten könnte, dass es zu einem Fristversäumnis kommt.

---

[203] BayVGH, Beschl. v. 1.6.2015 – 10 CS 15.613.
[204] Vgl. *Häublein*, Münchener Kommentar zur ZPO, § 189 Rn. 6.
[205] BayVGH, Beschl. v. 1.6.2015 – 10 CS 15.613.

7. Elektronische Zustellungen an Sozietäten und Scheinsozietäten

Gerichte und Rechtsanwälte stehen nicht selten in einer „Dauerkommunikationsbeziehung". Die Gerichte halten deshalb Adressdatenbanken zur Vereinfachung der Kommunikation. Im elektronischen Rechtsverkehr stellen sich Sonderfragen der Adresshaltung insbesondere im Hinblick auf **Zustellungen an Sozietäten**. Hintergrund dessen ist insbesondere, dass das besondere elektronische Anwaltspostfach (beA) anders als alle anderen bisherigen Zustellungskanäle stets an die Person des einzelnen Rechtsanwalts geknüpft ist, niemals an die Kanzlei als Organisationseinheit mehrerer Berufsträger.

Im Hinblick auf Zustellungen ist die Rechtsprechung im Allgemeinen streng mit Sozietäten.

Der Kreis der Betroffenen ist dabei aufgrund des Begriffs der sog. „Scheinsozietät" enorm: Wer auf seinem Briefkopf in einer Art und Weise auftritt, dass davon ausgegangen werden darf – und das ist regelmäßig der Fall –, dass sich mehrere Berufsträger zur gemeinsamen Berufsausübung zusammengeschlossen haben, wird von der Rechtsprechung als Sozietät behandelt.[206]

Innerhalb dieser Sozietäten oder auch Scheinsozietäten ist für die Mandatierung **regelmäßig** davon auszugehen, dass der Mandant mit seinem **Auftrag nicht nur einen einzelnen Berufsträger** bedenken wollte, sondern alle Berufsträger der Sozietät (oder Scheinsozietät) gemeint sind, weil sich der Mandant hiervon verspreche, auch die Vorteile der Mehrheit der Auftragnehmer nutzen zu wollen. Insoweit wird auch nicht auf den Wortlaut der schriftlichen Vollmacht abgestellt, sondern nur ganz ausnahmsweise – nämlich dann, wenn der Mandant explizit erklärt hat, nur von dem einen Berufsträger vertreten werden zu wollen – abgewichen.

---

[206] Zum Begriff bspw. OLG Düsseldorf, Beschluss vom 28. April 2014 – I-24 U 87/13.

Für die Zustellung hat dies zur Folge, dass auch alle Berufsträger der Sozietät empfangsbevollmächtigt sind. Schon für das EGVP hat die Rechtsprechung daher nicht auf den Namen des Einrichters des Postfachs abgestellt, sondern stets nach dem Kanzleisitz gesucht und für alle Mitglieder der Sozietät (oder Scheinsozietät) in das eine vorhandene EGVP-Postfach zugestellt – unabhängig davon, ob es als Kanzleipostfach gedacht war oder es nur ein Berufsträger für sich selbst nutzen wollte.

Diese „unnachgiebige" Rechtsprechung nimmer nun für das beA seinen Lauf – unter verschärften Vorzeichen, denn das beA ist stets auf die Person eines einzelnen Rechtsanwalts bezogen. Sofern alle Rechtsanwälte einer Kanzlei auch ihr beA nutzen, gibt es insoweit kein tatsächliches Problem, weil die Justiz dann für die Verfahren des jeweiligen Rechtsanwalts auch sein persönliches beA nutzt. Schreibt das Gericht – zumeist versehentlich oder aus Unwissenheit – den falschen Rechtsanwalt der Sozietät an, genügt meist ein einfacher (auch telefonischer) Hinweis an die jeweilige Geschäftsstelle. Es ist dann schlicht der bisher eingetragene **„Ansprechpartner"** (d.h. der für das Verfahren hinterlegte verfahrensführende Rechtsanwalt) auszutauschen.

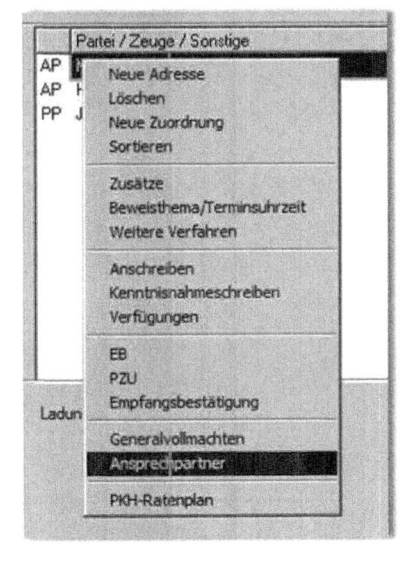

Problematisch war indes die Rechtslage bis zum 1. Januar 2018 für Kanzleien, in denen nicht alle Berufsträger sich entschieden hatten, ihr beA „passiv" (also für den Empfang) zu nutzen. Dann konnte die Justiz nämlich – den eingeübten Prozessen von EGVP folgend – sämtliche Gerichtskorrespondenz (einschließlich bspw. auch Vorschusskostenrechnungen) an das/die genutzten beA-Postfächer der

Kanzlei schicken, auch für die Berufsträger, die ihr beA bewusst nicht nutzen wollen. Es war in diesen Fällen Sache der Kanzlei, die Weiterverteilung innerhalb der Kanzlei zu organisieren. [207] Die Weiterverteilung ist dabei für Briefpost, Telefaxe und auch das EGVP noch recht simpel. Für das personenbezogene beA muss der beA-Postfachinhaber, der evtl. gar kein echter „Sozius" ist, sondern nur ein scheinbarer, hierzu entsprechende Mitbenutzer im Sekretariat oder sogar unter den Kollegen berechtigen, jedenfalls lesend Zugriff zu „seinem" beA zu haben.

Gleiches gilt für andere Übermittlungswege in der Kanzlei, bspw. für das De-Mail – Postfach eines Berufsträgers oder ein weiterbestehendes EGVP-Postfach etc.

---

[207] Vgl. bspw. LG Berlin, Beschluss vom 23. September 2002 – 58 S 361/02.

8. Auswirkung eines Kanzleiwechsels auf das beA

Zu den anhängigen Verfahren führen die Gerichte Adressdatenbanken, aus denen die Justizfachverfahren bspw. auch das Rubrum für Urteile und Beschlüsse erstellen. Hier ist selbstverständlich die Kanzlei – nicht der einzelne Rechtsanwalt – mit ihrer postalischen Adresse hinterlegt. Erst dahinterliegend – gewissermaßen als **Ansprechpartner** oder Sachbearbeiter – und in der täglichen Bearbeitung der Akte nicht zwingend sichtbar werden die einzelnen, personenbezogenen beA-IDs geführt.

Zum einzelnen Verfahren wird dann diese beA-ID zugeordnet, wenn dem Gericht der bearbeitende Rechtsanwalt bekannt wird. Dies ist regelmäßig der **Unterzeichner der Klageschrift** oder der Klageerwiderung, wenn keine anderweitige Mitteilung gemacht wird.

Wechselt nun der das Verfahren bearbeitende Rechtsanwalt die Kanzlei kommt es für die weitere Zustellung über das beA darauf an, ob er das konkrete Mandant mit in sein neues Beschäftigungsverhältnis nimmt oder, ob es in der ursprünglichen Kanzlei verbleibt.

a. Kanzleiwechsler nimmt das Mandat mit

Für den Fall, dass der die Kanzlei wechselnde Rechtsanwalt das Mandat in sein neues Beschäftigungsverhältnis mitnimmt und dort das Verfahren weiterbearbeitet, stimmt weiterhin seine beA-ID, denn diese ändert sich durch den Kanzleiwechsel nicht. Es muss lediglich – wie bisher – die **neue postalische Anschrift** und der Name der neuen Kanzlei mitgeteilt werden, damit bei der Entscheidung das Rubrum die richtigen Bezeichnungen enthält.

b. Das Mandat bleibt in der bisherigen Kanzlei

Wenn allerdings das Mandat – was der Regelfall sein dürfte – in der bisherigen Kanzlei verbleibt, sind für das beA Besonderheiten zu beachten: Da der nun nicht mehr zuständige Rechtsanwalt seine **beA-ID behält**, würden Zustellungen des Gerichts nunmehr stets an ihn erfolgen, nicht mehr an den neuen zuständigen Rechtsanwalt der bisherigen Kanzlei.

Die bisher zuständige Kanzlei muss daher – in eigenem Interesse – nach dem Kanzleiwechsel des bisher zuständigen Rechtsanwalts unverzüglich **in jedem einzelnen Verfahren** den neuen Bearbeiter einschließlich seiner beA-ID anzeigen. Diese Mitteilung kann selbstverständlich über das beA erfolgen und muss nicht qualifiziert elektronisch signiert werden, weil es sich nicht um eine schriftformbedürftige Erklärung handelt.

Um der anwaltlichen Verschwiegenheit zu genügen, muss natürlich **auch der Kanzleiwechsler** Fehlzustellungen anzeigen.

> **Praxistipp:**
>
> *Die bisher zuständige Kanzlei muss nach dem Kanzleiwechsel des bisher zuständigen Rechtsanwalts <u>unverzüglich in jedem einzelnen Verfahren</u> den neuen Bearbeiter einschließlich seiner beA-ID anzeigen.*

9. Dateiformate im elektronischen Postausgang der Gerichte

Das zulässige Dateiformat für gerichtliche Dokumente ergibt sich nicht explizit aus der Rechtsverordnung gem. § 130a ZPO. Eine Beschränkung der Dateiformate analog § 130a Abs. 1 ZPO ist für den Empfänger gerichtlicher Dokumente, den einzelnen Verfahrensbeteiligten, ebenfalls **nicht vorgesehen** und damit auch nicht zulässig. Entsprechende schriftsätzliche Hinweise, Disclaimer, „AGBen" etc. werden von den Gerichten ignoriert. Insbesondere kann er die Übersendung von Schreiben nicht davon abhängig machen; dass diese bspw. als PDF-Datei oder gemeinsam mit einem bestimmten xJustiz-Datensatz oder anderen Meta-Daten verschickt werden.

Zur Gewährung rechtlichen Gehörs, eines **fairen Verfahrens** und unter Beachtung des Grundsatzes der Verhältnismäßigkeit müssen aber auch auf Empfängerseite keine Viewer für exotische Dateiformate bereitgehalten werden (bspw. für Ausgabeformate spezieller medizinischer Geräte etc.).

Letztlich ist vom Empfänger zu verlangen, dass dieser mindestens empfangsbereit für **alle Formate** ist, die die ERVV/ERVB zulassen. Das Gericht darf nämlich eingehende Dokumente des Gegners nicht vor dem Versenden formatwandeln. Auch Standarddateiformate, die jedenfalls kein IT-Sicherheitsrisiko nahelegen werden wohl angenommen werden müssen.

Bei qualifiziert elektronisch signierten Dokumenten wäre eine **Formatwandlung** bereits deshalb untauglich, weil hierdurch die Signatur zerstört würde bzw. jedenfalls nicht das signierte Dokument formatgewandelt übermittelbar wäre. Im Übrigen bestünde die Gefahr, dass durch die Formatwandlung auch eine Information verloren geht und hierdurch ein Haftungsrisiko generiert oder die Rechtsschutzmöglichkeiten verkürzt werden.

Unabhängig von der fehlenden Verpflichtung zur Verwendung von xJustiz oder einer Texterkennung durch das Gericht, sollte sich natürlich schon aus **intrinsischen Motiven** auch die Justiz verpflichtet fühlen, bestmögliche Qualität im elektronischen Rechtsverkehr zu liefern. Dies schafft nicht nur **Akzeptanz** bei den "Kunden" der Gerichte, sondern verhilft dem elektronischen Rechtsverkehr insgesamt zum Durchbruch – auch dort wo er (noch) nicht verpflichtend ist. Im Übrigen stellen weder die Erzeugung strukturierte Datensätze noch eine zweckmäßige Texterkennung für ein modernes Justizfachverfahren eine unlösbare technische Herausforderung dar. Es sollte der **eigene Anspruch der Gerichte** sein, insoweit "zu liefern".

a. Keine Pflicht zur qeS bei förmlichen Zustellungen
Bis 31. Dezember 2017 schrieb § 174 Abs. 3 Satz 3 ZPO vor, dass alle Dokumente qualifiziert elektronisch zu signieren sind, die förmlich zugestellt werden sollen. Diese Vorschrift ist seit dem 1. Januar 2018 weggefallen, weil dann – jedenfalls vom Gesetz – nur noch eine Zustellung in sichere Übermittlungswege gem. § 130a Abs. 4 ZPO vorgesehen ist.

Die hierauf aufbauenden Regelungen in § 169 Abs. 4, 5 ZPO differenzieren die Notwendigkeit der Anbringung qualifizierter elektronischer Signaturen im Postausgang im Vergleich zur früheren Rechtslage deutlich aus:

Gem. § 169 Abs. 4 Satz 1 ZPO werden im elektronischen Rechtsverkehr grundsätzlich beglaubigte Abschriften zugestellt. Die Beglaubigung erfolgt durch Anbringung einer qualifizierten elektronischen Signatur des Urkundsbeamten der Geschäftsstelle.

§ 169 Abs. 5 ZPO sieht aber sehr weitreichende Ausnahme von der Notwendigkeit einer Beglaubigung und damit von der Notwendigkeit einer Anbringung einer qualifizierten elektronischen Signatur vor. Diese Ausnahmen sind auch sachgerecht, weil in den Fällen des § 169 Abs. 5 Nr. 1 und Nr. 2 ZPO gar keine Abschrift zugestellt, sondern vielmehr das Original weitergeleitet wird; im Fall des § 169 Abs. 5 Nr. 3 ZPO handelt es zwar bei dem Gegenstand der Zustellung nicht um das Original, aber um einen das Original ersetzenden Scan – also einen Repräsentanten des

Originals und deshalb ebenfalls um keine Abschrift. Letztlich kann deshalb

- Gem. § 169 Abs. 5 Nr. 1 ZPO: Bei elektronischen Dokumenten, die eine qualifizierte elektronische Signatur der verantwortenden Person tragen (unabhängig davon, ob es sich um Dokumente handelt, die vom Gericht erstellt worden sind oder die bei Gericht eingegangen sind),
- Gem. § 169 Abs. 5 Nr. 2 ZPO: Bei elektronischen Dokumenten, die dem Gericht auf einem sicheren Übermittlungsweg eingegangen sind und bei denen dieser Umstand durch einen vertrauenswürdigen Herkunftsnachweise nachgewiesen ist, und
- Gem. § 169 Abs. 5 Nr. 3 ZPO: Bei elektronischen Dokumenten, die ersetzend eingescannt wurden,

auf eine qualifizierte elektronische Signatur zum Zweck der Zustellung durch das Gericht verzichtet werden.

Eine überschießend zusätzlich angebrachte qualifizierte elektronische Signatur schadet nicht. Es ist Gericht wesentliche Ausgänge, bspw. Urteile und Beschlüsse qualifiziert elektronisch signiert, um Streitigkeiten über tatsächliche oder vorgebliche Manipulationen des Postausgangs durch den Empfänger von vornherein auszuschließen.

b. Wer signiert im Gericht

Das Gesetz schreibt nicht in einem systematischen Zusammenhang vor, wessen qualifizierte elektronische Signatur das Dokument zu tragen hat. Es ist vielmehr nach dem konkreten Anlass der Signatur zu unterscheiden. Grundsätzlich gilt folgendes:

- Die qeS dient hier nur dem **Schutz der Integrität** des zugestellten Dokuments. Die Identifizierungsfunktion der qeS steht für den gerichtlichen Postausgang im Verhältnis zum Posteingang deutlich im Hintergrund.

- Ersetzt die qeS die **Unterschrift des Richters**, des Rechtspflegers oder des Urkundsbeamten der Geschäftsstelle vollständig, liegt also – bspw. bei **elektronischer Aktenführung** – ein handschriftlich unterschriebenes Original eines Urteils, eines Beschlusses oder einer grundrechtsrelevanten Verfügung nicht mehr vor, muss der Richter (Rechtspfleger, Urkundsbeamter) maschinenschriftlich seinen Namen unter das Dokument setzen und auch die **qeS persönlich aufbringen**. Unterbleibt die qeS gilt das Dokument als nicht existent.[208] Es handelt sich um ein nach § 130b ZPO errichtetes gerichtliches elektronisches Dokument. Es kann dann als Urschrift zugestellt werden. Einer Beglaubigung bedarf es nicht, § 169 Abs. 5 Nr. 1 ZPO.

- **Unterschreibt der Richter** – bspw. bei einer noch führenden Papierakte – dagegen das Urteil oder den Beschluss handschriftlich, liegt ein gerichtliches elektronisches Dokument i.S.d. § 130b ZPO nicht vor. Das in Papier vorliegende Schriftstück kann dennoch elektronisch zugestellt werden. Hierzu ist eine „**beglaubigte elektronische Abschrift**" gem. § 169 Abs. 4 ZPO herzustellen. Es ist sodann mit einer qeS des Urkundsbeamten der Geschäftsstelle zu versehen (§ 169 Abs. 4 Satz 2 ZPO) und kann dann gem. § 174 Abs. 3 ZPO gegen (e)EB zugestellt werden.

Zusätzliche Möglichkeiten der maschinellen Bearbeitung außerhalb des elektronischen Rechtsverkehrs (bspw. zur Versendung über eine zentrale **Druckstraße** oder zur Übermittlung per digitalem **Telefax**) bietet § 169 Abs. 3 ZPO. Hiernach kann das Gerichtssiegel vorab als Bild auf das

---

[208] OLG München, Urteil vom 27. Juni 2018 – 15 U 1640/17 Rae für ein Verkündungsprotokoll.

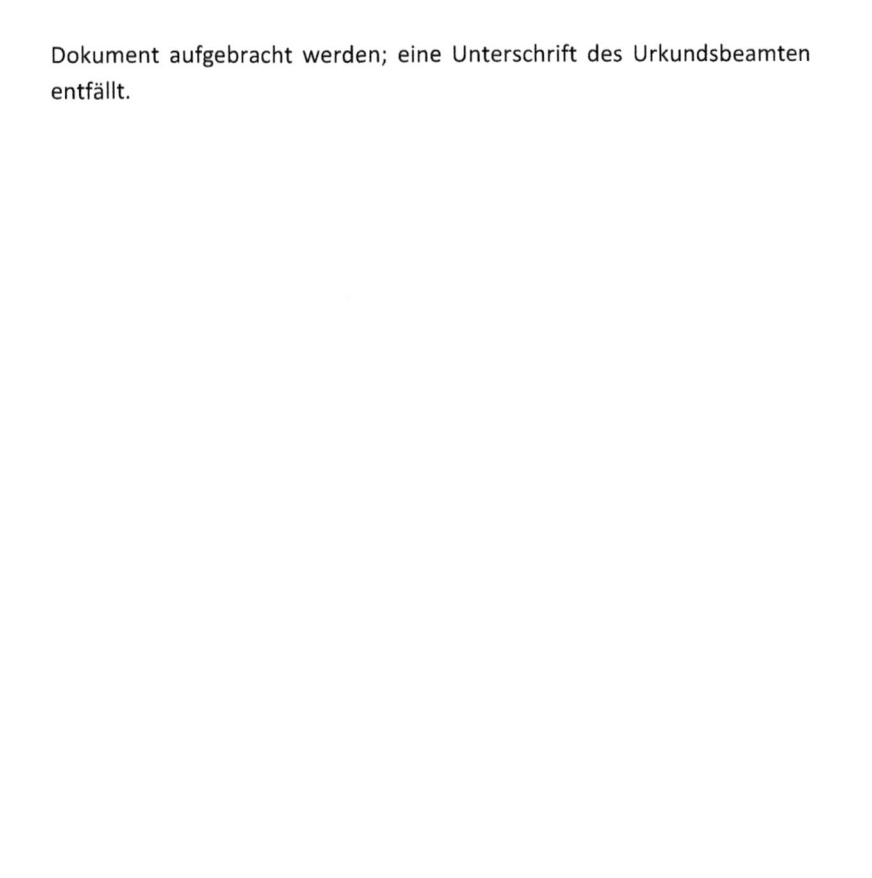

Dokument aufgebracht werden; eine Unterschrift des Urkundsbeamten entfällt.

III. Elektronische Gerichtsakten

Die gerichtlichen Prozessordnungen enthalten keine zusammenhängenden Regelungen über die Führung von Prozessakten bei den Gerichten. Die Führung von ebensolchen wird als selbstverständlich vorausgesetzt, bspw. § 299 ZPO. Die Bundesländer konkretisieren die Einzelheiten zur Aktenführung jedoch in Aktenordnungen (**AktO**), die als Verwaltungsvorschriften erlassen werden.

1. Rechtsgrundlagen

Die Führung elektronischer Prozessakten ist seit dem Justizkommunikationsgesetz [209] aus dem Jahr 2005 möglich, bspw. § 298a ZPO. Die Einführung erfolgt durch eines Bundes- bzw. Landesrechtsverordnung. Die elektronische Aktenführung kann dabei auf einzelne Gerichte beschränkt werden. Die Länder machen mittlerweile vereinzelt von dieser Möglichkeit Gebrauch; es handelt sich zumeist noch um Pilotprojekte.

Erst ab spätestens **1. Januar 2026** werden die Gerichtsakten **kraft Gesetzes** flächendeckend **elektronisch** geführt, § 298a Abs. 1a ZPO (bzw. § 55d Abs. 1a VwGO, etc.). Eine Opt-Out – Klausel für den (nicht unwahrscheinlichen Fall), dass die Gerichte bis dahin noch nicht flächendeckend auf eine elektronische Aktenführung technisch und organisatorisch vorbereitet sind, enthält das Gesetz nicht.

Im Übrigen gelten auch für Gerichtsakten die hergebrachten Prinzipien der ordnungsgemäßen Aktenführung; insbesondere also die Grundsätze der Aktenwahrheit, der Aktenklarheit und der Aktenvollständigkeit.[210]

---

[209] Justizkommunikationsgesetz – JKomG – vom 22.3.2005, BGBl. I S. 837; bzw. § 174 Abs. 3 ZPO bereits durch Gesetz zur Reform des Verfahrens bei Zustellungen im gerichtlichen Verfahren (Zustellungsreformgesetz - ZustRG) vom 25. 6. 2001 (BGBl I, 1206) siehe umfassend: *Köbler*, NJW 2006, 2089; *Treber*, NZA 2014, 450.

[210] Siehe hierzu noch unten E. III. Elektronische Behördenakten

2. Besonderheiten beim Medientransfer

§ 298 ZPO regelt für die Zeit, in der zwar der elektronische Rechtsverkehr eingeführt ist und Dokumente im Gericht elektronisch erstellt werden, aber führend (noch) die Papierakte ist, den Medientransfer – also den Ausdruck für die Akte.

§ 298 ZPO in der ab 1. Januar 2018 geltenden Fassung sieht vor, dass (Abs. 1 Satz 1) von einem elektronischen Dokument ein **Ausdruck für die Akte zu fertigen „ist"**. Es entfällt die vorangegangene Unterscheidung zwischen eingegangen und vom Gericht selbst erstellten Dokumenten. Zudem erfasst die Norm nunmehr auch vom Gericht selbst erstellte Dokumente, die nicht der Unterschrift des Entscheiders bedürfen. Nach dem neuen Rechtszustand werden daher sog. **„Leseabschriften"** von bspw. Übersendungsschreiben Pflicht. Hierauf weist auch die Gesetzesbegründung hin, in der festgestellt wird, dass die Papierakte die Verfahrensunterlagen vollständig dokumentieren muss.[211]

Ein **Transfervermerk** ist nach dem neuen § 298 Abs. 3 ZPO nur noch anzubringen, wenn das elektronische Dokument mit einer qualifizierten elektronischen Signatur versehen und nicht auf einem sicheren Übermittlungsweg eingereicht ist. Das macht auf den ersten Blick Sinn, denn ein Transfervermerk ist inhaltsleer, wenn es keine Signatur gab, die es zu prüfen galt. Andererseits stellt sich für den Entscheider zukünftig das Problem, dass er sich – jedenfalls in der Papierakte – darauf verlassen muss, dass nicht nur versehentlich der Ausdruck des Transfervermerks bei einer eigentlich qualifiziert elektronisch signierten Datei unterblieben ist – bspw. weil die Poststelle irrig annahm, das Dokument sei über einen sicheren Übermittlungsweg eingegangen. Zudem sind Hilfsdokumente wie der Transfervermerk notwendig, um überhaupt den Eingang einer Datei aus einem sicheren Übermittlungsweg darzustellen.

Eine **eigene Prüfung des Entscheiders** durch Nutzung der entsprechenden Software zur **Signaturprüfung** wird daher im Zweifelsfall

---

[211] BT-DS 17/12634 S. 29.

nicht zu ersetzen sein. Dies ist aber dann problematisch, wenn – der Regelung des neuen § 298 Abs. 4 ZPO folgend – das elektronische Dokument nach Ablauf von sechs Monaten gelöscht wurde. Hiervon ist daher dringend abzuraten und schon sicherheitshalber eine vollständige elektronische Doppelakte auch bei führender Papierakte vorzuhalten.

Für elektronisch erstellte und qualifiziert elektronisch signierte Entscheidungen im Verfahren ist zudem darauf zu achten, dass diese – über § 298 Abs. 3 ZPO, § 55b Abs. 3 VwGO und § 65b Abs. 3 SGG etc. – bis zum Ablauf der gesetzlichen Aufbewahrungsfristen **sicher zu speichern** sind. Die Aufbewahrungsfristen sind gegenüber den vorgenannten Regeln die spezielleren Normen.

> **Praxistipp:**
>
> Den Organisationsverantwortlichen in den Gerichten ist zu empfehlen, entgegen § 298 Abs. 3 ZPO auch weiterhin stets einen Transfervermerk auszudrucken und zur Akte zu nehmen, sofern nicht elektronische Gerichtsakten geführt werden.

3. elektronische Berichtigungsbeschlüsse

Gem. § 319 ZPO sind Schreibfehler, Rechnungsfehler und ähnliche offenbare Unrichtigkeiten, die in dem Urteil vorkommen, jederzeit von dem Gericht auch von Amts wegen zu berichtigen. Der Beschluss, der eine Berichtigung ausspricht, wird auf dem Urteil und auf den Ausfertigungen vermerkt. Die Vorschrift ist nach allgemeiner Meinung entsprechend auf Beschlüsse anwendbar.

a. *Keine Rückforderung elektronischer Dateien*

Gerichtspraxis war es daher jahrzehntelang, im Fall einer Berichtigung von den Verfahrensbeteiligten die bereits übersandten Ausfertigung oder Abschrift der zu berichtigenden Entscheidung zurückzuverlangen, darauf einen entsprechenden Berichtigungsvermerk anzubringen und die berichtigte Entscheidung erneut zuzustellen. Dieses Vorgehen machte in der Welt des Papiers Sinn, ist aber im elektronischen Rechtsverkehr **sinnfrei**. Das gerichtliche Anschreiben an die Beteiligten, das per EGVP oder beA (oder auch Telefax) zugestellte Urteil zurückzusenden bringt nichts mehr, denn das Gericht würde nur noch einmal die selbe Datei (bzw. eine identische Kopie) erhalten, die es bereits in seinem System gespeichert hat. Der Verfahrensbeteiligte würde diese (unberichtigte) Datei zudem nicht aus der Hand geben, sondern könnte sie weiter abspeichern bzw. hätte sie ohnehin in seinem Postausgangsarchiv. Eine solche Anforderung durch das Gericht führt daher nicht zu einer sinnvollen Rechtsfolge, sondern maximal zur Erheiterung der Prozessbeteiligten und zeugt darüber hinaus von technischem Unverständnis. Es geschieht trotzdem in der Praxis immer wieder.

b. *Untrennbare Verbindung des Berichtigungsbeschlusses*

Das Gesetz ist insoweit deutlich weiter als die gerichtliche Praxis. Gem. § 319 Abs. 2 Satz 2-3 ZPO gilt: Erfolgt der Berichtigungsbeschluss in der Form des § 130b, ist er in einem gesonderten elektronischen Dokument festzuhalten. Das Dokument ist mit dem Urteil untrennbar zu verbinden.

Der **Begriff** der untrennbaren Verbindung ist als Verknüpfung beider Dokumente miteinander zu verstehen, die sicherstellt, dass sich der

Berichtigungsbeschluss auf die ursprüngliche Entscheidung bezieht, ohne hierbei die qeS der ursprünglichen Entscheidung zu zerstören.

aa. Berichtigung bei der Inline-PDF-Signatur

Als ideal erweist sich hier, wenn die zu berichtigende Entscheidung mittels **Inline-PDF-Signatur** signiert worden war. Diese Signaturform erlaubt – mit den entsprechenden Softwareprodukten – eine Ergänzung des Dokuments um den Berichtigungsbeschluss – und eine erneute qualifizierte elektronische Signatur, denn im Fall den Inline-Signatur lässt sich überprüfen, welcher Teil des (einheitlichen) Dokuments wann und von wem signiert worden ist.

bb. Untrennbare Verbindung in einem Container

Eine weitere Möglichkeit, bei der aber fraglicher ist, ob sie in den Augen der noch ausstehenden Rechtsprechung Bestand haben wird, müsste bei den anderen Signaturarten – insbesondere der verbreiteten **detached Signatur** – angewandt werden. Die (dann nicht ganz so) „untrennbare" Verbindung könnte durch einen Container (bspw. einen **.zip-Container** oder durch **Einbettung** des ursprünglichen Beschlusses in die Textdatei des Berichtigungsbeschluss) hergestellt werden. Der genutzte Container seinerseits ist sodann qualifiziert elektronisch zu signieren. Würde dann nachträglich der Berichtigungsbeschluss wieder entfernt, wäre die Container-Signatur zerstört.

Sicher am Übersichtlichsten ist die **Einbettung** des ursprünglichen Beschlusses in die Datei des Berichtigungsbeschlusses: Das .doc – Format von Office-Programmen lässt eine entsprechende Einbettung zu; sie bleibt auch bei der Umwandlung in PDF erhalten. Es ist dann nur der Berichtigungsbeschluss qualifiziert elektronisch zu signieren. Durch die Signatur wird auch hier die „untrennbare Verbindung" hergestellt.

Keine Sorge machen muss die Verwendung einer „Containersignatur" oder eines eingebetteten Dokuments. Natürlich sind diese Formate nach der ERVV für den gerichtlichen Posteingang nicht zulässig; die ERVV gilt aber nicht für den Postausgang des Gerichts – also für die Zustellung.

bb. Untrennbare Verbindung durch Beglaubigung des Urkundsbeamten

Schließlich könnte – bei sämtlichen Signaturarten – die untrennbare Verbindung auch in die Hand des Urkundsbeamten der Geschäftsstelle gelegt werden und in Form einer Beglaubigung ergehen. Das Verfahren wäre dann, dass der Entscheider den Berichtigungsbeschluss fertigt und qualifiziert elektronisch signiert. Sowohl die ursprüngliche Entscheidung als auch der Berichtigungsbeschluss liegen dann in der elektronischen Akte. Der Urkundsbeamte erstellt eine **neue Datei** aus ursprünglicher Entscheidung und hinzugefügtem Berichtigungsbeschluss und beglaubigt diese neue Abschrift durch seine qualifizierte elektronische Signatur. Jedenfalls in dieser Abschrift wären dann beide Dokumente untrennbar miteinander verbunden.

E. eGovernment

Das Gesetz zur Förderung der elektronischen Verwaltung (E-Government-Gesetz – **EGovG**)[212] des Bundes und die zwischenzeitlich ergangenen EGovG der Länder sollen die Erwartungen der Allgemeinheit befriedigen, die Dienste der öffentlichen Verwaltung auch elektronisch in Anspruch zu nehmen. Nach dem Gesetzentwurf der Bundesregierung aus dem Jahr 2012, sei es ein **Gebot der Bürgernähe**, dass staatliche Verwaltungen Bürgerinnen und Bürgern im privaten, ehrenamtlichen und wirtschaftlichen Alltag die Möglichkeiten zur Nutzung elektronischer Dienste erleichtern. Es handele sich dabei um ein **Angebot**. Angesichts der nach wie vor unterschiedlichen Nutzungsmöglichkeit und Nutzungsfähigkeiten elektronischer Kommunikations-möglichkeiten in der Bevölkerung dürften elektronische Medien **nicht die einzige Zugangsmöglichkeit** der Bürgerinnen und Bürger zur öffentlichen Verwaltung sein.

Elektronische Verwaltungsdienste könnten aber einen bedeutenden Beitrag zur **Verwaltungsmodernisierung** und zum Bürokratieabbau sowie zur Schonung der natürlichen Ressourcen leisten.

Ziel des Gesetzes sei es, durch den **Abbau bundesrechtlicher Hindernisse** die elektronische Kommunikation mit der Verwaltung zu erleichtern. Das Gesetz solle dadurch über die föderalen Ebenen hinweg Wirkung entfalten und Bund, Ländern und Kommunen ermöglichen, einfachere, nutzerfreundlichere und effizientere elektronische Verwaltungsdienste anzubieten.

Sekundiert werden diese Digitalisierungsbestrebungen in der Kommunikation durch den Portalverbund aufgrund des **Onlinezugangsgesetzes (OZG)**.[213] Gem. § 1 OZG sind Bund und Länder verpflichtet, zukünftig Verwaltungsleistungen auch elektronisch über

---

[212] BGBl I 2013, 2749.
[213] *Herrmann/Stöber*, NVwZ 2017, 1401 ff.

Verwaltungsportale anzubieten. Diese – teilweise schon bestehenden – Verwaltungsportale müssen (und das ist die eigentliche Neuerung) miteinander zu einem Portalverbund verknüpft werden. Wesentlich ist dem Gesetzgeber, wie aus § 2 Abs. 1, 2 und § 3 OZG deutlich wird, die Verknüpfung elektronisch angebotener Verwaltungsleistungen und deren barriere- und medienbruchfreie Nutzbarkeit mit nur einem **Nutzerkonto**. Letztlich stellt damit das Verwaltungsportal einen weiteren elektronischen Zugangskanal zur Verwaltung dar, der von der jeweiligen Behörde im Posteingang beachtet und je nach Ausgestaltung im Postausgang bedient werden muss. Die hiermit verbundenen Herausforderungen hat der Gesetzgeber erkannt, wie § 6 OZG zeigt, und in die Hände vor allem des **IT-Planungsrats** gelegt, der vor allem durch Vereinheitlichung von Standards und Schnittstellen den Aufwand vertretbar halten soll.

Die Anwendung moderner Informations- und Kommunikationstechnik in öffentlichen Verwaltungen innerhalb staatlicher Institutionen und zwischen ihnen sowie zwischen diesen Institutionen und dem Bürger bzw. Unternehmen soll also durch das EGovG verbessert und erleichtert werden. Dies müsse mit **Veränderungen in den Geschäftsprozessen** der öffentlichen Verwaltung einhergehen.

Medienbruchfreie Prozesse vom Antrag bis zur Archivierung sollten möglich werden. Dabei sollten Anreize geschaffen werden, Prozesse nach den **Lebenslagen** von Bürgerinnen und Bürgern sowie nach den Bedarfslagen von Unternehmen zu strukturieren und nutzerfreundliche, ebenenübergreifende Verwaltungsdienstleistungen „**aus einer Hand**" anzubieten. Ebenso sollten Rechtsunsicherheiten beseitigt werden.

Hierzu solle die elektronische Kommunikation mit der Verwaltung erleichtert werden, indem die **Schriftform** neben der gerade im privaten Umfeld praktisch ungebräuchlichen **qualifizierten elektronischen Signatur** auch durch zwei **andere sichere Verfahren** ersetzt werden kann:

- Das erste dieser zugelassenen Verfahren betrifft von der Verwaltung zur Verfügung gestellte Formulare, welche in Verbindung mit sicherer elektronischer Identifizierung der oder des Erklärenden übermittelt werden; eine sichere elektronische Identifizierung wird insbesondere durch die Online-Ausweisfunktion (**eID-Funktion**) des neuen **Personalausweises** gewährleistet.

- Das zweite dieser zugelassenen Verfahren ist **De-Mail** in Ausgestaltung der Versandoption nach § 5 Absatz 5 des De-Mail- Gesetzes, welche eine „sichere Anmeldung" (§ 4 Absatz 1 Satz 2 des De-Mail- Gesetzes) des Erklärenden voraussetze.

I. Elektronischer Posteingang der Behörde

Der elektronische Rechtsverkehr **mit der Verwaltung** dagegen ist im Verfahrensrecht nur angelegt. § 3a Abs. 1 VwVfG und § 36a Abs. 1 SGB I erfordern zusätzlich noch die „Eröffnung eines elektronischen Zugangs".

Diese Zugangseröffnung erfolgt durch **Widmung**, die unstreitig nicht nur explizit, sondern auch konkludent möglich ist. Die hieraus folgende Rechtsunsicherheit wird zusätzlich noch dadurch verstärkt, dass das Verfahrensrecht die Übermittlungswege nicht vorgibt, sondern sie der Verwaltung überlässt. Im Gegensatz zum Prozessrecht ist deshalb auch der elektronische Rechtsverkehr mit einfacher E-Mail denkbar.

Die sich hieraus ergebenden **organisatorischen Folgen** für die Verwaltung sind erheblich, denn sämtliche explizit oder konkludent eröffneten elektronischen Übermittlungswege müssen von ihr überwacht werden.

1. Elektronische Übermittlungswege der Behörde

§ 3a **Abs. 1** VwVfG normiert die Voraussetzungen an die Zugangseröffnung. Sie hat letztlich zwei Aspekte:

- Unter dem **Zugang** ist die Bereitstellung der technischen Empfangseinrichtung zu verstehen.
- Die Eröffnung dieses Zugangs erfolgt durch **Widmung**. Die Widmung wiederum ist die Signalisierung der Bereitschaft und Fähigkeit zur elektronischen Kommunikation gegenüber dem (potentiellen) Kommunikationspartner – ausdrücklich oder konkludent.

Wesentlicher Inhalt des § 3a Abs. 1 VwVfG ist daher, dass der elektronische Rechtsverkehr mit der Verwaltung im Gegensatz zum elektronischen Rechtsverkehr mit den Gerichten nicht kraft Gesetzes, sondern durch **Willensakt** eröffnet wird. Die Behörden haben damit grundsätzlich ein **Entschließungs- und Auswahlermessen** hinsichtlich der Eröffnung elektronischer Zugänge.

Die **EGov-Gesetze** des Bundes und der Länder schränken das in § 3a Abs. 1 VwVfG / § 36a Abs. 1 SGB I eingeräumte Ermessen der Behörden hinsichtlich der Einrichtung elektronischer Übermittlungswege allerdings ein, vgl. § 2 Abs. 1, 2 EGovG für den Bund mit Einschränkungen des Entschließungsermessens. Die Landes-EGov-Gesetze gehen über die Bundesregelung teilweise noch deutlich hinaus und schränken auch das Auswahlermessen ein, Hessen bspw. sieht verpflichtend einen Zugang für die De-Mail vor, § 3 Abs. 2 HEGovG.[214] Ein weiterer Schwerpunkt der EGov-Gesetze liegt bei der elektronischen Aktenführung und dem hierfür zu errichtenden IT-Umfeld. Nach § 6 S. 1 EGovG *sollen* die Bundesbehörden ihre Akten elektronisch führen. Damit Papierdokumente sukzessive entbehrlich werden, regelt § 7 EGovG das so genannte ersetzende Scannen. § 13 EGovG widmet sich der Verwendung elektronischer Formulare, beschränkt sich dabei aber auf Fragen der Schriftform.[215] § 6 Satz 1 EGovG – also die Soll-Verpflichtung zur elektronischen Aktenführung tritt am 1. Januar 2020 in Kraft, steht aber gem. § 6 Satz 2 EGovG ohnehin unter dem Wirtschaftlichkeitsvorbehalt. Die Forcierung der elektronischen Aktenführung wird in Zukunft unweigerlich zu einer Ausweitung auch des elektronischen Rechtsverkehrs führen, um Scan- und Druckaufwände zu minimieren. Sekundiert werden diese Digitalisierungsbestrebungen in der Kommunikation durch den Portalverbund aufgrund des **Onlinezugangsgesetz**es (OZG).[216] Gem. § 1 OZG sind Bund und Länder verpflichtet, zukünftig Verwaltungsleistungen auch elektronisch über Verwaltungsportale anzubieten. Diese – teilweise schon bestehenden – Verwaltungsportale müssen (und das ist die eigentliche Neuerung) miteinander zu einem Portalverbund verknüpft werden. Wesentlich ist dem Gesetzgeber, wie aus § 2 Abs. 1, 2 und § 3 OZG deutlich wird, die Verknüpfung elektronisch angebotener Verwaltungsleistungen und deren barriere- und medienbruchfreie Nutzbarkeit mit nur einem Nutzerkonto. Letztlich stellt damit das Verwaltungsportal einen weiteren

---

[214] *Müller*, NZA 2019, 11 ff.
[215] *Heckmann/Albrecht*, ZRP 2013, 42, 43.
[216] *Herrmann/Stöber*, NVwZ 2017, 1401 ff.

elektronischen Zugangskanal zur Verwaltung dar, der von der jeweiligen Behörde im Posteingang beachtet und je nach Ausgestaltung im Postausgang bedient werden muss. Die hiermit verbundenen Herausforderungen hat der Gesetzgeber erkannt, wie § 6 OZG zeigt, und in die Hände vor allem des IT-Planungsrats gelegt, der vor allem durch Vereinheitlichung von Standards und Schnittstellen den Aufwand vertretbar halten soll.

Die **zulässigen elektronischen Übermittlungswege** sind im Verwaltungsverfahren im Gegensatz zum Prozessrecht weder auf bestimmte gesetzlich zugelassene Verfahren beschränkt, sondern sie liegen in der freien Auswahl der eröffnenden Behörde. Ferner fehlt es an der Privilegierung einzelner Übermittlungswege; sichere Übermittlungswege wie in § 55a Abs. 4 VwGO / § 130a Abs. 4 ZPO kennt das Verwaltungsverfahrensrecht nicht.

Gem. § 3a Abs. 1 VwVfG ist die Übermittlung elektronischer Dokumente zulässig, wenn der Empfänger – die Behörde in gleicher Weise wie auf dem umgekehrten Weg der Bürger – hierfür einen Zugang eröffnet hat. Die Zugangseröffnung setzt sich zusammen aus der technischen Bereitstellung des Zugangs als Vorbereitungsakt und der Widmung dieses Zugangs für die Nutzung im (rechtsverbindlichen) elektronischen Rechtsverkehr.

2. Faktische Bereitstellung eines elektronischen Zugangs

Die technische Bereitstellung des Zugangs ist ausschließlich im Hinblick auf dessen **Außenwirkung** zu bewerten:

Tatsächlich bereitgestellt ist der Zugang, wenn ein elektronisches Postfach oder ein digitales Portal/Formular durch eine andere Person erreichbar oder adressierbar ist.

Ob dessen Funktionalität im Übrigen gegeben ist, spielt dagegen keine Rolle, weil dies für den Absender nicht erkennbar ist.

In der Praxis ist daher wesentlich, dass die Erreichbarkeit bzw. **Adressierbarkeit des Zugangs** im Rahmen seiner Einführung der letzte Umsetzungsakt sein muss; aber diesem Zeitpunkt bedarf der Zugang nur noch der ausdrücklichen oder konkludenten Widmung, um für den elektronischen Rechtsverkehr und damit die rechtsverbindliche Verwendung nutzbar zu sein.

3. Widmung des Zugangs

Die Eröffnung dieses Zugangs erfolgt durch Widmung. Die Widmung wiederum ist die Signalisierung der Bereitschaft und Fähigkeit zur elektronischen Kommunikation gegenüber dem (potentiellen) Kommunikationspartner – ausdrücklich oder konkludent.[217]

a. Explizite Eröffnung des Zugangs

Ausdrücklich wird der Zugang dadurch eröffnet, dass die Behörde explizit auf die Möglichkeit der rechtsverbindlichen Nutzung eines Kommunikationswegs verweist.

b. Konkludente Eröffnung des Zugangs

Die konkludente Eröffnung eines Zugangs ist dann anzunehmen,

---

[217] Stelkens/Bonk/Sachs/Schmitz, 9. Aufl. 2018, VwVfG § 3a Rn. 9 ff., insbesondere 13a-15; HK-VerwR/Berthold Kastner, 4. Aufl. 2016, VwVfG § 3a Rn. 9; Huck/Müller/Müller, 2. Aufl. 2016, VwVfG § 3a Rn. 5a; für den Bürger: OVG Münster, Beschl. v. 13.11.2014 – 2 B 1111/14.

wenn die Behörde nach außen die Empfangsbereitschaft für einen tatsächlich eingerichteten technischen Zugang jedenfalls schlüssig signalisiert.

Von besonderer praktischer Relevanz sind insoweit Angaben – insbesondere von **E-Mail-Adressen** – auf Internetpräsenzen, Flyern oder in Briefköpfen[218] der Behörde.

Eine konkludente Zugangseröffnung ist ferner anzunehmen, wenn die Behörde zwar nicht selbst den Zugangskanal angibt, aber seine Listung in einem hierfür vorgesehenen öffentlichen Verzeichnis bewusst hinnimmt.

Der Zugang über ein De-Mail-Postfach ist deshalb bereits dann eröffnet, wenn dieses im **öffentlichen De-Mail – Verzeichnis** sichtbar ist.

Die (tatsächliche) Einrichtung eines besonderen elektronischen Behördenpostfachs (**beBPo**), das sowohl Bürger über einen EGVP-Client und Rechtsanwältinnen und Rechtsanwälte über ihr besonderes elektronisches Anwaltspostfach (beA) ohne Weiteres erreichen können, bewirkt automatisch die Eröffnung des Zugangs über das beBPo, weil dieses im EGVP-Adressbuch für jeden sichtbar ist.

Nicht ausreichend ist dagegen die Aufnahme einer faktischen elektronischen Erreichbarkeit der Behörde in einem Verzeichnis mit dessen Existenz die Behörde nicht ohne Weiteres rechnen muss oder auf dessen Inhalte die Behörde keinen Einfluss nehmen kann. Im Gegensatz dazu sind nämlich sowohl die Eintragung im öffentlichen De-Mail – Verzeichnis als auch die Einrichtung eines beBPo von einem Willensakt der Behörde abhängig.

c. Beschränkung des Zugangs

Soll eine rechtsverbindliche Kommunikation **mittels E-Mail** gänzlich nicht stattfinden, wofür im Übrigen ja auch gute Gründe des Datenschutzes und der IT-Sicherheit sprechen können, lässt sich die Zugangseröffnung

---

[218] VG Kassel v. 5.3.2020 – 3 K 1008/18 m. krit. Anm. Müller, NVwZ 2020, 1092.

dann (nur) durch einen ausdrücklichen, einfach verständlichen **Disclaimer** verhindern. Es ist zu empfehlen, diesen unmittelbar in räumlicher Nähe zu der E-Mail-Adresse auf dem Briefkopf zu formulieren, dass diese für Rechtsbehelfe oder allgemein für eine rechtsverbindliche Kommunikation nicht zugelassen wird („Eine rechtsverbindliche Kommunikation mittels E-Mail ist nicht zugelassen.").

Die bausteinartig vorgehaltenen **Rechtsmittelbelehrungen** sind kritisch dahingehend zu überprüfen, ob – wenn über die Form belehrt wird (was jedenfalls im Sozialrecht erforderlich und andernfalls jedenfalls bürgerfreundlich ist) – sämtliche eröffneten Übermittlungswege erfasst sind. Die Belehrung muss dann auf den Übermittlungsweg selbst und grundlegende Formanforderungen dieses Übermittlungswegs (bspw. die Notwendigkeit der Verwendung einer qualifizierten elektronischen Signatur) benennen; wegen Details darf sie auf weitere Angaben im Internet (bspw. die Homepage der Behörde) verweisen.

4. Dateiformate

Im Gegensatz zur ERVV für die gerichtliche Kommunikation sieht das VwVfG **keine Beschränkung der Dateiformate** vor. Eine insoweit eingrenzende Regelung trifft § 3a Abs. 3 VwVfG: Danach müssen Behörden nur solche Dateiformate akzeptieren, die dort zur Bearbeitung geeignet sind.

Erhalten Sie andere Formate, haben sie dies – unter Mitteilung der technischen Rahmenbedingungen – dem Absender **unverzüglich mitzuteilen**. Im Gegensatz zu § 130a Abs. 6 ZPO enthält die Vorschrift aber keinen besonderen Wiedereinsetzungstatbestand oder eine Eingangsfiktion, so dass Kommunikationsprobleme grundsätzlich zu Lasten des Einsenders gehen.

Von der Behörde wird aber zu verlangen sein, mit **Standarddateiformate**n umgehen zu können. [219] Anders als im Prozessrecht müssen Behörden daher grundsätzlich mit einer Vielzahl von Dateiformaten – nicht nur PDF – ebenso rechnen, wie mit allen technischen Varianten von qualifizierten elektronischen **Signaturen** einschließlich der im Prozessrecht durch § 4 Abs. 2 ERVV ausgeschlossenen sog. Containersignatur. Kann sie dies nicht, weil zum Beispiel bestimmte Office-Formate, aktive Inhalte o.ä. aus IT-Sicherheitsgründen nicht verarbeitbar sind, kommt (ausschließlich) die Regelung des § 3a Abs. 3 VwVfG / § 36a Abs. 3 SGB I zur Anwendung.

Möglich und zulässig dürfte aber auch sein, ebenfalls in einem **Disclaimer** solch nicht verarbeitbare Formate bereits von vornherein auszunehmen. Der Hinweis gem. Abs. 3 dürfte dennoch zu geben sein. Im Übrigen darf die Verwaltung den Zugang nicht unverhältnismäßig beschränken; Standardformate können deshalb nicht ohne Weiteres ausgeschlossen werden [220] – zumal ohnehin das Amtsermittlungsprinzip verbietet, Eingänge schlicht unbeachtet zu lassen.

---

[219] *Müller*, NVwZ 2020, 1092, 1094.
[220] Stelkens/Bonk/Sachs/Schmitz, 9. Aufl. 2018, VwVfG § 3a Rn. 14a.

5. Schriftformwahrung

Dort wo das Gesetz die Schriftform vorsieht, ist die elektronische Form gem. § 3a Abs. 2 Satz 1 VwVfG grundsätzlich zur Formwahrung geeignet. Auch diese Regelung betrifft sowohl den elektronischen Posteingang der Behörde, also insbesondere Anträge und Rechtsbehelfe, aber auch den elektronischen Postausgang, also elektronische Bekanntgaben und Zustellungen. Ähnlich wie im elektronischen Rechtsverkehr mit den Gerichten gem. § 55a VwGO, § 52a FGO bzw. § 65a SGG gibt es **mehrere Möglichkeiten**:

- durch die Nutzung **elektronischer Formulare**. Hierbei ist zusätzlich ein Identitätsnachweis bspw. durch den neuen Personalausweis oder die elektronische Gesundheitskarte erforderlich,
- durch Einreichung auf einem eröffneten elektronischen Übermittlungsweg mit **qualifizierter elektronischer Signatur** (qeS) oder
- durch Einreichung **auf einem besonderen Übermittlungsweg** gem. § 3a Abs. 2 Satz 4 VwVfG, bei denen insbesondere die Identität des Absenders auf andere Weise sichergestellt ist, unter Verzicht auf eine qeS; insbesondere also über ein **De-Mail** – Postfach mit absenderauthentifizierte De-Mail, § 3a Abs. 2 Satz 4 Nr. 2 VwVfG.

Nach § 3a Abs. 2 Nr. 2 VwVfG können also insbesondere via De-Mail Anträge und Anzeigen schriftformersetzend an die Behörde gerichtet werden. Bei der erforderlichen Identifizierung kann zwischen der Verwendung des elektronischen Personalausweises und einem „mobilen TAN- Verfahren" gewählt werden.[221]

Hervorzuheben ist, dass im Gegensatz zum elektronischen Rechtsverkehr mit der Justiz im Verwaltungsverfahren auch die Einreichung mit einfacher E-Mail nicht ausgeschlossen, sondern vielmehr sogar durchaus üblich ist. Zur Wahrung einer Schriftform ist aber eine qualifizierte

---

[221] *Prell*, NVwZ 2013, 1514, 1517 f.

elektronische Signatur erforderlich, über die der Bürger zumeist nicht verfügt.

a. Schriftformersetzung mit qualifizierter elektronischer Signatur, § 3a Abs. 2 Satz 1 VwVfG

Ausgangspunkt und Regelfall der Schriftformwahrung im elektronischen Rechtsverkehr mit Behörden ist die Nutzung eines beliebigen eröffneten elektronischen Übermittlungswegs mit einem elektronischen Dokument, das mit einer qualifizierten elektronischen Signatur versehen ist.

Die qualifizierte elektronische Signatur ersetzt im elektronischen Rechtsverkehr die Unterschrift des Urhebers des Dokuments.[222] Hieraus ergibt sich auch, dass es sich bei der qualifizierten elektronischen Signatur um die der **verantwortenden Person** handeln muss. Verantwortende Person ist, wer den Inhalt des Dokuments als eigene Erklärung für und gegen sich gelten lassen will.

Im Gegensatz zum elektronischen Rechtsverkehr mit der Justiz sind in Ermangelung einer Regelung entsprechend der ERVV sämtliche technische Varianten qualifizierter elektronischer Signatur zulässig. Gebräuchlich sind vor allem die auch im elektronischen Rechtsverkehr mit der Justiz zulässige PDF-*Inlinesignatur* (die qeS ist Teil einer PDF-Datei) und die *detached Signatur* (die qeS befindet sich in einer zweiten Datei neben dem Dokument; diese zweite Datei ist regelmäßig an der Dateiendung .pkcs7 oder .p7s erkennbar). Im elektronischen Rechtsverkehr mit der Justiz gem. der Bekanntmachung zu § 5 der ERVV (Nr. 4) unzulässig ist die *enveloping Signatur* (die Signaturdatei – regelmäßig mit der Dateiendung .p7m – bettet das Dokument ein), die aber im Verhältnis zu Behörden zulässig ist. Ebenso im elektronischen Rechtsverkehr mit der Justiz unzulässig, gegenüber Behörden aber zulässig, ist die sog. **Containersignatur**, durch die mehrere elektronische Dokumente durch eine gemeinsame elektronische Signatur verbunden werden (bspw. durch Signierung des Transportcontainers im EGVP oder

---

[222] *Müller*, NJW 2015, 822.

durch vorherige Verbindung mehrerer elektronischer Dokumente, bspw. in einem .zip-Container).

b. Voraussetzungen der Schriftformwahrung durch qualifizierte elektronische Signatur
Die qualifizierte elektronische Signatur muss gültig sein.

Die **Ungültigkeit der elektronischen Signatur** kann sich insbesondere aus ihrer Sperrung ergeben. Die Sperrung wiederum kann Folge der Kompromittierung des kryptographischen Algorithmus im Ganzen oder eines individuellen Sperrvorgangs bspw. nach Verlust der Signaturkarte oder des PINs sein. Ferner verfügen Signaturzertifikate über einen Gültigkeitszeitraum nach dessen Ablauf die weitere Verwendung des Zertifikats ebenfalls zur Ungültigkeit der Signatur im Hinblick auf die **Authentizität** des elektronischen Dokuments führt.

Ferner darf das signierte Dokument nach Anbringung der Signatur nicht mehr verändert werden. Nach einer Veränderung des signierten Dokuments verändert sich der Hash-Wert aus diesem Dokument, so dass die Signaturprüfung ein ungültiges Ergebnis hinsichtlich dessen **Integrität** erbringt.

c. Schriftformersetzung durch elektronische Formulare, § 3a Abs. 2 Satz 2 Nr. 1 VwVfG
Gem. § 3a Abs. 2 Satz 2 Nr. 1 VwVfG ist es für den elektronischen Posteingang der Behörde möglich, auf die Nutzung einer qualifizierten elektronischen Signatur zu verzichten, wenn nicht irgendein durch die Behörde eröffneter elektronischer Übermittlungsweg genutzt wird, sondern ein durch die Behörde bereitgestelltes elektronisches Formular – bspw. auf einer Internetpräsenz der Behörde. Die Programmierung des Formulars besorgt bei dieser Eingabeform die Integrität der eingegebenen Daten. Der Vorteil der Behörde liegt darin, dass sie durch die Bereitstellung des Formulars eine weitgehende Strukturierung der übermittelten Daten erreichen und damit die innerbehördliche Weiterverarbeitung nicht nur effizienter gestalten, sondern vor allem weitgehend **automatisieren** kann.

Die **Identifizierung des Absenders** erfolgt bei dieser Übermittlungsform anstelle der gerade bei Bürgern wenig verbreiteten qualifizierten elektronischen Signatur durch einen sicheren elektronischen Identitätsnachweis gem. § 18 PAuswG, § 12 eID-Karte-Gesetzes oder § 78 Abs. 5 AufenthG.

d. Schriftformersetzung mittels De-Mail, § 3a Abs. 2 Satz 2 Nr. 2, 3 VwVfG

Wie auch im elektronischen Rechtsverkehr mit der Justiz gem. § 55a Abs. 4 Nr. 1 VwGO, § 65a Abs. 4 Nr. 1 SGG oder § 52a Abs. 4 Nr. 1 FGO kann auch im elektronischen Rechtsverkehr mit Behörden auf die Anbringung einer qualifizierten elektronischen Signatur verzichtet werden, wenn der Absender (im Fall des § 3a Abs. 2 Satz 2 Nr. 2 VwVfG der Bürger, im Fall des § 3a Abs. 2 Satz 2 Nr. 2 VwVfG die Behörde) zur Übermittlung eine absenderauthentifizierte De-Mail nutzt.

Das elektronische Dokument kann sowohl eine Anlage der De-Mail, aber auch der Nachrichtentext der De-Mail selbst sein. Eine qualifizierte elektronische Signatur ist nicht erforderlich, sofern die verantwortende Person (bspw. der Bürger, hinsichtlich der Behörde als Absender gibt es insoweit keine Einschränkungen [223]) den Versand selbst vornimmt. Andernfalls wäre eine qualifizierte elektronische Signatur der verantwortenden Person anzubringen.

Der Absender kann zur Schriftformwahrung mittels De-Mail nur auf die qualifizierte elektronische Signatur verzichten, wenn sie als sog. absenderauthentifizierte De-Mail gem. § 4 f. De-MailG versandt wurde und der Absender sicher angemeldet war. Nur in dieser Versandform wird die Authentizität des elektronischen Dokuments durch die Verknüpfung mit einem Identitätsnachweis abgesichert. Eine fehlende Absenderauthentifizierung lässt sich in der De-Mail selbst, der „.eml-Datei", feststellen. Diese **„eml-Datei"** kann in einem E-Mail – Programm geöffnet werden. Unter den Eigenschaften der Mail lässt sich sodann der

---

[223] Vgl. VGH Mannheim v. 4.3.2019 – A 3 S 2890/18 für das beBPo.

sog. **X-Header** der Mail darstellen. Der Eintrag X-de-mail-auth-level enthält hier den Eintrag „high", sofern der Absender sicher angemeldet war; der Eintrag x-de-mail-authoritative zeigt „yes", wenn es sich um eine absenderbestätigte De-Mail handelte.[224] Daneben ergibt sich die Absenderbestätigung je nach eingesetzter Software auf der Empfängerseite auch aus dort erstellten Prüfvermerken.

e. Schriftformersetzung durch sichere Übermittlungswege, § 3a Abs. 2 Satz 2 Nr. 4 VwVfG
Vergleichbar der Übermittlung elektronischer Dokumente mittels absenderauthentifizierter De-Mail ohne qualifizierte elektronische Signatur zur Schriftformwahrung, kann die Schriftform auch durch sonstige sichere Verfahren, die durch Rechtsverordnung der Bundesregierung mit Zustimmung des Bundesrates festgelegt werden, welche den Datenübermittler (Absender der Daten) authentifizieren und die Integrität des elektronisch übermittelten Datensatzes sowie die Barrierefreiheit gewährleisten, ersetzt werden.

Eine entsprechende Rechtsverordnung ist bislang nicht ergangen.

f. Keine Schriftformersetzung durch Nutzung des beA ohne qualifizierte elektronische Signatur
Die Nichtgeltung der § 55a Abs. 3, 4 VwGO, § 52a Abs. 3, 4 FGO und § 65a Abs. 3, 4 SGG in Verbindung mit der ERVV führt in Bezug auf die Rechtsanwaltschaft dazu, dass die Privilegierung des besonderen elektronischen Anwaltspostfachs (beA) und – mit Ausnahme der De-Mail – auch der weiteren sicheren Übermittlungswege im elektronischen Rechtsverkehr mit der Justiz für das Verwaltungsverfahren nicht greift. Die Folge ist, dass schriftformbedürftige Anträge oder Rechtsbehelfe auch bei Nutzung des beA durch die verantwortende Person (beim beA: der/die Rechtsanwalt/Rechtsanwältin) selbst einer qualifizierten elektronischen Signatur bedürfen.

---

[224] OLG Düsseldorf v. 10.3.2020 – 2 RVs 15/20; *Müller*, Checklisten zum elektronischen Rechtsverkehr für die Justiz, 2. Aufl. 2019, S. 14.

6. Hinweispflicht im Fall fehlender Bearbeitbarkeit

§ 3a Abs. 3 VwVfG beinhaltet gegenseitige Informationspflichten für den Fall des Auftretens von Kommunikationsstörungen.[225] Satz 1 regelt die Pflichten der Behörde, Satz 2 beinhaltet die Verpflichtungen des Einreichers (Bürger, Rechtsanwalt etc.).

Nicht Teil der Regelung des Abs. 3 ist die Bestimmung des **Zugangszeitpunkt**s. Der Zugang der elektronischen Nachricht wird durch die Nichtbearbeitbarkeit regelmäßig nicht gehindert.

§ 3a Abs. 3 Satz 1 VwVfG ähnelt hinsichtlich der Hinweispflicht der Regelung des § 55a Abs. 6 VwGO. Allerdings ist der Absender hier im Gegensatz zum elektronischen Rechtsverkehr mit der Justiz nur darauf hinzuweisen, dass das übermittelte Dokument nicht bearbeitbar war. Eine **Eingangsfiktion enthält Abs. 3 nicht**. Dies hat erhebliche Auswirkungen für die Fristwahrung.

Die Hinweispflicht der Behörde besteht unverzüglich.

a. *Zur Bearbeitung geeignet*

Der Begriff der Eignung zur Bearbeitung in § 3a Abs. 3 VwVfG ist rein faktisch zu verstehen.

Nicht „zur Bearbeitung geeignet" sind insbesondere Dokumente, die sich bspw. aufgrund eines **korrupten Dateiformats** oder infolge einer **Virenverseuchung** durch die Behörde nicht öffnen lassen. Diese Dokumente können dem Sachbearbeiter des Vorgangs nicht vorgelegt und daher auch nicht unter rechtlichen Gesichtspunkten geprüft und bewertet werden.

Ferner sind Dokumente für die Behörde nicht bearbeitbar, die in einem Dateiformat übermittelt werden, für das **kein Viewer** in der Behörde

---

[225] Beck TMG/Roßnagel, 1. Aufl. 2013, VwVfG § 3a Rn. 51.

vorhanden ist und der auch nicht in verhältnismäßiger Weise erlangt werden kann.[226]

Kein Fall der „Nichtbearbeitbarkeit" sind entsprechend der zu § 55a Abs. 6 VwGO ergangenen Rechtsprechung **Fehler die dem Übermittlungsweg zuzurechnen** sind, insbesondere solche der qualifizierten elektronischen Signatur [227] oder die Nutzung eines nicht zugelassenen Übermittlungswegs (bspw. eine einfache anstelle der absenderauthentifizierten De-Mail oder die Nutzung einer einfachen E-Mail). Solche Fehler führen „nur" dazu, dass ggf. die Schriftform nicht gewahrt ist. Eine Hinweispflicht besteht insoweit nur allgemein im Rahmen der behördlichen Fürsorgepflichten.

b. Unverzüglich
Unverzüglich i.S.d. § 3a Abs. 3 Satz 1 VwVfG bedeutet **ohne schuldhaftes Zögern**.

Für die Hinweispflicht der Behörde lässt sich der Begriff konkret so ausfüllen, dass der Einreicher grundsätzlich erwarten kann, dass Formfehler von der Behörde in angemessener Zeit bemerkt werden und **innerhalb eines ordnungsgemäßen Geschäftsgangs** die notwendigen Maßnahmen getroffen werden, um ein drohendes Fristversäumnis zu vermeiden. [228] Ein ordnungsgemäßer Geschäftsgang garantiert andererseits keine sofortige, auch keine tagesgleiche, juristische Beurteilung.[229]

c. Hinweispflicht
Der Inhalt der Hinweispflicht orientiert sich an den allgemeinen Verfahrensrechten der Beteiligten. Dementsprechend ist dem Absender

---

[226] Siehe bereits ausführlich oben Dateiformate.
[227] BGH v. 15.5.2019 – XII ZB 573/18; BSG v. 9.5.2018 – B 12 KR 26/18; BSG v. 20.3.2019 – B 1 KR 7/18; BAG v. 15.8.2018 – 2 AZN 269/18; BVerwG v. 7.9.2018 – 2 WDB 3/18 a.A. OLG Brandenburg v. 6.3.2018 - 13 WF 45/18, LAG Düsseldorf v. 7.8.2018 - 3 Sa 213/18; LSG Niedersachsen-Bremen v. 10.10.2018 - L 2 R 117/18.
[228] Zum elektronischen Rechtsverkehr mit der Justiz: BAG v. 15.8.2018 – 2 AZN 269/18.
[229] LAG Frankfurt am Main v. 18.10.2018 – 11 Sa 70/18.

nicht nur mitzuteilen, dass der Eingang unwirksam war, sondern von welchen konkreten Fehlern die Behörde ausgeht. Sie hat hierzu jedenfalls zu beschreiben, weshalb das elektronische Dokument für die Bearbeitung durch die Behörde nicht geeignet war, sofern ihr dies angesichts der Problemlage bei der Einreichung möglich ist. **Maßstab** für die Erfüllung der Hinweispflicht ist, dass der Absender in die Lage versetzt werden soll, einen möglichen Fehler auf seiner Seite zu erkennen, um ihn bei der Nachreichung nicht mehr zu machen, oder aber, das Gericht seinerseits darauf hinzuweisen, dass die Problemlage auf Seiten der Behörde bestand. Der Hinweis auf die fehlende Bearbeitbarkeit darf daher nicht schemahaft erfolgen, sondern muss am Einzelfall ausgerichtet sein.

Der Hinweis durch die Behörde für denselben Fehler **ist jeweils nur einmal zu erteilen**, um Missbrauch zu verhindern und ein effizientes Verwaltungshandeln zu garantieren.[230] Da diese Begrenzung im Wortlaut des § 3a Abs. 3 VwVfG keine Stütze findet, ergibt sich eine Begrenzung wiederholender Hinweise aus dem **Sinn und Zweck** der Hinweispflicht: Reicht der Einsender ein Dokument in nicht bearbeitbarer Weise ein und erhält einen konkreten Hinweis auf seinen Fehler, sowie einen abstrakten Hinweis auf die zu beachtenden Voraussetzungen, kann von ihm erwartet werden, dass er sich an diese Vorgaben hält und nicht denselben „Fehler" erneut begeht. Ein nochmaliger Hinweis ist deshalb obsolet. Anders liegt dagegen der Fall bei schweren Fehlern, möglicherweise auch unbekannten Ursprungs (bei einer korrupten, deshalb nicht zu öffnenden Datei oder auch einer Virenverseuchung). In diesen Fällen ist die Fehlerbehebung möglicherweise im ersten Versuch nicht gelungen. Sofern keine Hinweise auf einen Missbrauch vorliegen, dürfte vieles dafürsprechen, dass dann auch ein weiterer Hinweis durch die Behörde erforderlich ist.

d. Mitteilung der technischen Rahmenbedingungen
Die Mitteilung der technischen Rahmenbedingungen kann sich in einem Verweis auf die standardmäßig vorgehaltene **Viewermöglichkeiten**

---

[230] Zum elektronischen Rechtsverkehr mit der Justiz: BAG v. 12.3.2020 – 6 AZM 1/20.

erschöpfen. Sie sollte bei unvertretenen Absendern in Ausübung der behördlichen Fürsorgepflicht ausführlicher erfolgen, als bei rechtskundig vertretenen Absendern. Ein Verweis auf kostenlos verfügbare Internetportale (bspw. die **Homepage der Behörde**) ist zulässig, weil für den elektronischen Rechtsverkehr der Zugang zum Internet ohnehin Voraussetzung ist.

II. Elektronischer Postausgang der Behörde

Eine **förmliche Zustellung** ist im Sozialverwaltungsverfahren nach dem SGB X und im Verwaltungsverfahren nach den VwVfG des Bundes oder Länder grundsätzlich weder für Verwaltungsakte noch für Widerspruchsbescheide vorgesehen. Gem. § 41 Abs. 1 VwVfG bzw. § 37 Abs. 1 SGB X genügt die Bekanntgabe des Verwaltungsakts.

Gem. § 37 Abs. 2 Satz 1 VwVfG bzw. § 33 Abs. 2 SGB X kann ein Verwaltungsakt auch **elektronisch ergehen**.

1. Grundlagen der elektronischen Erreichbarkeit des Bürgers

Für den **Bürger** verbleibt es trotz der ergangenen EGovGe bei der **freiwilligen Zugangseröffnung** im Sinne des § 3a Abs. 1 VwVfG bzw. § 36a SGB I.

a. Voraussetzungen der Eröffnung eines Zugangs durch den Bürger

Unter dem (elektronischen) **Zugang** im Sinne der § 3a VwVfG und § 36a SGB I ist die Bereitstellung der technischen Empfangseinrichtung zu verstehen.

Die **Eröffnung** dieses Zugangs erfolgt durch Widmung. Die Widmung wiederum ist die Signalisierung der Bereitschaft und Fähigkeit zur elektronischen Kommunikation gegenüber dem (potentiellen) Kommunikationspartner – ausdrücklich oder konkludent.[231] Da der Bürger im Gegensatz zur Verwaltung nicht gesetzlich zur Eröffnung einer elektronischen Erreichbarkeit verpflichtet ist, sind an die konkludente Eröffnung hohe Anforderungen zu stellen. Es liegt nahe, eine konkludente Zugangseröffnung jedenfalls dann anzunehmen, wenn der Bürger selbst

---

[231] Stelkens/Bonk/Sachs/Schmitz, 9. Aufl. 2018, VwVfG § 3a Rn. 9 ff., insbesondere 13a-15; HK-VerwR/Berthold Kastner, 4. Aufl. 2016, VwVfG § 3a Rn. 9; Huck/Müller/Müller, 2. Aufl. 2016, VwVfG § 3a Rn. 5a; für den Bürger: OVG Münster, Beschl. v. 13.11.2014 – 2 B 1111/14.

den elektronischen Zugang für eine rechtsverbindliche Kommunikation in dem konkret betroffenen Verhältnis zur Behörde nutzt.[232]

b. elektronische Übermittlungswege der Verwaltung

Aufgrund dieser gesetzlichen Konstruktion setzt der elektronische Rechtsverkehr der Behörden mit dem Bürger weder eine Rechtsverordnung noch einen expliziten Zulassungsakt der Behörde voraus. Ferner sind weder **die zugelassenen Übermittlungswege** gesetzlich beschränkt, so dass auch eine Bekanntgabe per E-Mail oder mittels eines Download-Portals (vgl. § 37 Abs. 2a SGB X) zulässig ist, noch die übermittelbaren Dateiformate.

c. Zeitpunkt des tatsächlichen Zugangs

Grundsätzlich kommt es für die Bekanntgabe auf den tatsächlichen **Zeitpunkt des Zugangs** an. Modifiziert wird dieser Grundsatz aber dadurch, dass es nicht auf den tatsächlichen Zeitpunkt ankommt, wenn der Zugang bereits vor dem Eintritt der Zugangsfiktion gem. § 37 Abs. 2 SGB X erfolgt ist. Ein Zugang zu einem Zeitpunkt früher als drei Tage nach der Aufgabe zur Post oder dem Absenden kommt deshalb grundsätzlich nicht in Betracht. Für den Zeitpunkt des tatsächlichen Zugangs im elektronischen Rechtsverkehr der Behörde mit dem Bürger kommt es zunächst darauf an, welches elektronische Kommunikationsmittel die Behörde auswählt.

Im elektronischen Rechtsverkehr gilt, dass der tatsächliche Zugang bewirkt ist, wenn das zuzustellende elektronische Dokument in die seinen **Machtbereich** darstellende Empfangseinrichtung des Adressaten gelangt ist. Hierbei handelt es sich letztlich um das für seinen **faktischen Zugriff** bereitstehende, nicht unbedingt von ihm technisch kontrollierte oder in seinem physischen Zugriffsbereich liegende, elektronische Postfach des Empfängers.

---

[232] Vgl. OVG Bautzen, Beschluss vom 17.3.2020 – S E 108/19.

Bei den EGVP-basierten elektronischen Übermittlungswegen, namentlich dem besonderen elektronischen Anwaltspostfach (beA), dem besonderen elektronischen Notarspostfach (beN), dem besonderen elektronischen Behördenpostfach (beBPo) und dem EGVP selbst, ist der Zugang mit dem vollständigen Upload auf dem **Intermediär** bewirkt. Da der Intermediär nicht nur Glied des Transportsystems der EGVP-Infrastruktur ist, sondern selbst das „Postfach" darstellt und dort hinterlegte Nachrichten durch den Empfänger nur noch „abgeholt" werden, ist der Intermediär die Empfangseinrichtung.[233] Die automatisierte Empfangsbestätigung wird in der EGVP-Infrastruktur stets als Eingangsbestätigung des Intermediärs (sog. „Acknowledgment-Datei") generiert. Diese Eingangsbestätigung weist den exakten Zeitpunkt des Zugangs und damit der Bekanntgabe des Verwaltungsakts aus.

Bei der Übermittlung des Beschlusses mittels **De-Mail** oder **E-Mail** ist im elektronischen Postausgang der Behörde für den tatsächlichen Zugang dagegen maßgeblich, wann die De-Mail oder E-Mail im Postfach des Empfängers eingegangen ist, weil erst hier die Möglichkeit zum Abruf und damit zur Kenntnisnahme besteht. Dieser Zeitpunkt ist für die Behörde nicht ohne Weiteres feststellbar. Er ist insbesondere nicht identisch mit dem Zeitpunkt des Absendens der De-Mail oder E-Mail, weil selbst bei der grundsätzlich schnellen elektronischen Übertragung technische Probleme auf dem Versandweg oder auch Performanceunzulänglichkeiten deutliche Übermittlungsverzögerungen hervorrufen können.

d. Zugangsfiktion bei einfacher Bekanntgabe
§ 41 Abs. 2 VwVfG bzw. § 37 Abs. 2 SGB X erleichtert das Verwaltungshandeln durch die Fiktion des Zugangs **am dritten Tag** nach der Aufgabe zur Post bzw. bei der elektronischen Übermittlung nach der Absendung. Die elektronische Absendung ist entsprechend der Aufgabe zur Post für die papiergebundene Übermittlung als der Zeitpunkt zu verstehen, wenn das elektronische Dokument die **Netzinfrastruktur der**

---

[233] Müller, NZA 2019, 1120, 1122.

Behörde verlässt. Bedient sich daher die Behörde eines Gateways, eines Intermediärs oder ähnlichen technischen Einrichtungen, ist nicht entscheidend, wann die versendende Person in der Behörde den Sendevorgang angestoßen hat, sondern die Absendung liegt erst dann vor, wenn eine Einflussnahme der Behörde selbst oder eines von ihr beauftragten Dienstleisters auch auf administrativer Ebene nicht mehr besteht; der Versendeprozess also vollständig aus der Hand gegeben ist. Bei Nutzung eines Gateways muss das Dokument daher das Gateway „verlassen" haben, bei Nutzung eines Intermediärs muss das Dokument vollständig auf den Intermediär hochgeladen sein.

Auf den dritten Tag nach der Absendung kommt es auch dann an, wenn der Tag auf einen Sonn- oder Feiertag hält; § 26 Abs. 3 Satz 1 SGB X gilt nur für das Fristende, nicht für den Fristanfang.[234]

Ist die **Absendung nicht nachweisbar**, kann sich die Behörde auf die Zugangsfiktion nicht berufen. Für die Aufgabe zur Post wurde hierfür von der Rechtsprechung[235] ein in der Akte notierter sog. Abvermerk verlangt.[236] Für den elektronischen Versand ist es erforderlich, dass nicht nur ein **elektronischer Abvermerk** zur (elektronischen) Akte genommen wird, sondern entsprechend der Rechtsprechung zur anwaltlichen Postausgangskontrolle beim besonderen elektronischen Anwaltspostfach (beA) kann auch von der Behörde verlangt werden, den Versendeprozess automatisiert weitergehend bestätigen zu lassen; bspw. durch **Speicherung der Eingangsbestätigung** (sog. „Acknowledgment-Datei") des Intermediärs bei der Nutzung eines EGVP-basierten Kommunikationsmittels[237] oder entsprechender Versandbestätigungen

---

[234] BSG v. 6.5.2010 – B 14 AS 12/09 R.
[235] LAG Schleswig-Holstein v. 19.9.2019 – 5 Ta 94/19 mit zust. Anm. *Müller*, NZA-RR 2019, 659 f.
[236] BSG v. 3.3.2009 – B 4 AS 37/08 R; BSG v. 19.2.2009 – B 4 AS 68/07 R; LSG Rheinland-Pfalz v. 30.9.2010 – L 1 AL 122/09; a.A. (es genügt der Beleg bspw. in einem detaillierten Portobuch) KassKomm/Mutschler, 108. EL März 2020, SGB X § 37 Rn. 17a.
[237] OVG Thüringen v. 28.1.2020 – 3 ZKO 796/19; OVG Lüneburg v. 31.3.2020 – 9 LA 440/19; OVG Lüneburg v. 27.4.2020 – 10 LA 228/19; siehe auch *Müller*,

im Fall der Nutzung anderen elektronischen Kommunikationsmittel. Lediglich wenn das gewählte elektronische Kommunikationsmittel eine entsprechende Bestätigung technisch nicht vorsieht (bspw. im Falle der einfachen E-Mail) genügt auch für die (elektronische) Akte ein Abvermerk im Sinne einer behördlichen Bestätigung.

Da es sich nur um eine – wenn auch gesetzliche – **Vermutung des Zugangs** handelt, kann die Vermutung widerlegt werden, wenn ihre tatsächlichen Grundlagen erschüttert werden. Dies kann regelmäßig bereits dadurch erfolgen, dass der Adressat den Zugang schlicht bestreitet, weil ihm eine Substantiierung einer „nichtvorliegenden Tatsache" regelmäßig nicht möglich sein wird.[238] Die Vermutung wird dagegen nicht erschüttert, wenn im Falle der elektronischen Versendung des Dokuments der von der Behörde gespeicherte Eingangsnachweis Zweifel am tatsächlichen Zugang nicht aufkommen lässt; dies ist bspw. bei EGVP-basierten Kommunikationsmitteln durch Vorlage einer „Acknowledgment-Datei" regelmäßig der Fall – jedenfalls dann, wenn diese hinreichend vor nachträglicher Veränderung geschützt wird, bspw. in einem versionierten **Dokumentenmanagementsystem** (DMS) oder geschützt durch eine elektronische Signatur. In diesen Fällen besteht kein berechtigter Zweifel mehr am Zugang.[239] Außergewöhnliche Umstände, die ein Abweichen hiervon erlauben würden, wären wiederum vom Adressaten substantiiert darzulegen (bspw. in Form eines temporären Ausfalls des genutzten Infrastruktur).

e. förmliche elektronische Zustellung

Eine förmliche Zustellung ist erforderlich, wenn sie im Gesetz vorgeschrieben ist; im Übrigen steht es im Ermessen der Behörde, ob sie auf eine förmliche Zustellung zurückgreift, vgl. **§ 41 Abs. 5 VwVfG** bzw. § 37 Abs. 5 SGB X. Die Zustellung richtet sich dann gem. §§ 1 Abs. 1, 2

---

http://ervjustiz.de/lehrreiches-aus-lueneburg-ovg-fasst-rechtsprechung-zum-bebpo-zusammen.
[238] BSG v. 26.7.2007 – B 13 R 4/06 R; siehe auch BeckOGK/Müller, 1.9.2019, SGG § 103 Rn. 42.
[239] Vgl. BVerwG v. 24.4.1987 – 5 B 132/86; BGH v. 13.2.1992 – IX ZR 105/91.

Abs. 1 **VwZG** nach dem VwZG oder nach den entsprechenden landesrechtlichen Vorschriften.

Eine förmliche Zustellung eines Verwaltungsakts im elektronischen Rechtsverkehr kommt als Zustellung gegen Empfangsbekenntnis gem. § 5 Abs. 4 – 7 VwZG oder als elektronische Zustellung gegen Abholbestätigung über De-Mail-Dienste gem. § 5a VwZG in Betracht.

aa. Elektronische Zustellung gegen Empfangsbekenntnis

Bei der Zustellung eines Verwaltungsakts gem. § 5 Abs. 4 – 7 VwZG **gegen Empfangsbekenntnis**, bestimmt der Zustellungsempfänger im Rahmen des zustellungsrechtlich- und berufsrechtlich Zulässigen[240] selbst den Zustellungszeitpunkt (sog. voluntatives Element des Empfangsbekenntnisses). Im Gegensatz zum elektronischen Rechtsverkehr mit der Justiz kennt das Verwaltungszustellungsrecht das elektronischen Empfangsbekenntnis (eEB), wie es in § 174 Abs. 4 ZPO geregelt ist, nicht. Aufgrund des **voluntativen Elements** der Zustellung kommt es auf den Zeitpunkt des faktischen Zugangs auf dem Intermediär oder dem De-Mail-Postfach des Empfängers nicht an, sondern das auf dem rückgesandten Empfangsbekenntnis aufgebrachte Datum, § 5 Abs. 7 Satz 1 VwZG. Im Gegensatz zum elektronischen Rechtsverkehr mit der Justiz, sieht § 5 Abs. 7 Satz 2 VwZG allerdings eine Zustellungsfiktion vor. Das elektronische Dokument gilt als am dritten Tag nach der Absendung an den vom Empfänger hierfür eröffneten Zugang als zugestellt, wenn

- die elektronische Abwicklung des Verwaltungsverfahrens auf Verlangen des Empfängers in elektronischer Form abgewickelt wird (§ 5 Abs. 5 Satz 2 VwZG),

- der Empfänger über die Rechtsfolge belehrt worden ist (§ 5 Abs. 7 Satz 4 VwZG),

- die Behörde den Zeitpunkt der Absendung und den Übermittlungsweg – insbesondere das Empfänger-Postfach - in der Akte vermerkt hat (§ 5 Abs. 7 Satz 4 VwZG) und

---

[240] Vgl. hierzu BGH, Beschl. v. 19.4.2012 – IX ZB 303/11 Rn. 8.

- der Behörde nicht spätestens am dritten Tag ein Empfangsbekenntnis zugeht.

Die Zustellungsfiktion gilt nicht, wenn der Empfänger nachweist, dass das Dokument nicht oder zu einem späteren Zeitpunkt zugegangen ist, § 5 Abs. 7 Satz 5 VwZG. Geht die Behörde vom Eintritt der Zustellungsfiktion aus, ist der Empfänger gem. § 5 Abs. 7 Satz 6 VwZG hiervon zu unterrichten.

bb. Förmliche Zustellung gegen Abholbestätigung über De-Mail-Dienste

Die praktisch höchst seltene **Zustellung eines Verwaltungsakts gegen Abholbestätigung über De-Mail-Dienste** gem. § 5a VwZG unterscheidet sich von der elektronischen Zustellung gegen Empfangsbekenntnis vor allem dadurch, dass die Abholbestätigung als Nachweis der Zustellung und ihres Datums gem. § 5a Abs. 3 VwZG nicht wie das Empfangsbekenntnis über ein voluntatives Element erlauben, den Zustellungszeitpunkt zu bestimmen. Gem. § 5 Abs. 9 De-Mail-G wird die Abholbestätigung vom De-Mail-Dienst des Empfängers erzeugt und enthält unter anderem das Datum und die Uhrzeit des Eingangs der Nachricht im De-Mail-Postfach des Empfängers und das Datum und die Uhrzeit der sicheren Anmeldung des Empfängers. Da es einer entsprechenden Sonderregelung wie beim Empfangsbekenntnis fehlt, dürfte es – ohne, dass das Gesetz insoweit eine konkrete Festlegung enthält – nach allgemeinen Regelungen darauf ankommen, wann der Empfänger die Möglichkeit der Kenntnisnahme im seinem De-Mail-Postfach hatte, also auf das Datum des Eingangs der Nachricht in seinem De-Mail-Postfach, § 5 Abs. 9 Nr. 2 De-Mail-G (nicht dagegen auf das Datum der Abholung, auf das gem. § 5 Abs. 9 Nr. 3 De-Mail-G geschlossen werden könnte. Auch § 5a Abs. 4 VwZG sieht eine **Zustellungsfiktion** vor. Das elektronische Dokument gilt als am dritten Tag nach der Absendung an den vom Empfänger hierfür eröffneten Zugang als zugestellt, wenn

- der Empfänger über die Rechtsfolge belehrt worden ist (§ 5a Abs. 4 Satz 3 VwZG),

- die Behörde den Zeitpunkt der Absendung und den Übermittlungsweg – insbesondere das Empfänger-Postfach - in der Akte vermerkt hat (§ 5a Abs. 4 Satz 4 VwZG) und
- der Behörde nicht spätestens am dritten Tag ein Empfangsbekenntnis zugeht.

Die Zustellungsfiktion gilt nicht, wenn der Empfänger nachweist, dass das Dokument nicht oder zu einem späteren Zeitpunkt zugegangen ist, § 5a Abs. 4 Satz 2 VwZG. Geht die Behörde vom Eintritt der Zustellungsfiktion aus, ist der Empfänger gem. § 5a Abs. 4 Satz 5 VwZG hiervon zu unterrichten.

2. Rechtsbehelfsbelehrungen der Verwaltung

Der **notwendige Inhalt** der Rechtsbehelfsbelehrung ergibt sich aus ihrem Sinn und Zweck: Sie soll dem Betroffenen aufzeigen, mit welchem Mittel er sich wo und bei wem innerhalb welcher Frist gegen eine Entscheidung wehren kann (sog. **Wegweiserfunktion** der Belehrung).[241] Ob hierzu auch eine Belehrung über die Formvoraussetzungen gehört, wird in den öffentlich-rechtlichen Gerichtsbarkeiten uneinheitlich angenommen.

a. Unterschiede in der Rechtsprechung

In der **Verwaltungsgerichtsbarkeit** wird weitgehend mit Blick auf den Wortlaut des § 58 Abs. 1 VwGO, der nur die Frist, aber nicht die Form nennt, vertreten, eine Belehrung über die Form der Rechtsbehelfseinlegung sei insgesamt nicht erforderlich.[242] So meinte jüngst das Schleswig-Holsteinische Verwaltungsgericht in einem Urteil vom 22. Mai 2019[243], dass die Rechtsmittelbelehrung durch den Hinweis auf die elektronische Form zu unübersichtlich werde. Ein bloßer Verweis auf ein Internetangebot sei andererseits nicht vereinbar mit der Rechtsprechung des Bundesverwaltungsgerichts, wonach jede

---

[241] BeckOK SozR/Mink, 55. Ed. 1.12.2019, SGG § 66 Rn. 2; Müller, FA 2019, 272, 277 f.
[242] BVerwG, Urteil vom 27. 2. 1976 - IV C 74/74, Eyermann/Hoppe, 15. Aufl. 2019, VwGO § 58 Rn. 12; a.A. NK-VwGO/Sebastian Kluckert, 5. Aufl. 2018, VwGO § 58 Rn. 61 m.w.N.; differenzierend Schoch/Schneider/Bier/Meissner/Schenk, 37. EL Juli 2019, VwGO § 58 Rn. 43 (Formbelehrung nicht zwingend, aber „nobile officium").
[243] OVG Schleswig-Holstein, Urteil vom 22. Mai 2019 - 4 A 640/17.

Rechtsmittelbelehrung aus sich heraus verständlich, vollständig und richtig sein muss. Der Betroffene solle auch allein anhand der vorliegenden Rechtsmittelbelehrung deren Vollständigkeit und Richtigkeit überprüfen und danach die Frage beantworten können, ob die Monatsfrist des § 58 Abs. 1 VwGO in Lauf gesetzt sei oder nicht.[244] Ein solcher Verweis wäre aber gerade keine allein aus der Rechtsbehelfsbelehrung und aus sich heraus verständliche und für sich sprechende Anweisung für den Rechtsuchenden, wie er gegen eine behördliche/gerichtliche Entscheidung weiteren Rechtsschutz ersuchen kann. Inkonsequent an dieser Rechtsprechung ist allerdings, dass sie den Bürger – den sie gerade zu schützen gedenkt – letztlich hinsichtlich der notwendigen Form, die schließlich für die Fristwahrung zwingend erforderlich ist, alleine und in Unsicherheit lässt.

Die **Sozialgerichtsbarkeit** hält dagegen überwiegend eine Belehrung über die einzuhaltende Form für zwingend.[245] Dies beinhaltet naturgemäß die kraft Gesetzes zulässigen Formen – schriftlich oder zu Niederschrift – ferner aber auch die elektronische Form.

Letzteres hatte das BSG in einer Entscheidung aus 2013[246] für dem elektronischen Rechtsverkehr mit den Gerichten noch anders gesehen: Zwar sei die „elektronische Form" keine Unterform der Schriftform. Dies komme beispielsweise im Wortlaut des § 158 Satz 1 SGG zum Ausdruck. Es handele sich aber („noch") nicht um einen „klassischen" bzw. **„allgemein gebräuchlichen" Weg** zu den Gerichten.[247] Die elektronische

---

[244] BVerwG, Urteil vom 30. April 2009 – 3 C 23/08 Rn. 18.
[245] BSG, Urteil vom 16. Juni 1982 – 10 RKg 35/81; BSG, Urteil vom 9. Februar 1995 – 7 Rar 56/94; BSG, Urteil vom 14. März 2013 – B 13 R 19/12 R; LSG Berlin-Brandenburg, Beschluss vom 25.11.2010 - L 5 AS 1773/10 B PKH; LSG Darmstadt, Urteil vom 13. April 2012 – L 5 R 154/11; ferner LAG Baden-Württemberg, Beschluss vom 9. Mai 2018 – 4 TaBV 7/17; VGH Mannheim, Beschluss vom 5. Februar 2018 – A 11 S 192/18; Sozialgericht Darmstadt, Beschluss vom 23. Mai 2018 – S 19 AS 309/18 ER; BeckOK SozR/Mink SGG § 66 Rn. 2.
[246] BSG, Urteil vom 14. März 2013 – B 13 R 19/12 R; vgl. kritisch *Müller*, NZS 2015, 896, 898; a.A. LSG Darmstadt, Urteil vom 13. April 2012 – L 5 R 154/11.
[247] Sog. Überfrachtungsverbot; BSG, Beschluss vom 18. Oktober 2007 – B 3 P 24/07; siehe auch Meyer-Ladewig/Keller/Leitherer/Schmidt, SGG, 12. Aufl. 2017, § 66 Rn. 5d.

Einreichung habe trotz ihrer Zulassung noch keine solche praktische Bedeutung erlangt, dass es geboten wäre, die Beteiligten auf diese Form hinzuweisen. Zwar seien die erforderlichen IT-Geräte mit Internetzugang mittlerweile weit verbreitet; die Rechtsbehelfsbelehrung könne sich aber auf Wege beschränke, die auch ohne „informationstechnische Spezialkenntnisse und eine spezifische technische Ausstattung" nutzbar sind.

Diese **Entscheidung hat sich aber überholt**, denn spätestens seit dem Jahr 2018 ist die elektronische Kommunikation mit Behörden und Gerichten im Allgemeinen längst nicht mehr als außergewöhnlich zu bezeichnen. Nunmehr handelt sich bei der elektronischen Form um einen „**Regelweg**", mit der Folge, dass ohne einen Hinweis hierauf die Wegweiserfunktion der Rechtsmittelbelehrung nicht erfüllt ist. Denn ein fehlender Hinweis erscheint durchaus geeignet, bei den Beteiligten den Eindruck zu erwecken, dass der Rechtsbehelf eben nicht in elektronischer Form eingelegt werden könne. Nähere technische Ausführungen können aber mit Blick auf die Funktion bloß „erste Schritte" zu ermöglichen, unterbleiben. Hierfür kann auf frei verfügbare Informationsangebote, bspw. www.justiz.de, verwiesen werden.

Vorzugswürdig ist die sozialgerichtliche Auffassung, über Formvorschriften zu belehren. Gerade die weitere Auffächerung der zugelassenen Kommunikationswege durch digitale Mittel und auch der hier besprochene Fall der (möglicherweise konkludenten) Zugangseröffnung, sprechen dafür, dass die Wegweiserfunktion ohne eine Hinweis auf die möglichen Formen kaum noch erfüllbar ist. In der Praxis hat sich die Belehrung auch über die Form ohnehin eingebürgert. So auch hier: Die beklagte Behörde hatte Formhinweise aufgenommen, allerdings keinen elektronischen Zugangsweg für den statthaften Widerspruch benannt. Richtig wäre diese Belehrung nur, wenn auch tatsächlich kein elektronischer Zugangsweg für den Widerspruch eröffnet wäre.

b. Gefahren durch die konkludente Zugangseröffnung durch die Behörde

Hat die Behörde elektronische Zugänge ausdrücklich oder konkludent eröffnet, muss jedenfalls nach der hier vertretenen Rechtsprechung der Sozialgerichtsbarkeit auch in den Rechtsbehelfsbelehrungen auf diese elektronischen Kommunikationsformen hingewiesen werden.

Gerade die konkludente Zugangseröffnung birgt deshalb hier eine erhebliche Gefahr, weil sie ggf. „unbemerkt", jedenfalls unbewusst erfolgen kann. Soll eine rechtsverbindliche Kommunikation mittels bestimmter Kommunikationsmittel - bspw. mittels E-Mail - gänzlich nicht stattfinden, wofür gerade bei der E-Mail im Übrigen ja auch gute Gründe des Datenschutzes und der IT-Sicherheits sprechen können, lässt sich die Zugangseröffnung dann (nur) durch einen ausdrücklichen, einfach verständlichen **Disclaimer** verhindern. Es ist zu empfehlen, diesen unmittelbar in räumlicher Nähe zu der E-Mail-Adresse auf dem Briefkopf zu formulieren, dass diese für Rechtsbehelfe oder allgemein für eine rechtsverbindliche Kommunikation nicht zugelassen wird („Eine rechtsverbindliche Kommunikation mittels E-Mail ist nicht zugelassen."). Die bausteinartig vorgehaltenen **Rechtsmittelbelehrungen sind kritisch dahingehend zu überprüfen**, ob – wenn über die Form belehrt wird (was jedenfalls im Sozialrecht erforderlich und andernfalls zumindest bürgerfreundlich ist) – sämtliche eröffneten Übermittlungswege erfasst sind. Die Belehrung muss dann auf den Übermittlungsweg selbst und grundlegende Formanforderungen dieses Übermittlungswegs (bspw. die Notwendigkeit der Verwendung einer qualifizierten elektronischen Signatur) benennen; wegen Details darf sie auf weitere Angaben im Internet (bspw. die Homepage der Behörde) verweisen.

An dieser Stelle anzunehmen, dass nur Kommunikationswege, die eine in der Rechtsbehelfsbelehrung genannte Form einhalten können (d.h., wenn die Rechtsbehelfsbelehrung schriftlich oder zur Niederschrift nennt, ist eine E-Mail ausgeschlossen), griffe zu kurz. § 3a Abs. 1 VwVfG / 36a Abs. 1 SGB I haben unterschiedliche sachliche und systematische Funktionen: Während es in § 3a Abs. 1 VwVfG / § 36a Abs. 1 SGB I um die (konkludente) „Eröffnung" des Zugangs geht, würde der Verweis auf die Rechtsbehelfsbelehrung gerade zu einer **„konkludenten Verschließung"** eines (möglicherweise faktisch zugänglichen) elektronischen Zugangs bedeuten. Eine solche Annahme wäre mit der Wegweiserfunktion – die ja gerade eindeutig sein soll und dem Interesse des Bürgers dient – unvereinbar.

c. Rechtsprechungsübersicht

Fragen der Rechtsbehelfsbelehrung nehmen einen mittlerweile erheblichen Raum vor allem in den öffentlich-rechtlichen Gerichtsbarkeiten ein. Besonders die anliegenden Entscheidungen weisen auf die grundlegenden **Tendenzen** der Rechtsprechung vor allem in der Verwaltungs- und in der Sozialgerichtsbarkeit hin:

aa. OVG Rheinland-Pfalz – Beschluss vom 12.6.2019 – 8 A 11392/18

Ausgangspunkt der Entscheidung ist eine Rechtsmittelbelehrung in einem Widerspruchsbescheid, die auf die Möglichkeit hinwies, die Klage „schriftlich, in elektronischer Form oder zur Niederschrift der Urkundsbeamtin oder des Urkundsbeamten der Geschäftsstelle" zu erheben. Der Kläger bemängelte, zusätzlich müsse auch die „E-Mail – Adresse" des Gerichts benannt werden.

Auf den ersten Blick verwundert, dass überhaupt eine E-Mail – Adresse Gegenstand der Rechtsmittelbelehrung sein kann. Hintergrund ist aber, dass der Fall noch im Jahr 2017 – d.h. vor Geltung des § 55a VwGO und der ERVV in der Fassung ab 1.1.2018 spielt. Zu diesem Zeitpunkt sah Rheinland-Pfalz als Besonderheit im elektronischen Rechtsverkehr noch ein E-Mail-basiertes Verfahren im elektronischen Rechtsverkehr vor.

Nichtsdestotrotz hat die Entscheidung auch noch aktuellen Belang, denn das Gericht führt aus:

„§ 58 Abs. 1 VwGO verlangt für das Inlaufsetzen der Klagefrist nur, dass der Beteiligte über den Rechtsbehelf, das Gericht, bei dem der Rechtsbehelf anzubringen ist, den Sitz und die einzuhaltende Frist belehrt wird. In der Rechtsprechung ist anerkannt, dass eine Belehrung über die verschiedenen Formen des einzulegenden Rechtsbehelfs (schriftlich, zu Protokoll des Urkundsbeamten oder elektronisch) nicht erforderlich ist (vgl. BVerwG, Urteil vom 27. Februar 1976 – IV C 74.74 –, BVerwGE 50, 248 und juris, Rn. 19; Urteil vom 29. August 2018 – 1 C 6.18 –, NJW 2019, 247 und juris, Rn. 13 m.w.N.). Lediglich dann, wenn trotz fehlender Pflicht zur Belehrung über die Form des Rechtsbehelfs ein Hinweis zur Klageerhebung in schriftlicher Form oder zur Niederschrift des

Urkundsbeamten der Geschäftsstelle ohne Erwähnung der Möglichkeit zur Klageerhebung in elektronischer Form in die Rechtsmittelbelehrung aufgenommen worden ist, besteht Streit, ob darin ein irreführender, weil unvollständiger Zusatz zu sehen ist mit der Folge der Unrichtigkeit der Rechtsbehelfsbelehrung i.S.v. § 58 Abs. 2 VwGO (vgl. bejahend: OVG RP, Urteil vom 8. März 2012 – 1 A 11258/11.OVG –, juris, Rn. 26; verneinend: OVG Bremen, Urteil vom 8. August 2012 – 2 A 53/12.A –, NVwZ-RR 2012, 950 und juris, Rn. 20 ff. m.w.N.). Diese Frage stellt sich hier deshalb nicht, weil in der Rechtsmittelbelehrung zum Widerspruchsbescheid vom 20. April 2017 über alle drei Formen der Klageerhebung informiert worden ist.

Was schließlich die Details der Klageerhebung anbelangt, ist in der Rechtsprechung ebenfalls anerkannt, dass § 58 Abs. 1 VwGO mit der Pflicht zur Belehrung über den Sitz des Gerichts lediglich die Angabe des Ortes verlangt, nicht aber die postalische Anschrift."

Analog der Pflicht des Rechtsmittelführers, die postalische Anschrift selbst herauszufinden, hält es das OVG für möglich und zumutbar, dass er die **Details zur elektronischen Anschrift selbst ermittelt**. Hierzu könne auf allgemein verfügbare Informationen zurückgegriffen werden:

Auch insofern darf erwartet werden, dass ein Kläger mit den technischen Möglichkeiten und Kenntnissen für eine Klageerhebung in elektronischer Form in der Lage ist, die E-Mail-Adresse des Gerichts über dessen Internetseite zu ermitteln

bb. Schleswig-Holsteinisches Verwaltungsgericht – Urteil vom 22.5.2019 – 4 A 640/17

Im Fall des Schleswig-Holsteinischen Verwaltungsgerichts lautet die Rechtsmittelbelehrung wie folgt:

„Gegen die Bescheide vom 27.05.2014, 26.05.2016 und 23.12.2016 können Sie innerhalb eines Monats nach Zustellung dieses Widerspruchsbescheides Klage vor dem Schleswig-Holsteinischen Verwaltungsgericht, Brockdorff-Rantzau-Straße 13, 24837 Schleswig, erheben. Die Klage ist schriftlich beim Verwaltungsgericht einzureichen

oder zur Niederschrift des Urkundsbeamten der Geschäftsstelle zu erklären."

Es fehlt hier also gänzlich an der Belehrung über die mögliche elektronische Form, obwohl in Schleswig-Holstein seit 2015 der elektronische Rechtsverkehr mit den Verwaltungsgerichten eröffnet ist.

Nach sehr ausführlicher Darstellung des Meinungsstands, schließt sich das Schleswig-Holsteinische VG der Ansicht an, dass die elektronische Form ein **Unterfall der schriftlichen Form** sei: Hintergrund hierfür ist nach Auffassung der Kammer, dass § 55a VwGO keine eigene elektronische Form als Art der Einlegungsmöglichkeit schafft, sondern allein die Eröffnung eines elektronischen Zugangs für schriftliche Dokumente begründet mit der Folge, dass es eine als eigenständig anerkannte elektronische Form der Klageerhebung gar nicht gibt.

Im Übrigen führt das VG an, dass die Rechtsmittelbelehrung durch den Hinweis auf die elektronische Form zu unübersichtlich werde. Ein bloßer Verweis auf ein Internetangebot genüge hierfür nämlich nicht:

Dies hält die Kammer für nicht vereinbar mit der Rechtsprechung des Bundesverwaltungsgerichts, wonach jede Rechtsmittelbelehrung aus sich heraus verständlich, vollständig und richtig sein muss. Damit soll der Betroffene auch allein anhand der vorliegenden Rechtsmittelbelehrung deren Vollständigkeit und Richtigkeit überprüfen und danach die Frage beantworten können, ob ihre Erteilung die Monatsfrist des § 58 Abs. 1 VwGO in Lauf gesetzt hat oder nicht (BVerwG, U. v. 30.04.2009 – 3 C 23/08 –, BVerwGE 134, 41-45, Rn. 18). Ein solcher Verweis wäre aber gerade keine allein aus der Rechtsbehelfsbelehrung und aus sich heraus verständliche und für sich sprechende Anweisung für den Rechtsuchenden, wie er gegen eine behördliche/gerichtliche Entscheidung weiteren Rechtsschutz ersuchen kann.

cc. LAG Baden-Württemberg – Beschluss vom 9. Mai 2018 – 4 TaBV 7/17

Eine Rechtsmittelbelehrung sei fehlerhaft, so das LAG, wenn sie der Partei oder den Beteiligten nicht mit der gebotenen Eindeutigkeit Antwort auf die Frage gebe, ob ein Rechtsmittel eingelegt werden kann oder nicht. Die nach § 9 Abs. 5 Satz 1 und 2 ArbGG bestehende Verpflichtung der Gerichte für Arbeitssachen, alle mit einem befristeten Rechtsmittel anfechtbaren Entscheidungen mit einer Belehrung über das Rechtsmittel zu versehen, verfolge den Zweck, die rechtsunkundige Partei ohne Weiteres in die Lage zu versetzen, die für die Wahrnehmung und eventuelle Weiterverfolgung ihrer Rechte erforderlichen Schritte zu unternehmen. Die Rechtsmittelbelehrung müsse den Parteien ermöglichen, **sich allein aus der Belehrung über das für sie gegebene Rechtsmittel zu informieren** (BAG 13. April 2005 – 5 AZB 76/04; BAG 20. Februar 1997 – 8 AZR 15/96).

Eine Rechtsmittelbelehrung sei fehlerhaft, wenn sie zwingend erforderliche Angaben nicht enthalte, diese unrichtig wiedergebe oder wenn sie geeignet sei, bei dem Betroffenen einen Irrtum über die formellen oder materiellen Voraussetzungen des in Betracht kommenden Rechtsmittels hervorzurufen und ihn dadurch abzuhalten, das Rechtsmittel überhaupt rechtzeitig oder in richtiger Form einzulegen (BVerwG 31. August 2015 – 2 B 61/14).

In dem vom LAG Baden-Württemberg zu entscheidenden Fall war die Rechtsmittelbelehrung nach Ansicht des Gerichts unvollständig und fehlerhaft, weil sie keine Belehrung über die Möglichkeit der Einlegung des Rechtsmittels in elektronischer Form enthielt. Zwar sei bislang in der **arbeitsgerichtlichen** Rechtsprechung weitgehend vertreten worden, dass eine Rechtsmittelbelehrung jedenfalls derzeit noch keine Belehrung über die Möglichkeit der Einlegung des Rechtsmittels auch in elektronischer Form enthalten müsse. Für das sozialgerichtliche Verfahren habe das Bundessozialgericht (BSG 14. März 2013 – B 13 R 19/12 R) ausgeführt, dass die elektronische Form sei derzeit noch kein gleichgewichtiger Regelweg der Rechtsmitteleinlegung, zumal diese Form in zahlreichen

Vorschriften des SGG über die Art und Weise der Rechtsmittel- und Rechtsbehelfseinlegung noch nicht erwähnt sei. Für das arbeitsgerichtliche Verfahren habe das Landesarbeitsgericht Hamburg (LAG Hamburg 28. September 2017 – 7 Sa 72/17) das Erfordernis einer entsprechenden Rechtsbehelfsbelehrungen unter einem Versäumnisurteil verneint mit der Begründung, dass § 59 ArbGG, der die Form der Einspruchseinlegung regelt, die elektronische Form nicht ausdrücklich benenne. Es reiche aus, wenn in der Rechtsbehelfsbelehrung auf die Form der Rechtsbehelfseinlegung hingewiesen werde, die auch vom Gesetz benannt werde. Im Übrigen sei die elektronische Form keine eigenständige Form, sondern eine bloße Unterform der Schriftform, weshalb es ausreiche, auf die Schriftform hinzuweisen.

Diesen Auffassungen folgt das LAG Baden-Württemberg aber explizit nicht: Jedenfalls für die Berufungseinlegung sei es nämlich unrichtig, dass es an einem gesetzlichen Verweis auf die Möglichkeit einer elektronischen Rechtsmitteleinlegung fehle. § 519 Abs. 4 ZPO verweise nämlich für die Form der Berufungsschrift auf die allgemeinen Vorschriften über die vorbereitenden Schriftsätze, somit auch auf § 130a ZPO, bzw. im arbeitsgerichtlichen Verfahren auf § 46c ArbGG. Hinzu komme, dass es bezogen auf §§ 130a ZPO, 46c ArbGG noch nicht einmal dieses Verweises bedürfe, da diese Normen ohnehin auch für „schriftlich einzureichende Anträge und Erklärungen der Parteien" gelte, somit bereits unmittelbar auch für Klageschriften und Rechtsmittelschriften.

Ebenfalls unrichtig sei die Annahme, die elektronische Form wäre nur **eine Unterform der Schriftform**. Der Gesetzgeber verstehe das elektronische Dokument vielmehr als eine eigenständige „modifizierte Schriftform" und „neue prozessuale Form" (BT-Drs. 14/4987 Seite 24; ebenso: BSG 14. März 2013 – B 13 R 19/12 R; Kloppenburg in jurisPR-ArbR 26/2010 Anm. 1 zu BGH 14. Januar 2010 – VII ZB 112/08).

Zur Frage, ob der elektronische Rechtsverkehr mittlerweile ein Regelweg zu den Gerichten sei, positioniert sich das LAG wohltuend eindeutig:

Auch die Annahme, das elektronische Dokument sei derzeit noch keine gleichwertige Form der Rechtsmitteleinlegung, entbehrt jeglicher rechtlicher Grundlage. Durch die Einführung des § 46c ArbGG hat der Gesetzgeber das elektronische Dokument zu einer gleichwertigen Form erhoben. Diese Form ist auch nicht unbedeutend, zumal beim Landesarbeitsgericht der elektronische Rechtsverkehr eröffnet ist und seit 1. August 2017 auch die elektronische Aktenführung gem. § 46e ArbGG eingeführt wurde. Die erkennende Kammer führt ihre Akten elektronisch. Jede elektronische Einlegung eines Rechtsmittels ist wünschenswert, reduziert Arbeitsschritte und erleichtert die Sachbearbeitung.

dd. VG Kassel - Gerichtsbescheid des VG Kassel vom 5. März 2020 – 3 K 1008/18.KS

Im Briefkopf des dem Verfahren des VG Kassel[248] zugrundeliegenden Ausgangsbescheid war die E-Mail-Adresse der zuständigen Sachbearbeiterin der beklagten Hessischen Lehrkräfteakademie angegeben. Die Rechtsbehelfsbelehrung wies auf den statthaften Widerspruch hin, der innerhalb eines Monats nach Bekanntgabe schriftlich oder zur Niederschrift zu erheben sei. Auf eine elektronische Form der Widerspruchseinlegung wies die Rechtsbehelfsbelehrung nicht hin.

Die Klägerin legte den Widerspruch erst rund ein halbes Jahr nach Bekanntgabe, also weit außerhalb der Widerspruchsfrist, ein. Die Beklagte wies den Widerspruch zurück. Der Widerspruch sei unzulässig, weil die Monatsfrist nicht gewahrt sei. Hiergegen richtete sich die nun fristgerecht erhobene Klage vor dem VG Kassel.

Das VG wies die Klage durch Gerichtsbescheid ab. Der Ausgangsbescheid sei bestandskräftig, denn die Monatsfrist für den Widerspruchsbescheid gem. § 70 Abs. 1 Satz 1 VwGO sei nicht eingehalten gewesen. Es sei

---

[248] Hierzu Anmerkung *Müller*, NVwZ 2020, 1092.

insbesondere nicht die Jahresfrist gem. § 58 Abs. 2 VwGO anzuwenden gewesen, weil die Rechtsbehelfsbelehrung nicht unrichtig gewesen sei. Die Belehrung über die schriftliche Form des Widerspruchs und die Einlegung des Widerspruchs zur Niederschrift sei ausreichend gewesen. Der elektronische Rechtsverkehr mit dem Bürger sei durch die Beklagte nicht eröffnet worden. Die Angabe einer E-Mail-Adresse im Briefkopf habe nicht ausgereicht. Zwar eröffne die Angabe der E-Mail-Adresse im Briefkopf den **Zugang zur Behörde für „einfache E-Mails" konkludent**. Nicht konkludent eröffnet sei aber der Zugangsweg per E-Mail mit qualifizierter elektronischer Signatur; und nur letztere sei gem. § 3a Abs. 2 HVwVfG geeignet die Schriftform des Widerspruchs zu wahren.

Dass die Angabe eines Zugangswegs im Briefkopf den elektronischen Rechtsverkehr „vollumfänglich" eröffne, könne nicht angenommen werden. Dies gelte für die E-Mail ebenso wenig, wie aus der Angabe der Telefonnummer der Sachbearbeiterin darauf geschlossen werden könne, dass ein förmlicher Rechtsbehelf telefonisch erhoben werden könne. Im Übrigen sei der Briefkopf deutlich abgesetzt von der Rechtsbehelfsbelehrung und sei daher auch nicht geeignet Rückschlüsse auf eine elektronische Form zuzulassen. Ebenso wenig ergebe sich ein Hinweis darauf aus der Homepage. Zudem habe nach dem Hessischen eGovernment-Gesetz noch keine Verpflichtung zur Eröffnung eines elektronischen Zugangs bestanden, denn das hier anwendbare Landes-eGovernment-Gesetz sei erst nach der Einlegung des Widerspruchs in Kraft getreten.

Gegenstand des Verfahrens ist also schwerpunktmäßig der notwendige Inhalt einer Rechtsbehelfsbelehrung. Inzident maßgeblich hierfür – und für die behördliche Praxis sehr bedeutsam - ist hier aber, unter welchen Voraussetzungen die konkludente Eröffnung eines elektronischen Zugangs des Bürgers zur Verwaltung angenommen werden kann.

d. Beispiel einer Rechtsbehelfsbelehrung für Behörden
Der Inhalt der Rechtsbehelfsbelehrung (**Widerspruchsbelehrung**) einer Behörde ergibt sich nach den vorstehenden Ausführungen insbesondere daraus, welche elektronischen Übermittlungswege eröffnet wurden. Die folgende Musterrechtsbehelfsbelehrung ist deshalb entsprechend anzupassen.

Die Schriftform wird auch durch Übermittlung eines elektronischen Dokuments gewahrt, das auf folgenden elektronischen Zugangswegen übermittelt wird:

(- De-Mail an das De-Mail Postfach xy@....,

- E-Mail an das E-Mail-Postfach xy@...)

Das elektronische Dokument muss

- *mit einer qualifizierten elektronischen Signatur der verantwortenden Person versehen sein - die Signierung mit einem Pseudonym, das die Identifizierung der Person des Signaturschlüsselinhabers nicht unmittelbar durch die Behörde ermöglicht, ist nicht zulässig.*

(- Bei der Übermittlung eines elektronischen Dokuments mittels De-Mail kann unter Nutzung der Versandart nach § 5 Abs. 5 De-Mail-Gesetz (absenderauthentifizierte De-Mail) auf die Anbringung einer qualifizierten elektronischen Signatur verzichtet werden.

....gleiches gilt bei der Zurverfügungstellung von Formularen etc.)

(Die bearbeitbaren Dateitypen und weitere Details können unter folgendem Link eingesehen werden.... [Homepage der Behörde])

Die **Rechtsmittelbelehrung im Widerspruchsbescheid** entspricht der dagegen den Rechtsmittelbelehrungen in den erstinstanzlichen Urteilen der jeweiligen Gerichte. Es empfiehlt sich daher grundsätzlich sich am jeweils zuständigen Gericht zu orientieren.

Folgende Rechtsmittelbelehrung kann – unter Zugrundlegung der sozialgerichtlichen Rechtsauffassung – empfohlen werden:

Die elektronische Form wird durch Übermittlung eines elektronischen Dokuments gewahrt, das für die Bearbeitung durch das Gericht geeignet ist und

- *von der verantwortenden Person qualifiziert elektronisch signiert ist und auf einem zugelassenen elektronischen Übermittlungsweg gem. § 4 Abs. 1 der Verordnung über die technischen Rahmenbedingungen des elektronischen Rechtsverkehrs und über das besondere elektronische Behördenpostfach (Elektronischer-Rechtsverkehr-Verordnung – ERVV) oder*

- *von der verantwortenden Person signiert und von ihr selbst auf einem sicheren Übermittlungsweg gem. § 130a Abs. 4 Zivilprozessordnung (ZPO) eingereicht wird.*

Weitere Voraussetzungen, insbesondere zu den zugelassenen Dateiformaten und Übermittlungswegen, sowie zur qualifizierten elektronischen Signatur, ergeben sich aus ERVV in der jeweils gültigen Fassung. Über das Justizportal des Bundes und der Länder (www.justiz.de) können weitere Informationen über die Rechtsgrundlagen, Bearbeitungsvoraussetzungen und das Verfahren des elektronischen Rechtsverkehrs abgerufen werden.

III. Elektronische Behördenakten

Die behördliche Aktenführung ist in den Verwaltungsverfahrensgesetzen nicht gesetzlich vorgeschrieben oder gar inhaltlich präziser gefasst. Erst recht nicht ist eine Behörde auf die Führung von Akten in Papierform oder einer anderen Form festgelegt. Nach allgemeiner Meinung ergibt sich aber die **Pflicht zur Aktenführung** aus dem Recht auf Akteneinsicht. [249] Für öffentlich-rechtliche Einrichtungen (Gerichte, Behörden etc.) ist die Pflicht zur Aktenführung Folge des **Rechtsstaatsprinzip**s, das die Behörde zur objektiven Dokumentation des bisherigen wesentlichen, sachbezogenen Geschehensablaufs anhält[250], um sowohl nachträglich eine Überprüfung der behördlichen Entscheidung zu ermöglichen, als auch eine mögliche Erkenntnisquelle für zukünftiges Handeln zu schaffen.[251]

Dass das **Akteneinsichtsrecht** der Ausgangspunkt des Aktenbegriffs ist, hat zur Folge, dass die Auffindbarkeit der hiervon umfassten Inhalte von der Behörde sicherzustellen ist. Die Behörde muss sich daher eine **Aktenordnung** geben – regelmäßig eine verwaltungsinterne Verfahrensanweisung. Diese muss vorsehen, dass die Vorgänge zu einer registrierten, d.h. auffindbaren, Akte zusammenzuführen[252] sind. Zudem ist eine geheime Aktenführung ausgeschlossen. Es gilt das Prinzip der **„beschränkten Aktenöffentlichkeit"**.[253]

Dem Aktenbegriff unterfallen also zunächst die gesammelten, in der Regel gehefteten oder sonst papiergebundenen schriftlichen „herkömmlichen" Vorgänge (einschließlich Zeichnungen, Pläne, Skizzen u. ä.) in einer Verwaltungsangelegenheit, aus denen sich der wesentliche Inhalt und Ablauf des Verwaltungsverfahrens ergibt.

---

[249] *Kallerhoff*, in: Stelkens/Bonk/Sachs, VwVfG, 8. Aufl., 2014 § 29 Rn. 30; *Kopp/Ramsauer*, VwVfG, § 29 Rn. 1a; zum Akteneinsichtsrecht: *Bohl*, NVwZ 2005, 133.
[250] Vgl. nur BVerwG, Beschluss vom 16.12.2008 – 1 WB 19/08.
[251] *Müller*, ZFSH-SGB 2019, 73, 76 ff.; *Kallerhoff*, in: *Stelkens/Bonk/Sachs*, VwVfG, 8. Aufl., 2014 § 29 Rn. 30.
[252] Zur „untrennbaren Verbindung" bei elektronischen Akten: *Schmieder/Ulrich*, NJW 2015, 3482.
[253] *Bohl*, NVwZ 2005, 133, 134.

1. Authentizität der eAkte

Spezifische Probleme bereitet die Authentizität der eAkte als Gesamtheit und ihrer einzelnen Dokumente kaum. Ebenso wie in einer Papierakte ist stets fraglich, wer **tatsächlicher Urheber** eines Dokuments ist. Die Urheberschaft wird regelmäßig durch eine Signatur (Papierwelt: Unterschrift, Paraphe etc.; eAkte: einfache, fortgeschrittene oder qualifizierte elektronische Signatur o.ä. oder die Dokumentation des Ergebnisses einer Zugriffs- bzw. Schreibbefugnis im Rahmen eines Rechte- und Rollenkonzepts) nachgewiesen. Dieser „Nachweis" ist aber nicht mehr, als eine formelle Verantwortungsübernahme für den Inhalt, der ja mitnichten selbst erstellt sein muss.

Zu beachten ist beim **Medienwechsel** dagegen der Verlust an Authentizität im weiteren Sinne – besser der Verlust an Originalität – durch den Scanvorgang. Je nach Scanqualität und Scanvorgaben (bspw. aufgrund des Verlusts von Farbinformationen), kann es zu Beweisschwierigkeiten hinsichtlich des Urhebers kommen. Als Beispiel sei hier der Prozess um fehlerhafte Angaben hinsichtlich vorhandenen Einkommens im Sozialhilferecht genannt, wenn sich der Kläger darauf beruft, der Behördenmitarbeiter habe ihm ein vorausgefülltes Formular lediglich noch zur Unterschrift vorgelegt; die falschen Angaben seien daher gar nicht von ihm zu vertreten. Während bei Vorlage des Originalformulars sich möglicherweise verwendete Stifte, die Handschrift usw. noch unterscheiden lassen, können die hierfür nötigen Details bei schlechter Scanqualität verloren gehen.[254]

2. Integrität und Stabilität der eAkte

Auch die Papierakte muss davor geschützt werden, dass Aktenbestandteile nachträglich entfernt werden oder einer anderweitigen **Manipulation** unterfallen (Integrität). Darüber hinaus muss die Akte als Erkenntnisquelle langfristig gesichert werden (Stabilität).[255] Während die Integrität durch die Nutzung von revisionssicheren Dokumentenmanagementsystemen bei einer elektronischen Akte sogar leichter sicherzustellen ist, als bei der für eine

---

[254] Mit ähnlichen Beispielen aus dem Strafverfahren: von Stetten, ZRP 2015, 138.
[255] Kallerhoff, in: Stelkens/Bonk/Sachs, VwVfG, 8. Aufl., 2014 § 29 Rn. 31.

nachträgliche und unbemerkte Manipulation, sowie Schimmel etc. oder Verlust im Geschäftsgang bzw. auf dem Postweg höchst anfälligen Papierakte, ist die vor allem **langfristige Stabilität** der elektronischen Akte technisch durchaus anspruchsvoll. Zum einen muss die Ablage in einer Infrastruktur erfolgen, die auch langfristig vor externer Zerstörung (Brände, Überschwemmung, Hacker etc.) oder vor Zerfall durch Alter (bspw. „Materialermüdung" des Datenträgers) geschützt ist. Zum anderen muss das Ablageformat so gewählt sein, dass langfristig Anzeigeprogramme zur Verfügung stehen, die die Lesbarkeit und Überprüfbarkeit der Dokumente, Daten und Meta-Daten, die zur vollständigen Akte gehören, ermöglichen. Die Ablage der Dokumente in **Dateiformat**, das das (noch) funktionsfähige Vorgangsbearbeitungsprogramm erfordert, ist angesichts der Geschwindigkeit der Weiterentwicklung von Hard- und Software sehr risikobehaftet, nicht zukunftssicher und daher kaum denkbar. Archive müssten andernfalls auch „historische" Hardware mit nicht mehr unterstützten Betriebssystemen vorhalten (einschließlich der darauf geschulten Techniker). Richtigerweise muss deshalb ein archivierbares Exportformat gewählt werden, das möglichst unabhängig von einem sehr speziellen „IT-Ökosystem" ist. Besondere technische und organisatorische Herausforderungen ergeben sich auch bei qualifizierten elektronischen Signaturen bzw. funktionsäquivalenten Produkten.[256] Letzteres ist deshalb beachtlich, weil die Anbringung der qualifizierten elektronischen Signatur naturgemäß den größtmöglichen Schutz gegen eine nachträgliche Veränderung sicherstellt.[257]

3. Vollständigkeit der eAkte

Dass eine behördliche Akte vollständig zu sein hat, liegt auf der Hand. Dieses Erfordernis ergibt sich schon daraus, dass ein **Akteneinsichtsrecht** nur in eine vollständige Akte sinnhaft ist. Umso überraschender ist, dass selbst „der notwendige Akteninhalt" gesetzlich oder gewohnheitsrechtlich nicht definiert ist. Nicht einmal in der

---

[256] Hierzu Jandt, NJW 2015, 1205; Roßnagel/Nebel, NJW 2014, 886; vgl. auch Roßnagel, MMR 2002, 215, 218 f.; siehe ferner Müller, NJW 2015, 822 zum Prüfungsrecht der Verfahrensbeteiligten.
[257] Wagner, JuS 2016, 29.

Rechtsprechung und Literatur hat sich in der Vergangenheit anhand der Papierakte eine auch nur ansatzweise unstreitige Meinung herausgebildet. Dennoch entspinnt sich erst jetzt bei der Einführung elektronisch geführten Akten in der Praxis schnell ein ebenso leidenschaftlicher, wie (oft) uninformierter Streit über den Begriff der Vollständigkeit der Akte, der schnell den eigentlich Streitgegenstand aus dem Fokus geraten lässt.

4. Allgemeines zum „E-Akten"begriff

Dass eine Akte vollständig zu sein hat, liegt auf der Hand. **Definitionen** zum notwendigen Inhalt einer Akte finden sich aber kaum. Nicht einmal in Rechtsprechung und Literatur[258] hat sich insoweit eine auch nur ansatzweise unstreitige Meinung herausgebildet. Dennoch entspinnt sich gerade bei elektronisch geführten Akten auch in der Praxis schnell ein ebenso leidenschaftlicher, wie (oft) uninformierter Streit über die Vollständigkeit – letztlich die Verlässlichkeit – der Akte.

a. materieller und formeller Aktenbegriff

Rechtstheoretisch stehen sich der formelle und der materielle **Aktenbegriff** gegenüber:

Nach dem **materiellen Aktenbegriff** kommt es nicht darauf an, ob die Vorgänge bereits zu einer Akte zusammengefasst sind; sie gehören stets zur Akte, wenn sie nur im konkreten Verfahren eine Rolle spielen – unabhängig von physischem Standort oder bisheriger formaler Zuordnung. Die Akte sind damit alle Unterlagen und Dateien, die eine bestimmte Angelegenheit betreffen und sich im Verfügungsbereich der jeweiligen Behörde befinden, unabhängig von der Art und dem Ort der Aufbewahrung und der Speicherung. Teil der Akten sind auch Sachgutachten, Vermerke, Rechtsgutachten und Augenscheinsobjekte.[259]

Der **formelle Aktenbegriff** weist die Zusammenstellung und damit den Inhalt der Akte dagegen der aktenführenden Behörde zu. Aktenbestandteil ist alles, was durch sie zum Gegenstand der Akte

---

[258] Vgl. ausführlich *De Felice/Müller*, in: FS für Herberger, S. 215 ff.
[259] *Warg*, NJW 2015, 3195; NdsStGH, Urteil vom 24.10.2014 - StGH 7/13.

gemacht wurde. Schlimmstenfalls bedeutet das: *"Quod non est in actis, non est in mundo"*.[260]

Da in der **Praxis** und insbesondere auch von der **Rechtsprechung**, die ganz überwiegend den formellen Aktenbegriff vertritt, gleichzeitig verlangt wird, dass die Behörde verpflichtet ist, sämtliche Verfahrensschritte zu dokumentieren und damit durch den Akteninhalt ein vollständiges und „faires", d.h. objektives, Bild der Verfahrenswirklichkeit auszuweisen, wird auch für den formellen Aktenbegriff ein materielles Kriterium geschaffen, das **letztlich beide Begriffe** bis zur **Deckungsgleichheit** annähert.[261]

b. Besonderheiten der elektronischen Bearbeitung

Die elektronische Vorgangsbearbeitung führt bereits heute zu **Besonderheiten hinsichtlich des Akteninhalts**. Dies gilt völlig unabhängig vom gewählten Medium für die rechtsverbindliche Akte. Das eingesetzte **Vorgangsbearbeitungsprogramm** wird, insbesondere bei Einsatz einer Papierakte oder einer hybriden Akte, parallel zur eigentlich Aktenpflege mit zahlreichen **Daten** bestückt, die oft, aber nicht zwingend, unterstützende Bedeutung haben (insbesondere sog. Meta-Daten zu Dokumenten, die zum Vorgang gereicht oder genommen werden) oder aber über den individuellen Vorgang hinaus benötigt werden (Geschäftsverteilungspläne, Adressdaten, Statistikdaten etc.). Hinzu kommt die oft sehr **informelle Kommunikation** inner- oder intrabehördlich per E-Mail, die sich nicht selten in einer Grauzone zwischen vorbereitender Tätigkeit und aktenrelevanter Vorgangsbearbeitung bewegt.

Jedenfalls ist eine Verwaltungsakte mit elektronischen Bestandteilen **mehr als eine chronologische Ablage** eingegangener oder selbsterstellter Dokumente. Dies hat auch der Gesetzgeber erkannt und sich zwar nicht zu einer gesetzlichen Definition durchgerungen, aber jedenfalls in der Gesetzesbegründung zum EGovG Stellung bezogen, in dem die elektronische Akte als *"eine logische Zusammenfassung sachlich*

---

[260] *Liebs*, Lateinische Rechtsregeln, 1082, Nr. 106; *Warg*, NJW 2015, 3195.
[261] *Warg*, NJW 2015, 3195, 3196 ; siehe statt vieler BVerfG, Beschluss vom 12.1.1983 - 2 BvR 864/81.

zusammengehöriger oder verfahrensgleicher Vorgänge und/oder Dokumente, die alle bearbeitungs- und aktenrelevanten E-Mails, sonstigen elektronisch erstellten Unterlagen sowie gescannten Papierdokumente umfasst und so eine vollständige Information über die Geschäftsvorfälle eines Sachverhalts ermöglicht" beschrieben wird.[262]

c. Daten, Metadaten und Vorbereitungshandlungen

Da sich sachverhaltsrelevante Informationen nicht zwingend nur aus den eingegangenen oder selbsterstellten Dokumenten ergeben müssen, **besteht** die elektronische Verwaltungsakte also aus **Dokumenten und „weiteren Daten"**.[263]

Diese Erkenntnis führt jedoch nicht zu einer eindeutigen Definition des Maßstabs für die Vollständigkeit einer elektronischen oder hybriden Verwaltungsakte. Seit jeher besteht Einigkeit, dass bspw. Entwürfe, Notizen, Handakten oder sog. Non-Papers nicht Aktenbestandteile werden.[264] Es besteht die praktische Notwendigkeit, dass die Behörde auch die Möglichkeit hat, gewisse **Vorbereitungshandlungen** undokumentiert zu erarbeiten, um überhaupt eine Entscheidung reifen zu lassen. Andererseits müssen nicht nur außerhalb von Dokumenten gefertigte Aktenvermerke von Sachbearbeitern, sondern auch Informationen, die sich in der Papierakte oft in handschriftlichen Einträgen oder gar auf Klebezetteln wiederfanden, Aktenbestandteil sein: Bspw. Wiedervorlagedaten, Eingangs- und Ausgangsdaten, Ab-Vermerke, Angaben zu genutzten Kommunikationswegen, Erstellerinformation – evtl. einschließlich möglicher elektronischer Signaturen – und ggf. weiterer Informationen bspw. aus einem genutzten Dokumentenmanagementsystem, die Rückschlüsse auf die Integrität und Authentizität zulassen. Mitnichten werden reine Interna grundsätzlich keine Aktenbestandteile. Diese **Meta-Daten** und Dokumentenattribute müssen bei Vorlage der Akte an einen akteneinsichtsberechtigten Dritten auslesbar, d.h. darstellbar, sein. Würde man sämtliche das Dokument „umgebende" Daten und Meta-Daten nicht für eine vollständige Akte

---

[262] BT-Dr 17/11473, S. 37.
[263] *Müller*, NZS 2014, 929, 930.
[264] *Kallerhoff*, in: Stelkens/Bonk/Sachs, VwVfG, 8. Aufl., 2014 § 29 Rn. 32; vgl. aber auch *Bohl*, NVwZ 2005, 133, 135.

verlangen, würde diese gewissermaßen leblose Akte ihrer Sachzusammenhänge beraubt und damit ihre nachträgliche Überprüfbarkeit jedenfalls erschwert, möglicherweise sogar unmöglich gemacht.

Bei der Organisation und Ablage einer elektronischen Behördenakte ist daher kritisch zu überprüfen, ob sämtliche Daten und Meta-Daten, die einen inhaltlichen Informationswert haben, der infolge des Akteneinsichtsrechts vorzulegen wäre, bei der Vorlage/Übermittlung der Akte dargestellt werden können. Zwei Beispiele in den dies nicht gelungen ist, lassen sich einem Beschluss des **BPatG vom 10. Juni 2013 – 20 W (pat) 24/12** – entnehmen:

*„[...] gleichwohl ist der elektronischen Verfahrensakte aber kein entsprechender **Absendevermerk** für den (Prüfungs-)bescheid vom 11.07.2011 zu entnehmen, was verfahrensrechtlich schon deshalb bedenklich erscheint, weil damit der Fristablauf nicht eindeutig bestimmt werden kann. [...] Insgesamt gibt die Verfahrensakte des DPMA den chronologischen und aus sich heraus verständlichen Verlauf der Fristgesuche und -verlängerungen nicht lückenlos und nachvollziehbar wieder, den das Gebot der Aktenwahrheit und -klarheit stets gebietet.*

[...]

Darüber hinaus befindet sich anscheinend in der übermittelten elektronischen Verfahrensakte des DPMA kein elektronisches Dokument, das als ordnungsgemäße, vom zuständigen Prüfer unterzeichnete, d. h. elektronisch signierte Urschrift [...] angesehen werden könnte. [...] da eine eindeutige Zuordnung einer Signatur zum Beschluss gerade nicht gewährleistet ist."

d. Original, Kopie und „Abschrift"

Die bisher so eindeutigen Grenzen zwischen dem **Original** einerseits und offenkundigen Vervielfältigungen (bspw. Ausdrucken, Abschriften und Ausfertigen) bzw. Kopien andererseits verschwimmen in der elektronischen Welt. Elektronische Dokumente sind „im Original" beliebig vervielfältigbar oder es ist möglich, gleichzeitig von verschiedenen Orten aus dieselbe „Original-Datei" zu betrachten.

Offensichtlich nicht mehr um das „Original" handelt es sich auch bei elektronischen Dokumenten dann, wenn eine **Formatwandlung** vorgenommen wurde oder **Manipulationen** an der ursprünglichen Datei getätigt wurden (bspw. die Aufbringung einer Paginierung oder eines Vermerks bzw. einer Verfügung). Eine solche veränderte Datei stünde maximal einer Abschrift, also auch dem Ausdruck der eAkte, gleich.

Im Hinblick auf das Grundrecht auf rechtliches Gehör, ist insbesondere bei der **Akteneinsicht** grundsätzlich zu ermöglichen, unveränderte Originaldateien zur Ansicht zu geben, um sicherzustellen, dass keine für den Rechtsstreit erheblichen Informationen – versehentlich durch die Veränderung – unterdrückt werden. Das eAkten-System muss deshalb die Originaldateien vorhalten und exportieren können.

e. elektronische oder hybride Aktenführung

Neben der herkömmlichen Aktenführung in Papier kann die Behörde ihre Akten aber auch elektronisch führen.[265] Einer besonderen **Ermächtigung hierfür bedarf es nicht.**[266] Hierzu werden selbst erstellte oder elektronisch eingesandte Dokumente (rechtssicher) abgelegt. Eingehende Papierdokumente werden eingescannt. Der **Scanvorgang** ist bei (noch) vorherrschender Papierkorrespondenz ein organisatorisches Nadelöhr und hat auch im Hinblick auf den Beweiswert des Scanergebnisses technisch-organisatorisch hohen Anforderungen zu genügen.[267] Ebenso zulässig ist eine hybride Aktenführung, d.h. die Wahl einer Form, in der sich eine lückenlose Akte nur unter paralleler Sichtung elektronischer und papierener Dokumente ergibt. Sie sind also weder in Papier noch elektronisch vollständig, sondern nur in ihrer gemeinschaftlichen Heranziehung und Betrachtung.[268]

---

[265] *Bachmann/Pavlitschko*, MMR 2004, 370, 371.
[266] *Berlit*, NVwZ 2015, 197; *Berlit*, in: *J. Brandt/M. Sachs* (Hrsg.), Handbuch Verwaltungsverfahren und Verwaltungsprozess, 3. Aufl. 2009, Rn. 142; aA, soweit dies auch ersetzendes Scannen umfasst, *Roßnagel*, Rechtsgutachten zu Fragen des ersetzenden Scannens in der Landesverwaltung NRW, 2010.
[267] *Roßnagel/Nebel*, NJW 2014, 886.
[268] *Berlit*, NVwZ 2015, 197, 198; *Bachmann/Pavlitschko*, MMR 2004, 370, 371; *Kallerhoff*, in: Stelkens/Bonk/Sachs, VwVfG, 8. Aufl., 2014 § 29 Rn. 30.

Werden die Verwaltungsakten elektronisch oder hybrid geführt, gilt hinsichtlich der übrigen **Anforderungen** grundsätzlich **nichts anderes als in der „Papierwelt".**[269] Aktenwahrheit und Aktenvollständigkeit sind unabhängig vom Medium der Aktenführung sicherzustellen.[270] Die Begrifflichkeiten sind lediglich funktionsäquivalent in die elektronische Welt zu übertragen. Schwerpunkt ist dabei vor allem die Sicherstellung der Vollständigkeit der Akten, die sämtliche, zu einem Verwaltungsverfahren gehörende Vorgänge umfassen müssen, die Wahrung der Authentizität des Aktenmaterials, das gegen nachträgliche Verfälschungen hinreichend gesichert werden muss, und die Integrität und Stabilität der elektronischen Akte, die unter Umständen auch nach Jahren noch zu Einsichts- oder Beweiszwecken zur Verfügung stehen muss.

f. Geltung der ERVV für Behördenakten

Die Vorlage der Verwaltungsakten erfolgt nicht lediglich in Form einer Anlage zu einem (vorbereitenden) Schriftsatz. Es handelt sich vielmehr um einen dem **Beweisrecht** zuzuordnen **prozessualen Vorgang**, der Teil der Amtsermittlungspflicht des Vorsitzenden bzw. des Berichterstatters ist, wie die systematische Stellung der Regelungen zeigt. 130a ZPO (bzw. § 65a SGG, § 55a VwGO etc.) ist auf die Vorlage der Verwaltungsakte ebenso wenig direkt anwendbar, wie die Rechtsverordnung über den elektronischen Rechtsverkehr (**ERVV**). Mögliche Dateiformate vorzulegender elektronischer Verwaltungsakten sind folglich nicht auf die zulässigen Formate der ERVV beschränkt.

Dem **Gericht** ist es daher *de lege lata* grundsätzlich verwehrt (auch, wenn es dem Gericht evtl. im Ergebnis nicht zusagt), ein Dateiformat für die elektronische Verwaltungsakte vorzugeben. Dies gilt insbesondere auch für die Anforderung, dass Dokumente **texterkannt** zur Verfügung zu stellen sind.

Die **äußere Grenze der behördlichen Gestaltungsmöglichkeiten** ist letztlich nur im Begriff der **„Übersendung"** (§ 104 Satz 5 SGG) bzw. der **„Vorlage"** (§ 99 Abs. 1 VwGO) zu sehen. Hiervon kann dann nicht

---

[269] So auch *Bachmann/Pavlitschko*, MMR 2004, 370, 371 für die Akteneinsicht.
[270] *Berlit*, NVwZ 2015, 197, 198.

ausgegangen werden, wenn die (elektronische) Akte zwar dem Gericht zur Verfügung, durch dieses aber nicht mit verhältnismäßigen Mitteln zur Kenntnis genommen werden kann – insbesondere, weil das Dateiformat für das Gericht nicht bearbeitbar ist. Letztlich lässt sich insoweit der Rechtsgedanke des § 130a Abs. 2, 6 ZPO zugrunde legen. Hierbei allerdings mit der Maßgabe, dass die softwaremäßigen Beschränkungen des Gerichts nicht dergestalt sein dürfen, dass faktisch wieder die Organisationshoheit der Behörde beschränkt wird.

aa. Formale Vorgaben für die Übermittlung/Vorlage

Letztlich ist davon auszugehen, dass **die Behörde** die Akte in einem Format übermitteln bzw. vorlegen muss, bei dem abstrakt davon auszugehen ist, dass ein Empfänger die Akteninhalte damit zumutbar erschließen kann.

Im Jahr 2013 hatte sich das BPatG hierzu in einem Beschluss vom 10. Juni 2013 – 20 W (pat) 24/12 zu verhalten:

„Die zusammenhanglos nebeneinander stehende „Aktuelle Aktensicht" mit ihren Großteils objektiv unverständlichen Angaben und die „Tabellarische Sicht" [...] können - nach derzeitiger Sicht des Senats - diese Anforderung an eine eindeutige fehlerfreie Dokumentation aller relevanten Aktenvorgänge nicht erfüllen. Spezielle Schulungen, die elektronische Verfahrensakte des DPMA (wie es angeboten worden ist) zu verstehen, sind hier nicht zielführend, denn insbesondere bei der freien Akteneinsicht [...] muss der zugrundeliegende Verfahrensablauf auch für die Öffentlichkeit nachvollziehbar, verständlich und nachprüfbar sein. Die elektronische Verfahrensakte muss für alle (Prüfer des DPMA, Richter des BPatG und die Öffentlichkeit [...]) [...] identisch sein. Dies betrifft insbesondere die Anzeige der qualifizierten Signatur und die Möglichkeit zur Überprüfung von elektronischen Dokumenten mit Hilfe der verwendeten qualifizierten Signatur. Es erscheint bedenklich, dass z. B. die qualifizierte Signatur bisher nur dem BPatG, aber nicht den Prüfern des DPMA oder der Öffentlichkeit zur Verfügung gestellt wird."

bb. Vorkehrungen der Justiz zur Annahme elektronischer Behördenakten

Von der Justiz andererseits kann angenommen werden, dass sie mit sämtlichen Standarddateiformat arbeiten kann. Dies sind insbesondere die nach der ERVV zulässigen Dateiformate. Nicht hingegen muss sich das Gericht darauf verweisen lassen, dass eine Akte nur in einer bestimmten behördlichen Fachsoftware oder einem Vorgangsbearbeitungsprogramm erschlossen werden kann oder aber, dass die Akte überhaupt nicht aus einem solchen Programm exportierbar ist – in diesem Fall käme die Behörde nämlich ihrer Pflicht zur „Übermittlung" bzw. „Vorlage" nicht nach, mit der Folge, dass die Behördenakte als Beweismittel nicht zur Verfügung stünde; **beweisrechtlich** dann sicher ein Nachteil für die Behörde, in deren Sphäre diese Beweisvereitelung begründet läge.

Auch hierzu musste sich im vorgenannten Beschluss (10. Juni 2013 – 20 W (pat) 24/12) das BPatG äußern:

„Insbesondere wenn die Verfahrensakte in einem sogenannten Vorgangsbearbeitungssystem geführt wird, in dem das Vorgangsbearbeitungssystem zahlreiche Aktionen programmgesteuert ohne Einwirkung von verantwortlichen Personen ausführt [...] ist es umso wichtiger, die von den zuständigen Personen getroffenen Entscheidungen, im Gegensatz zu vom Vorgangsbearbeitungssystem automatisiert vorgenommenen Aktionen, unmittelbar und eindeutig zu dokumentieren; in der in Papier geführten Verfahrensakte war z. B. klar erkennbar, dass ein Fristgesuch dem Prüfer vorgelegt worden ist, dass und wann er die Frist gewährt hat.

*[...] **Ausgangspunkt der Beurteilung ist die früher in Papier geführte Verfahrensakte.** Die elektronisch geführte Verfahrensakte muss zur Sicherung einer rechtsstaatlichen Verfahrensführung zuverlässig alle Funktionen der ehemaligen papiergebundenen Verfahrensakte, d. h. alle klassischen Aktenfunktionen gleichwertig erfüllen. Die elektronische Verfahrensakte muss demnach nach Darstellung und Aufbau aus sich heraus verständlich und nachvollziehbar sein, und zwar sowohl hinsichtlich der Primärinformationen (Dokumente [...]) als auch in Bezug auf die Metadaten und Bearbeitungsinformationen. [...]"*

g. Praxis der Vorlage elektronischer Behördenakten

Die Gerichte müssen mithilfe ihrer Justizfachsoftware auf den Eingang elektronischer Behördenakten eingestellt und sollten Behördenakten am Richterarbeitsplatz anzeigen können. Ferner sollten sie erlauben, dass der juristische Bearbeiter die Akte inhaltlich durchdringen und bearbeiten kann. Aufgrund des nicht vorgegebenen Dateiformats ist dies allerdings eine erhebliche Herausforderung an die Justiz-IT.

Praktisch haben sich letztlich zwei Varianten der Aktenübermittlung an die Gerichte herausgebildet.

aa. Aktenübermittlung als (Gesamt-)PDF

Die überwiegende Mehrzahl der Behörden, die bereits ihre behördlichen Vorgänge elektronisch den Gerichten vorlegen, übermittelt die Akten als (Gesamt-)PDF. D.h. die elektronische Akte wird als eine einheitliche PDF-Datei vorgelegt, die – regelmäßig chronologisch – die einzelnen Aktenbestandteile enthält.

Nachteil der Gesamt-PDF ist, dass sie für sich genommen nur schwer bearbeitbar ist, weil sie eine Strukturierung aufgrund der einheitlichen Datei kaum zulässt. Hierauf kann sich freilich eine gute Justizfachsoftware einstellen, in dem ein nachträgliches „Auftrennen" (Splitting) der Gesamt-PDF ermöglicht wird:

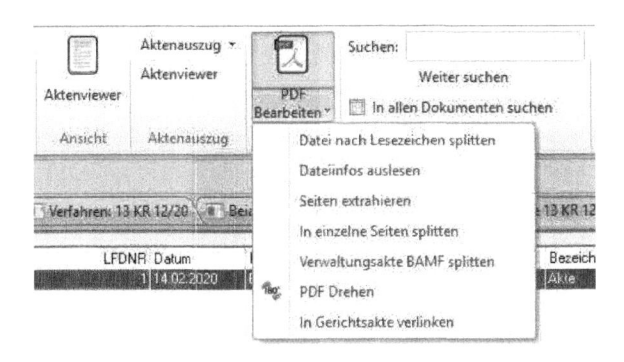

Abbildung: EUREKA-Fach - Beiaktenverwaltung

Als Idealfall bei der Übermittlung von Gesamt-PDF – eAkten hat sich herausgebildet, wenn die Gesamt-PDF durch sog. **PDF-Lesezeichen** die einzelnen enthaltenen Bestandteile (einzelne Dokumente) voneinander abgrenzt – insbesondere dann, wenn die für die Lesezeichen gewählten Bezeichnungen sehr sprechend gewählt werden („Widerspruchsbescheid vom …", „Aktenvermerk vom…"). Nicht nur dienen die PDF-Lesezeichen als Inhaltsverzeichnis in der Gesamt-PDF, sondern sie erlauben der Justizfachsoftware auch die **teilautomatisierte Strukturierung** nach diesen Lesezeichen:

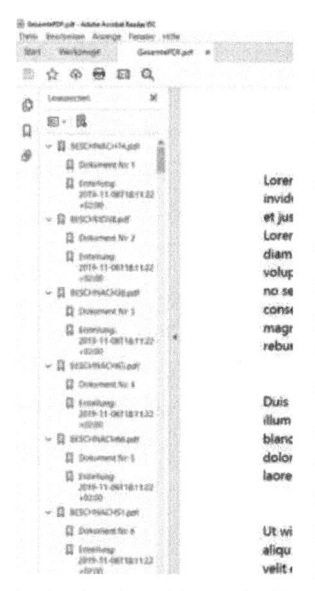

Ferner ist die Gesamt-PDF nicht selten **zu groß** für eine elektronische Übermittlung auf den Kommunikationskanälen des elektronischen Rechtsverkehrs, weshalb „Umgehungen" erforderlich werden. In Betracht kommt nach der Konstruktion des Gesetzes und im Hinblick auf die Infrastruktur der Gerichte hier nur die **paketweise Übersendung** in mehreren Nachrichten, so dass das Gericht die Nachricht im Anschluss an die Übermittlung „zusammensetzen" muss. Ferner nutzen einige Behörden **physische Datenträger** (DVD, CD, USB-Stick); dies stellt die Gerichte aber vor Probleme der IT-Sicherheit, weil physische Datenträger teilweise nur schwer in das hochgesicherte Justiznetz eingelesen werden können. Keine Option ist es, wenn die Behörde den Gerichten ein **Download-Portal** zur Verfügung stellt; dies ist bereits begrifflich kein „Übermitteln". Zudem können die Posteingangsstellen der Gerichte hiermit teilweise bereits personell, aber jedenfalls zumeist aus Gründen der IT-Sicherheit (eingeschränkte Möglichkeiten des Downloads durch Firewalls oder der Trennung von Justiznetz und Internet) nicht umgehen.

bb. xJustiz-Akten
Einen anderen Weg gehen Behörden, die ihre Behördenakten dem xJustiz-Standard folgend vorlegen. Hierbei werden die einzelnen Dokumente, die die Akte bilden jeweils als einzelne PDF-Datei übermittelt, so dass die elektronische Akte aus einer Vielzahl einzelner PDF-Dateien besteht. Die Chronologie oder auch eine sonstige Beziehung dieser einzelnen Dateien zueinander (bspw. die Zuordnung zu einzelnen Bänden der Akte etc.) ergibt sich bei dieser Übermittlungsform weder aus den einzelnen Dateien selbst noch aus ihren Dateinamen, sondern lässt sich nur über eine mitübersandte XML-Datei nach dem xJustiz-Standard (die Datei „xjustiz_nachricht.xml") herstellen. Dabei ist diese Datei letztlich nicht ohne eine hierfür geeignete Software auslesbar, weil nicht einmal die Reihenfolge der Angabe der Dateien in der XML-Datei für die Chronologie steht.

Nach diesem Standard richten bspw. die **Bundesagentur für Arbeit** (BA) und das **Bundesamt für Migration und Flüchtlinge** (BAMF) ihre den Gerichten übermittelten Akten aus.

(1). Aktenübermittlung trotz Größen- und Mengenbegrenzung
Da Beiakten nach dem xJustiz-Standard aus Einzel-Dateien bestehen, stellt ihre Übermittlung nach den (noch) geltenden Größen- und Mengenbegrenzung der EGVP-Infrastruktur des elektronischen Rechtsverkehrs eine technische Hürde dar. Grundsätzlich erlaubt EGVP aufgrund einer Festlegung der Bund-Länder-Kommission für die IT in der Justiz (BLK) lediglich die Übermittlung von 100 Dateien und 60 Megabyte. Diese Begrenzung soll zwar perspektivisch aufgehoben werden; die Umsetzung wird allerdings noch einige Zeit in Anspruch nehmen.

Um durch die Größen- und Mengenbegrenzung die Aktenübersendung nicht zu behindern, hat die BLK daher entschieden, die Beschränkungen einseitig zugunsten der betroffenen Behörden (insbesondere der Bundesagentur für Arbeit und dem BAMF) aufzuheben. Die Behörden sind dadurch in die Lage versetzt, ihre Akten **ohne Beachtung der Größen- und Mengenbegrenzungen an die Gerichte** zu übersenden.

Die Aufhebung der Größen- und Mengenbegrenzungen gilt allerdings nur für den gerichtlichen Posteingang. **Im Postausgang der Justiz** bleibt es bei den bisherigen Grenzen. Die Gerichte können die Akten also nicht ohne Weiteres zur Akteneinsicht an die Prozessvertreter der Kläger weiterleiten.

Hierfür wäre grundsätzlich das **bundesweite Akteneinsichtsportal** die passende Lösung. Das Akteneinsichtsportal ist grundsätzlich bereits unter https://www.akteneinsichtsportal.de/ eingerichtet. Es steht allerdings in den allermeisten Bundesländern noch nicht zur Verfügung, weil dort jeweils noch die Länderinfrastruktur aufgebaut werden muss.

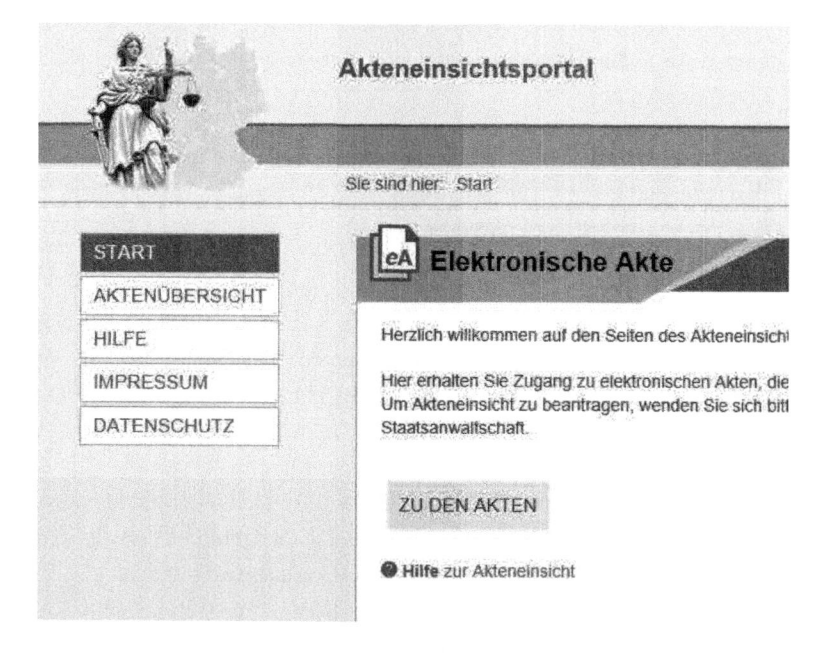

![Screenshot des Akteneinsichtsportals mit Menüpunkten START, AKTENÜBERSICHT, HILFE, IMPRESSUM, DATENSCHUTZ und dem Bereich Elektronische Akte]

In Ermangelung der Möglichkeiten des Akteneinsichtsportals verbleibt daher auch für die Gerichte nur die Übermittlung der **Behördenakten im elektronischen Rechtsverkehr** unter Beachtung der Mengen- und Größenbeschränkungen. Die Behördenakten werden zu diesem Zweck **paketiert** und auf mehrere EGVP-Übermittlungen aufgeteilt.

(2). Darstellung der xJustiz-Akten als technische Herausforderung
Die Fachsoftware der Justiz hat sich weitgehend auf die Möglichkeit der Darstellung und Bearbeitung von xJustiz-Akten eingestellt.[271]

Die Verfahrensbeteiligten benötigen zur Akteneinsicht allerdings einen entsprechenden **xJustiz-Viewer**. Dieser liest die in der xJustiz-Datei enthaltenen Informationen zum Zwecke der Darstellung der Akte aus.

(a). xJustiz-Viewer von ervjustiz.de
Eine Möglichkeit der Darstellung ist **der (kostenfreie) xJustiz-Viewer von ervjustiz.de**[272] (mit freundlichen Unterstützung des EUREKA-Fach – Länderverbunds). Er wird unter folgendem Link beschrieben:

http://ervjustiz.de/webinar-zum-xjustiz-viewer-fuer-elektronische-verwaltungsakten

Der nicht kommerzielle xJustiz-Viewer wird Rechtsanwältinnen und Rechtsanwälten kostenfrei zur Verfügung gestellt, die in der gerichtlichen Praxis mit xJustiz-Akten befasst sind.

---

[271] Bspw. die Fachsoftware der Fachgerichte der meisten Bundesländer EUREKA-Fach ab Version 20.1.7.x.
[272] Programmiert vom EUREKA-Fach – Entwickler Uwe Möller.

(b). Verwendung des xJustiz-Viewers

Nach dem **Start des xJustiz-Viewers** muss zunächst die XML-Datei mit dem xJustiz-Datensatz (die regelmäßig die „xjustiz_nachricht.xml") **geöffnet** werden:

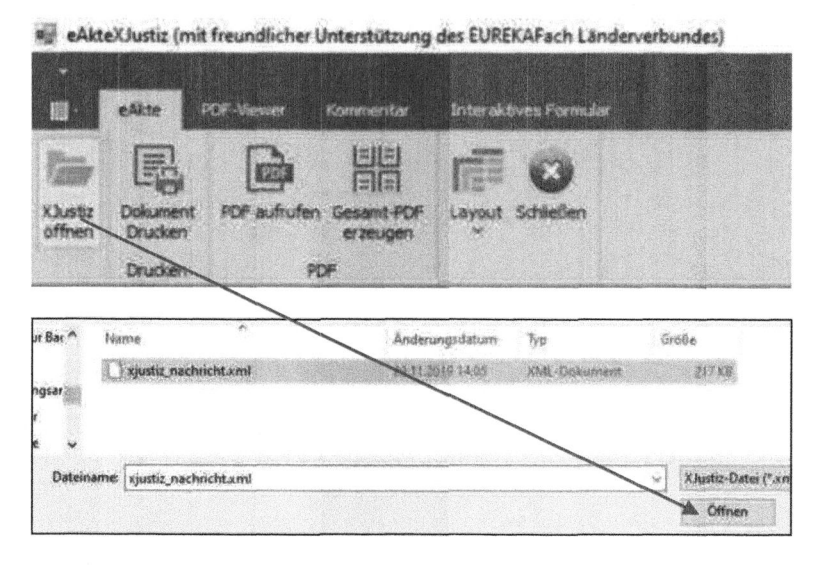

Der xJustiz-Viewer ermöglicht sodann nicht nur die **Durchsicht der Akte** in der chronologischen Reihenfolge einschließlich der Darstellung einzelner Bände des Akte und einer Vorschau sämtlicher einzelner Dokumente, sondern vor allem die umfassende Bearbeitung durch Kommentare, Hervorhebungen, Unterstreichungen etc., sowie die Volltextsuche über die elektronische Akte:

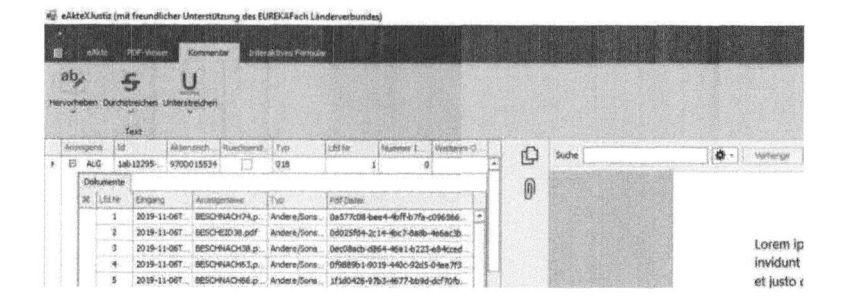

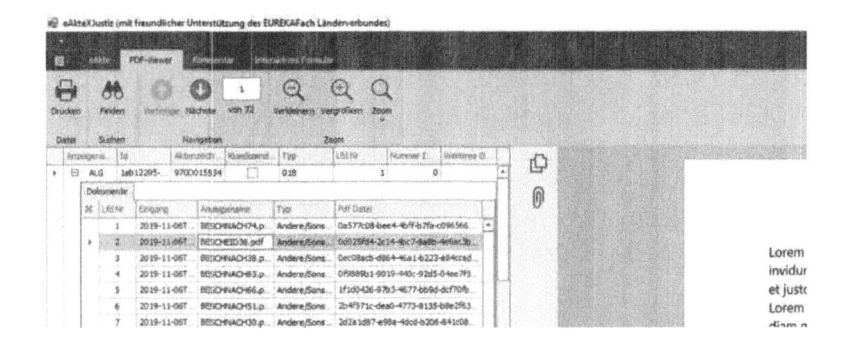

Schließlich kann die elektronische Akte bei Bedarf auch in eine Gesamt-PDF umgewandelt werden; hierbei werden die Meta-Daten der einzelnen Dokumente zu PDF-Lesezeichen umgewandelt.

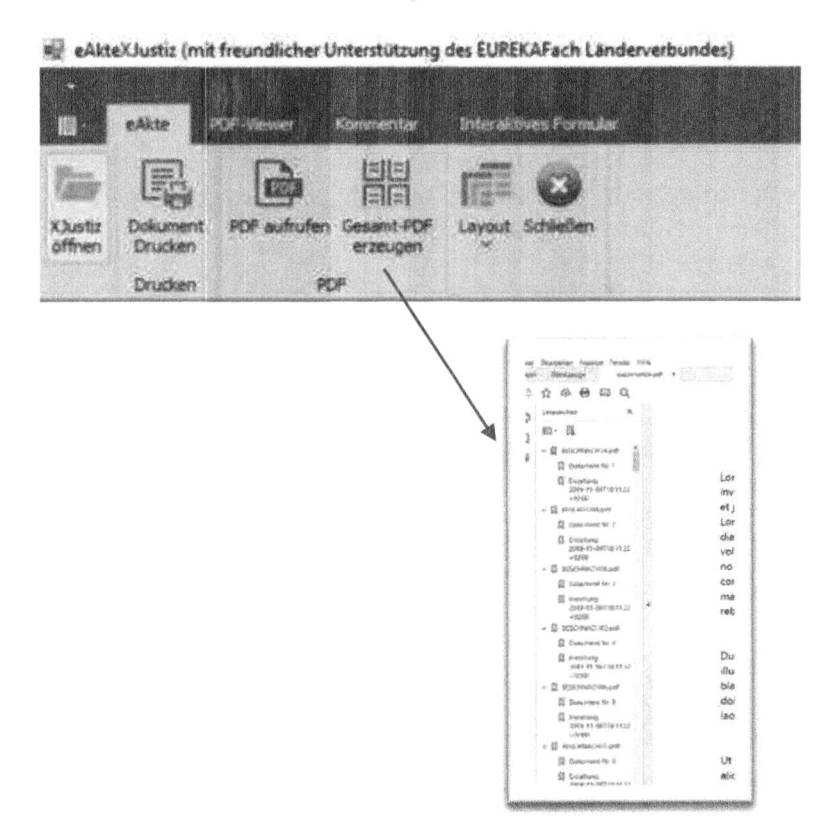

F. Scanning und Beweiswerterhaltung

Führt die Behörde ihre Akten ganz oder teilweise elektronisch, legt sie selbst erstellte oder elektronisch eingesandte Dokumente (rechtssicher) ab. Eingehende Papierdokumente müssen dann eingescannt werden. Im Rahmen rechtlicher Streitigkeiten dienen diese Dokumente dann dem **Beweis** der tatsächlichen Vorgänge.

I. Scanning

Der Scanvorgang ist bei (noch) vorherrschender Papierkorrespondenz allerdings ein organisatorisches Nadelöhr und hat auch im Hinblick auf den Beweiswert des Scanergebnisses technisch-organisatorisch hohen Anforderungen zu genügen.[273]

1. Rechtliche Grundlagen

Gem. § 7 Abs. 1 Satz 2 EGovG ist bei der Übertragung in elektronische Dokumente (Scanvorgang) nach dem **Stand der Technik** sicherzustellen, dass die elektronischen Dokumente mit den Papierdokumenten **bildlich und inhaltlich** übereinstimmen, wenn sie lesbar gemacht werden. Den Stand der Technik gibt nach allgemeiner Auffassung insbesondere die Technische Richtlinie „Ersetzendes Scannen" (**TR RESISCAN**) des Bundesamts für Sicherheit in der Informationstechnologie (BSI) wieder. Gesetzeskraft kommt dieser Richtlinie andererseits nicht zu, obschon sie nicht selten mantraartig zitiert wird; durchaus denkbar ist auch die Orientierung an anderen – allerdings vergleichbaren – Scanverfahren.

Nach dem Willen des Gesetzgebers ebenso wie nach dem Sinn und Zweck der Vorschrift und vor allem im Hinblick auf die Bedürfnisse der behördlichen und forensischen Praxis ist ausschließlich entscheidend, dass die **Qualität des Scanguts vollständig inhaltserhaltend** ist. Die TR RESISCAN hat keinen Rechtsnormcharakter, sondern dient nur der Ausfüllung des unbestimmten Rechtsbegriffs des Stands der Technik. Unmittelbar anwendbar ist die TR RESISCAN nur für das ersetzende Scannen, also die Digitalisierung mit dem Ziel, dass das Scangut

---

[273] Vgl. *Müller*, ZFSH-SGB 2019, 73, 80.

vernichtet oder jedenfalls nach der Digitalisierung wieder aus der Hand gegeben wird.

Inhaltlich gilt, dass weder die technische Perfektion der Digitalisierung entscheidend ist[274], noch das Vorliegen einer (externen) Zertifizierung nach einer bestimmten Richtlinie oder einem bestimmten Verfahren andererseits.[275] Maßgeblich ist mithin, dass durch das Einscannen **keine Informationen verloren gehen** oder verändert werden, die einen inhaltlichen Informationsgehalt haben. Der Stand der Technik muss sich dementsprechend neben der Nutzung hinreichend Hard- und Software insbesondere in der Formulierung der Arbeitsanweisungen für Scanstellen oder bei der Wahl von Voreinstellungen des Scanners niederschlagen.[276]

Die TR RESISCAN orientiert sich bezüglich der zu beachtenden Maßnahmen im Rahmen des Scannings an den Schutzbedarfsanforderungen ansprechend der Kategorien des **BSI IT-Grundschutzes** – Verfügbarkeit, Integrität und Vertraulichkeit, die jeweils den Stufen „normal" (Schadensauswirkung sind begrenzt und überschaubar), „hoch" (Schadensauswirkungen können beträchtlich sein) oder „sehr hoch" (Schadensauswirkungen können ein existenziell bedrohliches, katastrophales Ausmaß erreichen) zugeordnet werden können.[277] Die TR RESISCAN bietet ein Basismodul mit den minimalen Anforderungen an den Scanprozess. Aufgeteilt auf die Schutzbedarfskategorien kommen jeweils Aufbaumodule mit zusätzlichen Anforderungen zu Anwendung, wenn der Schutzbedarf „hoch" oder „sehr hoch" anzusiedeln ist.[278] Grundsätzlich zu beachten sein ein weitgehend arbeitsteiliges Vieraugenprinzip innerhalb der Scanstelle im Rahmen des Scan- und Kontrollvorgangs, sowie eine jedenfalls stichprobenartige Qualitäts- und Vollständigkeitskontrolle.

---

[274] BT-Drs. 17/12634 S. 30.
[275] OVG Münster v 17.12.2018 – 1 A 203/17 m.Anm. *Müller*, NVwZ 2019, 576, 579.
[276] *Müller*, ZFSH-SGB 2019, 73, 80; *ders.*, KrV 2019, 99, 104.
[277] https://www.bsi.bund.de/DE/Themen/ITGrundschutz/itgrundschutz_node.html
[278] *Roßnagel/Nebel*, NJW 2014, 886, 887.

2. Bildliche und inhaltliche Übereinstimmung

Auslegungsbedürftig ist ferner der (unbestimmte Rechts-) Begriff der **„bildlichen und inhaltlichen Übereinstimmung"**. Auch insoweit ist der Maßstab ausschließlich die **inhaltserhaltende Qualität** des Scanguts, nicht auf die technische Perfektion der Digitalisierung.

Dies klingt einfach, ist aber im Detail eine Herausforderung bei der Formulierung von **Arbeitsanweisungen für Scanstellen** oder bei der Wahl von Voreinstellungen beim Scanner. Als Beispiel sei genannt, dass die Erkennung – und automatische Aussortierung – von Leerseiten durch Definition eines Schwellwertes in Kilobyte kaum möglich ist, wenn Scangut gemischt aus reinweißem Papier und „Umweltpapier" besteht und wenn Papier teilweise gelocht und teilweise ungelocht ist.

Aus praktischen Erfordernissen heraus muss klar sein, dass kein **Farbscan** erforderlich ist, nur weil das Behördenlogo einen Farbanteil hat. Unnötige Farbscans sind unbedingt zu vermeiden; Farbscans haben nämlich eine erheblich größere Dateigröße und kosten daher Rechenleistung und damit Ergonomie beim Aktenhandling. Ebenso klar muss aber sein, dass ein Farbscan erforderlich ist, um rechtserhebliche Farbinformationen zu erhalten oder solche, die einen tatsächlichen Beweiswert haben könnten (bspw. die unterschiedlichen Farben eines Kugelschreibers auf einem handschriftlich ausgefüllten Formular, weil diese ein Indiz dafür sein könnten, dass verschiedene Personen die Eintragungen vorgenommen haben). Trivial ist die Erstellung einer Organisationsanweisung daher nicht.

Die Bestätigung der bildlichen und inhaltlichen Übereinstimmung erfolgt in einem sog. **Transfervermerk**.

Im Falle eines Rechtsstreits soll der Transfervermerk ermöglichen, den Ablauf des Medienbruchs sowie der weiteren Prozessschritte entlang des Scanprozesses bis zur beweiswertsichernden Aufbewahrung nachzuvollziehen, um hieraus eine Schlussfolgerung zum Beweiswert des elektronischen Abbilds eines Papierdokuments zu ziehen.

Die inhaltliche und technische Ausgestaltung ist vom Gesetz nicht weiter vorgeschrieben. Ein Anhalt für den Mindestinhalt gibt die TR RESISCAN. Gem. Ziff. 4.2.7.4 der TR RESISCAN soll der Transfervermerk für jedes Scanprodukt erstellt werden und insbesondere **folgende Aspekte** dokumentieren:

- Ersteller des Scanproduktes,
- technisches und organisatorisches Umfeld des Erfassungsvorganges,
- etwaige Auffälligkeiten während des Scanprozesses[28],
- Zeitpunkt der Erfassung[29],
- Ergebnis der Qualitätssicherung und
- die Tatsache, dass es sich um ein Scanprodukt handelt, das bildlich und inhaltlich mit dem Papierdokument übereinstimmt.

Der Transfervermerk muss mit dem Scanprodukt **logisch verknüpft** oder in das Scanprodukt integriert werden. Die Integrität des Transfervermerks MUSS entsprechend dem Schutzbedarf der verarbeiteten Dokumente geschützt werden. Regelmäßig bietet sich daher die Nutzung qualifizierter elektronischer Signaturen – ggf. qualifizierte elektronische Containersignaturen – an. Für die Dokumentation des technischen und organisatorischen Umfelds kann der Transfervermerk auf die zu diesem Zeitpunkt gültige Verfahrensdokumentation verweisen.

3. Zusammenfassung der rechtlichen Anforderungen
Rechtliche Voraussetzung des rechtssicheren Scanprozesses ist also:

Zusammenfassung:

- die Anwendung des **Stands der Technik** (bspw. der TR RESICAN),

- **bildliche und inhaltliche Übereinstimmung** von Original und Scan,

- **Bestätigung** über die bildliche und inhaltliche Übereinstimmung,

- idealerweise die **qualifizierte elektronische Signatur** des Scans und der Bestätigung.

---

4. Rechtssicheres Scannen oder hybride Aktenführung

Ebenso zulässig ist eine hybride Aktenführung, d.h. die Wahl einer Form, in der sich eine lückenlose Akte nur unter paralleler Sichtung elektronischer und papierener Dokumente ergibt. Sie sind also weder in Papier noch elektronisch vollständig, sondern nur in ihrer gemeinschaftlichen Heranziehung und Betrachtung. Wird eine hybride Akte dadurch gebildet, dass **alle in Papierform eingehenden Dokumente weiter aufbewahrt** werden, findet ein ersetzendes Scannen gerade nicht statt. Es ist dann nicht zwingend erforderlich rechtssicher zu scannen, denn unter Vorlage des Papieroriginals kann auch weiterhin jederzeit der volle Beweis erbracht werden.

Entsprechend müssen für den nicht-ersetzenden Scanprozess auch die Regeln für das rechtssichere Scannen **nicht unbedingt eingehalten** werden, dann unabhängig davon, welches Scanverfahren (**TR RESICAN** oder Alternativen) gewählt wird; der Zweck des „rechtssicheren Scannens" besteht (nur) darin, den Beweiswert des digitalisierten Dokuments zu erhalten und im Idealfall dem des Papier-Originals anzugleichen, damit letzteres der Vernichtung zugeführt werden kann. In der Vernichtung des Papieroriginals wird nämlich ein erheblicher finanzieller Gewinn gesehen und zudem der einzige Weg zur Vermeidung der als ineffizient gebrandmarkten hybriden Aktenführung gesehen. Das Dogma, dass eine hybride Aktenführung nicht effizient und zudem teuer sei, gilt es allerdings stets zu hinterfragen, denn auch aufwändige Scanprozess sind nicht ohne Investitionen und teilweise einschneidende Organisationsveränderungen zu haben. Bei der Frage nach der Einführung eines ersetzenden Scanprozesses sollte daher nicht bereits von vornherein die Möglichkeit ausgeschlossen werden, Papierdokumente evtl. gerade nicht zu vernichten: Gerade effizient kann es dort sein, wo kaum noch Papier eingeht.

II. Beweisführung mit elektronischen Dokumenten

Der **Urkundsbeweis** gem. § 415 ff. ZPO bindet die Gerichte in ihrer freien Beweiswürdigung gem. § 286 Abs. 1 Satz 1 ZPO und stärkt damit die Beweissicherheit, letztlich also die Vorhersehbarkeit des Ausgangs des Gerichtsverfahrens. In der „Papierwelt" wird der Urkundsbeweis durch Vorlage des Originals der privaten oder öffentlichen Urkunde angetreten und erbringt für private Urkunden den Vollbeweis für die in der Urkunde enthaltenen Erklärung, für die öffentliche Urkunde den Vollbeweis für den beurkundeten Vorgang, die Anordnung, Verfügung oder Entscheidung.

§ 371 Abs. 1 Satz 2 beinhaltet eine Sonderregel für den Beweisantritt mit elektronischen Dokumenten. Die Norm dürfte aber auch über Dokumente hinaus auf elektronische Dateien im Allgemeinen anwendbar sein, sofern sie nicht nur einem Sachverständigenbeweis zugänglich sind. Aus der Sondervorschrift ergibt sich letztlich, dass der Beweis durch elektronische Dateien grundsätzlich durch Inaugenscheinnahme erbracht wird.

Als elektronische Dateien kommen daher neben elektronischen Dokumenten insbesondere in Betracht: Bilddateien, Videos, auch sog. Dashcam-Aufzeichnungen, Audiodateien, Protokolldateien, GPS-Daten[279], Fahrzeugdaten, die nur vom KFZ-Hersteller auslesbar sind [280], Internetinhalte[281], E-Mails[282] etc.[283]).

a. Elektronische Dateien

Eine elektronische Datei ist eine **strukturierte Ansammlung von Daten** und damit ein Objekt, das sowohl als Ganzes angesprochen, be- oder

---

[279] OLG Celle v. 24.9.2018 – 8 U 73/18 Rn. 42.
[280] *Balzer/Nugel,* NJW 2016, 193, 198 f.; *Greger,* in: Zöller, ZPO, 33. Aufl. 2020, § 371 ZPO, Rn. 4b.
[281] OLG Koblenz v. 2.10.2014 – 6 U 1127/13; OLG Thüringen v. 28.11.2018 – 2 U 524/17.
[282] Ausführlich *Ernst,* MDR 2003, 1091; *Sander,* CR 2014, 292, 294.
[283] Mit weiteren (teilweise freilich veralteten) Beispielen: Bergmann/Streitz, CR 1994, 77.

verarbeitet werden kann, als auch in seinen Teilen, also in seinem Inneren. Eine Datei befindet sich aus technischer Sicht zunächst im Arbeitsspeicher eines Computers, auf einem Datenträger oder in einem physikalischen (meist elektromagnetischen) Signal im Rahmen einer Datenübertragung.[284]

Insbesondere handelt es sich bei elektronischen Dateien regelmäßig **nicht um eine Urkunde**, selbst dann wenn das Ziel der Beweiserhebung ausschließlich der in der Datei verkörperte Gedankeninhalt ist, weil es jedenfalls daran fehlt, dass die Datei verkehrsfähig ist.[285] Der in einer elektronischen Datei verkörperte Gedankeninhalt ist nämlich nur durch den Einsatz technischer Hilfsmittel verfügbar zu machen.[286]

Zu der elektronischen Datei gehören auch möglicherweise umgebende Daten oder Metadaten, sowie evtl. erforderliche Passwörter oder andere Schlüssel zur Zugänglichmachung ihres Inhalts.[287] Nichtmitteilung von Zugangsschlüsseln als Beweisvereitelung nach § 371 Abs. 3 ZPO behandelt werden. Voraussetzung hierfür ist, dass die Partei den Schlüssel auch kennt bzw. sich ohne weiteres Kenntnis verschaffen kann, bspw. durch Einblick in entsprechende Aufzeichnungen.[288]

Ein „**Original**" sind bei elektronischer Aktenführung stets elektronische Dokumente in ihrem ursprünglichen und unveränderten Dateiformat. Der Begriff des „Originals" ist dabei freilich anachronistisch, weil eine elektronische Datei in ihrem originalen Zustand grundsätzlich beliebig vervielfältigbar ist und deshalb die Grenzen der Begriffe „Original" und „Kopie" verschwimmen.[289]

---

[284] MüKoZPO/*Zimmermann*, 5. Aufl. 2016, ZPO § 371 Rn. 9.
[285] Festmachend an der Verkörperung: *Wagner*, JuS 2016, 29, 30.
[286] A.A. *Rüßmann*, JurPC 1995, 3212; MüKoZPO/*Zimmermann*, 5. Aufl. 2016, ZPO § 371 Rn. 4; vgl. ferner BGH v. 28.11.1975 - V ZR 127/74.
[287] Musielak/Voit/*Huber*, 16. Aufl. 2019, ZPO § 371 Rn. 13.
[288] *Berger*, NJW 2005, 1016, 1020.
[289] *Müller*, KrV 2019, 99, 105 f.; *Sander*, CR 2014, 292, 293.

Jede Wandlung des Dateiformats oder Veränderung ihres Codes führt allerdings dazu, dass aus einer dem Augenschein zugänglichen elektronischen Datei im „Original" ein **Augenscheinsurrogat** wird. Augenscheinsurrogate sind freilich ebenfalls als Beweismittel denkbar. Liegt das Augenscheinsurrogat elektronisch vor, ist deshalb auch § 371 Abs. 1 Satz 2 ZPO einschlägig. Manifestiert sich die Datei bspw. in einem Ausdruck, handelt es sich um ein Augenscheinobjekt i.S.d. § 371 Abs. 1 Satz 1 ZPO. Der Beweiswert des Augenscheinsurrogats ist allerdings gem. § 286 ZPO unter Berücksichtigung der vorgenommenen Veränderungen zu würdigen. Die freie richterliche Beweiswürdigung bedeutet, die umfassende Würdigung der vorgetragenen Tatsachen, der vorgelegten und erhobenen Beweise und des gesamten Prozessstoffes.[290] Dies beinhaltet insbesondere Hinweise auf mögliche Manipulationen an der elektronischen Datei.

Die Echtheit und Unverfälschtheit der Datei sind **Hilfstatsachen**. Die Beweislast hierfür trägt der Beweisführer. Die Feststellung wird regelmäßig nur durch Sachverständigenbeweis oder durch Indizien möglich sein. Möglicherweise kann sich hier auch das Beweisthema verändern und sich eher auf den (ursprünglichen) Datenträger selbst beziehen, dessen Vorlage evtl. den Nachweis einer späteren Manipulation ermöglicht.[291]

Der **Ausdruck einer elektronischen Datei auf Papier** ist kein elektronisches Dokument und grundsätzlich auch keine Urkunde[292], sondern ein Augenscheinobjekt i.S.d. § 371 Abs. 1 Satz 1 ZPO, das in Form eines Augenscheinsurrogats als Beweismittel dienen kann.[293] Die Urkundseigenschaft ist deshalb nicht gegeben, weil der Ausdruck regelmäßig nicht selbst dazu dient, die in dem elektronischen Dokument verkörperte Gedankenerklärung in den Rechtsverkehr zu bringen,

---

[290] OLG Thüringen v. 28.11.2018 – 2 U 524/17.
[291] *Berger*, NJW 2005, 1016, 1020.
[292] So auch *Feskorn*, in: Zöller, ZPO, 33. Aufl. 2020, Vorbemerkungen zu §§ 415-444, Rn. 5; a.A. *Sander*, CR 2014, 292, 294.
[293] OLG Thüringen v. 28.11.2018 – 2 U 524/17.

sondern nur eine Information über die elektronische Gedankenerklärung zu erlangen.[294]

b. Verfahrensrechtliche Grundlagen

Aufgrund der **Flüchtigkeit elektronischer Dokumente**, insbesondere von Internetinhalten, ist die gemeinsame Einnahme des Augenscheins durch das Prozessgericht und die Beteiligten regelmäßig zweckmäßig.[295] Das Ergebnis des Augenscheins ist grundsätzlich im Protokoll festzuhalten, § 160 Abs. 3 Nr. 5 ZPO.[296]

§ 371 Abs. 1 Satz 2 ZPO sieht für den **Beweisantritt zwei Varianten** vor: Der Beweisführer, der Prozessgegner oder der vorlagepflichtige Dritte haben die Möglichkeit, die Datei nach ihrer Wahl entweder **vorzulegen** oder **zu übermitteln**. In beiden Varianten muss die Datei dem Gericht in der Weise zur Verfügung gestellt werden, dass es die beweiserhebliche Datei mit der üblichen technischen Ausstattung wahrnehmen kann. Die Voraussetzungen der ERVV, insbesondere die Begrenzung auf bestimmte Dateiformate, gilt freilich für das Beweisrecht nicht, weil der Beweiswert einer Datei höher ist, wenn sie in ihrem elektronischen „Originalzustand" in Augenschein genommen werden kann.

aa. Vorlage

Die **Vorlage** erfolgt durch Vorlage des ursprünglichen Datenträgers selbst oder durch Vorlage eines anderen Datenträgers, auf den die Datei kopiert wurde. Letzteres ist insbesondere dann notwendig und auch ohne Weiteres zulässig, wenn der ursprüngliche Datenträger nicht oder jedenfalls nicht mit verhältnismäßigen Mitteln beweglich ist. Dass das Kopieren auf einen anderen Datenträger zulässig ist, lässt sich daran erkennen, dass alternativ auch ein Übermitteln wählbar ist.[297] Datenträger sind neben der vorerwähnten Festplatte, zB Diskette, CD,

---

[294] MüKoZPO/*Schreiber*, 5. Aufl. 2016, ZPO § 415 Rn. 9.
[295] *Greger*, in: Zöller, Zivilprozessordnung, 33. Aufl. 2020, § 372 ZPO, Rn. 1.
[296] BVerwG v. 24.8.2018 – 4 B 33/18.
[297] *Berger*, NJW 2005, 1016, 1020.

DVD oder USB-Sticks.[298] In der gerichtlichen Praxis führt die Vorlage von Datenträgern allerdings zu tatsächlichen Problemen im Bereich der IT-Sicherheit; die sehr abgeschotteten Justiznetze können auf externe Datenträger regelmäßig nur über sog. Datenschleusen zugreifen, wodurch der zeitliche und personelle Aufwand bei der Vorlage eines Datenträgers erheblich höher ist, als bei der elektronischen Übermittlungen.

bb. Elektronische Übermittlung

Eine **Übermittlung** ist abstrakt definiert als das Zurverfügungstellen der Datei auf technischem Wege als physikalisches, meist elektronmagnetisches Signal in einem Übermittlungskanal unter Zugrundelegung eines für den Absender und Empfänger identischen Übermittlungsprotokolls.[299]

Als **Übermittlungswege** sind ohne Weiteres die Übermittlungswege gem. § 4 Abs. 1 ERVV zugelassen (EGVP, De-Mail, beA, beN, beBPo). Da die ERVV direkt nur für Schriftsätze und nicht für das Beweisrecht gilt, sind auch andere Übermittlungswege denkbar, insbesondere – sofern dies unter Abwägung mit datenschutzrechtlichen Aspekten und der IT-Sicherheit vertretbar ist – auch die Übermittlung mittels **E-Mail**. Bei der Abwägung mit dem Datenschutz und der IT-Sicherheit ist insbesondere einzustellen, dass die Justiz regelmäßig nicht in der Lage ist, marktgängige E-Mail-Verschlüsselungstechniken anzubieten und, dass die IT-Sicherheitsvorkehrungen der Justiz zumeist nur die Übermittlungswege des § 4 Abs. 1 ERVV betrachten. Eine E-Mail-Übermittlung wäre daher vor allem bei nicht datenschutzrelevanten Beweismitteln und in eingespielten Kommunikationsbeziehungen mit besonders vertrauenswürdigen Kommunikationspartner in Betracht zu ziehen und nur dann, wenn ein Übermittlungsweg gem. § 4 Abs. 1 ERVV ausscheidet, bspw. weil die dortigen Größen- und Mengenbeschränkungen die Nutzung nicht zulassen.

---

[298] MüKoZPO/*Zimmermann*, 5. Aufl. 2016, ZPO § 371 Rn. 10.
[299] MüKoZPO/*Zimmermann*, 5. Aufl. 2016, ZPO § 371 Rn. 11.

cc. Netzinhalte als Beweismittel
Ist Augenscheinsobjekt ein Inhalt des Internets erfolgt der Beweisantritt durch Angabe der URL bzw. weiterer Angaben, die ein Auffinden des Objekts ermöglicht.[300] Zweckmäßig ist ferner ein Hinweis auf den beweisgegenständlichen **Stand des Inhalts** (*„zuletzt aufgerufen am... um...."*), denn die Inhalte des Internets sind zwar flüchtig, in speziellen Suchmaschinen werden aber für Teile des Internets Inhalte der Vergangenheit abgespeichert und damit konserviert.[301] Die dortigen Inhalte sind dann jedenfalls Augenscheinsurrogate und der freien Beweiswürdigung zugänglich.

Ein **Screenshot** eines Internetinhalts ist ebenfalls bereits ein Augenscheinsurrogat, allerdings seinerseits ein elektronisches Dokument i.S.d. § 371 Abs. 1 Satz 2 ZPO.[302] Dessen Ausdruck auf Papier ist kein elektronisches Dokument und auch keine Urkunde[303], sondern ein Augenscheinobjekt i.S.d. § 371 Abs. 1 Satz 1 ZPO, das in Form eines Augenscheinsurrogats als Beweismittel dienen kann.[304]

c. private elektronische Dokumente, § 371a Abs. 1, 2 ZPO
Gem. § 371a Abs. 1 Satz 1 ZPO können **private elektronische Dokumente** den Beweiswert privater Urkunden erreichen. Hierzu müssen sie vom Aussteller des Dokuments mit seiner qualifizierten elektronischen Signatur versehen werden. Dies ist beim Scan eines eingehenden Papier-Schriftstücks (bspw. eines Bürgers) in der Behörde nicht der Fall, denn dort könnte ja maximal eine qualifizierte elektronische Signatur der Behörde aufgebracht werden. Die Signatur wäre daher ungeeignet den Beweiswert des § 371a Abs. 1 Satz 1 ZPO zu erbringen, sie könnte lediglich den Nachweis bieten, dass das Dokument nach dem Scanvorgang nicht mehr verändert wurde – sie ist also nur ein **Sicherungsmittel**. Es bleibt dabei, dass das gescannte Dokument nur als

---

[300] BeckOK ZPO/*Bach*, 35. Ed. 1.1.2020, ZPO § 371 Rn. 7a.
[301] Bspw. *Wayback-Machine* unter https://archive.org/web/.
[302] Nicht differenzierend OLG Koblenz v. 2.10.2014 – 6 U 1127/13 Rn. 21.
[303] So auch *Feskorn*, in: Zöller, ZPO, 33. Aufl. 2020, Vorbemerkungen zu §§ 415-444, Rn. 5; MüKoZPO/*Schreiber*, 5. Aufl. 2016, ZPO § 415 Rn. 9; a.A. *Sander*, CR 2014, 292, 294.
[304] OLG Thüringen v. 28.11.2018 – 2 U 524/17.

Augenscheinsobjekt im Rahmen der freien Beweiswürdigung in Betracht kommt.

§ 371a ZPO bezieht elektronische Dokumente unabhängig vom **Dateiformat** in den Anwendungsbereich ein. Erfasst sind damit insbesondere sämtliche Kommunikationsformate (E-Mails, Messengerdienste, Nachrichten in sozialen Medien etc.) und Speicherformate für Dokumente (Office-Software Dateitypen, reine Textdateien etc.).

§ 371a ZPO ist ferner auf Dokumente mit Erklärungen jeglichen Inhalts anwendbar, d.h. sowohl **Willens- als auch Wissenserklärungen**.[305]

§ 371a Abs. 2 ZPO enthält eine **Beweiserleichterung** gegenüber § 371a Abs. 1 ZPO bei Verwendung eines **De-Mail-Dienstes**, sofern der Absender der De-Mail sicher angemeldet war und die De-Mail absenderbestätigt versandt wurde. Die Nutzung des De-Mail-Dienstes entspricht daher dem Anscheinsbeweis, der in § 371a Abs. 1 ZPO durch die qualifizierte elektronische Signatur erzeugt wird und ersetzt damit das am Dokument selbst angebrachte Sicherungsmittel der qualifizierten elektronischen Signatur durch einen speziell gesicherten Übermittlungsweg, vor dem Hintergrund, dass nur der zuvor gegenüber dem De-Mail-Dienstanbieter authentifizierte Berechtigte Zugang zu diesem Übermittlungsweg hat. Zur Herbeiführung der Rechtsfolge müssen **folgende Anforderungen** erfüllt sein: (1). Der Absender muss eine natürliche Person sein, weil sich bei einem Unternehmen nicht feststellen lässt, welcher Mitarbeiter die Nachricht versandt hat. (2). Das De-Mail-Konto muss allein dem Absender zugeordnet sein (kein Gemeinschaftskonto). (3). Der Absender muss sich sicher angemeldet haben. (4). Die De-Mail muss in Form der absenderbestätigten De-Mail versandt werden.[306]

d. Öffentliche elektronische Dokumente, § 371a Abs. 3 ZPO

§ 371a Abs. 3 ZPO bestimmt, dass auf **öffentliche elektronische Dokumente** die Vorschriften über die **Beweiskraft öffentlicher Urkunden** entsprechende Anwendung finden. Wesentlicher Unterschied zwischen §

---

[305] Musielak/Voit/*Huber*, 16. Aufl. 2019, ZPO § 371a Rn. 2.
[306] OLG Düsseldorf v. 10.3.2020 – 2 RVs 15/20.

371a Abs. 1 ZPO und Abs. 3 ist, dass die entsprechende Anwendung der Beweisregeln von Urkunden keine qualifizierte elektronische Signatur voraussetzt; lediglich die Vermutung der Echtheit gem. § 437 ZPO tritt nur bei qualifiziert elektronisch signierten Dokumenten ein.

Entsprechend anwendbare Vorschriften sind insbesondere die §§ 415 Abs. 1, 417, 418 abs. 1 ZPO und für gerichtliche Dokumente § 165 ZPO und § 314 ZPO.

Öffentliche elektronische Dokumente sind nach der **Definition** des § 371a Abs. 3 Satz 1 ZPO alle elektronischen Dokumente, die von einer öffentlichen Behörde innerhalb der Grenzen ihrer Amtsbefugnisse oder von einer mit öffentlichem Glauben versehenen Person innerhalb des ihr zugewiesenen Geschäftskreises in der vorgeschriebenen Form erstellt worden sind.[307] Dies entspricht der Definition des § 415 Abs. 1 ZPO.

Öffentliche elektronische Dokumente sind insbesondere gem. §§ 3a, 33, 37 VwVfG bzw. § 36a SGB I, §§ 29, 33 SGB X errichtete **elektronische Verwaltungsakte** oder elektronische Beglaubigungen. Ferner sind öffentliche elektronische Dokumente gerichtliche Dokumente, wie Urteile, Beschlüsse und Protokolle.[308]

Öffentliche Behörde ist die in den Organismus der Staatsverwaltung eingeordnete, organisatorische Einheit von Personen und sächlichen Mitteln, die mit einer gewissen Selbständigkeit ausgestattet und dazu berufen ist, unter öffentlicher Autorität für die Erreichung der Zwecke des Staates oder von ihm geförderter Zwecke tätig zu sein.[309]

Während grundsätzlich die **Beweiswirkung** öffentlicher Urkunden für öffentliche elektronische Dokumente auch ohne qualifizierte elektronische Signatur besteht, setzt jedoch der Eintritt der

---

[307] BeckTMG/*Roßnagel*, 1. Aufl. 2013, ZPO § 371a Rn. 18.
[308] BT-Drs. 15/4067, 34.
[309] BVerwG v. 24.1.1991 – 2 C 16/88; vgl. auch *Feskorn* in: Zöller, Zivilprozessordnung, 33. Aufl. 2020, § 415 ZPO, Rn. 3; Musielak/Voit/*Huber*, 16. Aufl. 2019, ZPO § 415 Rn. 8.

Echtheitsvermutung des § 437 ZPO eine qualifizierte elektronische Signatur als zusätzliches Sicherungsmittel gegen die nachträgliche Veränderung (Integritätsschutz) und zur Feststellung der Identität des Urhebers (Authentizität) voraus.

Anders als im elektronischen Rechtsverkehr gem. § 130a Abs. 3 ZPO gilt für das Beweisrecht **nicht die ERVV**. Daher sind sämtliche technischen Varianten der qualifizierten elektronischen Signatur, einschließlich der sog. Containersignatur, zulässig. Im Gegensatz zu § 37 Abs. 3 Satz 2 VwVfG, § 36a Abs. 3 Satz 2 SGB X ist es nicht erforderlich, andererseits aber anzuraten, dass das der Signatur zugrundeliegende qualifizierte Zertifikat oder ein zugehöriges qualifiziertes Attributzertifikat die erlassende Behörde erkennen lassen.

Gem. **§ 371a Abs. 3 Satz 3 ZPO** gilt auch für öffentliche elektronische Dokumente eine **Beweiserleichterung**, wenn das Dokument mittels **De-Mail** als Übermittlungsweg versandt wurde. Die Nutzung der De-Mail als Übermittlungsweg macht die Verwendung einer qualifizierten elektronischen Signatur obsolet und erzeugt dieselbe Rechtsfolge. Für Nachrichten, die von einem De-Mail-Konto des Absenders versandt wurden gilt danach der Anscheinsbeweis der Echtheit. Zur Herbeiführung der Rechtsfolge müssen folgende Anforderungen erfüllt sein: (1). Der Absender muss eine natürliche Person sein, weil sich bei einem Unternehmen nicht feststellen lässt, welcher Mitarbeiter die Nachricht versandt hat. (2). Das De-Mail-Konto muss allein dem Absender zugeordnet sein (kein Gemeinschaftskonto). (3). Der Absender muss sich sicher angemeldet haben. (4). Die De-Mail muss in Form der absenderbestätigten De-Mail versandt werden.[310]

---

[310] OLG Düsseldorf v. 10.3.2020 – 2 RVs 15/20.

G. eJustice und IT-Sicherheit

Die Etablierung der elektronischen Kommunikation in Gerichten, Behörden und Rechtsanwaltskanzleien rückt Fragen nach **Datenschutz** und **IT-Sicherheit** in den Focus – und dies zu Recht. Oft erkennen die Organisatoren des elektronischen Rechtsverkehrs erst jetzt, dass diese Fragen sich tatsächlich schon längst hätten stellen sollen.

I. Datenschutz und IT-Sicherheit im elektronischen Rechtsverkehr

Der heutige elektronische Rechtsverkehr mit den Gerichten und Behörden nutzt als Übermittlungsweg fast ausschließlich das Elektronische Gerichts- und Verwaltungspostfach (EGVP) und die darauf basierenden sicheren Übermittlungswege. Dieser Übertragungsweg ist durch eine **Ende-zu-Ende – Verschlüsselung** der Kommunikation hoch gesichert. Nur beim beA ergibt sich aus der zugrundeliegenden Architektur eine faktische Zugriffsmöglichkeit im Bereich des sog. HSM, die allerdings weiterer technischer und organisatorischer Absicherungen durch die BRAK als Betreiber unterliegt.

Dass EGVP-Nachrichten bei ihrer Übertragung abgefangen oder gar verändert werden könnten, ist nach dem Stand der Technik durch das sogenannte **„Prinzip des Doppelten Umschlages"** des **OSCI-Standards** (Online Services Computer Interface) nahezu ausgeschlossen. Dies wird dadurch sichergestellt, dass der verschlüsselte Nachrichteninhalt von den für den Nachrichtentransport erforderlichen Nutzdaten getrennt gehalten wird. Die Nutzdaten sind nur von dem für den Nachrichtentransport erforderlichen Server („Intermediär") lesbar, der wiederum nicht die Inhaltsdaten entschlüsseln kann. Letztere sind wiederum so verschlüsselt, dass nur der Empfänger sie entschlüsseln kann.

Wo die hochsichere Kommunikation mit EGVP den Rechtsverkehr beherrscht, wird der Raum eng für die „**informelle E-Mail**". Nun ist eine „informelle" Kommunikation mit Gerichten ohnehin prozessrechtlich kaum ein erstrebenswertes Ziel, auch unter Berücksichtigung der

Anforderungen von Datenschutz und IT-Sicherheit, kann aber eine einfache E-Mail an das Gericht grundsätzlich kein geeignetes Kommunikationsmittel im Prozess darstellen. § 130a ZPO und die ERVV lassen E-Mails deshalb grundsätzlich nicht zu: E-Mails sind leicht abfangbar (und damit von Unberechtigten lesbar) und auch manipulierbar. Unter **IT-Sicherheitsgesichtspunkten** entspricht eine E-Mail letztlich mehr einer Postkarte – und zwar einer, die einem unbekannten Zusteller übergeben wird – als einem Brief in einem Umschlag. Es gibt zwar marktgängig auch **verschlüsselte E-Mail** – Verfahren, die aber in der Justizinfrastruktur faktisch nicht verfügbar sind und es fehlt hierfür in § 130a ZPO die gesetzliche Grundlage für deren Nutzung.

Zusammenfassend muss feststehen: Elektronischer Rechtsverkehr findet ausschließlich auf den Übermittlungswegen statt, die durch die in § 130a ZPO bzw. der ERVV zugelassen sind.

II. Sichere Datenhaltung und Nutzung

„Ich habe mir das Dokument auf mein Tablet gespeichert". Hören Sie diesen Satz, müssen alle Alarmsirenen schrillen. Gerade **Android-** und **iOS-Geräte** sind zunächst einmal nicht für den beruflichen Einsatz ausgelegt, geschweige denn für den Einsatz durch Berufsgeheimnisträger. Auch die teilweise erfolgte (Selbst-)Zertifizierung der Diensteanbieter nach dem **„Privacy Shield"**, verhindert nicht den Zugriff etwa von US-Behörden auf in Clouds abgespeicherte Daten. Das Risiko, dass (auch berufliche) Dokumente in solchen Datenwolken landen ist aufgrund der meist vorzufindenden Vorkonfiguration der Geräte immens.

Das heißt nicht, dass die **Nutzung von Tablets** im beruflichen Kontext unmöglich wäre. Ganz im Gegenteil ist ergonomische Hardware gerade Schlüssel für die Akzeptanz von e-Justice im Alltag. Die Datentrennung und besondere Sicherung von beruflichen und der **Geheimhaltungspflicht** unterliegenden Daten gehört aber in professionelle Hände. Hierfür sind auf dem Markt ausreichend Produkte für die gängigen Plattformen verfügbar. Auch die Kosten hierfür sind überschaubar. Frappierend bleibt dennoch die **Sorglosigkeit der Nutzer** in der Praxis, die aufgrund der Medienpräsenz der Thematik seit den

NSA-Enthüllungen kaum mehr auf mangelnde Information zurückgeführt werden kann.

Selbst wenn die Datenhaltung an sich nicht cloudbasiert oder ausschließlich in sicheren **Cloud**s erfolgt, muss der IT-Nutzer seine Hardware gegen unberechtigte Zugriffe absichern. Dies fängt bei verschlüsselten **USB-Sticks** für den Datentransport an, die bereits für einen einstelligen Euro-Betrag zu erwerben sind und führt aber auch zur Betrachtung der IT-Infrastruktur insgesamt: Können Besucher unbeobachtet auf USB-Ports oder Netzwerkdosen zugreifen? Wird der **PC gesperrt**, wenn der Raum verlassen wird? Haben Unberechtigte die Möglichkeit durch Fenster, Warteräume oder in Besprechungssituation den Bildschirminhalt zu lesen oder abzufotografieren? Oft sind Sicherheitslecks einfach zu beseitigen – wenn sie denn erkannt werden?

Gleichzeitig ist es auch falsch, die elektronische Datenhaltung, auch auf mobilen Geräten generell zu verteufeln. Wenn sie nach dem **Stand der Technik** abgesichert ist, ist sie sogar der Datenhaltung auf Papier überlegen: Keine Papierakte ist verschlüsselt; dies merkt man jedenfalls dann, wenn sie (aus welchem Grund auch immer) einmal nicht in einem verschlossenen Raum ist – und dann schlimmstenfalls in der U-Bahn liegenbleibt! Im Ergebnis bleibt festzustellen, dass elektronische Daten mit derselben Sorgfalt zu behandeln sind, wie elektronische Dokumente. Bei letzteren ist aber zusätzlicher Sachverstand im Hinblick auf die verwendete Technik erforderlich. Dieser muss nötigenfalls eingekauft werden!

III. Die elektronische Mandantenkommunikation

Zu Unrecht verengt sich die Betrachtung des elektronischen Rechtsverkehrs zumeist auf den sicheren Dokumentenaustausch mit Gerichten und Behörden. Betrachtet man Datenschutz- und Sicherheitsrisiken, liegt die Achillesferse aber woanders, nämlich in der Kommunikation **zwischen dem Rechtsanwalt und seiner Mandantschaft**. Gerade bei großen oder professionellen Mandanten hat sich eine elektronische Kommunikation schon lange etabliert. Die freie Wirtschaft oder auch viele Privatpersonen erwarten auch von „ihrem" Rechtsanwalt die Nutzung moderner Medien. Briefe wirken für viele Mandanten fast aus der Zeit gefallen – und Telefaxe ohnehin. Die Nutzung unverschlüsselter E-Mails ist – wie oben beschrieben – aufgrund der anwaltlichen Verschwiegenheitspflichten hoch problematisch und sollten – wenn überhaupt – nur bei **ausdrücklicher Einwilligung** des Mandanten in Betracht gezogen werden. Und auch dies nur, bei geeignetem Inhalt und nach **Aufklärung über die Risiken** der Nutzung.

Die Gefahr liegt also wie bei der Datenhaltung eher in der Gedankenlosigkeit mit der man -, weil es so einfach ist – die elektronisch über das EGVP oder beA erhaltenen Dokumente „einfach" per E-Mail **weiterleitet**.

Dabei ist auch hier die Lösung weder kompliziert noch sonderlich teuer: E-Mail-Verschlüsselung oder sichere **„Cloud-Anwendungen"** oder **„Datenräume"** stellen viel risikoärmere Alternativen dar. Und ist eine derartige elektronische Kommunikation erst etabliert, erschließt sich schnell der Zusatznutzen des dann durchgängig medienbruch- und zeitverlustfreien Kommunikationskanals vom Gericht über den Rechtsanwalt bis zum Mandanten. Viele Mandanten dürften auch nicht unglücklich sein, vom eigenen Rechtsanwalt über die Risiken der E-Mail-Kommunikation und die Möglichkeiten zur Risikominimierung aufgeklärt worden zu sein. Es ist nämlich mitnichten so, dass Unternehmen hier generell viel weiter wären, als wir Juristen – und das obwohl gerade durch **Wirtschaftsspionage** sowohl das Bedrohungspotential als auch das wirtschaftliche Risiko meist deutlich größer ist, als im Rahmen der gerichtlichen Korrespondenz.

IV. E-Mail als Komfort-Hintertür

Nicht besser ist Nutzung der (ungesicherten) E-Mail als **„Hilfsmittel"** (etwa um das daheim, am häuslichen PC, geschriebene Urteil oder den Schriftsatz nicht anonymisiert zur weiteren Bearbeitung an die Gerichts- oder Kanzlei-Mailadresse zu schicken). Durch neue cloudbasierte oder – unterstützte Betriebssysteme oder Office-Anwendungen und ihre teilweise hoch bedenklichen Vorkonfigurationen ist ohnehin fraglich, inwieweit die ungesicherte Nutzung privater IT-Infrastruktur ein zulässiger Weg bleibt; eine sichere Datenablage und die Trennung beruflicher und privater Dokumente und Daten ist dort nur noch schwer zu erreichen. Auch ein **„Löschkonzept"** ist jedenfalls durch den Arbeitgeber dann nicht mehr sicherzustellen. Natürlich wird ein solches Vorgehen in einer an den Bedürfnissen der IT-Sicherheit ausgerichteten Gerichts- oder Kanzleiorganisation untersagt sein. Es muss aber auch sichergestellt sein, dass sich alle Nutzer hieran halten. Dies werden sie nur tun, wenn sie ausreichend über die Risiken aufgeklärt sind und die zur Verfügung stehende „sichere Technik" hinreichend komfortabel ist.

Für die anwaltliche **Mandantenkommunikation** mit unsicheren (d.h. unverschlüsselten) elektronischen Mitteln wird ein neuer § 2 BORA zukünftig eine Regelung treffen und sie bei ausdrücklich oder konkludenter Einwilligung des Mandanten ohne konkrete anwaltliche Hinweispflicht zulassen.

H. Elektronischer Rechtsverkehr mit der Rechtsanwaltschaft

Mit der Einführung des besonderen elektronischen Anwaltspostfachs (beA) im Jahr 2016 ist die **Rechtsanwaltschaft** gegenüber der Justiz **in Vorleistung** getreten. Die Justiz stellt erst seit 2018 flächendeckend einen elektronischen Kommunikationskanal bereit für den Posteingang bereit; zum Rücksendung zwingt das eJustice-Gesetz die Justiz sogar gar nicht. Das Bundesverfassungsgericht und die meisten Länderverfassungsgerichte nehmen am elektronischen Rechtsverkehr auch weiterhin nicht teil.

Dennoch sind die Rechtsanwälte nun zum Handeln gezwungen. Die BRAK hat Ihnen mit dem beA einen neuen Briefkasten an die Tür gehängt, der seit 1. Januar 2018 auch geleert werden muss. Handeln bedeutet vor allem, nun alle **organisatorischen und technischen Vorkehrungen zu treffen**, um das beA sicher und effektiv einsetzen zu können. Das folgende Kapitel soll hierzu Hinweise geben.

Ein **Video** zum elektronischen Zivilprozess hat der Deutsche Anwaltverein (DAV) im Rahmen des Virtuellen Deutschen Anwaltstags 2020 produzieren lassen. Es lässt sich unter folgendem Link abrufen:

https://youtu.be/oDRHMskaqY4

I. Organisatorische Vorüberlegungen

Auch bei der Etablierung des elektronischen Rechtsverkehrs gilt die Binsenweisheit, dass IT-Projekte meist überwiegend **Organisationsprojekte** sind. Es gilt die technischen Veränderungen zum Anlass zu nehmen, zunächst den organisatorischen Ist-Zustand festzustellen und dann die Soll-Organisation festzulegen.

1. Postausgang der Kanzlei: Wer soll versenden?

Zunächst stellt sich die Frage, wer in Zukunft die anwaltlich gefertigten Schriftsätze versenden soll.

Die Versendung kann auf die Person des **Rechtsanwalts** zentriert werden. Hierdurch wird der Vorteil des beA ab 1. Januar 2018 genutzt, dass – sofern ein Schriftsatz über das beA und von der verantwortenden Person selbst versandt wird – dieser **nicht mehr qualifiziert elektronisch signiert** werden muss. Dies bietet sich dann an, wenn der Rechtsanwalt – bspw. in einer kleinen Kanzlei - seinen Schriftsatz vollständig selbst fertig und ihn sodann gleich selbst versendet, ohne dass eine weitere Person hieran mitwirkt. In einer größeren Kanzleistruktur wäre es auch denkbar, dass der Rechtsanwalt den Schriftsatz in Roh- oder Entwurfsform (bspw. unformatiert, ohne Briefkopf oder als Diktat) vorbereitet und ein Sekretariat eine Reinschrift fertig, diese Reinschrift dann dem Rechtsanwalt elektronisch vorlegt und anstelle der früheren händischen Unterschrift des Rechtsanwalts, dieser dann den **Versendeprozess** durchführt.

Für die meisten Kanzleiorganisationen ist hiervon dennoch abzuraten. Sinnvoller dürfte zumeist sein, den **Versendeprozess im Sekretariat** zu belassen. Hierdurch wird zwar der Vorteil des beA, ab 1. Januar 2018 auf die qeS zu verzichten weggeschenkt. Dafür kann regelmäßig die bisherige Organisation beibehalten werden. Im Übrigen darf nicht verkannt werden, dass die **qeS** nicht einfach nur lästig ist. Neben ihrer juristischen Funktion die eigenhändige Unterschrift zu ersetzen, hat sie schließlich noch die weiteren Funktionen – und Vorteile –, das Dokument zu verschlüsseln und es vor späterer Manipulation zu schützen. Schließlich ist durch die qeS auch nach außen eindeutig dokumentiert, dass der Schriftsatz vom Rechtsanwalt verantwortet ist – also nicht versehentlich in Entwurf oder eine frühere Fassung versandt wurde; die kann möglicherweise in Wiedereinsetzungsfragen von Bedeutung sein.

Der Arbeitsablauf ist daher:

Rechtsanwalt
- fertigt Rohfassung/Entwurf/Diktat.

Sekretariat
- fertigt Reinschrift,
- legt Reinschrift an Rechtsanwalt elektronisch vor.

Rechtsanwalt
- signiert Schriftsatz mit qualifizierter elektronischer Signatur - oder -
- versendet selbst aus dem beA.

Sekretariat
- versendet qualifiziert elektronisch signierten Schriftsatz - ohne noch Änderungen daran vorzunehmen.

Praxistipp:

Bedenken Sie nicht nur, dass Sie seit 1. Januar 2018 auf die qeS verzichten können!

Die qeS hat auch vorteilhafte Funktionen. Es kann sinnvoll sein, daher auch weiter Schriftsätze elektronisch zu signieren.

2. Posteingang der Kanzlei: Wer prüft das beA?

Ist der Postausgang organisiert, muss auch der **Posteingang** geklärt werden. Hier stellt sich vor allem die Frage, wer in der Kanzlei in welchem beA die Posteingänge prüft. Insoweit ist es unbedingt zweckmäßig, den Posteingang möglichst weitgehend zu **zentralisieren**. Sofern die Kanzlei schon früher EGVP genutzt hat, sollten alle beA-Postfächer an derselben Stelle der Kanzlei wie früher EGVP „zusammenlaufen" und geprüft werden. Gehen Sie aber davon aus, dass der beA-Posteingang sehr schnell sehr viel größer werden wird, als der frühere EGVP-Posteingang, denn nur wenige Gerichte haben mit EGVP versandt und auch eine Zustellung von Anwalt zu Anwalt war per EGVP kaum üblich. Dies wird sich mit dem beA ändern. Immer mehr Gerichte und Anwälte fangen an Ihr beA anzuschreiben.

Das beA sollte dabei – entgegen seiner gesetzlichen Ausgestaltung – nicht zu sehr als beA jedes einzelnen Rechtsanwalts betrachtet werden. Hinsichtlich Zustellungen in **Sozietäten** und sog. Scheinsozietäten ist die Rechtsprechung streng: Sie geht davon aus, dass alle Berufsträger der Sozietät **empfangsbevollmächtigt** sind. Schon für das EGVP hat die Rechtsprechung daher nicht auf den Namen des Einrichters des Postfachs abgestellt, sondern stets nach dem Kanzleisitz gesucht und für alle Mitglieder der Sozietät (oder Scheinsozietät) in das eine vorhandene EGVP-Postfach zugestellt – unabhängig davon, ob es als Kanzleipostfach gedacht war oder es nur ein Berufsträger für sich selbst nutzen wollte.

Auch beim beA wird man davon ausgehen müssen, dass die Rechtsprechung annehmen wird, dass eine Zustellung dadurch bewirkt werden kann, dass das Dokument in „irgendein" beA der Kanzlei gelegt wird. Es wird dann **Sache der Kanzlei** sein, die Weiterverteilung innerhalb der Kanzlei zu organisieren.[311] Die Weiterverteilung ist dabei für Briefpost, Telefaxe und auch das EGVP noch recht simpel. Für das personenbezogene beA muss der beA-Postfachinhaber, der evtl. gar kein echter „Sozius" ist, sondern nur ein scheinbarer, hierzu entsprechende Mitbenutzer im Sekretariat oder sogar unter den Kollegen berechtigen, jedenfalls lesend Zugriff zu „seinem" beA zu haben.

---

[311] Vgl. bspw. LG Berlin, Beschluss vom 23. September 2002 – 58 S 361/02.

3. Brauche ich noch Papier?

Der elektronische Rechtsverkehr, und auch die digitale Kommunikation zwischen dem Rechtsanwalt und seinem Mandanten, sind vielerorts gängig, wenn nicht gar selbstverständlich. Überall wird daher eine Vielzahl digitaler, zumeist sogar texterkannter Dokumente „eingesammelt", ganze digitale Akten entstehen. Es liegt nahe darüber nachzudenken, ob nicht (noch) führende **Papierakten abgeschafft** werden können. § 50 BRAO lässt diesen Schritt zu.

Den Schritt zur **elektronischen Akte** zu gehen, fällt vielen dennoch schwer. Was macht Papier eigentlich so attraktiv? Der Grund dafür ist wohl vor allem die **Gewöhnung** an liebgewonnene Arbeitsabläufe nach einer auch papier-orientierten Bildungsbiographie. Das pure Argument, dass dies „schon immer so war", ist aber bei Lichte betrachtet nicht sehr belastbar, weshalb es alleine nicht gegen die Einführung einer elektronischen Akte sprechen wird.

Unbestreitbar hat Papier als Arbeitsmedium aber zahlreiche Vorteile. Dennoch, auch dessen Nachteile liegen auf der Hand: Jedes eAkten-System hat eine **Volltextsuche**. Keine Papierakte dieser Welt verfügt dagegen über dieses „Feature". Insgesamt fehlen dem Papier gerade die sog. „Mehrwerte" der elektronischen Akte.

Für das Papier streitet aber, dass es einer eAkte jedenfalls an der gewohnten **Haptik** fehlt. Jeder Aktennutzer kennt es: Die „gut abgehangene" Papierakte schlägt meist „automatisch" auf dem Blatt auf, das den streitentscheidenden Punkt enthält, und zwar, weil sie dort besonders abgegriffen ist. Ebenso nicht unbeachtet bleiben dürfen die alles andere als abwegigen Befürchtungen, Bildschirmarbeit führe zu einer **Ermüdung der Augen** sowie zu Haltungsproblemen. Hierfür sind zahlreiche entsprechende Lösungen auf dem Markt – von barrierefreier Software über augenfreundliche Monitore und spezielle Schreibtischkonstruktionen, höhenverstellbar, mit frei im Raum beweglichen Monitoraufhängungen, bis hin zu Schulungsangeboten auf dem Gesundheitssektor. Sie kosten freilich Geld – wenn auch weniger als man im ersten Moment befürchtet.

Noch greifbarer sind die in jedem Fall möglichen Effizienzsteigerungen durch Volltextsuche, Strukturierbarkeit und **Mobilität des Akteninhalts**, die nur auf digitalen Medien überhaupt denkbar sind und durch die die unbestreitbaren haptischen Nachteile in der täglichen Arbeit sogar mehr als ausgeglichen werden können – zumindest, wenn man diese „**Mehrwerte**" auch einsetzt. Letzteres steht nun einmal aber im Belieben jedes Nutzers – und es setzt möglicherweise auch eine gewisse Veränderungs- und Fortbildungsbereitschaft voraus.

Im Übrigen: Muss man sich wirklich vom Papier verabschieden, um eine eAkte einzuführen? Auch eine juristisch führende eAkte setzt mitnichten das papierlose (Juristen-)Büro voraus. Es genügt ein **papierarmes Büro** – selbst, um die eAkte zu einem wirtschaftlichen Erfolg zu machen. Die Druckkosten werden bereits reduziert, wenn nicht mehr die ganze Akte (mehrfach und in Abschriften) ausgedruckt wird, sondern sich der juristische Bearbeiter nur noch gerade die Teile der Akte ausdruckt, die er tatsächlich juristisch zu durchdringen hat. Möglicherweise wird er dies auch – evtl. tagesformabhängig oder je nach Bedarf an „elektronischer Unterstützung" – mal am PC (bzw. Tablet, eBook-Reader o.ä.) und mal auf Papier machen. Nichts spricht daher gegen eine (dünne) **Papierdoppelakte** zur führenden elektronischen Akte. All die Übersendungsschreiben, Erinnerungen, Ladungen und Abladungen können in ihrer elektronischen Form verbleiben und bei der eigentlichen Fallbearbeitung ausgeblendet werden. Sie stören ohnehin zumeist eher. Die wirklich wichtigen Dokumente kann der Bearbeiter dann in Papierform durcharbeiten.

4. Kanzleiadresse prüfen

Die Identifikationsnummer zum beA erhalten Sie unter einer bei der BRAK bekannten **Kanzleiadresse**. Diese bei der BRAK hinterlegte Adresse können Sie selbst im Internet einsehen; Sie finden sie unter

www.rechtsanwaltsregister.org.

Prüfen Sie, ob die dort hinterlegte Adresse aktuell ist!

Die Identifikationsnummer benötigen Sie für die beA-Erstanmeldung.

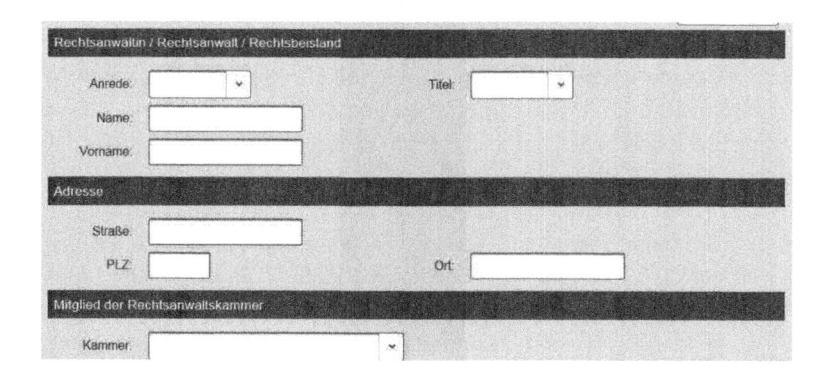

5. Organisation des Scanprozesses

Nur in Papierform vorliegende Dokumente sind zu scannen. Dies erledigt regelmäßig ein Sekretariat.

a. Scanregularien

Stellen Sie für Ihre Mitarbeiterinnen und Mitarbeiter zur Vereinfachung und Sicherung der dortigen Arbeit eindeutige **Scan-Regeln** (Arbeitsanweisung) auf.[312]

Hierfür ist zunächst die gewünschte **Scanqualität** festzulegen. Die gewünschte Qualität des Scans ergibt sich aus einer einfachen Sichtprüfung. Scannen Sie einen Text ein und fragen Sie sich dann, ob Sie selbst mit dieser Datei arbeiten wollen würden. Evtl. sind hier mehrere Versuche erforderlich, in denen vor allem mit der Auflösung („dpi") variiert werden sollte.

Entscheiden Sie zudem generell darüber, welche Scaneinstellungen neben der Qualität zu wählen sind: Regelmäßig, für Texte, genügt ein **schwarz-weiß-Scan**; nur wenn Farben sinnerhaltend sind, sollte auch farbig gescannt werden (farbige Tabellen, Fotos etc.).

Eine automatische **Leerseitenerkennung** für doppelseitige Scans hat sich bei inhomogenem Scangut als problematisch erwiesen. Diese funktioniert bei den meisten Scanprogrammen über die Kilobyte-Zahl einer als leer vermuteten Seite (bspw. „leer" sind alle Seiten unter 2 Kilobyte). In der Praxis funktioniert dies nicht mit jeder Software zuverlässig, weil bspw. schon braunes Umweltpapier in leerer Form eine höhere Datenmenge hat, als weißes Papier. Zwei Heftlöcher können ebenfalls schon mehr Kilobyte im Scan bedeuten, als ein vielleicht wichtiger, aber schwach gedruckter, Datumsstempel.

---

[312] Vgl. auch Schafhausen ASR 2015, 181, 184, der zu Recht auch darauf hinweist, dass es akzeptanzfördernd ist, die gemeinsam mit seinen Mitarbeitern und nicht über deren Kopf hinweg zu tun.

b. Verschlagwortung und Datenhaltung

Idealerweise sollte bereits der Scanprozess dafür genutzt werden, dass gescannte Dokument mit **Meta-Daten** zu versehen, um sein Auffinden zu erleichtern und eine Strukturierung in einer elektronischen (Doppel-)Akte zu ermöglichen. Hierzu kann bspw. bereits ein „**Dokumententyp**" benannt werden, wofür wiederum eine entsprechende Vorgabe zu machen ist (bspw. Schriftsatz, PKH-Unterlagen, Kaufvertrag).

Grundsätzlich gilt: Jedes Papierdokument sollte **eine (separate) elektronische Datei** sein. Denken Sie bereits beim Scannen an die weitere Bearbeitung und die Versendung. Bspw. will das Gericht Ihren Schriftsatz dem Gegner zur Stellungnahme übersenden, die **PKH-Unterlagen** aber nicht – wichtig ist daher, dass beides in einer **gesonderten Datei** verschickt wird.

Denken Sie schließlich daran, dass Sie alte Dateien nicht mit neueren überschreiben: Bspw. kann der **Dateiname** mit dem Tagesdatum beginnen – einige Scanprogramme kann man entsprechend konfigurieren, damit dies automatisch geschieht. Der Dateiname sollte zudem „sprechend" sein, d.h. einen Rückschluss auf den Inhalt des elektronischen Dokuments zulassen bzw. ggf. eine Sortierung der mit einer Nachricht übersandten Datei.

In anderem Zusammenhang hat auch der **BGH** (BGH Beschl. v. 17.3.2020 – VI ZB 99/19)[313] bereits „sprechende Dateinamen" gefordert:

In einem „Diesel-Verfahren" versäumte ein Rechtsanwalt die Berufungsbegründungsfrist. Seine Assistenzkraft hatte wohl einen anderen mittels beA versandten Schriftsatz mit der hier gegenständlichen Berufungsbegründungsschrift verwechselt. Das Berufungsgericht wies seinen Antrag auf Wiedereinsetzung in den vorigen Stand zurück.

Auf die hiergegen erhobene Rechtsbeschwerde teilt der BGH die Auffassung des Berufungsgerichts. Den Rechtsanwalt treffe ein Organisationsverschulden:

---

[313] Siehe http://ervjustiz.de/bgh-will-sinnvolle-dateinamen.

"Soweit die Rechtsbeschwerde geltend macht, dass das Berufungsgericht nicht berücksichtigt habe, dass in dieser Angelegenheit am gleichen Tag ein weiterer Schriftsatz bereits per beA übermittelt worden sei und die Mitarbeiterin des Prozessbevollmächtigten angegeben habe, dass sie diese beiden Schriftsätze wohl verwechselt habe, lässt dies ein Verschulden des Prozessbevollmächtigten des Klägers wegen unzureichender Organisation der Ausgangskontrolle nicht entfallen. Die Auffassung der Rechtsbeschwerde, dass bei Überprüfung des beA-Ausgangs festgestellt worden sei, dass ein Schriftsatz in dieser Angelegenheit an das Gericht übermittelt worden sei und dies für eine abendliche Ausgangskontrolle ausreichend sei, da eine nachträgliche inhaltliche Kontrolle der einzelnen Schriftstücke im Rahmen der Ausgangskontrolle nach der Rechtsprechung des Bundesgerichtshofs nicht erforderlich sei, verkennt, dass es für die Ausgangskontrolle des elektronischen Postfachs jedenfalls nicht genügt, dass die Feststellung der Versendung irgendeines Schriftsatzes mit dem passenden Aktenzeichen erfolgt, sondern anhand des zuvor sinnvoll vergebenen Dateinamens auch zu prüfen ist, welcher Art der Schriftsatz war. Aus dem vom Prozessbevollmächtigten des Klägers vorgelegten Prüfprotokoll für den 19. November 2018 über Schriftsätze in dieser Sache ergibt sich, dass hier die Datei „Streitwertfestsetzung für Beschwerdeverfahren.pdf" versandt worden war."

Der BGH geht mit der Forderung nach sprechenden Dateinamen im elektronischen Rechtsverkehr über die von ihm selbst formulierten und auch in dieser Entscheidung zitierten Forderungen an die Postausgangskontrolle bei Telefaxen hinaus – schon diese unterschiedlichen Maßstäbe sind kaum überzeugend:

„Er genügt nach ständiger Rechtsprechung des Bundesgerichtshofs seiner Pflicht zur wirksamen Ausgangskontrolle fristwahrender Schriftsätze nur dann, wenn er seine Angestellten anweist, nach einer Übermittlung per Telefax anhand des Sendeprotokolls zu prüfen, ob die Übermittlung vollständig und an den richtigen Empfänger erfolgt ist. Erst danach darf die Frist im Fristenkalender gestrichen werden (BGH, Beschlüsse vom 22. September 2010 – XII ZB 117/10, FamRZ 2010, 2063 Rn. 11 und vom 14. Mai 2008 – XII ZB 34/07, FamRZ 2008, 1515 Rn. 11, jeweils mwN)."

Letztlich wird – jedenfalls für Rechtsanwälte – in konsequenter Beachtung der Rechtssprechung aus der „Soll-Vorschrift" des § 2 Abs. 2 ERVV (*„Der Dateiname soll den Inhalt des elektronischen Dokuments schlagwortartig umschreiben und bei der Übermittlung mehrerer elektronischer Dokumente eine logische Nummerierung enthalten"*) eine „Muss-Vorschrift" zur Haftungsvermeidung.

Tatsächlich entspricht die Fixierung auf Dateinamen aber ohnehin nicht mehr dem Stand der Technik im elektronischen Rechtsverkehr. Insofern ist auch die „Soll-Vorschrift" des § 2 Abs. 2 ERVV ein Hilfsmittel nur noch für veraltete Technik und verliert deshalb mit der zunehmenden Modernisierung der Justiz-Software nach und nach ihren Zweck. Der Weg führt letztlich zu § 2 Abs. 3 ERVV; der danach – ebenfalls als „Soll-Vorschrift" – beizufügende xJustiz-Datensatz wird in Zukunft überall den Transport von inhaltlichen Meta-Informationen zum übermittelten Dokument übernehmen. Moderne Justizfachverfahren – und hoffentlich auch bald die korrespondierende Rechtsanwaltssoftware – erzeugen diesen Datensatz beim Versand und werten ihn beim Empfang aus.

In Zukunft werden die Dateinamen daher eher in Form einer UUID[314] generiert, um die Eindeutigkeit der Datei sicherzustellen. Der Inhalt des Dokuments wird dagegen durch den xJustiz- Pflichtknoten „dokumententyp" (gestützt auf eine Werteliste) und den optionalen Knoten „anzeigename" darstellt. In guten Fachverfahren spielt deshalb der Dateiname nur noch eine untergeordnete Rolle; in der Papierwelt spielt der Dateiname selbstverständlich sogar überhaupt keine Rolle:

Webinar xJustiz in EUREKA-Fach

So richtig es daher ist, dass die Rechtsprechung als Postausgangskontrolle die Kontrolle der Eingangsbestätigung gem. § 130a Abs. 5 Satz 2 ZPO fordert, so rückwärtsgewandt ist es, an den Dateinamen eine Rechtsfolge knüpfen zu wollen. Hier wäre ein Gleichlauf des Sorgfaltsmaßstab zum Telefax-Versand angezeigt gewesen.

Notwendig für die Überprüfung der versandten Dokumente wäre der Dateiname überdies nicht, denn u.a. die beA-Webanwendung bietet auch für die versandten Dokumente eine Anzeigefunktion.

---

[314] https://en.wikipedia.org/wiki/Universally_unique_identifier

Die Haltung der Daten erfordert ein **Dokumentenmanagement**. Dies übernimmt ggf. bereits ihre Kanzleisoftware. Falls Sie hierüber nicht verfügen, können Sie Dokumente auch in der Dateistruktur halten. Dann muss eine Ordnerstruktur geregelt werden, die ein sicheres Auffinden der Dateien ermöglicht und es müssen Rollen und Rechte vergeben werden, die bspw. vor unberechtigtem Zugriff oder versehentlichem Löschen schützen.

Ungeeignet als Datenhaltung ist der **beA-Webclient**. Seit 1. April 2019 setzt die BRAK § 27 RAVPV um und **löscht** Nachrichten aus dem Papierkorb des beA.

c. Ersetzendes Scannen / TR Resiscan

Wenn Sie sich vollständig auf **Scanergebnisse** verlassen wollen – bspw., weil Sie das Papier im Nachgang direkt zurückgeben oder gar **vernichten**, ist es im Übrigen wichtig, eine Qualitätskontrolle einzuführen – idealerweise im vier Augen Prinzip (Scan und Qualitätskontrolle durch unterschiedliche Mitarbeiter). Zwingend ist jedenfalls die Anzahl der gescannter Seiten mit der Anzahl der Papierseiten (Vorder- und Rückseite) zu vergleichen, um einen Fehleinzug aufzudecken.

Hinweise für ein **Scankonzept** liefert unter anderem die sog. **TR Resiscan** (Technische Richtlinie für rechtssicheres, ersetzendes Scannen) des Bundesamts für Sicherheit in der Informationstechnik (BSI). Eine Kurzübersicht über die Anforderungen ist im Internet auf der Webseite des BSI verfügbar.[315] Auch eine Zertifizierung nach der TR Resiscan ist möglich, aber nicht zwingend erforderlich.[316]

---

[315] https://www.bsi.bund.de/DE/Publikationen/TechnischeRichtlinien/tr03138/index_htm.html
[316] Siehe oben F.

6. Störungskontrolle

Der elektronische Rechtsverkehr ist im Vergleich zum Telefax und zur konventionellen Briefpost ein eher sicheres Kommunikationsmittel, zumal Störungen und Übermittlungsfehler regelmäßig leicht feststellbar sind.

Wie bei jeder Technik kommen Störungen aber vor. Für den elektronischen Rechtsverkehr gilt es daher, Störungsmeldungen im Blick zu behalten.

Hierzu kann unter www.egvp.de ein Newsletter – bundeslandsspezifisch – abonniert werden, der zuverlässig und zeitnah über Störungen informiert:

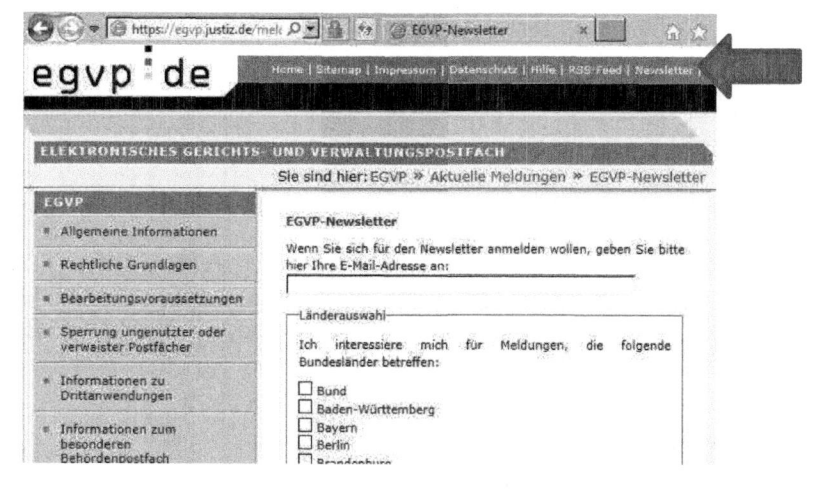

Im Falle von Anträgen auf Wiedereinsetzung in den vorigen Stand kann es ferner notwendig sein, **Störungen auch in der Vergangenheit** aufzufinden, um sie glaubhaft zu machen: Auf der beA-Infoseite zum beA (https://bea.brak.de/stoerungsdokumentation) stellt die BRAK eine fortlaufende Auflistung aktueller sowie vergangener Störungen und Wartungszeiten mit Angaben zu Beginn, Ende und Art der Störung seit dem 7. Dezember 2018 zur Verfügung. Als Startzeitpunkt einer Störung wird die durch den Dienstleister vorläufig gemeldete Zeit veröffentlicht. Ein dort verzeichnete Störung dürfte grundsätzlich als Glaubhaftmachung eines Übermittlungshindernisses genügen – allerdings ist gerade bei nahem Fristende zu beachten, dass Verfahrensbeteiligte gehalten sind, auch alternative Übermittlungsmethoden zu nutzen (bspw. das Telefax, einen Boten etc.) sofern dies möglich und zumutbar ist.

7. Mandantenkommunikation

Für eine sichere elektronische Mandantenkommunikation sind zahlreiche elektronische Kommunikationslösungen auf dem Markt verfügbar. Hierzu zählen cloudbasierte Lösungen, wie Datenräume oder „Webakten", oder verschlüsselte E-Mail basierte Verfahren. Das **beA** ist nach seinem Neustart 2018 grundsätzlich nicht mehr für die Kommunikation zwischen einem Rechtsanwalt und seinem Mandanten geeignet, weil es für EGVP-Bürger – Postfächer derzeit nicht „sichtbar" ist (keine sog. „Bürger-Rück"-Funktion).

Sämtliche elektronische Lösungen für die Mandantenkommunikation müssen sich letztlich an der berufs- und strafrechtlichen anwaltlichen **Verschwiegenheitspflicht** messen lassen. Hierfür liefert § 2 BORA zukünftig eine satzungsrechtliche Regelung im anwaltlichen Berufsrecht. Gem. **§ 2 Abs. 4 BORA n.F.** ist die Nutzung von elektronischen oder sonstigen Kommunikationswegen zwischen Rechtsanwalt und Mandant, die mit Risiken für die Vertraulichkeit dieser Kommunikation verbunden sind (also insbesondere die gängige unverschlüsselte E-Mail) jedenfalls dann erlaubt, wenn der **Mandant ihr zustimmt**.

Neu ist, dass neben der vorzugswürdigen expliziten Zustimmung des Mandanten nach Erläuterung der Sicherheitsrisiken auch eine **konkludente Zustimmung** und ihre Voraussetzungen dort ausdrücklich geregelt sind:

„Von einer Zustimmung ist auszugehen, wenn der Mandant diesen Kommunikationsweg vorschlägt oder beginnt".

Von einer konkreten insbesondere technischen **Hinweispflicht** wird der Rechtsanwalt freigestellt: Es genügt, wenn der Mandant die elektronische Kommunikation fortsetzt, obschon

„der Rechtsanwalt zumindest pauschal und ohne technische Details"

auf die Risiken hingewiesen hat. Zudem bezieht sich diese Hinweispflicht nur auf die konkludente Zustimmung, nicht auf die explizite.

Zudem ist die Nutzung unverschlüsselter elektronischer Kommunikation dann zulässig, wenn sie **sozialadäquat** ist. Dies kann insbesondere dort angenommen werden, wo offensichtlich nicht schutzbedürftige Informationen ausgetauscht werden.

II. Technische Vorüberlegungen

Sind die organisatorischen Vorüberlegungen abgeschlossen, stellt sich noch die Frage nach der **erforderlichen Technik**. Die meisten Fragen sind glücklicherweise leicht zu beantworten; manche Antworten sind aber nicht ganz billig.[317]

1. beA-Karte

Die BRAK bietet die beA-Karte „**Basis**" und die beA-Karte „**Signatur**" an.[318] Die Preise unterscheiden sich nur marginal.

beA-Karte „Basis" dient „nur" der Anmeldung[319] zum beA. Die beA-Karte „Signatur" enthält darüber hinaus auch ein Signaturzertifikat für das Anbringen einer **qualifizierten elektronischen Signatur**. Letztlich spricht vieles für die nur unwesentlich teurere beA-Karte „Signatur":

- Sie ermöglicht eine flexiblere Kanzleiorganisation.
- Mit der qeS kann auch im materiellen Recht verwendet werden, vgl. § 126a BGB.

Falls Sie schon die **beA-Karte „Basis"** haben, können Sie das Produkt zu einer beA-Karte „Signatur" **upgraden**. Hierfür wird ein Signaturzertifikat auf die Karte nachgeladen. Die Bestellung erfolgt ebenfalls über bea.bnotk.de.

Das beA ist nach der gesetzlichen Konstruktion das (neue) Rückgrat der rechtsverbindlichen Kommunikation der Anwaltskanzlei. Der **ständige Zugriff** auf das beA wird **existentiell**. Um sicherzustellen, dass ein Zugriff auch bei Verlust oder Beschädigung der beA-Karte auf das Postfach möglich ist, sollte eine **zweite beA-Karte** oder eine **Signaturkarte eines anderen Anbieters** angeschafft werden.[320]

---

[317] Eine gute Übersicht hat *Schafhausen* zusammengestellt: ASR 2015, 181 ff.
[318] https://bea.bnotk.de/documents/FAQ_beA_180704.pdf.
[319] Sowohl der Erstanmeldung als auch für die Anmeldung zur täglichen Arbeit mit dem beA.
[320] *Schafhausen*, ASR 2015, 181, 183.

Es sollte darüber hinaus auch ein **Zugang für das Sekretariat** geschaffen werden. Hierfür kann entweder die **beA-Karte „Mitarbeiter"** oder ein **Softwarezertifikat** für Mitarbeiter beschafft werden. [321] Das Softwarezertifikat kann auf einem beliebigen Speichermedium – also insbesondere der Festplatte abgelegt werden. Unter IT-Sicherheitsgesichtspunkten spricht mehr für die beA-Karte „Mitarbeiter". Diese kann einem **ausscheidenden Mitarbeiter** physisch abgenommen werden oder in einen Tresor eingeschlossen werden (andererseits kann sie natürlich auch verloren gehen – dann steht einem Missbrauch aber immer noch ein PIN-Schutz entgegen). Das Softwarezertifikat ist dagegen – wie jede Software – kopierbar und damit „flüchtiger".

---

[321] https://bea.bnotk.de/bestellung/#/products.

2. Hardware-, Software- und Infrastruktur-Voraussetzungen

Die BRAK gibt auf Ihrer Webseite bea.brak.de Hinweise auf die zwingend **erforderliche Hard- und Software**. An den genutzten Client (also, den PC, der zum Versenden von Nachrichten genutzt wird), werden keine besonderen Anforderungen gestellt. Das Betriebssystem muss jedenfalls leidlich aktuell sein; was aber schon aus IT-Sicherheitsgründen dringend zu empfehlen ist.

a. Internetverbindung

Zwingend ist eine Internet-Verbindung des genutzten Clients.

Die BRAK gibt insoweit folgenden Hinweis, dem zuzustimmen ist:

„[...]Eine verfügbare Datenübertragungsrate von mindestens 2 Mbit/Sekunde ist in der Regel ausreichend, idealerweise beträgt sie mindestens 6 Mbit/Sekunde. Auch bei einer geringeren Datenübertragungsrate ist ein Arbeiten mit dem beA grundsätzlich möglich. Der Empfang und der Versand von Nachrichten werden in diesem Fall mehr Zeit in Anspruch nehmen, was insbesondere bei bevorstehendem Fristablauf zu beachten ist. [...]"

Da die Angebote von Internet-Dienstleistern in der Regel auf den Consumer-Markt zugeschnitten sind, sind die **Download-Raten** (Herunterladen von Daten aus dem Internet; also bspw. der Empfang von Schriftsätzen) regelmäßig deutlich höher als die **Upload-Raten** (Übertragung von eigenen Daten in das Internet; also bspw. Übertragung von Dokumenten aus der eigenen Kanzlei zum Gericht). In der anwaltlichen Praxis ist aber gerade der Upload evtl. zeitkritisch. Sollte dies daher in einer konkreten Kanzlei als Problem identifiziert werden, weil häufig größere Datenmengen (Fotos, Baupläne etc.) versendet werden, ist darauf zu achten, eine möglichst hohe Upload-Rate vertraglich zugesichert zu haben und diese auch technisch verfügbar zu haben.

> **Praxistipp:**
>
> *Telekommunikationsvertrag überprüfen!*
>
> Praktisch wichtiger als ein schneller Download, ist ein schneller Upload! Schätzen Sie – bevor Sie hier hohe Grundgebühren in Kauf nehmen – Ihren Bedarf realistisch ein. Wenn Sie regelmäßig nur Texte verschicken und dies selten nur Minuten vor Fristablauf tun, werden übliche Upload-Raten für Sie ausreichen.

Auch nach dem 1. Januar 2022 – mit Eintritt der aktiven Nutzungspflicht - droht kein Rechtsverlust, wenn eine elektronische Einreichung wegen des **vorübergehenden Ausfalls der Internetverbindung** unmöglich ist und dieser glaubhaft gemacht wird. Eine **Ersatzeinreichung** auf konventionellem Weg bleibt dann möglich (das elektronische Dokument ist freilich regelmäßig nachzureichen), § 130d Satz 2-3 ZPO n.F.

Dennoch sollte über eine **redundante Datenleitung** nachgedacht werden.[322] Hierzu werden bereits für wenig Geld leistungsfähige Datenflatrates im **Mobilfunknetz** angeboten. Die Güte der Verbindung ist regional sehr unterschiedlich zwischen den beiden D-Netzen und dem E-Netz. Überprüfen Sie die Qualität und Geschwindigkeit der Verbindung an Ihrem Standort vor dem Vertragsschluss.

Als positiver Nebeneffekt ermöglicht eine solche Datenflatrate im Mobilfunknetz dann natürlich auch die Arbeit mit dem beA von **unterwegs**; hierzu kann auch von Seiten des nutzenden Rechtsanwalts ein **Softwarezertifikat** eingesetzt werden – die Nutzung eines Softwarezertifikats ist nicht auf die Mitarbeiter beschränkt.

---

[322] Dies berichtet aus der Praxis auch *Schafhausen* ASR 2015, 181, 182.

b. Scanner

Da – selbst wenn überwiegend elektronisch gearbeitet wird – jedenfalls von Seiten der **Mandantschaft** evtl. noch potentielle Anlagen in **Papierform** dargebracht werden, wird auch mittelfristig für die Übersendung an das Gericht ein **Scanner** benötigt. Häufig können auch moderne Kopierer bereits scannen. Hierfür ist dann (sofern nicht bereits vorhanden) nur eine Netzwerkanbindung des Kopierers nötig.[323]

Bei der **Auswahl des Scanners** ist vor allem auf drei Merkmale:

- Die in der gewünschten Qualität gescannten Dateien müssen von der Scan-Software ausreichend **komprimiert** werden, d.h. die Dateigröße muss möglichst gering sein. Dies hat zwei Vorteile: Erstens kann man zwischen den Dateien schneller „blättern", weil die Ladezeiten bei kleinen Dateien geringer sind. Zweitens ist derzeit die maximale Nachrichtengröße bei der Nutzung von beA auf 60 MB beschränkt.

- Die Qualität der **Texterkennung** („OCR") der Scansoftware muss ausreichend sein. Viele „Mehrwerte" eines elektronischen Dokuments (Volltextsuche, Copy&Paste etc.) erschließen sich erst über die Texterkennung. Ist die Texterkennung schlecht, d.h. werden bspw. häufig einzelne Buchstaben nicht erkannt, funktioniert auch die Volltextsuche nicht. Weder bei Ihnen, noch beim Empfänger der Nachricht. Die Texterkennung ist gem. § 2 Abs. 1 ERVV **Formerfordernis**.

- Im Interesse der Scan-Mitarbeiter ist schließlich, dass der Scanner die Dokumente mit einer adäquaten **Geschwindigkeit** einzieht und verarbeitet. Der Scanner sollte hierzu mit möglichst umfangreichem Mehrfachblatteinzug ausgestattet sein. Auf keinen Fall kommen also die früher gebräuchlichen Flachbettscanner, auf die jeweils nur ein Blatt gelegt werden konnte, in Betracht. Zudem sollte der Einzug mit einer vertretbaren Geschwindigkeit geschehen. Viele Scanner – vor allem Multifunktionsgeräte, die auch gleichzeitig drucken und faxen – sind für den Consumer-Markt, nicht für den professionellen Einsatz, gebaut. Sie sind nicht nur langsam, sondern die Mechanik ist auch defektanfällig, wenn sie häufig genutzt wird. Die Hersteller bieten daher Übersichten darüber, welches Gerät für welches Scanvolumen empfohlen wird. Ferner kann die Geschwindigkeit auch softwareseitig begrenzt sein; bspw. bei Nutzung einer sehr langsamen Texterkennung.

---

[323] *Schafhausen* ASR 2015, 181, 184.

c. Digitales Telefax

Das Telefax ist im elektronischen Rechtsverkehr natürlich Technik von gestern. Fast schon aus Gewohnheit halten Juristen aber auch weiterhin am **Telefax** fest. Dies liegt insbesondere an seiner Privilegierung bei der Schriftform.[324]

Um zusätzlichen Scanaufwand zu vermeiden, sollte hinterfragt werden, ob es sich (finanziell) lohnt, sich vom klassischen Fax-Gerät zu verabschieden und Telefaxe direkt auf einem Computer zu empfangen (**Computerfax**). Zwar bleibt das Telefax eine letztlich analoge Technik, fehleranfällige und datenschutzrechtlich bedenklich Technik mit schlechter Darstellungsqualität; jedenfalls ist aber ein Empfang als Datei möglich. Das Fax wird hierzu direkt bei seinem Empfang digitalisiert („gerendert"). Die Weiterverarbeitung wird damit deutlich erleichtert.

Evtl. ermöglicht Ihnen schon Ihr **Kopierer oder Scanner** diese Technik; dann ist gar keine weitere Investition erforderlich. Für die Weiterbearbeitung der Faxe gilt dann dasselbe wie für das Scanning.

d. Netzwerk- und Speicherinfrastruktur

Die Vernetzung der IT-Infrastruktur in Kanzleien ist mittlerweile selbstverständlich. Ebenso selbstverständlich ist, dass die **Netzwerkplanung** an den Anforderungen orientiert sein muss. Hierbei dürfte vor allem zu beachten sein, dass durch Scanning und elektronischen Rechtsverkehr die Datenmengen zunehmen. Dies belastet das Netzwerk an sich und auch die **Speicherkapazitäten**.

Das Netzwerk und der Datenspeicher das technische Rückgrat der Kanzlei. Es empfiehlt sich schon bei kleineren Hilfen hierzu professionelle Hilfe in Anspruch zu nehmen, bspw. um eine unterbrechungsfreie **Stromversorgung** oder vor allem die **Datensicherung** zu planen.

Zwingend ist die Einhaltung von **IT-Sicherheitsvorgaben**. Die Datenhaltung in einer Cloud verbietet sich daher regelmäßig, sofern sie nicht professionell abgesichert ist. Beachten Sie hierzu vor allem, dass auch moderne Office-Software und auch einige Betriebssysteme so

---

[324] Siehe oben B III 1 c.

konfiguriert sind, dass automatisch Dokumente (auch) in eine Cloud verschoben werden.

Gleiches gilt auch für die Planung von **Firewalls und Virenschutz**. Hier muss Ihre Infrastruktur auf dem neuesten Stand sein. Die Folgen von Nachlässigkeit an dieser Stelle können existenzbedrohend werden.

e. Signatur-Terminals

Signatur-Terminals („**Chipkarten-Lesegeräte**") sind für ein komfortables Arbeiten an jedem Arbeitsplatz nötig, an dem ein Mitarbeiter oder Rechtsanwalt mit Signaturkarte tätig wird.

Pro Kanzlei sollten mindestens **zwei** Signatur-Terminals vorhanden sein, um einen Defekt abdecken zu können.

Es sollte ein Signatur-Terminal beschafft werden, das auch für die Anbringung einer qualifizierten elektronischen Signatur zugelassen ist (mindestens HBCI-Klasse 2). Diese sind daran zu erkennen, dass sie über eine eigene Tastatur zur PIN-Eingabe verfügen.[325]

Einige – nicht alle – Geräte sind auch geeignet, die Identifizierungsfunktion des **neuen Personalausweises** auszulesen. Da hierzu in Zukunft Anwendungen zu erwarten sind, könnte diese Funktion eine Kaufentscheidung darstellen.

---

[325] Siehe auch http://bea.brak.de/was-braucht-man-fur-bea/chipkarte-und-kartenlesegeraet/

III. Besonderheiten des beA

Mit dem besonderen elektronischen Anwaltspostfach (beA) gemäß §§ 130a Abs. 4 Nr. 2 ZPO, 31a BRAO n.F. wird dem bisher etablierten ERV-Kanal EGVP ein weiterer Strang hinzugefügt. Aufbauend auf der **EGVP-Infrastruktur** erhalten alle Rechtsanwälte aufgrund ihrer Zulassung, kraft Gesetzes, ein persönliches, sicheres elektronisches Postfach.

1. Bindung des beA an die Person des Rechtsanwalts

Die Existenz des beA ist streng an das Vorliegen der Voraussetzungen des § 31a Abs. 1 S. 1 BRAO gebunden. Das beA ist deshalb unmittelbar mit dem Bestehen der **anwaltlichen Zulassung** verknüpft. Nach Widerruf der Zulassung oder Tod des Rechtsanwalts wird daher das Postfach zunächst deaktiviert und nach Ablauf einer angemessenen Zeit gelöscht (§ 31a Abs. 4 BRAO). Ein deaktiviertes Postfach ist für eingehende Nachrichten nicht zu erreichen.

a. Besonderheiten bei Rechtsanwaltsgesellschaften

Eine Besonderheit besteht ferner hinsichtlich **Rechtsanwaltsgesellschaften**: § 59 I BRAO verleiht der Rechtsanwaltsgesellschaft die Prozess- und Postulationsfähigkeit. Dies geschieht vor dem Hintergrund, dass die Rechtsanwaltsgesellschaft nicht nur ein Instrument gemeinsamer Berufsausübung ist, sondern selbst rechtsbesorgend tätig wird, nämlich durch ihre Organe und die durch diese bevollmächtigten Personen. Die Rechtsanwaltsgesellschaft kann sowohl als Verfahrensbevollmächtigter als auch als Prozessbevollmächtigter beauftragt und dementsprechend tätig werden. Da die Postulationsfähigkeit grundsätzlich Prozessfähigkeit voraussetzt, erklärt § 59 I BRAO die Rechtsanwaltsgesellschaft für **prozessfähig**. Nicht der einzelne Anwalt, sondern die GmbH wird mandatiert und erbringt die anwaltlichen Dienstleistungen. Gleichwohl ist die Postulationsfähigkeit von derjenigen abhängig, die der für die Rechtsanwaltsgesellschaft vor Gericht auftretende Vertreter hat. Der für die Gesellschaft auftretende Rechtsanwalt braucht nicht gesondert bevollmächtigt zu werden.[326] Auch wenn Zustellungen an eine Rechtsanwaltsgesellschaft grundsätzlich nach

---

[326] *Feuerich/Weylandt*, Bundesrechtsanwaltsordnung, 9. Auflage 2016 m. w. N.

den Vorschriften über die Zustellung an eine GmbH (§ 170 ZPO) zu erfolgen haben, spricht die Vorschrift des § 59 I Satz 3 BRAO und die Entscheidung des Gesetzgebers für ein personenbezogenes beA deshalb eher dafür, dass Zustellungen an die **einzelnen Anwälte** einer Rechtsanwalts-GmbH mittels beA möglich sind und nicht grundsätzlich verweigert werden können. Jedenfalls möglich ist aber die Zustellung an das beA-Postfach des **GmbH-Geschäftsführer**s, weil dieser gem. § 59f BRAO Rechtsanwalt sein muss und gem. § 170 Abs. 1 ZPO stets zustellungsbevollmächtigt ist.

b. Bestehen des Postfachs

Die Deaktivierung des Postfachs erfolgt, sobald der entsprechende Eintrag im **Gesamtverzeichnis** nach § 31 BRAO durch die jeweilige Rechtsanwaltskammer gelöscht wird. Eine besondere Mitteilung an die Bundesrechtsanwaltskammer ist bei Widerruf der Zulassung oder Tod eines Rechtsanwalts nicht erforderlich. Ein schlichter **Kammerwechsel** hat dagegen für das beA keine Bedeutung. Auch eine Mitteilung hierüber an die BRAK als beA-Betreiber ist nicht notwendig.[327]

c. „passive Nutzungspflicht"

§ 174 Abs. 3 ZPO erlaubt die elektronische Übermittlung an Personen, an die **gegen Empfangsbekenntnis** zugestellt werden darf (§ 174 Abs. 1 ZPO) Sie ist daher auch zulässig und wirksam, wenn diese Personen zwar über ein den Anforderungen entsprechendes elektronisches Postfach verfügen, gegenüber dem Gericht aber tatsächlich gar keine elektronische Kommunikation betreiben – und eigentlich auch nicht betreiben wollen (sog. *initiativer elektronischer Rechtsverkehr*).

Gleiches gilt für andere Verfahrensbeteiligte (bspw. auch natürliche Personen), wenn sie der Übermittlung elektronischer Dokumente **ausdrücklich zugestimmt** haben.

Aus § 174 Abs. 3 ZPO ergibt sich also eine **prozessrechtliche passive Nutzungspflicht**.

---

[327] Quelle zu gesamten Komplex: Hinweise der BRAK im Internet: bea.brak.de.

aa. „passive Nutzungspflicht" des beA
Grundsätzlich gelten gem. **§ 31a Abs. 6 BRAO** die gleichen Regelungen auch für das besondere elektronische Anwaltspostfach (beA), mit der Besonderheit, dass alle Rechtsanwälte aufgrund ihrer Zulassung, kraft Gesetzes – also nicht willensgetragen wie bei EGVP -, ein persönliches elektronisches Postfach erhalten. Zwar müssen sich die Rechtsanwälte individuell für das Postfach freischalten, das Postfach ist aber – unabhängig von dieser Freischaltung – faktisch durch die Gerichte adressierbar und im Adressbuch auffindbar.

Neben die prozessrechtliche passive Nutzungspflicht des § 174 Abs. 3 ZPO tritt deshalb für die Rechtsanwaltschaft noch zusätzlich eine **berufsrechtliche passive Nutzungspflicht**, die wiederum konkret auf das beA ausgerichtet ist.

bb. „passive Nutzungspflicht" bei Ausfall des beA
Ebenso wie bei allen anderen Übermittlungswegen, ist auch bei den elektronischen Übermittlungswegen und damit auch beim beA ein (vorübergehender) Ausfall der Technik denkbar. Hinsichtlich der Rechtsfolgen ist zu differenzieren zwischen einem Ausfall auf Seiten des Betreibers und einem Ausfall auf Seiten des Nutzers.

(1). Ausfall des beA auf Seiten des Betreibers
Im Falle eines vorübergehenden **Ausfalls des beA auf Seiten des Betreibers** (der BRAK und ihrer Dienstleister) besteht für Rechtsanwältinnen und Rechtsanwälte keine Pflicht, sich kurzfristig um einen anderen sicheren Übermittlungsweg zu bemühen.

Der **standesrechtlichen passiven Nutzungspflicht** gem. § 31a Abs. 6 BRAO genügt ein Rechtsanwalt bereits, wenn er alles Erforderliche veranlasst hat, um sein beA in Betrieb nehmen zu können. Steht das System nicht zur Verfügung, hat (und kann) er es auch nicht (passiv) zu nutzen:

„(6) Der Inhaber des besonderen elektronischen Anwaltspostfachs ist verpflichtet, die für dessen Nutzung erforderlichen technischen Einrichtungen vorzuhalten sowie Zustellungen und den Zugang von

Mitteilungen über das besondere elektronische Anwaltspostfach zur Kenntnis zu nehmen."

Schwieriger zu beurteilen ist die **prozessrechtliche Frage**, genauer die im Zustellungsrecht geschaffene Pflicht, einen sicheren Übermittlungsweg vorzuhalten, § 174 Abs. 3 Satz 4 ZPO. An der normativen Verpflichtung bestehen angesichts des Wortlauts des § 174 ZPO keine Zweifel:

> „(3) An die in Absatz 1 Genannten kann auch ein elektronisches Dokument zugestellt werden. [...] Die in Absatz 1 Genannten haben einen sicheren Übermittlungsweg für die Zustellung elektronischer Dokumente zu eröffnen."

Im Gegensatz zu § 31a BRAO bezieht sich § 174 Abs. 3 ZPO auch gerade nicht ausschließlich auf das beA, sondern auf sämtliche sicheren Übermittlungswege gem. § 130a Abs. 4 ZPO; also auch auf die allgemein zugängliche **De-Mail**.

Fraglich ist aber, welche Folge die Nichtbeachtung des Normbefehls des § 174 Abs. 3 Satz 4 ZPO hat. In Betracht käme, ihn lediglich als **sanktionslose Ordnungsvorschrift** anzusehen. Der drohende "worst case" für die betroffenen Rechtsanwälte , die ja ebenso wie der Gesetzgeber auf die Funktionsfähigkeit des beA vertraut hatten, und Hauptgrund ihrer Sorge wäre es aber, in ihm eine echte Mitwirkungspflicht im Zustellungsrecht zu sehen, deren Nichtbeachtung als **Zustellungsvereitelung** betrachtet werden könnte, mit der Folge, dass die (dann ja faktisch gar nicht mögliche) Zustellung als bewirkt anzusehen wäre. Aufgrund der Herleitung der Zustellungsvereitelung aus Treu und Glauben ist sie ebenso schwer fassbar, wie die zukünftige Rechtsprechung hierzu einschätzbar ist. Sehr naheliegend wäre diese Annahme nicht: Jedenfalls Arglist dürfte dem einzelnen Rechtsanwalt bei einem betreiberseitigem Ausfall des beA nicht vorzuwerfen sein. Es spricht daher vieles dafür, die Pflicht zur Eröffnung eines sicheren Übermittlungswegs jedenfalls gegenüber der Rechtsanwaltschaft **teleologisch** dahingehend **zu reduzieren**, dass lediglich die Verpflichtung besteht, alles Erforderliche zu tun, um **mittels beA** erreichbar zu sein. Eine Verpflichtung, sich auch um einen weiteren sicheren

Übermittlungsweg als Ausfallreserve zu bemühen – hier ist insbesondere an die De-Mail zu denken – besteht dagegen nicht.[328]

(2). Ausfall des beA auf Seiten des Nutzers
Anders ist die Sachlage allerdings bei **einem Ausfall des beA auf Seiten des Nutzers** (des Rechtsanwalts), bspw. wegen eines dort bestehenden IT-Problems o.ä. zu beurteilen. *De lege ferenda* greift ab der aktiven Nutzungspflicht des beA in diesem Fall § 130d ZPO mit der Möglichkeit einer Ersatzeinreichung. Gegenwärtig bei nur passiver Nutzungspflicht besteht lediglich die Pflicht ggf. andere verfügbare, ggf. auch konventionelle Übermittlungswege (EGVP, Telefax, Bote) zu nutzen. Besteht keine zumutbare Möglichkeit der (fristwahrenden) Einreichung auf einem **alternativen Übermittlungsweg**, handelt es sich um einen Fall der **Wiedereinsetzung** in den vorigen Stand nach den allgemeinen Vorschriften.

Im Ergebnis gelten daher folgende Schlussfolgerungen hinsichtlich der **Verpflichtungen des Nutzers**:[329]

- Das beA muss vom Rechtsanwalt **beherrscht** werden. Dies umfasst eine sachgerechte und haftungssichere Einbindung des beA in die Kanzleiorganisation, die notwendige Aus- und Fortbildung für die Nutzung und die Vorplanung für einen Supportfall.
- Die **Adressierung** muss korrekt sein.
- Die zum Betrieb des beA erforderlichen **technischen Einrichtungen** müssen vorgehalten werden. Dies betrifft die Hardwareausstattung und auch einen hinreichenden Internetzugang.
- Auch für das beA wird die **Rechtzeitigkeitsrechtsprechung** gelten. Hier ist insbesondere die Uploadgeschwindigkeit des lokal verfügbaren Internetzugangs zu beachten.
- Es besteht eine **Kompensationspflicht**. Scheitert die Übermittlung, sind Alternativen zu erwägen. Zu den Alternativen zählen elektronische Alternativen (EGVP, De-Mail) oder konventionelle Alternativen (Telefax, Bote). Es besteht keine Verpflichtung des Rechtsanwalts einen weiteren elektronischen Übermittlungsweg neben dem beA als Ausfallsicherheit bereit zu halten.

---

[328] Vgl. BVerfG, Beschl. v. 7. April 1997 – Az. 1 BvL 11/96.
[329] *Kulow*, BRAK-Mitteilungen 2019, 2.

- Derzeit offen ist, inwieweit eine **Beobachtungspflicht** für das EGVP-Netz angenommen werden wird. Empfehlenswert ist es dennoch den entsprechenden Newsletter, der über Ausfälle per E-Mail informiert, unter www.egvp.de zu abonnieren und die Meldungen ggf. auch zu speichern, um einen Ausfall glaubhaft machen zu können.

d. beA und ein Kanzleiwechsel

Zu den anhängigen Verfahren führen die Gerichte Adressdatenbanken, aus denen die Justizfachverfahren bspw. auch das Rubrum für Urteile und Beschlüsse erstellen. Hier ist selbstverständlich die Kanzlei – nicht der einzelne Rechtsanwalt – mit ihrer postalischen Adresse hinterlegt. Erst dahinterliegend – gewissermaßen als **Ansprechpartner** oder Sachbearbeiter – und in der täglichen Bearbeitung der Akte nicht zwingend sichtbar werden die einzelnen, personenbezogenen beA-IDs geführt.

Zum einzelnen Verfahren wird dann diese beA-ID zugeordnet, wenn dem Gericht der bearbeitende Rechtsanwalt bekannt wird. Dies ist regelmäßig der **Unterzeichner der Klageschrift** oder der Klageerwiderung, wenn keine anderweitige Mitteilung gemacht wird.

Wechselt nun der das Verfahren bearbeitende Rechtsanwalt die Kanzlei kommt es für die weitere Zustellung über das beA darauf an, ob er das konkrete Mandant mit in sein neues Beschäftigungsverhältnis nimmt oder, ob es in der ursprünglichen Kanzlei verbleibt.

aa. Kanzleiwechsler nimmt das Mandat mit

Für den Fall, dass der die Kanzlei wechselnde Rechtsanwalt das Mandat in sein neues Beschäftigungsverhältnis mitnimmt und dort das Verfahren weiterbearbeitet, stimmt weiterhin seine beA-ID, denn diese ändert sich durch den Kanzleiwechsel nicht. Es muss lediglich – wie bisher – die **neue postalische Anschrift** und der Name der neuen Kanzlei mitgeteilt werden, damit bei der Entscheidung das Rubrum die richtigen Bezeichnungen enthält.

bb. Das Mandat bleibt in der bisherigen Kanzlei

Wenn allerdings das Mandat – was der Regelfall sein dürfte – in der bisherigen Kanzlei verbleibt, sind für das beA Besonderheiten zu beachten: Da der nun nicht mehr zuständige Rechtsanwalt seine **beA-ID behält**, würden Zustellungen des Gerichts nunmehr stets an ihn erfolgen, nicht mehr an den neuen zuständigen Rechtsanwalt der bisherigen Kanzlei.

Die bisher zuständige Kanzlei muss daher – in eigenem Interesse – nach dem Kanzleiwechsel des bisher zuständigen Rechtsanwalts unverzüglich **in jedem einzelnen Verfahren** den neuen Bearbeiter einschließlich seiner beA-ID anzeigen. Diese Mitteilung kann selbstverständlich über das beA erfolgen und muss nicht qualifiziert elektronisch signiert werden, weil es sich nicht um eine schriftformbedürftige Erklärung handelt.

Um der anwaltlichen Verschwiegenheit zu genügen, muss natürlich **auch der Kanzleiwechsler** Fehlzustellungen anzeigen.

Praxistipp:

Die bisher zuständige Kanzlei muss nach dem Kanzleiwechsel des bisher zuständigen Rechtsanwalts <u>unverzüglich in jedem einzelnen Verfahren</u> den neuen Bearbeiter einschließlich seiner beA-ID anzeigen.

2. beA und die Anwaltshaftung

Mit der Nutzung des elektronischen Rechtsverkehrs an sich, sind keine besonderen **Haftungsrisiken** verbunden. Selbst bei der umstrittenen De-Mail kann sich der Verwender darauf berufen, dass es der Gesetzgeber war, der sich für einen bestimmten Übermittlungsweg entschieden hat.

Haftungsrisiken befinden sich daher zunächst nicht im System selbst, wohl aber möglicherweise in der Person des oder der Anwender:[330]

a. beA und die qualifizierte elektronische Signatur

Das beA wurde unter der These erdacht, dass dem elektronischen Rechtsverkehr bislang unter anderem der Durchbruch verwehrt geblieben ist, weil dessen Bedienung zu schwierig gewesen sei. Als Hürde wurde insoweit vor allem die qeS ausgemacht. Ein Vorteil des beA ist deshalb, dass für Dokumente, die hierüber übermittelt werden, auf die Anbringung der qualifizierten elektronischen Signatur verzichtet werden kann (nicht muss). Die Schriftform wird bereits gewahrt, wenn der Schriftsatz eine einfache Signatur (d.h. die – auch maschinenschriftliche – Wiedergabe des Namens) trägt und er über das beA übertragen wird. Ob ein Rechtsanwalt aber gut beraten ist, nur wegen dieser wenigen Sekunden Zeitvorteil auf die qeS zu verzichten, muss er selbst entscheiden, denn gleichzeitig verschenkt er die weiteren **Vorteile der Signatur**; die eindeutige Identifikation und den Manipulationsschutz.

Im Übrigen ist diese Schriftformerleichterung auch in der Kanzleiorganisation abzubilden. Sie gilt nämlich nur dann, wenn die verantwortende Person – der Rechtsanwalt – selbst, d.h. höchstpersönlich, den Versendprozess vornimmt. Er darf ihn nicht dem Sekretariat überlassen – andernfalls ist auch weiterhin die qualifizierte elektronische Signatur erforderlich.

Zudem enthielt das eJustice-Gesetz in Art. 26 Abs. 1 eine gut versteckte Falle: Während das beA ab 1. Januar **2016** bereit steht, trat die Formerleichterung des § 130a Abs. 4 Nr. 2 ZPO – also die Möglichkeit auf die qeS zu verzichten – erst ab 1. Januar **2018** in Kraft. Es steht nicht zu

---

[330] Einen hervorragenden Überblick geben *Brosch/Sandkühler*, NJW-Beilage 2016, 94 ff.

hoffen, dass die Unkenntnis dieser Vorschrift einen Wiedereinsetzungsantrag rechtfertigen wird.

Die bisherige **Unterschriftenkontrolle**, d.h. die durch das Sekretariat vorgenommene Kontrolle, ob der Schriftsatz unterzeichnet ist, wandelt sich damit in eine Signaturkontrolle. Diese kann auch weiterhin zuverlässigen Bürokräften überlassen werden. [331] Im Wiedereinsetzungsfall wird nun aber nicht nur nachzuweisen sein, dass der konkrete Mitarbeiter zuverlässig war, sondern auch, dass er hinreichend in Kenntnis gesetzt war, wie das Vorliegen der ja nicht ohne Weiteres sichtbaren Signatur zu überprüfen war, und dass er die hierfür notwendige Software zu bedienen in der Lage war. Sinnvoll ist es, schon zur Individualisierung des konkreten Mitarbeiters, auch die Mitarbeiterrollen zu personalisieren, so dass der Workflow und die einzelnen Arbeitsschritte im Nachgang nachweisbar zuzuordnen sind. Das beA-System lässt dies zu.

---

[331] Vgl. BGH, Urteil vom Beschluss vom 23-11-1988 - VIII ZB 31/88; *Brosch/Sandkühler*, NJW-Beilage 2016, 94.

b. Versand unzulässiger Dateiformate / Eingangsfiktion gem. § 130a Abs. 6 ZPO

Gem. § 2 Abs. 1 ERVV die gem. § 5 ERVV erlassenen ERVB schreiben für den elektronischen Rechtsverkehr bestimmte Dateiformate vor. Fehler können schlimmstenfalls die **Unzulässigkeit** des Rechtsbehelfs nach sich ziehen.

Gem. § 130a Abs. 2 ZPO muss das elektronische Dokument muss für die Bearbeitung **durch das Gericht geeignet sein**. Diese Voraussetzung ist bei PDF-Dateien grundsätzlich gegeben. Jedoch könnte die so übersandte Datei aus anderen Gründen (Virenbefall, Kennwortschutz ohne bekanntgegebenes Kennwort, technische Defekte etc.) nicht zu öffnen sein.

Für diesen Fall trifft **§ 130a Abs. 6 ZPO** eine Regelung, die den allgemeinen Vorschriften über die Wiedereinsetzung in den vorigen Stand vorgeht (**Eingangsfiktion**):

Ist ein elektronisches Dokument für das Gericht zur Bearbeitung nicht geeignet, ist dies dem Absender unter Hinweis auf die Unwirksamkeit des Eingangs und auf die geltenden technischen Rahmenbedingungen unverzüglich mitzuteilen. Das Dokument gilt als zum Zeitpunkt der früheren Einreichung eingegangen, sofern der Absender es unverzüglich in einer für das Gericht zur Bearbeitung geeigneten Form nachreicht und glaubhaft macht, dass es mit dem zuerst eingereichten Dokument inhaltlich übereinstimmt.

Aus der Vorschrift folgt, dass die unverzügliche Möglichkeit der nochmaligen Einreichung regelmäßig erst dann erforderlich ist, wenn das Gericht einen Hinweis auf die Nichtbearbeitbarkeit gegeben hat.

Siehe zu den Voraussetzungen der Eingangsfiktion im Einzelnen **S. 125**.

c. Nachweis der erfolgreichen Versendung

Für die elektronische Postausgangskontrolle zeichnet sich ab, dass die Rechtsprechung vor allem verlangt, dass der Erhalt der Eingangsbestätigung gem. § 130a Abs. 5 Satz 2 ZPO kontrolliert wird. [332] Die über das beA versandte Nachricht lässt sich – einzeln – aus dem beA-Webclient exportieren. Die dadurch erzeugte .zip-Datei dient dem Nachweis des erfolgreichen Versands, einschließlich Nachweisen über den versandten Inhalt (die übersandte Datei ist enthalten), den Versandzeitpunkt (die Eingangsbestätigung des Gerichts befindet sich in der Datei „x_export.html") und eine gültige qualifizierte elektronische Signatur, sofern erforderlich. Die vom beA erstellte .zip-Datei ist mit einer fortgeschrittenen elektronischen Signatur gegen unbemerkte Veränderung geschützt, so dass ein hoher tatsächlicher **Beweiswert** gesichert ist:

Praxistipp: Vorsicht vor allem, aber nicht nur, bei Ausreizung von Fristen

Das LAG zu Recht auf, dass die Verfahrensbeteiligten bei Ausreizung der Frist nicht erwarten können, dass eine richterliche Beurteilung und ein entsprechender Hinweis noch innerhalb der Frist erfolgt.

Dem Hessischen LAG ist daher zuzustimmen: Es gibt keinen Automatismus für eine Wiedereinsetzung bei Formfehlern im elektronischen Rechtsverkehr. Die Rechtsprechung bezieht sich insoweit nicht nur auf die Verwendung der Containersignatur, sondern auf sämtliche Fehler bei der Anwendung der ERVV.

---

[332] So auch LArbG Schleswig-Holstein v. 19.09.2019 - 5 Ta 94/19 mit zust. Anm. *Müller*, NZA-RR 2019, 659 f.

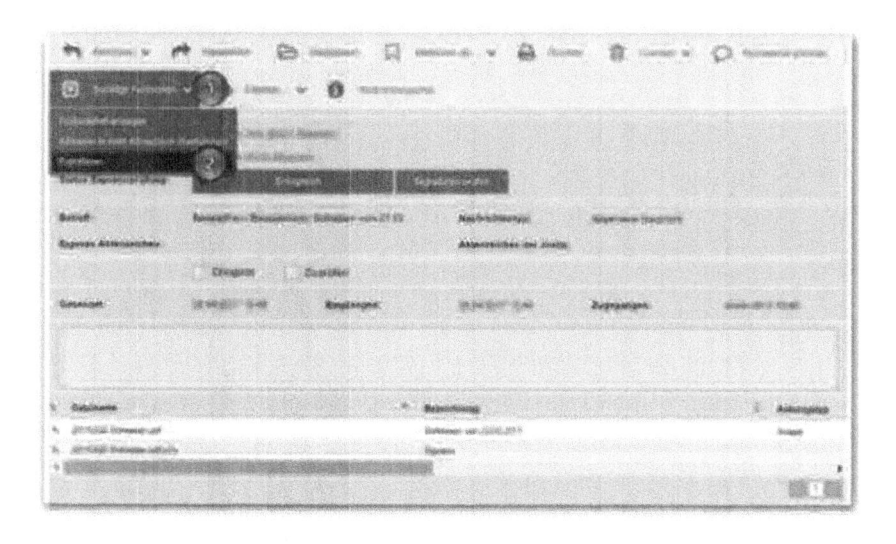

Quelle: beA-Newsletter 50/2017; mit freundlicher Genehmigung der BRAK.

---

[333] Siehe auch beA-Newsletter 2/2017 und 27/2019.

3. Abgabe elektronischer Empfangsbekenntnisse beim beA

Die Abgabe eines eEB im beA-Webclient zur Entgegennahme einer Zustellung ist bei richtiger Bedienung schnell und einfach zu bewerkstelligen.

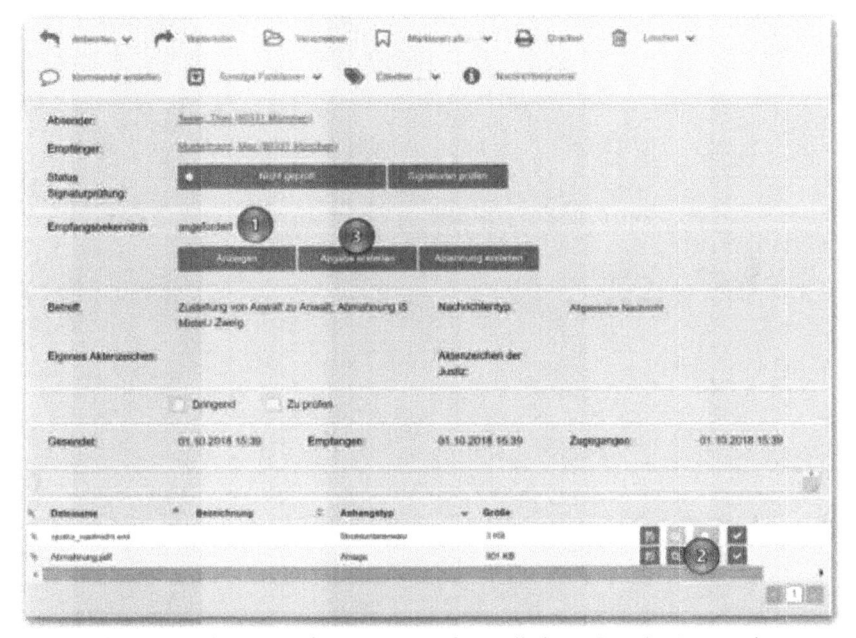

Quelle: beA-Newsletter 20/2018 – mit freundlicher Genehmigung der BRAK.

Bei angefordertem eEB ist unter (1) das Wort „angefordert" zu sehen. Unter (2) kann das zugestellte Dokument eingesehen werden. Durch Druck auf die **Schaltfläche „abgeben"** (3) kann das eEB erzeugt werden.

Auch beim eEB kann das **Zustellungsdatum** im Rahmen des prozess- und berufsrechtlichen Rahmens für die Mitwirkung an der Zustellung gegen Empfangsbekenntnis gewählt werden (1).

Ist der Rechtsanwalt selbst im beA angemeldet, kann er das eEB sofort versenden (1). Soll das eEB über das Sekretariat versandt werden, muss es vom Rechtsanwalt **qualifiziert elektronisch signiert** werden (A). Obschon die prozessrechtliche Notwendigkeit hinterfragt werden kann, sieht der beA-Webclient eine andere Möglichkeit nicht vor; die entsprechende Schaltfläche ist bis zur Anbringung der qeS durch den Rechtsanwalt **ausgegraut**.

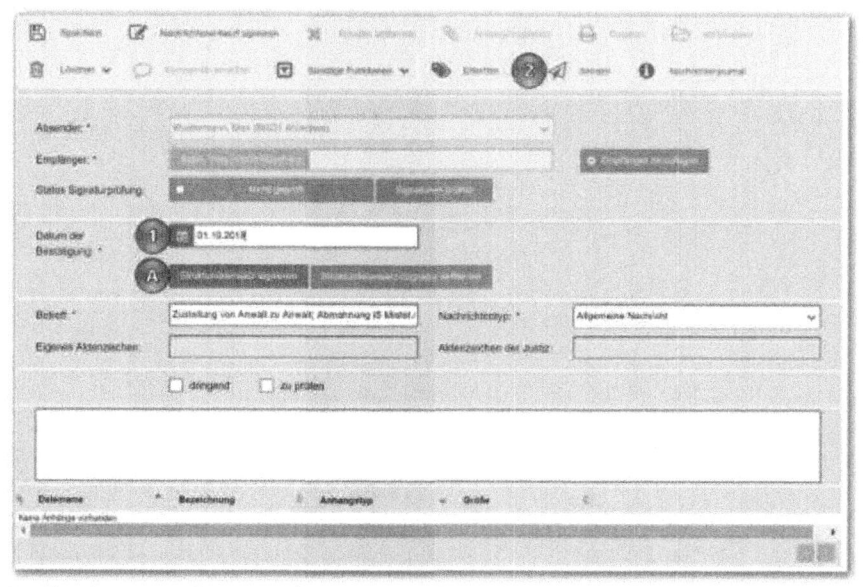

Quelle: beA-Newsletter 20/2018 – mit freundlicher Genehmigung der BRAK.

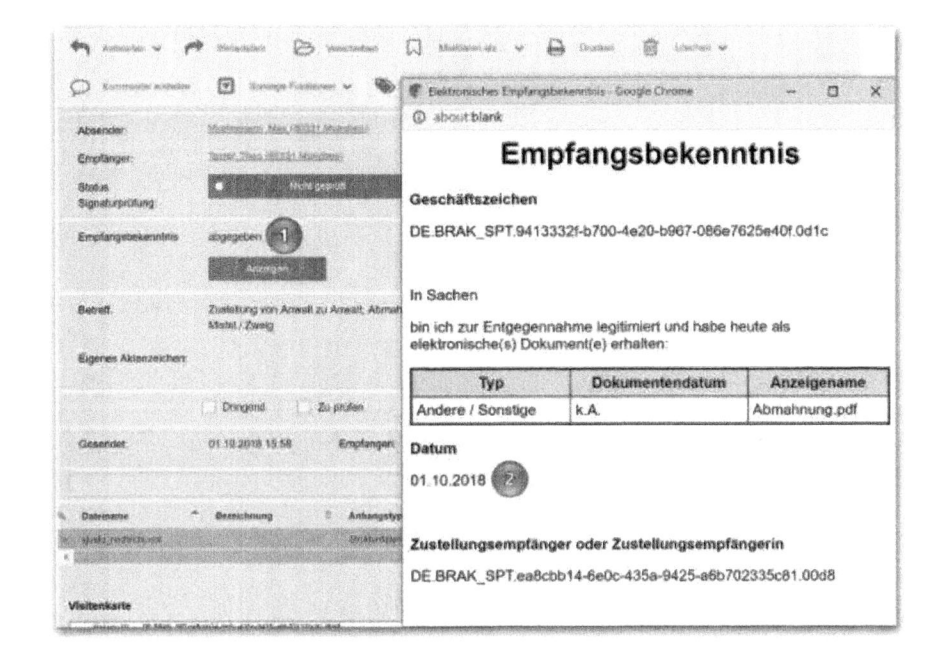

Das abgegebene Empfangsbekenntnis kann auch vom Zustellungsempfänger nochmals **eingesehen** werden (1). Der an das Gericht übersandte Strukturdatensatz im XML-Format nach dem xJustiz-Standard wird hierzu mittels eines Stylesheets in eine „menschenlesbare" Form übersetzt. Da das Gericht das identische Stylesheet einsetzt, entsprechen sich die Darstellungen im beA-Client und beim Gericht.

Weder erforderlich noch sinnvoll ist es, dieses „menschenlesbare" Empfangsbekenntnis nochmals an das Gericht zu senden. Es liegt dort automatisch vor.

Ein **häufiger Bedienungsfehler** beim Zustellungsempfänger liegt darin, sich das eEB anzeigen zu lassen (1), noch bevor ein Datum eingetragen wurde. Die Anzeige ergibt dann ein **widersprüchliches Ergebnis**: Es wird nämlich einerseits angezeigt, dass ein eEB abgeben wird, andersets, dass das Empfangsbekenntnis nicht abgegeben wird.

Quelle: beA-Newsletter 20/2018 – mit freundlicher Genehmigung der BRAK.

Wird dann ein solches widersprüchliches eEB (Beispiel auf der folgenden Seite) ausgedruckt und an das Gericht gesendet, muss dann mit den widersprüchlichen Angaben umgegangen werden.

Im Zweifel wird auch dann eine Heilung des **Zustellungsmangels**[334] gem. § 189 ZPO angenommen werden. Es ist aber nicht sichergestellt, dass das Gericht als **Zustellungsdatum** das auf dem (e)EB (formwidrig) eingetragene Datum annimmt, sondern evtl. auch das aus dem **Acknowledgment** ersichtlich Datum des tatsächlich Eingangs beim Zustellungsempfänger.

---

[334] Der Zustellungsmangel liegt im Verstoß gegen die in § 174 Abs. 3, 4 ZPO vorgesehene Form der Übersendung des eEB als strukturierter maschinenlesbarer Datensatz.

> Von :KANZLEI▓▓▓ Fax Nr. : 030▓▓▓▓ 04. Dez 2018 21:25 S2
> Elektronisches Empfangsbekenntnis Seite 1 von 1
>
> # Empfangsbekenntnis
>
> **Geschäftszeichen**
>
> L ▓▓▓▓
>
> Hessisches Landessozialgericht
>
> In Sachen
>
> ▓▓▓ ./. Kommunales Center für Arbeit, ▓▓▓ – Geschäftsbereich I
>
> ist mir eine Aufforderung zur Abgabe des Empfangsbekenntnisses für die Entgegennahme des/der elektronischen Dokumente(s)
>
> | Typ | Dokumentendatum | Anzeigename |
> |---|---|---|
> | Ausgangsschreiben | k.A. | Schriftsatz |
> | Beschluss | k.A. | PKH-Beschluss |
> | Beschluss | k.A. | k.A. |
>
> übermittelt worden
>
> **Das Empfangsbekenntnis wird nicht abgegeben, da**
>
> [   ]
>
> Zustellungsempfänger oder Zustellungsempfängerin
>
> ▓▓▓
>
> 4.12.18   ▓▓▓
>
> Rechtsanwältin
>
> Seite2/2--Empfangen 2018-12-04 21:31:38

Abbildung: Beispiel eines widersprüchlichen (e)EB, das nach Fehlbedienung per Fax an das Gericht zurückgesandt wurde. Der Zustellungsmangel wird gem. § 189 ZPO geheilt – möglicherweise mit Folgen für den Zustellungszeitpunkt.

I. Veränderung in der Praxis

Während in großen Anwaltskanzleien und Unternehmen Anweisungen an das Sekretariat ganz selbstverständlich per E-Mail oder verschlüsseltem Mobiltelefon gegeben werden, zücken die Mehrzahl der Richter auch im Jahr 2019 ebenso selbstverständlich noch ihre Füllfederhalter und verfügen an die Geschäftsstelle handschriftlich. Mit dem Gesetz zur Förderung des elektronischen Rechtsverkehrs („eJustice-Gesetz") [335] hat der Gesetzgeber aber die **digitale Zeitenwende** auch in der Justiz eingeläutet. Einige Justizfachverfahren erlauben bereits heute das elektronische Arbeiten auch am Richterarbeitsplatz mit einer elektronischen Doppelakte, einige Gerichte aber bereits mit führenden elektronischen Akten. Das folgende Kapitel zeigt die Auswirkungen von eJustice aus Sicht eines Gerichts und widmet sich insbesondere der Frage, wie sich dies auf die alltägliche richterliche Arbeitsweise unmittelbar auswirkt.

Aus Sicht des Gerichts spielt zunächst vor allem der elektronische Rechtsverkehr die bedeutsamste Rolle. Das eJustice-Gesetz verpflichtet alle Gerichte zur Entgegennahme elektronischer Posteingänge seit dem 1. Januar 2018, § 130a ZPO. Die Bereitstellung eines elektronischen Posteingangs erfüllt damit aus gerichtlicher Sicht bereits alle Anforderungen des eJustice-Gesetzes. Eine Änderung insbesondere der **richterlichen Arbeitsweise** wäre deshalb gar nicht erforderlich; man könnte schlicht mit den elektronischen Posteingängen verfahren, wie seit Jahrzehnten mit Telefax-Eingängen, sie nämlich ausdrucken und zur Akte nehmen – und im Postausgang konventionell kommunizieren.

Weder finanziell noch im Hinblick auf die Arbeitseffizienz am richterlichen Arbeitsplatz macht das aber Sinn. Nicht nur würden die Gerichte „zur **Druckstraße der Anwälte** und Behörde". Sie würden auch alle Vorteile verschenken, die mit dem Eingang elektronischer Posteingänge einhergehen. Man spricht insoweit von den sog. „Mehrwerten" der elektronischen (Doppel-)Akte.

---

[335] Gesetz zur Förderung des elektronischen Rechtsverkehrs mit den Gerichten, BR-Drs 500/13.

Um diese zu nutzen, müssen letztlich vier Bedingungen erfüllt werden:

- Der elektronische Rechtsverkehr sollte sowohl den gesetzlich vorgeschriebenen **Posteingang**, als auch den (freiwilligen) **Postausgang** nutzen.
- Die elektronischen Dokumente und die sie umgebenden Daten und Meta-Daten müssen **abgespeichert** werden.
- Die eingesetzte Hard- und Software muss es erlauben, diese gespeicherten Dokumente, Daten und Meta-Daten zweckmäßig zu sichten (**„Aktenviewer"**).

Die Anwender (bspw. die Richter) müssen in die Lage versetzt werden, die Vorteile der elektronischen Aktenbearbeitung für sich zu erschließen und hieraus **„Mehrwerte"** ziehen.

I. Die Mehrwerte der elektronischen (Doppel-)Akte

Die digitale Veränderung des Richterarbeitsplatzes zieht wie gezeigt tatsächliche und rechtliche Änderungen nach sich. Damit sich insbesondere die (unabhängige) Richterschaft, aber auch die weiteren Justizbediensteten auf diese Veränderung einlassen, muss deutlich sein, dass die Veränderung deutliche Vorteile bietet.

Diese **Vorteile der eAkte** bezeichnete die Literatur als die sog. „Mehrwerte". Um sich diese Mehrwerte zu erschließen ist zunächst ein Vergleich mit dem „Funktionsumfang" der Papierakte erforderlich. Daraus wird das „Mehr" an Funktionen der eAkte (oder auch der elektronische Doppelakte) erkennbar.

1. „Funktionen" der Papierakte

Die Papierakte hat einen unschlagbaren Vorteil – seit dem Säuglingsalter „arbeitet" jeder Mensch mit Büchern (zunächst aus Pappe oder Stoff, dann) aus Papier. Der Umgang ist einfach, schlüssig, intuitiv. Die **Haptik** ist gewohnt. Papier ist strahlungs- und absturzfrei, zumeist nicht virenversucht und nicht hintergrundbeleuchtet, daher augenfreundlich. Die Papierakte verfügt über gewohnte Orientierungspunkte (unterschiedliche Blattfarben, Post-Its), einzelne Aktenabschnitte mit Lesezeichen zum schnellen Hin- und Herschlagen, Markierungen sind nicht stets ratsam, aber faktisch möglich.

2. Was bietet die eAkte im Vergleich?

Die eAkte ist kein elektronisches Abbild der Papierakte. Sie ist ein anderes Arbeitsmittel. Verschiedene „Funktionen" der Papierakte stehen in Zukunft nicht mehr zu Verfügung, sie bietet aber andere Vorteile: Die Akte ist im **Volltext durchsuchbar**, sie ist am Bildschirm **strukturierbar** und sie ist ständig und überall **verfügbar** („**mobil**").

a. Strukturierung

Die Strukturierbarkeit der eAkte erschließt sich als greifbarster Vorteil der eAkte. Leicht bietet sich bspw. folgende Arbeitsweise an: Man „blättert" zunächst von Dokument zu Dokument (das ist anhand eines Inhaltsverzeichnisses, das die eAkte enthält, schnell) und markiert die

Dokumente, von denen man ausgeht, sie später noch einmal zu benötigen. Eine dreihundert Seiten starke Gerichtsakte schrumpft so schnell auf rund 50 Seiten zusammen, weil Übersendungsschreiben, Erinnerungen, Sachstandsanfragen, Ladungen etc. in der Sitzungsvorbereitung bereits auf den ersten Blick nicht mehr interessieren.

Noch besser ist es, diese Strukturierung bereits in der Dezernatsarbeit einzufügen. D.h. als neuer Schritt bei der Verfügung der Tagespost, wird das jeweilige Dokument als „in Zukunft noch **wichtig**" oder „**unwichtig**" eingestuft.

Durch eine gute **Vorarbeit der Serviceeinheit** ergibt sich ferner eine weitere semiautomatische Strukturierungsoption: Die Strukturierung der eAkte nach Dokumenten – Meta-Daten. So lässt sich die Akte mit je einem Mausklick nach Zeiträumen oder **Dokumentenersteller** bzw. – einreicher sortieren. Oder – und hier wird es noch interessanter – danach, welchen (groben) Inhalt das Dokument hat. Dieses Meta-Datum „**Anzeigename**" wird durch die Serviceeinheit im Rahmen der Post-Präsentation gepflegt und ist sowohl im Aktenbock als auch im Aktenviewer sichtbar. Es enthält bspw. Informationen darüber, ob es sich um einen Schriftsatz handelt oder um ein Gutachten. Auch inhaltlich kann man Dokumente weiter bestimmen – bspw. Dokumente mit medizinischem Inhalt gesondert ausweisen.

Folgende Dokumententypen sieht bspw. der **xJustiz-Standard** für **Schriftgutobjekte** vor:

- Eingangsschreiben,
- Klage / Antrag,
- Ausgangsschreiben,
- Anlage,
- Urteil,
- Beschluss,
- Verfügung,
- Vermerk,
- Protokoll,
- Fehlblatt,
- Zustellungsdokument,

- Gutachten,
- Technische Information,
- Andere / Sonstige.

Für die **tägliche Arbeit** in der Justiz, kann ausgehend von diesem Standard noch eine Erweiterung sinnvoll sein; evtl. auch durch eine weitere Bezeichnung des Dokuments mit einem zweiten Meta-Datum (bspw. „Medizin" als Kennzeichnung medizinischer Inhalte). Es gilt aber für Merkmale die der Filterung dienen sollen: Weniger ist mehr. Zum einen verringert eine zu feine Untergliederung wieder die Filtermöglichkeiten, weil dann jeweils zu wenige Dokumente unter eine Kategorie fallen, zum anderen erschwert eine zu feine Bezeichnung die Handhabung für die Stelle (im Gericht zumeist die Serviceeinheit oder auch die Post(eingangs)stelle oder Scanstelle), die mit der Vergabe der Dokumententypen betraut ist.

Ein **Beispiel** aus der Hessischen **Sozialgerichtsbarkeit** zeigt eine Möglichkeit für eine praktische Umsetzung hinsichtlich eingehender Dokumente:

_____**Schriftsatz**

eine genauere Beschreibung wird vorangestellt

Mit Schriftsatz wird jedes eingehende Schreiben eines Prozessbeteiligten (Kläger, Beklagter, Beigeladener bzw. deren Bevollmächtigte) bezeichnet, das nicht unter einen der nachfolgenden Punkte fällt.

Beispiele:
Klagebegründung Schriftsatz
Antragsbegründung Schriftsatz
Klageerwiderung Schriftsatz
Antragserwiderung Schriftsatz
Terminsverlegung Schriftsatz
Rücknahme Schriftsatz
Sachstandsanfrage Schriftsatz

Diese Liste kann beliebig erweitert werden.

Anlage zum	
Hier muss händisch ergänzt werden zu welchem Schriftsatz dies die Anlage ist. Es wird dabei gebeten hier die Art des Schriftstückes sowie das Datum anzuhängen.	
Beachte: „Anlage zum ..." wird nur genutzt, wenn nicht ein Stichwort unter Nr. 3 – 15 zutreffend ist.	
Beispiele:	
Anlage zum Schriftsatz vom 23.06.2014	
Anlage zum Befundbericht vom 24.06.2014	
Bescheid	
Widerspruchsbescheid	
Vollmacht	
PKH-Erklärung	
Akten	
„Akten" wird eingetragen für alle eingehenden Dokumente, die sich unmittelbar auf beigezogene Akten beziehen. Dies schließt die Aktenübersendung, Aktenrückgabe, sowie den Antrag auf Akteneinsicht usw. ein.	
Elektronisch übersandte Beiakten werden mit „Akten [Einsender]" bezeichnet und zusätzlich in die Beiaktenverwaltung übertragen (s. gesonderte Aneitung).	
Beispiele:	
Akten Beklagter	
Akten Staatsanwaltschaft	
Für alle anderen Fälle (bspw. Antrag auf Akteneinsicht, Aktenrückgabe) einfach nur:	
Akten	
Paketschein	

EB
ZU
Kostenrechnung
_____**Medizin**   eine genauere Bezeichnung wird vorangestellt.   Mit „Medizin" werden alle Dokumente mit medizinischem Inhalt bezeichnet.   Beispiele: **Befundbericht Medizin**   **Gutachten Medizin**   **Entlassungsbericht Medizin**
Schriftliche Zeugenaussage
S 17   *So ist die vom Beteiligten eingereichte Schweigepflichtsentbindungserklärung zu bezeichnen.*
Antrag auf Entschädigung

b. Kennzeichnung mit eKlebezetteln

Auch in der elektronischen Akte gibt es Klebezettel – sogar in verschiedenen Farben. Diese Klebezettel lassen sich auf dem Bildschirm frei positionieren und sind mit der einzelnen Dokumentenseite verknüpft. Sie verfügen über ein Freitextfeld, das entsprechend frei beschrieben werden kann oder das durch die Kopie eines Teils des markierten Schriftsatzes befüllt werden kann (copy & paste). Sogar Hyperlinks bspw. zu Zitaten in juristischen Datenbanken wie Juris, Jurion oder Beck-Online sind möglich. Hierzu wird die URL in einen hierfür vorgesehenen Teil des Klebezettels kopiert.

„Klebezettel" lassen sich auch fortlaufend oder strukturiert darstellen und erzeugen alleine hierdurch einen rudimentären **Aktenauszug**, der durch Anklicken der jeweiligen Textstelle Zugriff auf das Dokument zulässt. Die Klebezettel lassen sich aber auch tabellarisch auflisten und somit in Form einer übersichtlichen Relationsansicht betrachten und weiterverarbeiten. Gleichzeitig bleiben diese Aufzeichnungen **privat**. Sie sind nicht nur einer Akteneinsicht nicht zugänglich, sondern sogar vor den Blicken der Serviceeinheiten, sogar anderer Mitglieder des Spruchkörpers geschützt – es sei denn, der Bearbeiter möchte seine Notizen freigeben; bspw. der Berichterstatter für den Vorsitzenden zur Sitzungsvorbereitung.

Gepaart mit der Volltextsuche, die freilich abhängig ist von der Güte der Texterkennung der jeweiligen Dokumente, ergibt sich damit eine völlig neue und im Ergebnis hocheffiziente Navigation durch die Akte. Gerade bei Umfangsverfahren ist die elektronische Form dem Papierberg deutlich überlegen (solange die Hardware ausreichend ist, was vor allem die Frage nach dem zur Verfügung stehenden Hauptspeicher stellt).

c. Veränderte Sichtweise: Von der Akte zum Dezernat
Mit der Nutzung einer elektronischen (Doppel-)Akte verändert sich nicht nur der Blick auf die einzelne Akte, sondern auch auf das eigene Dezernat als Gesamtheit. Die Arbeit wird **weniger aktenbezogen**, sondern vielmehr **dezernatsbezogen**. Der Entscheider ist nicht darauf angewiesen, dass ihm die zu bearbeitende Akte in den Posteingang gelegt wird, sondern alle eAkten sind immer und jederzeit im Zugriff. Die Arbeitsorganisation kann damit selbständiger werden. Gerade Ortsabwesenheiten – bspw. Heimarbeitstag – erfordern weniger Planung, wenn auch von zuhause aus ein Zugriff auf alle Akten besteht (bspw. durch eine VPN-Verbindung auf den Gerichtsserver).

Der Blick auf das Dezernat (EUREKA-Fach nennt dies die „**Streitliste**") lässt sich sortieren oder filtern. Akten können mit Bemerkungen versehen oder priorisiert werden. In der elektronischen Welt wandert der Blick nicht bloß mehr von Akte zu Akte auf dem Zutrag, sondern sieht das Dezernat aus der Vogelperspektive, bevor eine einzelne Akte zur vertieften Bearbeitung herausgepickt wird.

d. Ergonomie – die akzeptierte elektronische Akte

Was eine ergonomische eAkte ausmacht, wird – zu Recht – noch zahlreiche Aufsätze füllen. Am Ende werden die großen Hard- und Softwareschmieden Lösungen vorschlagen oder vorgeben. Die Entwicklung ist zu rasant, um auch nur mit Spekulationen Schritt zu halten.

Die Grundthese zur ergonomischen eAkte lautet daher, dass ein ausreichender Grad an Ergonomie erreicht ist, wenn die eAkte durch den (repräsentativen – sicher nicht durch jeden einzelnen) Anwender akzeptiert wird:

- Sicher wird die eAkte **nicht gleich gut** sein können, **wie die Papierakte**. Sie hat Vorteile, die in der elektronischen Welt nicht abbildbar sind. Die eAkte darf aber auch **nicht gleich schlecht** sein. Sie muss wesentliche Vorteile – die sog. „Mehrwerte" haben. Keine Papierakte hat bspw. eine Volltextsuche!

- Die eAkte muss **leicht bedienbar** und einfach erlernbar sein. Eine intuitive eAkte wird aufgrund der Komplexität der juristischen Fallbearbeitung kaum erreichbar sein. Zu fordern dürfte aber sein, dass jedenfalls die für die Bearbeitung unbedingt erforderlichen Funktionen in wenigen Minuten verstanden werden können.

- Die eAkte darf **nicht gesundheitsschädlich** sein.

Gleichzeitig ist die Grenze des Vorstell- und Wünschbaren aber die Finanzierbarkeit und auch das öffentliche Vergabeverfahren.

II. Die Sicht des Richters auf das elektronische Dokument

Der Richter hat in den meisten Gerichten noch die Möglichkeit wie *anno dazumal* zu arbeiten. Will er aber die „Mehrwerte" der elektronischen (Doppel-)Akte nutzen, so muss er sich auf die elektronische Arbeit einlassen.

Moderne Justizfachverfahren erlauben eine effiziente elektronische Dezernatsarbeit. Diese ist im Folgenden am **Beispiel von EUREKA-Fach**, dem Justizfachverfahren der Fachgerichtsbarkeit in 14 Bundesländern, dargestellt.[336]

1. Der Aktenbock als Ausgangspunkt

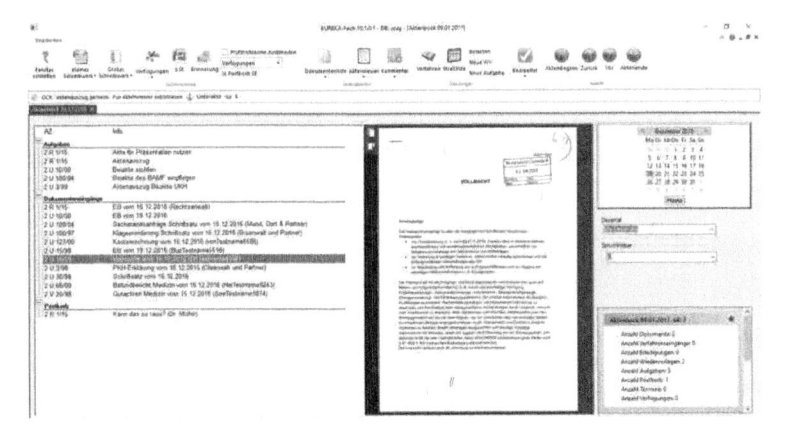

Bild: Elektronischer „Aktenbock"

Ein elektronischer „Aktenbock" bildet den Ausgangspunkt der Dezernatsarbeit. Der Richter kann sich seinen Arbeitstag (oder auch die Tage zuvor oder danach) in strukturierter Form anzeigen lassen.

---

[336] Mit freundlicher Genehmigung des Länderverbundes und des Entwicklers.

Hierzu gehört der gesamte **Posteingang**, wobei eine Dokumentenvorschau (in der auch geblättert werden kann), das aktuell eingegangene Dokument automatisch anzeigt. Der Posteingang wird dabei automatisch befüllt, sobald ein neues Dokument in der Poststelle einer Akte zugeordnet wird. Die Serviceeinheit schärft den Eingang noch nach (was zeitlich gleichzeitig passieren kann), in dem sie dem Dokument das Meta-Datum „Dokumentenart" zuweist und es damit klassifiziert (bspw. als „Schriftsatz", „Klagebegründung", „Empfangsbekenntnis" oder „Gutachten").

Neben dem Posteingang hat der Aktenbock noch Kategorien für Termine, **Wiedervorlagen**, neueingegangene Klagen, Erledigungen, die schon gefertigten Verfügungen oder auch einen „Postkorb" bzw. die Möglichkeit elektronischer Laufmappen („**Dokumentenlauf**") als Kommunikationsmittel zwischen der Serviceeinheit und dem Richter.

Zudem bietet der Aktenbock eine flexible „**Aufgabenverwaltung**", wobei eine Aufgabe eine Tätigkeit in der Akte meint, die nicht unbedingt mit einer formalen Wiedervorlage verbunden ist. Die Aufgabe beschreibt in etwas die Funktion, der bisherigen Fensterbank des Richterzimmers: Hier kann sich der Richter selbst erinnern, über PKH zu entscheiden, einen Aktenauszug zu fertigen oder die Akte für die Sitzung vorzubereiten.

2. Streitliste: Das Dezernat aus der Vogelperspektive

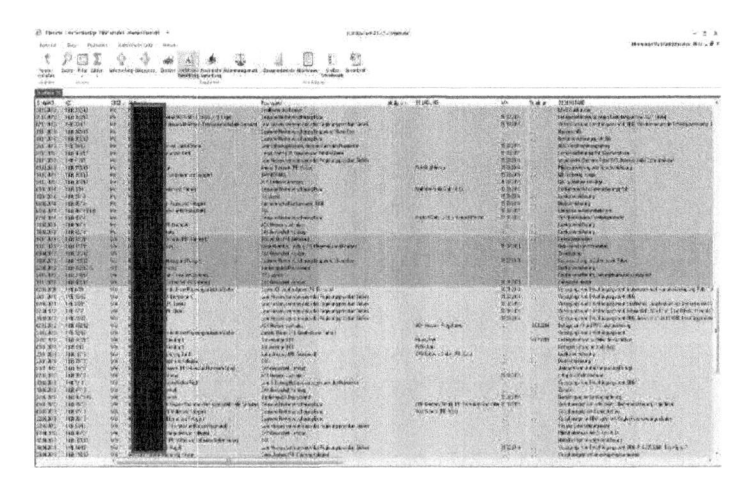

Bild: EUREKA-Fach – Streitliste (schwarzer Balken zur Anonymisierung)

Die Streitliste zeigt das eigene **Dezernat** (oder auch den gesamten Spruchkörper) aus der Vogelperspektive. Sie ermöglicht den Blick in den offenen Aktenschrank – mit dem Vorteil, dass **alle wesentlichen Verfahrensdaten** sofort sichtbar sind und nach ihnen gefiltert, sortiert oder gesucht werden kann.

Aus der Streitliste heraus kann somit ein Terminstag ebenso geplant werden, wie Anträge zur Geschäftsverteilung. Auch lässt sich der Arbeitstag planen, in dem bspw. danach gesucht wird, welche Wiedervorlage demnächst (vielleicht während des geplanten Urlaubs) anstehen. Schließlich können zu einer Akte auch Anmerkungen und der Verfahrensstand gespeichert und hiernach gesucht oder **gefiltert** werden; hierdurch lässt sich das Dezernat auch thematisch-inhaltlich ordnen.

Jedenfalls gelangt über die Streitliste keine Akte mehr „**in Verstoß**" oder auch nur in Vergessenheit. Die Sortierung nach Eingangsdatum ist gnadenlos!

Zudem lässt sich in der Streitliste **verfahrensübergreifend arbeiten** – wichtig in Massenverfahren oder bei Vielklägern. In Stapelverarbeitung lassen sich Verfügungen oder Schreiben erstellen und in sämtlichen markierten oder gefilterten Verfahren (bspw. an denselben Kläger, zu demselben Termin, zum selben Streitgegenstand oder mit derselben Wiedervorlage) herausschicken. Schließlich lassen sich aus der Streitliste heraus auch Terminstage planen und direkt terminieren.

Bei (noch) führender Papierakte enthält die Streitliste auch einen Hinweis auf den **Standort der Papierakte**, so dass diese auch in ihrer physischen Form schnell wieder aufgefunden werden kann und der Serviceeinheit somit die Arbeit deutlich erleichtert.

Ein Doppelklick in der Streitliste führt sodann wieder zurück zum einzelnen Verfahren. Dies entspricht daher dem „Herausnehmen" der Akte aus dem Schrank zur weiteren Bearbeitung.

3. Die Ansicht auf die Akte

Bild: EUREKA-Fach – Dokumentenliste

Die Akte selbst lässt sich in EUREKA-Fach in verschiedenen Formen betrachten. Auch elektronisch existiert eine Ansicht auf eine Art Aktendeckel mit allen wichtigen Informationen über die Akte – von den Verfahrensbeteiligten, über den Streitgegenstand, den Verfahrensstand, Bemerkungen, bis hin zum Stand der PKH-Entscheidung.

Inhaltlich erschließen lässt sich die elektronische (Doppel-)Akte dann über die sog. Dokumentenliste. Sie enthält, sortiert nach laufender Dokumentennummer oder Eingangsdatum alle eingegangenen oder selbsterstellten Dokumente der Akte.

Die Bezeichnung der Dokumente erfolgt nicht in erster Linie nach ihrem Dateinamen, sondern vor allem nach der Dokumentenart, die wiederum durch die Serviceeinheit vergeben wurde. Hierbei wendet die Serviceeinheit einen von der Gerichtsleitung vorgegebenen Katalog von Typenbezeichnungen („**Dokumententypen**")an.[337]

---

[337] Siehe oben G IV 2 a.

In der Dokumentenliste sind hervorgehoben dargestellt Dokumente, die zu einem **Aktenauszug** genommen worden sind. Mit einem Klick lassen sich so als unwesentlich für die Bearbeitung markierte Dokumente temporär aus der Ansicht nehmen, um sich auf den wesentlichen Akteninhalt zu konzentrieren.

Auch im Übrigen ist der Blick auf die Dokumentenliste im elektronischen Rechtsverkehr aber unverzichtbar. Insbesondere bietet sie den Überblick über Versende- und Empfangsvorgänge. So wird der **Zeitpunkt des elektronischen Versands** eines Dokuments eingeblendet – und ein Doppelklick auf das Datum öffnet die **„Acknowledgement"-Datei**. Zudem ist der **Übermittlungsweg** hinterlegt – EGVP, beA, Digifax oder zentrale Druckstraße.

Für die **Serviceeinheit** ist die Dokumentenliste wichtiger „Arbeitsort". Sie steuert hieraus die Versendevorgänge. Zumeist durch Betätigung des Buttons **„ERV-Zustellung"**. EUREKA-Fach wählt selbst die „ideale Versandart" (EGVP, wenn möglich; wenn nicht: Digifax); dies kann freilich manuell übersteuert werden.

Zumeist genügt die Ansicht auf die Akte über diese Liste, die überdies auch mit einer Vorschau verbunden werden kann. Für das vertiefte Aktenstudium kann aber auch der sog. **„Aktenviewer"** aufgerufen werden.

4. Der „Aktenviewer"

Der „Aktenviewer" erlaubt die stärkere Konzentration auf den Akteninhalt, d.h. auf die Dokumente in ihrem Zusammenhang.

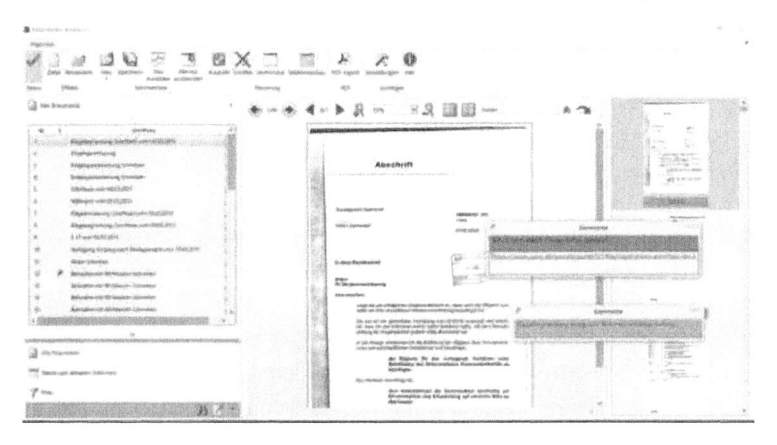

Bild: „Aktenviewer" mit Klebezetteln

Das **einzelne Dokument** steht dabei für die lesende oder annotierende Tätigkeit **im Vordergrund**. Mit dem „Scrollrad" der Maus oder über Tasten kann aber dokumentenübergreifend geblättert werden. Auf der linken Seite dient eine Sicht auf die „Dokumentenliste" als Inhaltsverzeichnis. Rechts findet sich eine Piktogramm-Vorschau der einzelnen Seiten der Akte.

Frei positionierbar sind farbige **Klebezettel**, die auch mit Hyperlinks (bspw. zu Juris- oder beck-online – Dokumenten) versehen werden können. Auf sie kann Freitext geschrieben werden oder aber ein texterkannter Aktenbestandteil per „Drag&Drop" kopiert werden.

Ist das Dokument **texterkannt**, kann über ein Kontextmenü auch direkt im Internet mit Aktenbestandteile weitergearbeitet werden. Bspw. kann ein in der Klageerwiderung zitiertes Urteil markiert und mit einem Klick in das Kontextmenü in Juris- oder Beck-Online dargestellt werden. Genauso kann ein unbekannter Begriff in Google oder Wikipedia nachgeschlagen werden oder ein Ort in Google-Maps gezeigt werden:

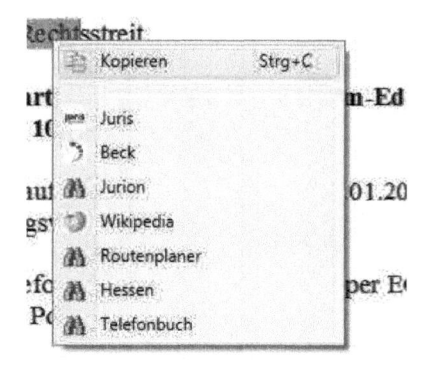

Schließlich lässt der Aktenviewer eine umfangreiche – dennoch unaufwendige – **Strukturierung der Akte** zu. So kann man leicht nach einzelnen Dokumentenurhebern, Zeiträume, vor allem aber nach bestimmten Dokumententypen filtern. Hier lässt sich dann bspw. nur das Ergebnis medizinischer Ermittlungen – dann aber im Zusammenhang – darstellen und durcharbeiten, ohne dass auf dazwischenliegende unwesentliche Aktenbestandteile (bspw. die mehrfache Erinnerung eines Sachverständigen) ein Blick verschwendet wird:

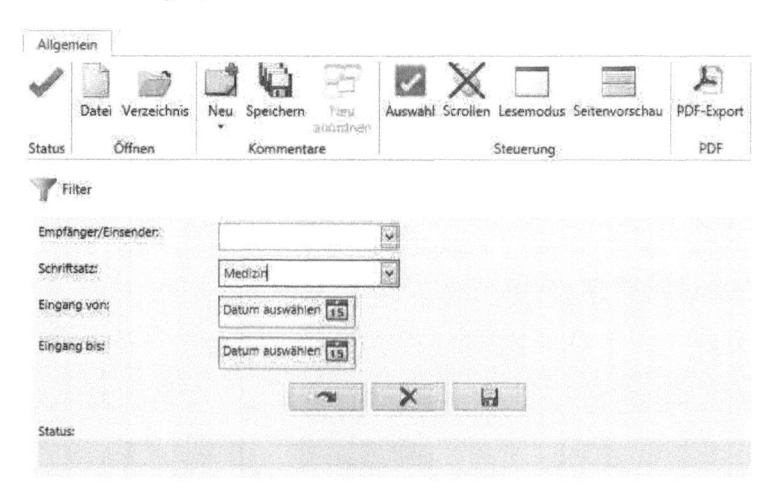

Die an den Dokumenten angebrachten Klebezettel, sind wiederum eine Strukturierungsmöglichkeit für sich.

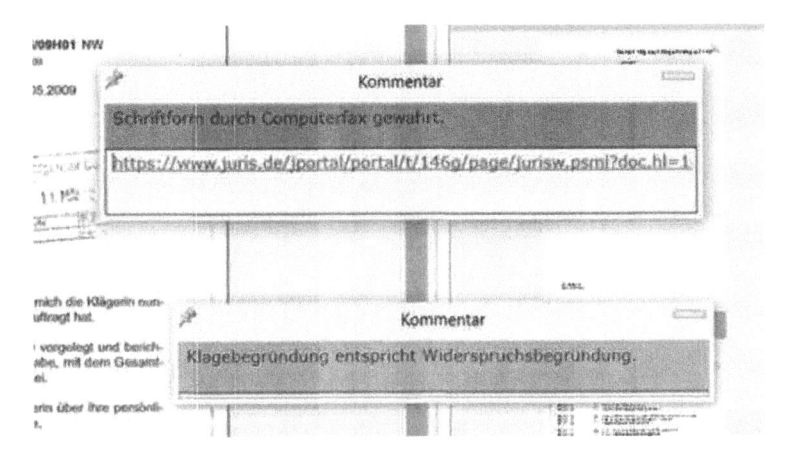

Auch sie lassen sich in einem Zusammenhang, sogar – sortiert nach Farben – in tabellarischer Form zusammenstellen, so dass sich hieraus ein schnell gefertigter **Aktenauszug** ergibt. Zudem lässt sich aus sämtlichen Ansichten schnell auf die Seite mit dem Klebezettel springen – ähnlich wie der Klebezettel, der in der Papierakte seitlich herausragt.

4. Verwaltungsakten

Sämtliche Funktionen, die dabei für die Gerichtsakte verfügbar sind, sind genauso auch für beigezogene Verwaltungsakten abrufbar.

Diese lassen sich sogar flexibel für eine **optimierte Anzeige** „nachbearbeiten". Dadurch wird das Gericht davon unabhängig, in welcher Form die Verwaltung ihre Akten führt. Bspw. liest EUREKA-Fach das Inhaltsverzeichnis von Akten des Bundesamts für Migration und Flüchtlinge (BAMF) so aus, dass sich hieraus eine sinnvoll strukturierte und elektronisch weiterbearbeitbare Akte ergibt:

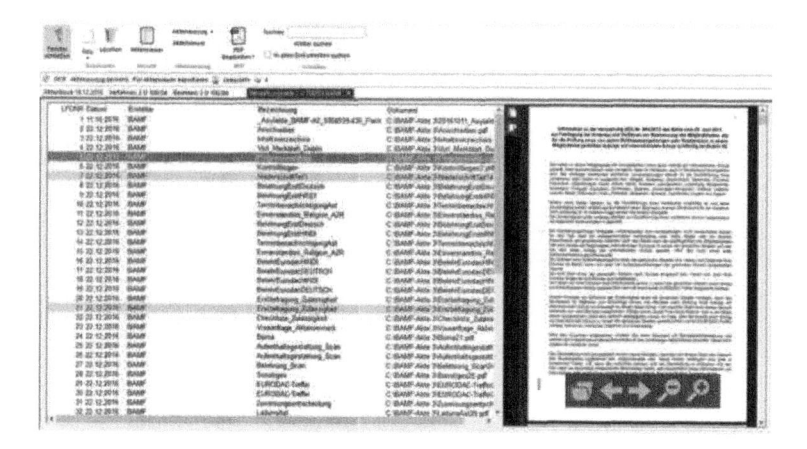

Bild: Verwaltungsakte des BAMF

III. Stimmungsbild

Die elektronische Gerichtsakte soll die tradierte Papierakte ablösen, aber ein ähnlich komfortables Arbeiten, sogar „Mehrwerte" ermöglichen.[338] Hoffnungen und Befürchtungen, die mit der eAkte verknüpft werden, bleiben aber diffus, weil sich die **Diskussion** um ein Produkt rankt, das noch nicht oder jedenfalls nicht in seiner Endausprägung greifbar ist. An **Befürchtungen** werden zumeist vorgebracht, es fehle einer eAkte an der gewohnten und notwendigen Haptik. Bildschirmarbeit führe zudem zu einer Ermüdung der Augen bzw. zu Problemen mit dem Haltungsapparat.

1. Aktuelle eAkten-Projekte in der Justiz

Abhilfe soll nach dem Willen und festem Glauben der Justizverwaltung eine eAkte bringen, die **„ergonomisch"** ist. Hierfür existieren bereits diverse Produkte, beispielsweise die neuen großen eAkten-Verbünde, der **e2-Verbund**, die **ForumStar**-Verbund mit seiner eAkten-Lösung eIP oder auch das Produkt „eAkte als Service" (**VIS-Justiz**), das aus einem Vorgangsbearbeitungssystem der Verwaltung hervorgegangen ist. Daneben bestehen noch weitere Justizfachverfahren mit teilweise hervorragenden und schon länger in der Anwendung befindlichen eAkten-Lösungen, allen voran **EUREKA-Fach** mit dem EUREKA-Fach – Aktenviewer für die Fachgerichte oder auch **EUREKA-Winsolvenz** für die Insolvenzgerichte.

Die Definition, schon die Vision, einer ergonomischen Akte steht aber vor dem Problem, dass insbesondere Entwicklungen im Hardwarebereich ebenso rasant wie unvorhersehbar sind. Die mit der eAkte verbundenen Hoffnungen beziehen sich auf mögliche Effizienzsteigerungen durch Volltextsuche, Strukturierbarkeit und Mobilität des Akteninhalts. Aufgrund der flächendeckenden Einführung des elektronischen Rechtsverkehrs und des Digitalfaxes in der hessischen Sozialgerichtsbarkeit [339], liegt es auf der Hand, die gewonnenen elektronischen Dokumente unter Realisierung dieser Mehrwerte nutzen zu wollen. Dies bedeutet letztlich, dass die Weichen in Richtung eAkte zu stellen sind.

---

[338] Siehe hierzu auch *De Felice/Müller*, JurPC Web-Dok. 112/2014.
[339] Vgl. zu diesem Projekt: *Müller*, in: jurPC Web-Dok 183/2013.

Gleichzeitig bündeln die Bundesländer ihre Fachverfahrensprojekte zu einem neuen – gerichtsbarkeitsübergreifenden und bundesweiten – Fachverfahrensprojekt. Unter der Federführung Bayerns und basierend auf den Erfahrungen des dortigen Fachverfahrens forumStar für die ordentliche Gerichtsbarkeit, soll bis Mitte der 2020er Jahre für alle Gerichtsbarkeiten ein neues „Gemeinsames Fachverfahren" (**gefa**) entwickelt werden. Die dortigen Fortschritte sind genau zu beobachten und zu begleiten.

2. Herausforderungen der eAkten-Projekte

Eine ergonomische eAkte zu entwickeln, ist letztlich eine Aufgabe für Techniker. Dies kann die Justiz nicht selbst leisten, sondern nur beobachten und begleiten. Die Herausforderung für die Justizverwaltung ist, dass diese ergonomische eAkte eine jedenfalls weitgehende Akzeptanz bei ihren richterlichen und nichtrichterlichen Nutzern findet. Das **Akzeptanzmanagement** wird vor allem zwei Säulen haben: Die Information und die Schulung. Im Rahmen von Informationsveranstaltungen sind die Mehrwerte, die faktischen, technischen und rechtlichen Folgen, der elektronischen Aktenführung den Nutzern darzustellen. Es ist nachvollziehbar, dass jeder mindestens solange an tradierten Werkzeugen festhalten will, bis er die Vorteile neuer Werkzeuge kennt. Gleichzeitig können solche Informationsveranstaltungen keine Einbahnstraßen sein, die Entwickler und die mit der Einführung der eAkte Beauftragten tun gut daran, sich im Rahmen solcher Veranstaltungen auch ihrerseits zu informieren, welche Anforderungen nutzerseitig gestellt werden, um die eAkte weiterzuentwickeln.

3. Vorgehen bei der Einführung

In Schulungen ist dann die Bedienung der neuen Werkzeuge zu vermitteln. Hierbei muss berücksichtigt werden, dass die intuitive, weil schon aus frühester Kindheit bekannte, „Bedienung" der Papierakte, ihr größter Vorteil ist. Selbst das beste elektronische Produkt hat das schwer dem auch nur nahe zu kommen – wenn es nicht gar unmöglich ist. Dennoch muss beachtet werden, dass die eAkte durch jeden Justizmitarbeiter an seinem konkreten Arbeitsplatz handhabbar sein muss; möglichst mit all ihren Mehrwerten, notfalls mittels Umgehungsstrategien bis hin zu ihrem vollständigen Ausdruck.

Sinnvoll erscheint es, gerade bei kleineren Organisationseinheiten, unter Zuhilfenahme speziell geschulter **Multiplikatoren**, unmittelbar am (konkreten) Arbeitsplatz, vielleicht sogar während der Tätigkeit zu schulen. Jedenfalls ist es Aufgabe der (Einführungs-) Schulungen, über die Vermittlung von Wissen und Fertigkeiten hinaus vor allem Ängste zu lindern und Hemmungen zu vermeiden. Die eAkte (noch) nicht bedienen zu können ist unschädlich. Sie nicht bedienen zu wollen, wäre fatal.

4. Erfahrungen in der hessischen Sozialgerichtsbarkeit

Im Dezember 2013 nahmen 89 Richterinnen und Richter der hessischen Sozialgerichtsbarkeit am 7. Hessischen Sozialrichtertag teil, der sich den dargestellten Zielen mit Blick auf die Einführung einer eAkte verschrieben hat.

Nach Referaten, Diskussionsrunden und Auswertungen von Fragebögen konnten im Rahmen dieser Veranstaltung folgende **Ergebnisse** festgehalten werden:

Der Computer ist als regelmäßiges Arbeitswerkzeug auf dem richterlichen Schreibtisch fest verankert. Die Beantwortung der hierauf gerichteten Fragen ist überraschend homogen: 92% der Teilnehmer gaben an „ständig" mit dem PC zu arbeiten. Alle übrigen Befragten arbeiten jedenfalls „regelmäßig" oder „hin und wieder" am Bildschirm. Computerabstinenzler sind in der hessischen Sozialgerichtsbarkeit nicht mehr zu finden. Entsprechend ist auch die Arbeitszufriedenheit am Computer. Ebenfalls 92% arbeiten „sehr gerne" (30%) oder „gerne" (62%), nur 6% arbeiten „ungerne" und 2% „sehr ungerne" elektronisch.

a. Befürchtungen gegenüber der eAkte

Dass sich mit der Einführung einer elektronischen Akte Befürchtungen verbinden ist demgegenüber nicht zu leugnen. Während zwei Drittel der Befragten in den nächsten 10 Jahren allgemein mit einer Verbesserung ihrer persönlichen Arbeitsbedingungen rechnen, verbinden mit der eAkte im Speziellen zumindest die Hälfte der Tagungsteilnehmer eine Verschlechterung ihrer Situation. Fast gleichrangig basieren diese

Befürchtungen auf der Annahme, die eAkte führe zu einer Belastung der Gesundheit, vor allem der Augen, zu einer Verlangsamung der Arbeitsabläufe und zu weniger persönlichen Kontakten. Festzustellen ist, dass der Pessimismus hinsichtlich der eAkte vor allem bei jüngeren und älteren Richtern besonders signifikant ist, während in der mittleren Alterskohorte zwischen 44 und 54 tendenziell Optimismus vorherrscht. Interessanterweise betrifft dies vor allem die Befürchtung, einer Augenbelastung durch die elektronische Akte, die insbesondere von jüngeren Richtern bis 44 Jahre vorgebracht wird.

b. eAkte und Textverständnis

Zwingend abzulehnen wäre die digitale Revolution des juristischen Arbeitsplatzes, wenn es gerade die Spezifika der anspruchsvollen juristischen Fallbearbeitung sind, die Hindernisse für eine zielführende Arbeit am Bildschirm darstellen; wenn das **Textverständnis**, die inhaltliche Durchdringung von Schriftsätzen am Bildschirm leiden würden. Tatsächlich ist dies noch kaum erforscht.[340]

Die These, dass Lesen am Bildschirm anstrengender, oberflächlicher und weniger „tief" ist, deckt sich auch mit dem Erfahrungshorizont, der bspw. in der hessischen Sozialgerichtsbarkeit unter den Richterinnen und Richtern ermittelt werden konnte.[341] **Objektivierbar** ist dieser Befund (noch) kaum. Aber der subjektive Eindruck ist ja ein Befund für sich, der ernst zu nehmen ist. **Belastbare Studien** gibt es nicht für solch exotische Arbeitsplätze wie die eines Richters. Vergleichbar sind allenfalls Studien zu „Massenmärkten" wie dem der digitalen Bücher („eBooks") oder zum Lesen im Schulkontext.[342] **Lesen auf Papier** wird danach tendenziell als angenehmer empfunden und die Lesegeschwindigkeit (letztlich damit die

---

[340] Ausführlich: *Bläsi/Müller*, „Ausdrucken war gestern – oder?", eJustice-Magazin 2/2016, S. 15.
[341] *De Felice/Müller* in: jurPC Web-Dok. 112/2014.
[342] Vgl. bspw. *Chen et al.* 2014: A comparison of reading comprehension across paper, computer screens, and tablets: Does tablet familiarity matter?; *Mangen et al.* 2013: Reading linear texts on paper versus computer screen: Effects on reading comprehension; *Kretzschmar F, Pleimling D, Hosemann J, Füssel S, Bornkessel-Schlesewsky I, Schlesewsky M* (2013) Subjective Impressions Do Not Mirror Online Reading Effort: Concurrent EEG-Eyetracking Evidence from the Reading of Books and Digital Media. PLoS ONE 8(2): e56178. doi:10.1371/journal.pone.0056178.

Arbeitseffizienz) ist tendenziell höher. Hinsichtlich des Textverständnisses selbst sind die Ergebnisse dagegen nicht so eindeutig: Neben zahlreichen Studien, die erbracht haben, dass das Textverständnis am Bildschirm gleich oder schlechter ist als auf Papier, gibt es auch eine Studie, nach der das Textverständnis am Bildschirm unter bestimmten Voraussetzungen sogar besser sein kann als auf Papier. Teilweise ergeben sich die relativen Vorteile von Papier auch nur in besonderen Konstellationen, wie bspw. dann, wenn es um Informationen geht, die an verschiedenen Stellen eines Dokuments verteilt sind. Allen Studien ist aber gemein, dass sie sich eben mit der besonderen **Arbeitssituation des Juristen**, der wortgenauen Arbeit an langen, teilweise unübersichtlichen Texten, gerade nicht befassen. Hinzu kommt, dass das bloße Lesen und Verstehen von Texten nicht die gesamte juristische Tätigkeit einfängt, sondern, dass (weitgehend in einen übergeordneten komplexen Arbeitsprozess eingebettet) es auch um das das Schreiben eines juristischen Ergebnisses, nämlich eines Schriftsatzes, eines Gutachtens, eines Beschlusses oder Urteils – mit Bezug zu diesen Texten, z.T. unter Nutzung von Zitaten aus diesen – geht.

Die Frage, ob das **Textverständnis** beim Lesen auf Papier – auf dem jeweiligen Stand der damit verglichenen digitalen Anzeigetechnik ! – nun unter dem Strich besser oder schlechter ist, möglicherweise über **soziodemographische Faktoren** oder sogar individuell variiert oder von der Tagesform abhängig ist, muss noch weiter untersucht werden. Sicher ist, dass eine weitere Forschung auf diesem Gebiet – auch speziell der juristischen Fallbearbeitung – nötig ist, schon um sich der konstruktiven Frage anzunähern, nämlich der, wie die geeignete Ausstattung aussieht, um Arbeitseffizienz, Verständnistiefe etc. zu optimieren. [343]

c. Erwartete Vorteile einer eAkte
Nach den Vorteilen einer elektronischen Akte gefragt, ist auffallend, dass rund die Hälfte der Befragten die Möglichkeiten der Telearbeit sehen. Als weitere Vorteile werden ein „schnellerer Zugriff" und eine „erleichterte Bedienung" genannt. Als wesentliches Plus durch die **Telearbeit**

---

[343] Hierfür plädierend: *Bläsi/Müller*, „Ausdrucken war gestern – oder?", eJustice-Magazin 2/2016, S. 15.

identifizieren die Teilnehmer die hierdurch entstehenden Verbesserungen bei der Vereinbarkeit von Familie und Beruf. Dieser Aspekt dominiert vor allem bei der weiblichen Richterschaft, von denen 75%, bei den unter 44jährigen sogar fast alle, hier eine deutliche Verbesserung erwarten.

Für die Einführung einer elektronischen Akte, ist für rund zwei Drittel der Befragten eine verbesserte Hardware-Ausstattung unverzichtbar. Hierbei wird vor allem eine Forderung nach sog. Tablet-PCs erhoben (63%), alternativ nach „mehr Bildschirmen", wobei in der hessischen Sozialgerichtsbarkeit bereits heute zwei **Bildschirme** die Standardausstattung sind. Nur ein Fünftel der Befragten geben an, dass weitergehende Schulungen „unverzichtbar" seien. Gefragt danach, was zu tun sei, um die Befürchtungen nicht wahr werden zu lassen, meint dann aber doch die Mehrheit (36%), dass vor allem Fortbildungen dienlich seien. Dass Richter nicht mit Aufgaben des nichtrichterlichen Dienstes belastet werden sollten (20%), auch weiterhin Drucker am Arbeitsplatz benötigt würden (20%) und die PC-Ausstattung augenfreundlich zu sein habe (24%) ist demgegenüber untergeordnet. Ein wesentlicher Schwerpunkt ist aber der Bedarf an (nutzgruppenspezifischen) Schulungen.

Bild: Arbeitsplatz eines Richters in der hessischen Sozialgerichtsbarkeit

5. Auswertung der Ergebnisse

Ein **Schreckgespenst** wäre das menschenleere Gericht. Alle Mitarbeiter sind in Telearbeit tätig. Videokonferenzen ersetzen Besprechungen, E-Mails den Postumlauf. Nichts würde jedoch das soziale Miteinander, den kollegialen Gedankenaustausch ersetzen. Zudem läge eine Aufgabe des (leeren) Gebäudes auf der Hand. Positiv gewendet, könnte zwar die Justiz dadurch sogar bürgernäher werden, wenn sich Verhandlungen in Rathäuser oder Mehrzweckhallen verlagerten. Ob ein solches Szenario aber im Hinblick auf die **Eigen- und Fremdwahrnehmung der Justiz** abseits rein monetärer Überlegung wünschenswert wäre, ist mehr als fraglich. Dass die Zukunft den Subsumtionsautomaten bringen wird ist reine Science Fiction am Stammtisch. Sicherlich lassen sich gewisse Berechnungen automatisieren. Eine intellektuelle Betrachtung wird aber in fast allen Bereichen unersetzbar bleiben. Sicherlich werden sich aber gewisse Kommunikationsvorgänge automatisieren lassen, was eine Entlastung im nichtrichterlichen Bereich bringen könnte; die Abarbeitung einer Verfügung „Doppel an Gegner zur Kenntnis" benötigt bei Führung einer eAkte keinen Menschen, dies ist rein elektronisch möglich. Eine solche Entlastung würde aber selbst bei Konstanz der heutigen Personaldecke im nichtrichterlichen Bereich lediglich zu einer Linderung der Überlast führen, nicht zur Möglichkeit, Arbeitsplätze abzubauen. Der Entscheider ist in seiner Arbeit jedoch keinesfalls durch eine Maschine ersetzbar. Die richterliche Tätigkeit ist eine menschliche Tätigkeit, die durch Technik lediglich unterstützbar ist.

Das papierlose Gericht ist eine Möglichkeit. Wahrscheinlicher ist aber das **papierarme Gericht**. Nicht nur, wird es absehbar auch weiter nicht unwesentliche Kommunikation in Papierform geben – gerade mit Naturparteien – auch wenn rechtssichere elektronische Kommunikationsprodukte, wie die De-Mail den Massenmarkt bald erreichen werden. Auch Ausdrucks von Handakten und Leseabschriften werden nach Einführung der führenden eAkte sicherlich zunächst zunehmen, bevor sie – mutmaßlich – mit stetiger besserer Hardware seltener werden.

Dass es auch in Zukunft ein richterliches Dienstzimmer in einem Gerichtsgebäude geben wird, ist zunächst zu hoffen und zu befürworten.

Wie dieses Büro dann aussehen wird, ist im Hinblick auf die Entwicklungszyklen aktueller Hardwareprodukte kaum absehbar. Sicherlich wird es im Hinblick auf die Ergonomie der eAkte unter Berücksichtigung der Haushaltslage optimiert sein. Ähnliches Potential dürfte am **häuslichen Arbeitsplatz** vorgehalten werden – hier aber evtl. privat finanziert („bring your own device" oder „loan your own device").

Der Richterarbeitsplatz wird in Zukunft durch die technischen Entwicklungen nichts an seiner Attraktivität einbüßen, vielleicht gar deutlich hinzugewinnen.

Die technische Ausstattung zu beschaffen, ist für die Justizverwaltung wirtschaftlicher als überlange Verfahren oder gar mehr Richterplanstellen. Die **Effizienzsteigerung** durch die technische Unterstützung der Entscheidungsfindung ist deshalb letztlich eine Win-Win-Situation – jedenfalls solange sie nicht zu einem Arbeitsplatzabbau führt.

Die **Mehrwerte der eAkte** können daher dem Richter eine Konzentration auf seine **Kernaufgaben erleichtern** und damit die Qualität der Rechtsfindung ebenso steigern, wie die **Arbeitsplatzzufriedenheit**. Gepaart wird dies mit bereits jetzt realisierbaren oder realisierten Vorteilen bei der Vereinbarkeit von Familie und Beruf oder in Notsituation wie Krankheit oder Pflegebedürftigkeit von Angehörigen.

Information und Schulungen werden helfen, Veränderungsprozesse zum Erfolg zu bringen. Sie sind zwingend, um Hemmnisse abzubauen. Die Erlangung von „**eJustice-Kompetenz**" ist der Schlüssel für eine erfolgreiche Modernisierungsentwicklung, an deren Ende die akzeptierte, ergonomische elektronische Gerichtsakte stehen sollte. Richterinnen und Richter tun ebenso wie die berufsmäßigen Kunden der Justiz gut daran, nicht in einer uninformierten Schockstarre zu verharren, sondern gegenüber neuer Technik aufgeschlossen zu sein und die Entwicklung hin zu einer elektronischen Akte aus der Praxis heraus aktiv zu gestalten.

IV. Grundlagen der Einführung elektronischer Geschäftsprozesse

Die praktischen und rechtlichen Herausforderungen mit dem eJustice-Prozess sind wo gezeigt enorm. Ihre Umsetzung erfordert ein gezieltes **Changemanagement**, nicht dagegen, dass gerade der juristische Bearbeiter den Kopf in den Sand steckt.

We can see computers everywhere except in the productivity statistics.[344] Dieser bekannte Satz aus dem Jahr 1987 beschreibt das sog. Produktivitätsparadoxon in der Informationstechnologie. Meist volks- oder betriebswirtschaftlich wird so die empirisch oft fehlende oder gar negative Wirkbeziehung zwischen IT-Investitionen und Produktivitätsverlauf bezeichnet. Auch im Mikrokosmos der juristischen Fallbearbeitung durch Rechtsanwälte oder Richter zeigt sich die fast unbestreitbare Richtigkeit dieser Beobachtung – jedenfalls zunächst. Subjektiv nämlich führt der Umstieg auf elektronische Medien zu einem (mindestens gefühlten) Einbruch an Arbeitseffizienz.

1. Dort anfangen, wo es nötig ist

If it ain't broken, don't fix it. Oder: Setzen Sie mit dem Veränderungsprozess dort an, wo die Veränderung am Dringendsten ist. Stellen Sie den Arbeitsprozess um, der bislang besonders unproduktiv ist. Oder aber andersherum gedacht: Gehen Sie den Weg des geringsten (psychischen) Widerstands und digitalisieren Sie die Arbeitsschritte oder Situation, in denen Sie am Stärksten hiervon profitieren. Beispielsweise liegt einer der greifbarsten Vorteile der elektronischen Akte in ihrer Mobilität. Arbeiten Sie doch zunächst unterwegs oder zuhause elektronisch und finden Sie so einen ersten Zugang zur elektronischen Fallbearbeitung.

---

[344] Zitiert nach SOLOW, R. in MORRISON/BERNDT (1991), S. 1.

2. Nicht alles auf einmal wollen

Alle Funktionen der neuen Technik zu beherrschen mag (jedenfalls für manche) erstrebenswert sein. Nötig ist aber weder das Streben danach, noch werden es alle Funktionen für den Arbeitsalltag sein. Überfordern Sie sich und Ihre Mitarbeiter daher nicht. Jedes elektronische Aktenbearbeitungssystem bietet bestimmte „Mehrwerte" gegenüber einer Papierakte; eine Volltextsuche, Strukturierungs- und Annotationsfunktionen, Filtermöglichkeiten, verschiedene Arten der Anzeige, Listen und Metadaten. Erschließen Sie sich die Mehrwerte nach und nach. Zunächst diejenigen, die Sie dringend benötigen und die leicht zu bedienen sind. Es hilft nichts, alle Funktionen zu kennen, aber keine zu finden. Auch die Papierakte „bedient" jeder anders. Nehmen Sie sich daher Zeit, Ihren Pfad zur Erschließung einer eAkte „auszutreten".

3. Akzeptanz schaffen, statt Widerstände überwinden.

Eigene oder fremde Widerstände zu überwinden ist mühselig und konfrontativ, oft sogar destruktiv. Veränderungsprozesse geschehen leichter, wenn ihre Notwendigkeit und der eingeschlagene Weg akzeptiert sind. Mitarbeiter und Kollegen – aber auch Sie selbst – sollten nicht Objekt einer Veränderung sein, sondern Partner bei der Formulierung und Verwirklichung von Anforderungen. Diese sind als realistische Ziele zu formulieren, wobei der Realismus sämtliche Rahmenbedingungen zu erfassen hat. Dabei muss man sich und anderen bewusst machen, dass sich meist unauflösbar Bedienkomfort, IT-Sicherheit und Finanzierbarkeit als Eckpunkte eines schlimmstenfalls gleichschenkligen Dreiecks gegenüberstehen. Diese Kriterien nähern sich selten an.

4. Der erste Schuss muss treffen.

Kaum etwas ist so flüchtig, wie die Akzeptanz eines Veränderungsprozesses. Das Scheitern in einem Bereich kann wie ein Flächenbrand in kürzester Zeit das Gesamtprojekt erfassen. Der Misserfolg bekommt eine Eigendynamik, wenn die Skeptiker sich bestätigt sehen und *„early adopters"* frustriert werden. Sämtliche Versprechungen werden hinterfragt, wenn nur eines gebrochen wurde.

Ein Vertrauensverlust erfasst und verbrennt nicht nur die handelnden Personen, sondern auch das einzuführende System. Hierfür genügt ein negativer Erfahrungsbericht am Mittagstisch. Umgehungsprozesse, wie Sicherungskopien auf unverschlüsselten Datenträgern, ausgedruckte Handakten etc. werden faktisch legitimiert, wenn sie sich einmal als notwendig erwiesen, weil die eigentliche eAkte nicht zur Verfügung stand. Gleichzeitig damit verlieren die Nutzer die Motivation sich an Fortbildungen zu beteiligen oder sich neue Funktionen zu erschließen. Keinesfalls darf daher Unfertiges eingeführt werden. Das erstmalig im Veränderungsprozess präsentierte System muss bereits gut genug sein, um den Ansprüchen der Nutzer zu genügen (oder besser). Dies betrifft sämtliche Bereiche; von der IT-Sicherheit, über die Zuverlässigkeit bis hin zum Bedienungskomfort einschließlich der Performance.

5. Das papierlose Büro.

Das papierlose Büro ist für viele ein Schreckgespenst. Und die Forderung danach ist auch unsinnig. Sinnvoll dagegen ist das papierarme Büro. Genauso wie der Einsatz von IT seine Berechtigung hat und nicht verteufelt werden sollte, hat auch Papier seinen Platz. An mir selbst beobachte ich, dass die Wahl des Anzeigemediums abhängig von zahlreichen Faktoren ist: Ist der Text lang? Geht es um inhaltliches Verständnis oder das Umstellen von Formulierungen? Soll der Text umgeschrieben werden oder will ich mir nur Passagen markieren? Lese ich im Büro oder im Zug? Und oft ist auch schlicht die Tagesform ausschlaggebend. Es gibt keinen Grund, die Akzeptanz des Veränderungsprozesses alleine dadurch zu gefährden, dass ich Drucker oder Papier verbiete. Binden Sie lieber beides sinnvoll in den Arbeitsprozess ein. Das erfordert eine diesbezügliche Organisation unter Beachtung von Datenschutz und IT-Sicherheit, kostet dafür aber fast kein Geld.

6. Einfach mal anfangen

Man muss nicht immer der Vorreiter im Modernisierungsprozess sein. Vielleicht gibt es Bereiche oder Personen, die sich besser eignen, Testballons zu starten und frühe Erfahrungen zu sammeln. Wer aber nicht irgendwann einmal mit dem Umstellungsprozess auf eine IT-gestützte Fallbearbeitung und den elektronischen Rechtsverkehr anfängt, der wird das Ziel auch nie erreichen – oder jedenfalls nur gehetzt, wenn der Besenwagen des eJustice-Gesetzgebers die letzten „Papiertiger" erreicht hat. Zumindest wird man dann nur Objekt der Veränderung sein, die man dann nicht mehr mitgestalten kann. Viel länger als 2022 gibt der Gesetzgeber jedenfalls den forensisch tätigen Juristen keine Zeit mehr, sich selbst der Veränderung, der *E-Volution*, zu stellen. Sinnvoller ist es, sich bei noch geringen Fallzahlen und dem fehlenden prozessrechtlichen Druck der technischen und organisatorischen Herausforderung zu stellen. Dann wird die Umstellung am Ende gelingen. Nicht selten zeigt sich schnell: Es ist oft gar nicht die IT selbst, die die Effizienz beeinträchtigt, sondern nur die fehlende Erfahrung mit noch ungewohnten Arbeitsschritten. Mit der Routine kehrt schnell auch die bisherige Produktivität zurück. Und vielleicht hat die Veränderung ja fast beiläufig die eine oder andere hemmende Verkrustung aus dem früheren Arbeitsprozess gelöst.

Es gilt die Metapher vom Baumfäller, der tagein, tagaus mit stumpfer Säge Bäume fällt, weil er nie die Zeit findet, seine Säge zu schärfen; dabei wäre er viel effizienter, wenn er sich einmal die Zeit hierfür nehmen würde.

V. Richterliche Unabhängigkeit im eJustice-Prozess

Die derzeitigen Verfahrensordnungen sind insgesamt auf die Bearbeitung der Akten durch den Richter in Papier ausgerichtet. Beispiele hierfür finden sich in § 139 Abs. 4 ZPO oder 160a Abs. 3 ZPO. Bereits seit dem Justizkommunikationsgesetz aus dem Jahr 2005 sind sämtliche Verfahrensordnungen aber mit Vorschriften bestückt worden, eine elektronische Aktenführung (durch Rechtsverordnung) einzuführen. Spätestens zum 1. Januar 2026 wird die elektronische Gerichtsakte kraft Gesetzes eingeführt.

Die hiermit verbundenen Befürchtungen sind – wie oben gezeigt – erheblich und teilweise auch nicht unbegründet. Dies bereits für sich genommen „**ungute Gefühl**" gegenüber der eAkte, wird noch durch weitere – teilweise nicht weniger diffuse Bedenken – verstärkt, die eine Beeinträchtigung der richterlichen Unabhängigkeit zum Inhalt haben; Stichworte sind insoweit zumeist „der gläserne Richter" oder „Big Brother ist watching you!".

1. Was gehört zur richterlichen Unabhängigkeit

(Wesentlicher) Teil der richterlichen Unabhängigkeit ist nach einhelliger Auffassung in der Rechtsprechung der Richterdienstgerichte, dass sie weisungsfreie Vornahme der **Kernbereiche** der richterlichen Tätigkeit schützt. Hierzu gehört unbestreitbar das Aktenstudium als wichtigste Vorbereitungshandlung zur Entscheidungsfindung. Der Richter muss daher frei von Weisungen und Maßnahmen seines Dienstherrn sein, um seine – willkürfrei – für erforderlich gehaltene Arbeitsweise umsetzen zu können. Dies verbietet auch jegliche Einflussnahmen, die nur faktisch dazu führen, dass diese Arbeitsweise tatsächlich ver- oder auch nur behindert wird.

Hieraus ergibt sich nach allgemeiner Auffassung unter anderem, dass der Richter im Rahmen seiner richterlichen Unabhängigkeit nach Maßgabe seiner individuellen **Arbeitsgestaltung** seine Arbeit verrichten kann und hierbei nicht an feste Dienstzeiten, einen bestimmten Arbeitsrhythmus oder einen speziellen Arbeitsort – insbesondere nicht die Gerichtsstelle – gebunden zu sein. Vielmehr ist es dem Richter unbenommen, auch außerhalb des Gerichtsgebäudes und außerhalb der für den nichtrichterlichen Dienst geltenden Arbeitszeiten zu arbeiten, wenn dies seiner individuellen Arbeitsweise entspricht.

Andererseits ist es – ebenfalls nach allgemeiner Meinung – rechtlich nicht zu beanstanden, wenn der Dienstherr neue **Techniken** in der Justizverwaltung einführt und diese auch dem Richter zur Verfügung stellt. [345] Dies hat zunächst schlicht nichts mit der richterlichen Unabhängigkeit zu tun, weil es sich lediglich um ein „**Angebot**" handelt.

Eine Verletzung der richterlichen Unabhängigkeit kommt erst durch Maßnahmen in Betracht, die dazu bestimmt oder geeignet sind, die richterliche Rechtsfindung durch **psychischen Druck** oder auf andere Weise unmittelbar oder mittelbar zu beeinflussen.[346] Ausgehen kann ein solcher Einfluss auch von Anordnungen der **Dienstaufsicht** im Zusammenhang mit der Benutzung von Geräten und Hilfsmitteln, die der Richter für seine Arbeit benötigt. In den **Schutzbereich** der richterlichen Unabhängigkeit sind nach ständiger Rechtsprechung des Dienstgerichts des Bundes nämlich nicht nur die Endentscheidung, sondern alle der Rechtsfindung auch nur mittelbar dienenden – vorbereitenden und nachfolgenden – Sach- und Verfahrensentscheidungen einbezogen.[347] So hat das Dienstgericht des Bundes[348] entschieden, dass Maßnahmen der Dienstaufsicht, die einen Richter veranlassen können, sein Diensttelefon zur Erledigung seiner Aufgaben nicht in dem von ihm für sachgerecht gehaltenen Umfang zu benutzen, die richterliche Unabhängigkeit beeinträchtigen können. Gleiches gilt, wenn durch die Dienstaufsicht auf den Richter psychologischer Druck ausgeübt wird, den Inhalt des Protokolls mit einem Aufnahmegerät vorläufig aufzuzeichnen, statt für

---

[345] Vgl. nur DienstG Düsseldorf, Urteil vom 29. Januar 2008 - DG 5/07.
[346] BGH, Urteil vom 21. Oktober 2010 – RiZ (R) 5/09.
[347] BGH, Urteil vom 24. November 1994 - RiZ(R) 4/94.
[348] BGH, Urteil vom 24. November 1994 - RiZ(R) 4/94.

die Protokollierung einen Urkundsbeamten der Geschäftsstelle zuzuziehen.[349]

2. Rechtsprechung der Richterdienstgerichte zum elektronischen Handelsregister

Das **Handelsregister** wird mit Wirkung vom 1. Januar 2007 gemäß § 8 Abs. 1 HGB elektronisch geführt. Anmeldungen zur Eintragung in das Handelsregister und die sonstigen dort genannten Unterlagen sind gemäß § 9 Abs. 1 HGB elektronisch in öffentlich beglaubigter Form einzureichen. Von diesen Unterlagen werden grundsätzlich keine Ausdrucke auf Papier erstellt. Eine Ausnahme ist insoweit lediglich für den Fall einer Beschwerde vorgesehen. Insoweit bestimmt § 8 Abs. 3 Satz 5 der Handelsregisterverordnung, dass von den ausschließlich elektronisch vorliegenden Dokumenten Ausdrucke für das Beschwerdegericht zu fertigen sind, soweit dies zur Durchführung des Beschwerdeverfahrens notwendig ist.

Die elektronischen Eingaben zum Handelsregister sind daher vom Gesetz- und Verordnungsgeber als Grundlage für die Sachbearbeitung durch den Richter des Registergerichts bestimmt. Zu diesem Zweck ist dem (hier klagendem) Richter ein **computergestützter Arbeitsplatz** zugewiesen, der eine Bearbeitung dieser Eingänge am Bildschirm ermöglicht. Eine alternative Bearbeitung auf der Grundlage von Ausdrucken auf Papier ist trotz der praktischen Probleme bei der Aktenbearbeitung in elektronischer Form (Bildschirmgröße, Übersichtlichkeit, ergonomische Nachteile längerer Bildschirmarbeit) zur Vermeidung von Medienbrüchen nicht vorgesehen.

Hiergegen wandte sich der klagende Richter mit – im Wesentlichen – zwei Argumenten. Zum einen sei ihm durch die zwangsweise Nutzung des Computers die Arbeit von zuhause verwehrt. Zum anderen trägt er vor, nur die Arbeit am Papier ermögliche ihm eine qualitative und fehlerfreie Arbeit, weil durch die Bildschirmarbeit sein **Leseverständnis** und seine

---

[349] BGH, Urteil vom 21. April 1978 - RiZ(R) 4/77.

Konzentration verschlechtert würden. Hierdurch entstehe nicht nur ein Haftungsrisiko; auch seine richterliche Unabhängigkeit sei dadurch verletzt. Er meint deshalb einen Anspruch gegen seinen Dienstherrn zu haben, alle elektronischen Aktenbestandteil als Ausdruck erhalten zu können. Es müsse eine entsprechende Anweisung an die Geschäftsstelle ergehen.

Das Richterdienstgericht des Bundes ist dieser Argumentation im Ergebnis nicht gefolgt[350]:

Dem Antragsteller stehe ein Anspruch, zur Bearbeitung der Eingaben von der Geschäftsstelle generell mit papiernen Ausdrucken versorgt zu werden, nicht zu. Daran ändere auch die Einschätzung des Antragstellers nichts, dass die Bearbeitung der elektronischen Eingaben gegenüber denjenigen in Papierform fehleranfälliger ist und eine sorgfältige Bearbeitung einen größeren Arbeitsaufwand erfordert. Ein Anspruch des Richters gegenüber der Justizverwaltung auf eine über das vom Gesetz- und Verordnungsgeber vorgesehene Maß hinausgehende Gestaltung der Arbeitsgrundlagen bestehe nicht. So habe das Dienstgericht des Bundes bereits ausgesprochen, dass ein Richter keinen Anspruch gegen die Justizverwaltung auf Schaffung und Bereitstellung der sachlichen, institutionellen und personellen Ausstattung hat, die er zur Ausschöpfung seiner richterlichen Unabhängigkeit für erforderlich und wünschenswert hält.[351] Es bestehe lediglich ein Anspruch des Richters darauf, dass er bei der Zuteilung der vorhandenen, für die Arbeit erforderlichen personellen und sächlichen Mittel in ermessensfehlerfreier Weise berücksichtigt werde.[352]

Die beanstandete Weigerung des Antragsgegners verstoße auch nicht deshalb gegen die richterliche Unabhängigkeit des Antragstellers, weil ihm ohne Vorlage der Ausdrucke auf Papier die Möglichkeit genommen

---

[350] BGH, Urteil vom 21. Oktober 2010 – RiZ (R) 5/09; mit zustimmender Anmerkung *Köbler*, FA 2011, 72.
[351] BGH, Urteil vom 3. November 2004 - RiZ(R) 2/03.
[352] BGH, Urteil vom 25. September 2002 - RiZ(R) 2/01.

werde, die eingegangenen Anträge ohne weiteres von zu Hause aus zu bearbeiten. Aus der Unabhängigkeit – Art. 97 GG – des Richters folge, dass er grundsätzlich seine Arbeit nicht innerhalb fester Dienstzeiten und nicht an der Gerichtsstelle erledigen müsse.[353] Das gelte aber nicht, wenn die Ausführung der ihm obliegenden Dienstgeschäfte die Anwesenheit an der Gerichtsstelle erfordere. Denn die richterliche Unabhängigkeit sei kein Standesprivileg der Richter.[354] Erfordere die Bearbeitung der gemäß den Anforderungen des Gesetzgebers in elektronischer Form vorliegenden Eingaben zum Handelsregister die Anwesenheit des Richters an seinem computergestützten Arbeitsplatz, liege darin keine Beeinträchtigung der richterlichen Unabhängigkeit durch die Dienstaufsicht. Der Antragsgegner habe dem Antragsteller zudem eingeräumt, die für die Bearbeitung der Eingaben zum Handelsregister vom häuslichen Arbeitsplatz aus erforderlichen Ausdrucke auf Papier selbst zu fertigen. Ein weitergehender Anspruch auf Verschaffung der vom Antragsteller gewünschten Arbeitsunterlagen besteht nicht.[355]

3. IT-Betrieb und richterliche Unabhängigkeit

In einer Entscheidung aus dem Jahr 2011[356] hatte sich der BGH als Dienstgericht des Bundes auch mit dem Betrieb der IT-Infrastruktur und dessen Einfluss auf die richterliche Unabhängigkeit zu beschäftigen.

Streitgegenstand war der Betrieb des IT-Netzes der hessischen Justiz durch die Hessische Zentrale für Datenverarbeitung (HZD), die zum Geschäftsbereich der hessischen **Finanzverwaltung** gehört. Hieraus ergab sich, dass (nur) die Fachaufsicht über deren Tätigkeit bei der Justiz lag. Faktisch hatte die HZD – als Teil der **Exekutive** – die technische Möglichkeit des Zugriffs auf alle Dateien im Netz der Justiz durch ihre Systemadministratoren.

---

[353] BGH, Urteil vom 25. September 2002 - RiZ(R) 2/01.
[354] BGH, Urteil vom 27. September 1976 - RiZ(R) 3/75.
[355] BGH, Urteil vom 21. Oktober 2010 – RiZ (R) 5/09.
[356] BGH, Urteil vom 06.10.2011, Az. RiZ (R) 7/10.

Die sich hiergegen wendenden Richter beanstandeten, dass eine unzulässige Kontrolle und Beobachtung durch einen externen Betrieb und seine Administratoren jedenfalls möglich sei. Letztlich sei die Exekutive damit in der Lage die Entscheidungsfindung der Richter zu kontrollieren. Sie forderten, die Aufsicht und Leitung des Netzbetriebs müsse in richterlichen Händen sein, maximal den Gerichtspräsidenten unterstehen.

Dem ist der BGH im Wesentlichen nicht gefolgt. Eine Verfassungsbeschwerde hiergegen blieb ebenfalls erfolglos. Allerdings hat der BGH **klare Grenze** eingezogen:

Zum einen müssten Sicherungsvorkehrungen konkret in **Verwaltungsvorschriften** geregelt werden. Zum anderen müsse die Einhaltung dieser Regelungen durch den Minister der Justiz im gleichberechtigten Zusammenwirken mit **gewählten Vertretern** der Richter überprüft werden können.

Der BGH folgt damit der faktisch kaum widerlegbaren Einsicht, dass die Führung elektronischer Akten und der Betrieb eines modernen IT-Netzes durch externe Dienstleister praktisch unmöglich sind. Er stärkt anderseits aber die Einflussnahme der Richterschaft bzw. ihrer Gremien durch Schaffung einer **Kontrollkommission**.

Problematisch ist an dieser Kommission indes lediglich, dass die Komplexität der Vorgänge im Zusammenhang mit dem IT-Betrieb durch eine bloß laienhafte „Draufsicht" nicht weiter fortgebildeter Richter nur schwer in der Tiefe überprüfbar ist. Im Übrigen erfordert jeder IT-Betrieb an irgendeiner Stelle einen administrativen Zugang, zur Fehlerbehebung oder Weiterentwicklung. Die tatsächliche Kontrolle dieses Administrators erfordert sehr viel mehr als eine turnusmäßige Stichprobenkontrolle.

4. Schlussfolgerungen aus der dienstgerichtlichen Rechtsprechung

Letztlich ist der Rechtsprechung der Richterdienstgerichte zu entnehmen, dass die auf gesetzlicher Grundlage beruhende Einführung elektronischer

Arbeitsweisen für sich genommen **keinen unmittelbaren Eingriff** in die richterliche Unabhängigkeit darstellt. Dies gilt auch dann, wenn der Richter persönlich diese Arbeitsweise als nachteilig ansieht und seine vorhergehende oder eine andere Arbeitsweise als vorteilhaft betrachtet.

Der BGH mahnt aber an, dass auch die elektronischen Akten die notwendigen gesetzlichen, letztlich prozessrechtlichen, Anforderungen an eine Aktenführung erfüllen müssen. Dies sind insbesondere die Aktenwahrheit und Aktenvollständigkeit, die unabhängig vom Medium der Aktenführung sicherzustellen sind.[357]

Zur Bearbeitung sind dem Richter ferner die vorhandenen Arbeitsmittel in ermessensfehlerfreier Weise zuzuteilen. Letzteres verschafft dem Richter wohl einen Anspruch darauf, dass die zur Verfügung stehenden Arbeitsmittel und Systeme im Hinblick auf die Bedienbarkeit, die Verfügbarkeit und die Sicherheit auf dem Stand der Technik für einen entsprechenden Arbeitsplatz sind. Sie müssen jedenfalls **objektiv geeignet** zur Arbeit mit elektronischen Akten sein. Maßstab ist insoweit sowohl aus Sicht des Richters als auch des Dienstherrn der Grundsatz der Verhältnismäßigkeit.

Der Richter kann insoweit auf die Nutzung eines zentralen IT-Netzes verwiesen werden, das durch einen externen Dienstleister betrieben wird. Dessen **Sicherheitsvorkehrungen**, insbesondere zum Schutz der richterlichen Unabhängigkeit, müssen aber mindestens in einer Verwaltungsvorschrift festgehalten werden und die Einhaltungen dieser Regelungen müssen durch die Richterschaft und ihre Gremien kontrollierbar sein.

---

[357] *Berlit*, NVwZ 2015, 197, 198.

J. Checklisten zum elektronischen Rechtsverkehr

Die folgenden Checklisten sind auch in übersichtlicher Darstellung großformatig als gesonderte Werke erschienen:

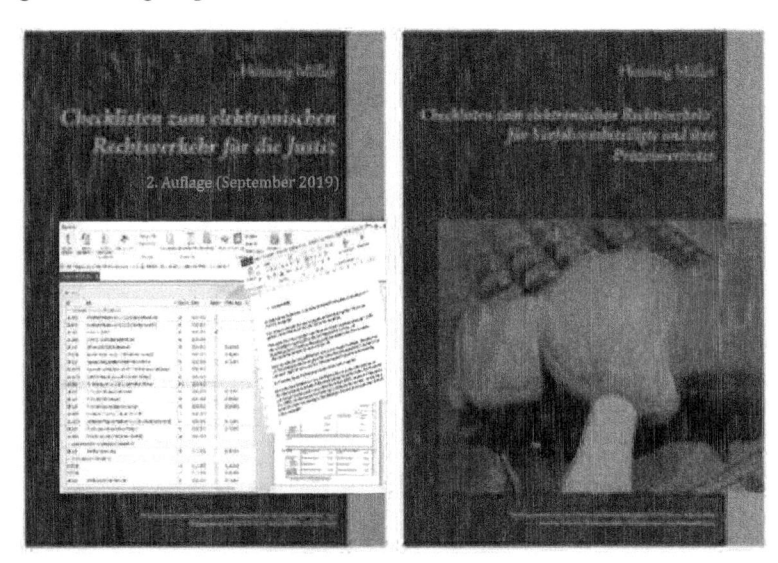

Die beiden Bearbeiterhinweise ergänzen mit übersichtlichen Schemata und zahlreichen Screenshots leicht verständlich das „eJustice-Praxishandbuch".

Sie sind in zwei Versionen erschienen:

- *Adressatenkreis: Richter, Rechtspfleger, Justizverwaltung:* **Checklisten für die Justiz.**
- *Adressatenkreis: Rechtsanwälte, Behörden, Verbände, Gewerkschaften , Steuer- und Rentenberater:* **Checklisten für Verfahrensbeteiligte und ihre Prozessvertreter.**

Was ist bei der Übermittlung von Schriftsätzen an das Gericht zu beachten?

Dateiformat
- Zugelassenes Dateiformat (ideal: PDF/A)
- druckbar, kopierbar, texterkannt.

Jedes Dokument als gesonderte Datei
- Schriftsatz und Anlagen jeweils als einzelne Dateien - insbesondere die PKH-Erklärung.
- "Sprechende" Dateinamen verwenden.

Qualifizierte elektronische Signatur
- nicht erforderlich bei Übermittlung aus sicheren Übermittlungsweg von der verantwortenden Person selbst.
- Detached oder Inline-Signatur verwenden.
- Keine Container- oder Enveloping-Signatur verwenden.

Versendung
- Wenn keine qeS: Verantworrtende Person (bspw. Rechtsanwalt) muss selbst versenden.
- Pro Gerichtsaktenzeichen ein gesonderter Sendevorgang (nie Dokumente zu mehreren Aktenzeichen in dieselbe Nachricht)

Fristprüfung für juristische Entscheider

Für die Wahrung einer Frist (bspw. der Klage- oder Rechtsmittelfrist) kommt es auf den **Eingang des Dokuments auf der Empfangseinrichtung der Justiz** an. Dies ist grundsätzlich der sog. Intermediär (ein von der Justiz zentral betriebener oder beauftragter Server). Hierbei handelt es sich um einen nicht im jeweiligen Gericht befindlichen Server.

Es kommt insbesondere nicht auf den **gerichtlichen Eingangsstempel** an (der freilich grundsätzlich das richtige Datum abbilden müsste), noch auf den Zeitpunkt der Signatur oder den Zeitpunkt der Erstellung des Transfervermerks (die letzten beiden Zeitpunkte könnten in die Irre führen, weil sie ebenfalls auf dem Transfervermerk abgedruckt sein können).

Prüfung der Fristwahrung bei EGVP, beA, beN und beBPo

Das für die Fristwahrung maßgebliche Datum lässt sich sowohl dem **Transfervermerk**, als auch dem Prüfprotokoll „inspectionsheet.html" und dem **Prüfvermerk** entnehmen:

Transfervermerk
erstellt am: 27.09.2017, 15:22:31
(weitere Details und Anmerkungen können Sie dem separaten Prüfprotokoll entnehmen)

Prüfergebnis der OSCI-Nachricht: test-itplr_1506515289346761139183967052 3508

Informationen zum Übermittlungsweg: Sicherer Übermittlungsw_____postfach
Eingang auf dem Server: 27.09.2017, 14:28:20
(Ende des Empfangsvorgangs) (lokale Serverzeit)
Inhaltsdaten: nachricht.xml, nachricht.xsl, visitenkarte.xml, visitenkarte.xsl, herstellerinformation.xml
Anhänge:

Prüfprotokoll vom 18.09.2017 11:44:19

Informationen zum Übermittlungsweg
Sicherer Übermittlungsweg aus einem besonderen Behördenpostfach.

Zusammenfassung und Struktur

OSCI-Nachricht:	
Gesamtprüfergebnis	✓ Sämtliche durchgeführten Prüfungen lieferten ein positives Ergebnis.
Betreff	Testnachricht
Nachrichtenkennzeichen	gov2test_15057278540384108671661294748924
Absender	Thölken
Empfänger	Thölken
Eingang auf dem Server	18.09.2017 11:44:14 (lokale Serverzeit)

Inhaltsdatencontainer: project_coco
Inhaltsdaten nachricht.xml, nachricht.xsl, visitenkarte.xml, visitenkarte.xsl, herstellerinformation.xml
Anhänge

Inhaltsdatencontainer: govello_coco
Inhaltsdaten additional_infos
Anhänge

Prüfung der Frist bei der De-Mail

Informationen zum Übermittlungsweg
Diese Nachricht wurde vom De-Mail-Dienst versandt. Das Zertifikat des Herkunftsnachweises konnte nicht geprüft werden.

Auf dem Server des De-Mail – Dienstleisters der Justiz (sog. **De-Mail-Gateway**) wird die Umwandlung der De-Mail in eine EGVP-Nachricht vorgenommen. Hierbei wird unter anderem ein PDF-De-Mail-Prüfprotokoll erstellt, dass der EGVP-Nachricht als Anlage beigefügt ist. Es trägt den Dateinamen **De_Mail_Pruefprotokoll.pdf**. Im Gegensatz zu Eingängen über EGVP, beA, beN und beBPo kommt es bei Eingängen per De-Mail zur Wahrung der Frist ausschließlich auf das De-Mail-Prüfprotokoll an – nicht das Prüfprotokoll „inspectionsheet.html":

De-Mail-Prüfprotokoll über die sichere und absenderbestätigte Anmeldung:

Der Absender der De-Mail mit dem nachfolgenden Angaben war bei Versand der Nachricht sicher im Sinne des § 4 Abs.1 S.2 des De-Mail Gesetzes angemeldet.

Die sichere Anmeldung ist bestätigt worden.

Der De-Mail-Absender hat keine Eingangsbestätigung angefordert. Ihm wurde der Eingang beim De-Mail-Dienst mit gesonderter De-Mail bestätigt.

Angaben:

De-Mail-Empfänger	safe-st1-1424249515246-011403923@procilon.fp-demail.com
De-Mail-Absender	sammelpostfach@procilon.fp-demail.com
Betreff	mit_absendebestaetigung_ohne_empfangsbestaetigung
Nachrichten ID der De-Mail	1895391.1509983517364151.de-mail0001@fp-demail.com
Eingang beim De-Mail Empfänger	Montag, 2017.11.06 16:51:56 +0100
automatisierte Versandbestätigung erteilt	Nein
automatisierte Eingangsbestätigung erteilt	Nein
gesonderte Eingangsbestätigung per De-Mail-Nachricht erteilt	Ja

Prüfung des Übertragungswegs

Sichere Übermittlungswege gem. § 130a Abs. 4 ZPO sind (derzeit)

- die **absenderauthentifizierte**[358] **De-Mail**, § 130a Abs. 4 Nr. 1 ZPO, § 4 f. De-MailG,
- das besondere elektronische Anwaltspostfach (**beA**), § 130a Abs. 4 Nr. 2 ZPO, und das besondere elektronische Notarspostfach (**beN**), § 78n BNotO,
- das besondere elektronische Behördenpostfach (**beBPo**), § 130a Abs. 4 Nr. 3 ZPO.

Eingänge über beA, beN und beBPo

Ob das eingegangene Dokument aus einem sicheren Übermittlungsweg versandt worden ist, lässt sich anhand des Prüfvermerks, des Transfervermerks und des Prüfprotokolls erkennen. Sie visualisieren den **Vertrauenswürdigen Herkunftsnachweis (VHN)**. Auf dem eingegangen Dokument selbst befindet sich kein (verlässlicher) Hinweis darauf:

Transfervermerk
erstellt am: 27.09.2017, 15:22:31
(weitere Details und Anmerkungen können Sie dem separaten Prüfprotokoll entnehmen)
Prüfergebnis der OSCI-Nachricht: test-itplr_150651528934676113918396705235508

Informationen zum Übermittlungsweg: Sicherer Übermittlungsweg aus einem besonderen **Behördenpostfach**
Eingang auf dem Server: 27.09.2017, 14:28:20
(Ende des Empfangsvorgangs) (lokale Serverzeit)
Inhaltsdaten: nachricht.xml, nachricht.xsl, visitenkarte.xml, visitenkarte.xsl, herstellerinformation.xml
Anhänge:

---

[358] Handelt es sich nicht um eine absenderauthentifizierte De-Mail **fehlt** das De-Mail – Prüfprotokoll.

Prüfprotokoll vom 18.09.2017 11:44:19

Informationen zum Übermittlungsweg

Sicherer Übermittlungsweg aus einem besonderen **Behördenpostfach**.

Zusammenfassung und Struktur

OSCI-Nachricht:

Gesamtprüfergebnis	✓ Sämtliche durchgeführten Prüfungen lieferten ein positives Ergebnis.
Betreff	Testnachricht
Nachrichtenkennzeichen	gov2test_1505727854038410867166129474892
Absender	Thölken
Empfänger	Thölken
Eingang auf dem Server	18.09.2017 11:44:14 (lokale Serverzeit)

Inhaltsdatencontainer: project_coco

Inhaltsdaten nachricht.xml, nachricht.xsl, visitenkarte.xml, visitenkarte.xsl, herstellerinformation.xml
Anhänge

Inhaltsdatencontainer: govello_coco

Inhaltsdaten additional_infos
Anhänge

Eingänge über De-Mail

Ein sicherer Übermittlungsweg im Sinne des § 130a Abs. 4 Nr. 1 ZPO ist die De-Mail nur, wenn sie als sog. absenderauthentifizierte De-Mail gem. § 4 f. De-MailG versandt wurde. Die Absenderauthentifizierung erfolgt durch ein zweites Sicherungsmittel, bspw. ein mTAN-Verfahren oder das Identifikationsmerkmal des neuen Personalausweises.

Wurde die De-Mail nicht absenderauthentifiziert versandt, fällt zunächst ins Auge, dass das De-Mail – Prüfprotokoll fehlt. Der **Transfervermerk** weist irreführend auf einen De-Mail-Eingang hin. Richtig und verlässlich ist dagegen die Darstellung auf dem **Prüfvermerk**.

Die fehlende Absenderauthentifizierung lässt sich aber auch in der mit der per EGVP eingegangenen De-Mail – „.eml-Datei" feststellen.

Diese „.eml-Datei" lässt sich in Microsoft Outlook öffnen. Unter dem Reiter „Datei" befindet sich sodann die Schaltfläche Eigenschaften:

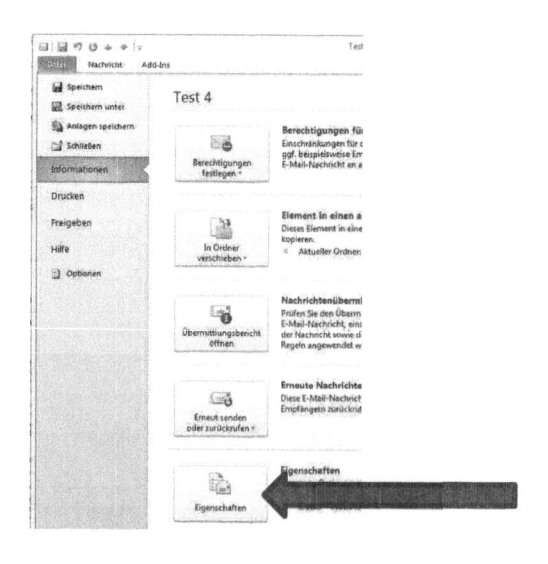

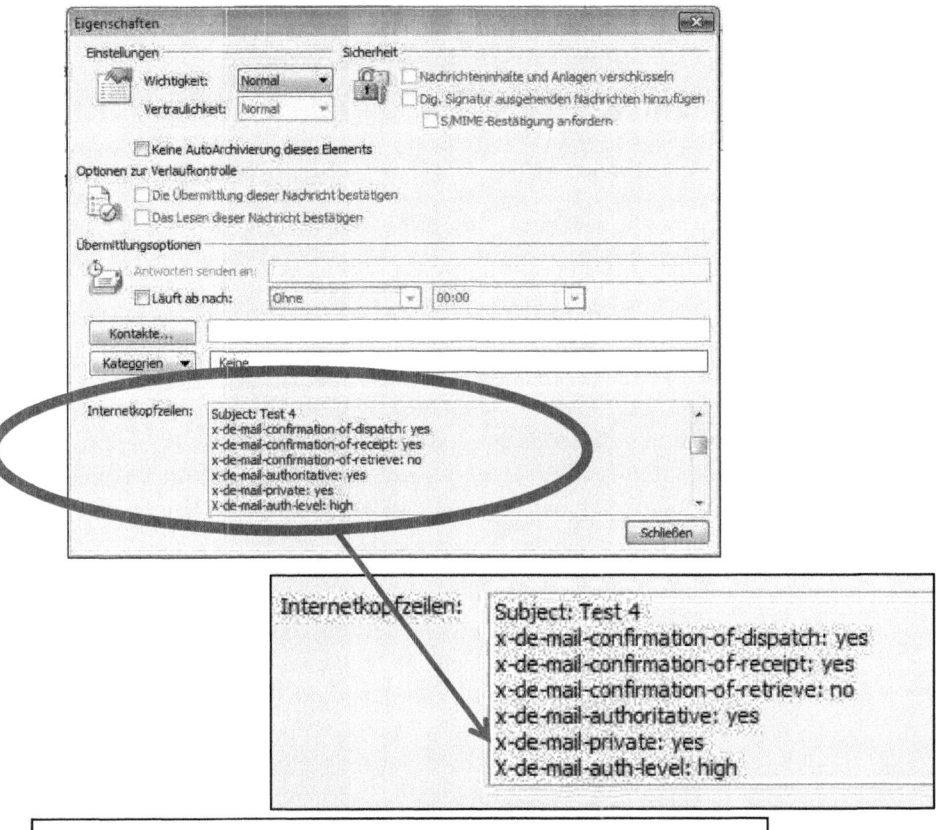

Das dann sich öffnende „Eigenschaften"-Fenster enthält im unteren Bereich ein Text-Fenster „Internetkopfzeilen".

Hier sind folgende Informationen ersichtlich:

„*x-de-mail-authoritative:*"

Dort steht

- **„*yes*"** für absenderauthentifiziert (und damit einen sicheren Übermittlungsweg)
- **„*no*"** für eine nicht absenderauthentifizierte De-Mail, die keinen sicheren Übermittlungsweg gem. § 130a Abs. 4 ZPO darstellt.

„*x-de-mail-auth-level:*"

Dort steht

- **„*high*"** für die erforderliche sichere Anmeldung (und damit einen sicheren Übermittlungsweg)

Prüfung des Dateiformats
Gem. § 2 Abs. 1 ERVV **ist** das elektronische Dokument in

- **druckbarer,**
- **kopierbarer** und,
- soweit technisch möglich, durchsuchbarer Form (d.h. **texterkannt**)[359],
- im Dateiformat **PDF** zu übermitteln. Details zum Format enthalten ferner die ERVB.

PDF, druckbar, kopierbar, eingebettete Schriftarten
Wenn bildliche Darstellungen im Dateiformat PDF nicht verlustfrei wiedergegeben werden können, darf das elektronische Dokument zusätzlich im Dateiformat TIFF übermittelt werden. Die Dateiformate PDF und TIFF müssen den unter www.justiz.de bekanntgemachten Versionen entsprechen (ERVB).

Die von den ERVB 2019 geforderte **Einbettung von Schriftarten** lässt sich im Reiter „Schriften" überprüfen. Steht hinter der dort angezeigten Schriftart „eingebettet", bedeutet dies, dass die PDF-Datei die gesamte Schriftart enthält. „Eingebettete Untergruppe" heißt, dass alle verwendeten Zeichen der Schriftart eingebettet sind. Beides genügt den Anforderungen der ERVB 2019. Nicht ausreichend wäre hingegen, wenn hinter der Schriftart angezeigt wird „Schriftart nicht eingebettet" oder, wenn hinter der jeweiligen Schriftart kein Klammerzusatz aufgeführt ist:

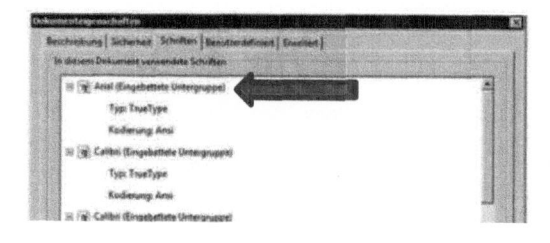

---

[359] Übergangsfrist für die Texterkennung war bis 1. Juli 2019.

Die Voraussetzungen **druckbar** und **kopierbar** sind im Adobe Reader (*Menü: Datei → Eigenschaften*) überprüfbar:

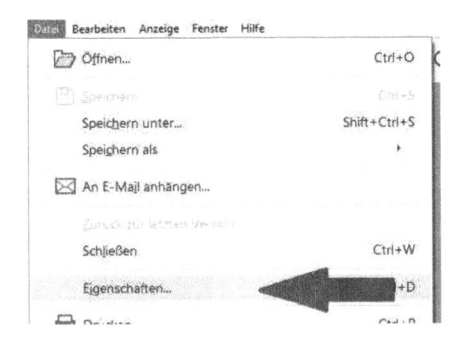

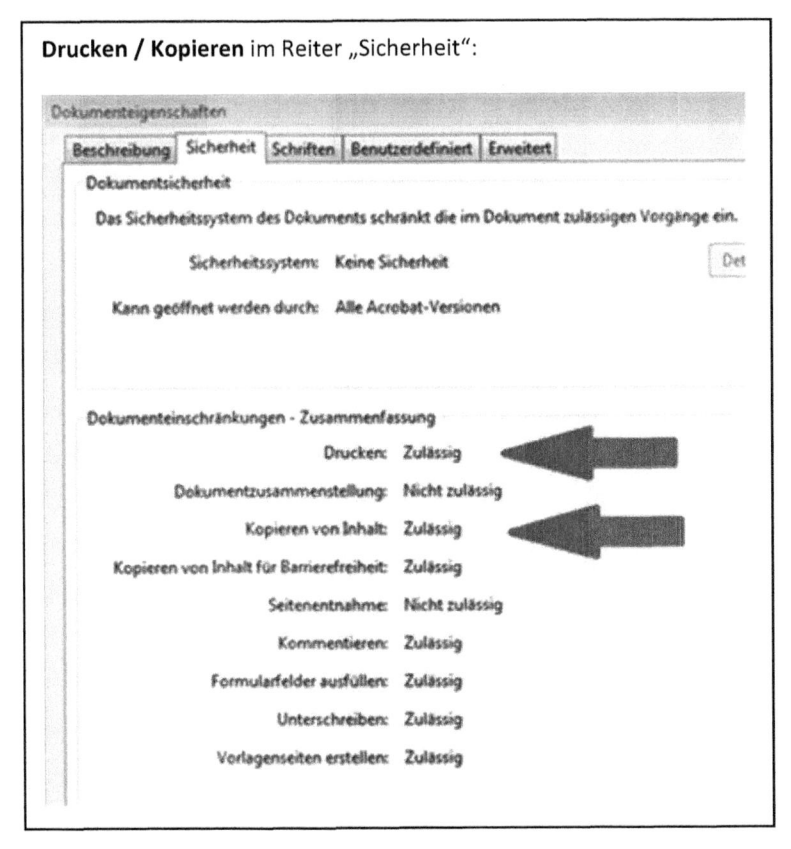

Drucken / Kopieren im Reiter „Sicherheit":

„Durchsuchbar"

Aufgrund des Übergangsregelung in § 2 Abs. 1 Satz 3 ERVV gilt das Texterkennungserfordernis erst ab 1. Juli 2019. Dann erfolgt die Prüfung wie folgt:

Durchsuchbar („texterkannt") im Reiter „Schriften"

(in diesem Feld muss mindestens ein Eintrag sein, es darf nicht leer sein; das Ergebnis ist allerdings nicht eindeutig – es ist auch denkbar, dass bei einem nicht-durchsuchbaren Dokument Schriftarten eingebettet werden – eindeutig ist nur die Funktionsprüfung):

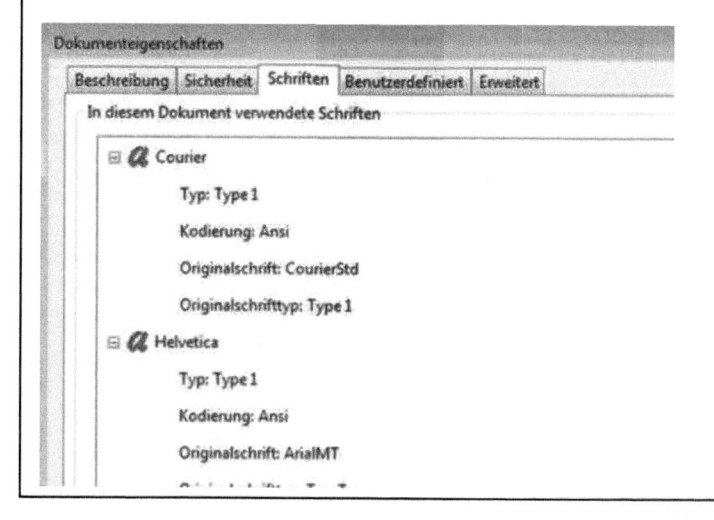

```
Dokumenteigenschaften
 Beschreibung | Sicherheit | Schriften | Benutzerdefiniert | Erweitert
 In diesem Dokument verwendete Schriften
    Courier
        Typ: Type 1
        Kodierung: Ansi
        Originalschrift: CourierStd
        Originalschrifttyp: Type 1
    Helvetica
        Typ: Type 1
        Kodierung: Ansi
        Originalschrift: ArialMT
```

Praxistipp:

In Zweifelsfällen kann die Einhaltung dieser Formvoraussetzungen natürlich zusätzlich durch eine **Funktionsprüfung** überprüft werden.

Bsp. durch die „Kopiertasten-Kombinationen" (strg+a → strg+c im betreffenden Dokument und sodann strg+v in einem Texteditor)

Form- und Fristprüfung anhand des Prüfvermerks

Die wichtigsten Informationen über die Merkmale der elektronisch eingegangenen Nachricht, lassen sich seit September 2019 [360] zusammengefasst dem sog. „Prüfvermerk" entnehmen.

Aufbau des Prüfvermerks

Zunächst wird hier der strukturelle Aufbau des Prüfvermerks erläutert. Im Anschluss werden dessen Bestandteile nochmals im Einzelnen beleuchtet.

	Prüfvermerk vom 06.09.2019, 16:27:31
Kopfzeile	Die unten aufgeführten Dokumente sind elektronisch eingegangen. Die technische Prüfung der elektron folgendes Ergebnis erbracht:
Informationen zur Übermittlung	**Angaben zur Nachricht:** Diese Nachricht wurde per EGVP versandt. Eingangszeitpunkt: 06.09.2019, 16:20:54
Informationen zum Absender und Empfänger	Absender (nicht authentifiziert): Nutzer-ID des Absenders: DE.BRAK.8da252a0-47bb-4v9c-0815-1234erftg987.96d3 Aktenzeichen des Absenders: 08/15 Empfänger: Hessisches Landessozialgericht Aktenzeichen des Empfängers: L 6 KR 47/11
Informationen zur EGVP-Nachricht	Betreff der Nachricht: Schriftsatz 06.09.2019 Text der Nachricht: Nachrichtenkennzeichen: egvp2.hessen.de_156777965388644011
Informationen zu Anhängen der EGVP-Nachricht	**Angaben zu den Dokumenten:**

Dateiname	Format	Informationen zu(r) qualifizierten elektronischen S		
		Qualifiziert signiert nach ERVB?	durch	Berufsbezogenes Attribut
Klage.pdf	pdf	ja	Numerius Negidius	06. 16:

---

[360] Die Einführung des sog. „Prüfvermerks" erfolgt nicht in allen Gerichtsbarkeiten und Bundesländern zeitgleich und ist abhängig von dem genutzten EGVP-Produkt.

Informationen zur Übermittlung
Der obere Abschnitt des Prüfvermerks enthält

> Übermittlungsweg auf dem die Nachricht an das Gericht

Diese Nachricht wurde per EGVP versandt.

Eingangszeitpunkt: 06.09.2019, 16:20:54

> (Fristrelevanter) Eingang der Nachricht.

Der Hinweis „*Diese Nachricht wurde per EGVP versandt*" erfolgt, wenn
- der Absender einen **EGVP-Client** verwendet oder
- der Absender einen an sich sicheren Übermittlungsweg (beA) verwendet, aber der **Postfachinhaber den Sendevorgang nicht selbst vornimmt**, sondern bspw. durch ein Sekretariat vornehmen lässt.[361]

---

[361] Ausnahme: beBPo, VGH Baden-Württemberg, Beschluss vom 4.3.2019 – A 3 S 2890/18.

Bei der **De-Mail** lässt sich dem Prüfvermerk entnehmen, ob die De-Mail die Anforderungen des § 130a Abs. 4 Nr. 1 ZPO erfüllt, namentlich absenderbestätigt übersandt wurde:

> **Angaben zur Nachricht:**
>
> Sicherer Übermittlungsweg per absenderbestätigter De-Mail.
>
> Eingangszeitpunkt: 06.09.2019, 22:58:42

Abbildung 6: Absenderbestätigte De-Mail mit sicherer Anmeldung

Eine nicht absenderbestätigt übersandte De-Mail wird mit dem Hinweis „ohne Absenderbestätigung" gekennzeichnet. Gleiches gilt, wenn der Absender nicht sicher angemeldet war, weil die Versandart „mit Absenderbestätigung" nur mit sicherer Anmeldung möglich ist. Nach wohl vorherrschender Meinung ist eine nicht absenderbestätigte De-Mail wie eine gewöhnliche E-Mail zu behandeln; d.h. sie ist nicht zwingend dem juristischen Entscheider vorzulegen, weil die Nachricht nicht auf einem zugelassenen Übermittlungsweg eingegangen ist.

> **Angaben zur Nachricht:**
>
> Diese Nachricht wurde per De-Mail ohne Absenderbestätigung versandt.
>
> Eingangszeitpunkt: 06.09.2019, 13:24:16

Abbildung 7: Nicht absenderbestätigte De-Mail

Informationen zum Absender und zum Empfänger

Der folgende Block des Prüfvermerks enthält Informationen zum Absender der Nachricht (Einreicher) und zum Empfänger (Gericht).

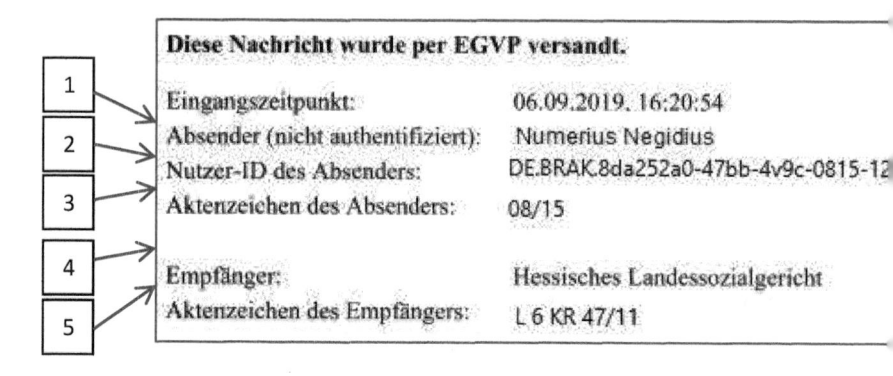

Diese Nachricht wurde per EGVP versandt.	
Eingangszeitpunkt: [1]	06.09.2019, 16:20:54
Absender (nicht authentifiziert): [2]	Numerius Negidius
Nutzer-ID des Absenders:	DE.BRAK.8da252a0-47bb-4v9c-0815-12
Aktenzeichen des Absenders: [3]	08/15
Empfänger: [4]	Hessisches Landessozialgericht
Aktenzeichen des Empfängers: [5]	L 6 KR 47/11

(1) „**Absender**" ist der Name des Absenderpostfachinhabers:
- Bei **EGVP-Posteingängen** ist dies der vom Absender bei Einrichtung des Postfachs frei gewählte, nicht authentifizierte Name:

> Eingangszeitpunkt:
> Absender (nicht authentifiziert):

- Bei **sicheren Übermittlungswegen** handelt es um den tatsächlichen, authentifizierten Name (erkennbar dadurch, dass der Hinweis „(nicht authentifiziert)" fehlt. Bei Nutzung des **beA/beN** durch einen Rechtsanwalt/Notar als Postfachinhaber selbst, steht hier also sein Name (wichtig dieser Name muss dann mit der einfachen Signatur auf dem Schriftsatz übereinstimmen).

Sicherer Übermittlungsweg aus einem besonderen Anwaltspostfach.	
Eingangszeitpunkt:	06.09.2019, 16:20:54
Absender	Numerius Negidius
Nutzer-ID des Absenders:	DE.BRAK.8da252a0-47bb-4v9c-0815-1234erftg98

Bei Nutzung des **beBPo** steht hier der Name der Behörde. Bei Nutzung der De-Mail handelt es sich um den tatsächlichen Namen des Postfachinhabers, wenn er die (einzig zulässige) Versandart „mit Absenderbestätigung" wählt.

(2) „**Nutzer-ID**" ist die SAFE-ID des Absender-Postfachs; bei De-Mail bleibt diese Zeile leer.

(3) „**Aktenzeichen des Absenders**" ist das vom Absender selbst hinterlegte eigene Aktenzeichen.

(4) „**Empfänger**" ist der Name des Empfängerpostfachs wie im EGVP-Adressbuch enthalten (beim gerichtlichen Posteingang das Gericht).

(5) „**Aktenzeichen des Empfängers**" ist das vom Absender eingetragene Aktenzeichen des Empfängers (beim gerichtlichen Posteingang das gerichtliche Aktenzeichen). Dieses kann das Gericht bei Nutzung einer geeigneten Justizsoftware auslesen und zur automatisierten Dokumentenzuordnung nutzen, um die Poststellenprozesse zu optimieren.

Informationen zu den Anlage(n) der elektronischen Nachricht:

Angaben zu den Dokumenten:

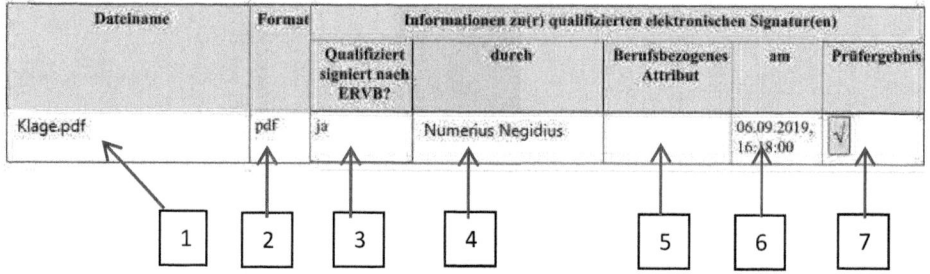

Dateiname	Format	Informationen zu(r) qualifizierten elektronischen Signatur(en)				
		Qualifiziert signiert nach ERVB?	durch	Berufsbezogenes Attribut	am	Prüfergebnis
Klage.pdf	pdf	ja	Numerius Negidius		06.09.2019, 16:18:00	√

① ② ③ ④ ⑤ ⑥ ⑦

(1) „Dateiname" der Anlage der EGVP-Nachricht. Die „Anlagen" im Sinne des elektronischen Rechtsverkehrs enthalten die eigentlichen juristischen Informationen. Sämtliche übermittelten Dateien werden daher als „Anlage" bezeichnet – auch der eigentliche Schriftsatz.

Der Dateiname im Prüfvermerk dient dem Auffinden der elektronischen Datei selbst, bspw. um anhand der elektronischen Datei weitere Prüfungen durchzuführen (bspw. eine Prüfung der elektronischen Signatur, des Dateiformats oder der Texterkennung).

(2) „Format" meint das Dateiformat der eingereichten Anlage. Hier wird nicht das tatsächliche Dateiformat ausgelesen, sondern die Bestimmung des Dateiformats erfolgt anhand der (veränderlichen) Dateiendung. <u>Keinen</u> Hinweis gibt dieses Feld auf die Merkmale „kopierbar", „druckbar" und „durchsuchbar" i.S.d. § 2 Abs. 1 ERVV.

(3) „Qualifiziert signiert nach ERVB?": Es wird geprüft, ob eine qualifizierte elektronische Signatur (qeS) vorhanden ist; wenn keine qeS (sondern gar keine oder bloß eine einfache oder fortgeschrittene Signatur) mitgesandt wurde, erfolgt die Angabe „nein":

Qualifiziert signiert nach ERVB?
ja
nein
nein

Wenn eine qeS zwar vorhanden ist, es sich aber nicht um eine zulässige Signaturart den Bekanntmachungen zum elektronischen Rechtsverkehr gem. § 5 ERVV (ERVB) handelt, wird dies an dieser

Stelle ebenfalls dargestellt. Zulässig sind die sog. *detached Signatur* und die sog. *Inlinesignatur*:

Qualifiziert signiert nach ERVB?	durch	Berufsbezogenes Attribut	am	Prüfergebnis
Containersig natur				

(4) Die Spalte „**durch**" enthält den tatsächlichen Namen der signierenden Person, wie er bei Beantragung des qualifizierten Zertifikats angegeben und authentifiziert wurde. Dies hat der Name der verantwortenden Person zu sein, weil die qeS im Rechtsverkehr die eigenhändige Unterschrift ersetzt (bspw. der Name des verfahrensführenden Rechtsanwalts).

(5) **Berufsbezogene Attribute** (bspw. „Rechtsanwalt") können bei Beantragung des Zertifikats mitbeantragt werden, haben aber derzeit keine Bedeutung im Rechtsverkehr. Sie werden ggf. in dieser Spalte angezeigt.

(6) Die Spalte „**am**" gibt das Datum und die Uhrzeit der Signatur wieder. Es handelt sich um die nicht validierbare Systemzeit des Rechners an dem die Signatur vorgenommen wurde. Die Zeit kann daher nicht zu Beweiszwecken, auch nicht zur Glaubhaftmachung im Falle eines Wiedereinsetzungsantrags, herangezogen werden.

(7) Das „**Prüfergebnis**" stellt das Gesamtergebnis der Authentizitäts- und Integritätsprüfung dar. Denkbar sind hier ein (grüner) Haken, ein (gelbes) Ausrufezeichen oder ein (rotes) X.

Vom selben Autor

Basiswissen Vertragsarztrecht
Paperback
104 Seiten
ISBN: 9783748126669

Aus dem Inhalt:
- Grundlagen des Sachleistungsprinzips,
- Das Beziehungsviereck im Vertragsarztrecht,
- Die Kassenärztlichen Vereinigungen,
- Die Vertragsbeziehung zu den Krankenkassen,
- Die Zulassung zur vertragsärztlichen Versorgung (Voraussetzungen, Ermächtigung, Bedarfsplanung, Pflichten des Vertragsarztes, Beendigung der Zulassung),
- Vergütungsrecht (Honorarberichtigung, Wirtschaftlichkeitsprüfung).

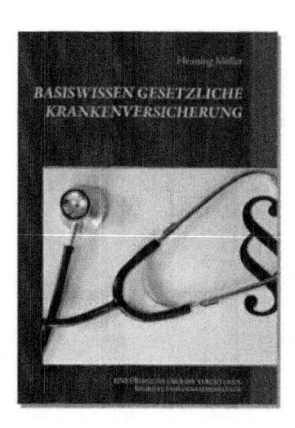

Basiswissen Gesetzliche Krankenversicherung
Paperback
128 Seiten
ISBN: 9783748196907

Aus dem Inhalt:
- Mitgliedschafts- und Beitragsrecht; die Pflichtversicherungstatbestände, Versicherungsfreiheit, freiwillige Versicherung, Familienversicherung.
- Wahltarife,
  - Prinzipien des Leistungsrechts: Der Krankheitsbegriff, verschuldete Krankheiten.
- Sachleistungsprinzip,
- Wirtschaftlichkeitsgebot,
- Erbringung neuer Untersuchungs- und Behandlungsmethoden,
- Der Leistungskatalog der GKV: Krankengeld, Fahrkosten.

Handbuch zur Künstlersozialversicherung
3. Auflage
Paperback
188 Seiten
ISBN: 9783748144649

Die Abgabepflicht nach dem KSVG kann für Unternehmen öfter und schneller greifen, als sich der Betroffene dies bewusst macht. Insbesondere die zunehmende Digitalisierung von Inhalten und die Selbstverständlichkeit von Webpräsenzen führen zu einer erheblichen Unsicherheit. Die Folgen einer Fehleinschätzung können erheblich sein.

Wichtig ist es, dass Unternehmen folgende Fragen klären:

- Ist mein Unternehmen abgabepflichtig (= Verwerter)?
- Ggf. welche Pflichten treffen mich dadurch?
- Wie läuft das Verwaltungsverfahren ab?
- Welche Kosten kommen auf mein Unternehmen zu?

Diese Fragen sollen im Fokus dieses Werks stehen und den anwaltlichen Berater oder eine Rechtsabteilung bei ihrer Tätigkeit gegenüber dem Unternehmen unterstützen!

Aus dem Inhalt:
- Der Künstler- und Publizistenbegriff mit besonderem Blick auf die Berufe in den neuen Medien (Webdesigner etc.),
- Abgabepflichtige, der Unternehmerbegriff des KSVG mit umfangreicher Kasuistik, "Typische Verwerter",
- Werbung für Dritte, Werbung für das eigene Unternehmen, insbesondere Werbung im Internet,
- Bemessungsgrundlage, Abgabepflichtige Entgelte,
- Überblick über das Verwaltungsverfahren,
- Betriebsprüfungsverfahren,
- Konsequenzen für die Beratungspraxis,
- umfangreiches Stichwortverzeichnis.

Diese Auflage berücksichtigt die Rechtsprechung bis Januar 2019.

Checklisten zum elektronischen Rechtsverkehr sind auch in übersichtlicher Darstellung großformatig als gesonderte Werke erschienen:

Die beiden Bearbeiterhinweise ergänzen mit übersichtlichen Schemata und zahlreichen Screenshots leicht verständlich das „eJustice-Praxishandbuch".

Sie sind in zwei Versionen erschienen:
- *Adressatenkreis: Richter, Rechtspfleger, Justizverwaltung:* **Checklisten für die Justiz.**

- *Adressatenkreis: Rechtsanwälte, Behörden, Verbände, Gewerkschaften , Steuer- und Rentenberater:* **Checklisten für Verfahrensbeteiligte und ihre Prozessvertreter.**

Schlagwortregister

.

.eml-Datei · 364

A

abgekündigt · 26
Abschrift, beglaubigte · 190
absenderauthentifizierte De-Mail · 58
Aktenbegriff · 243
Akteneinsichtsportal · 254
Aktenordnung · 240
aktiven Inhalte · 118
Akzeptanzmanagement · 347
Anlagen zu Schriftsätzen · 36
Anzeigename · 321
Augenscheinsurrogat · 266
Ausdruck · 266
Ausfall des beA · 164, 302
Authentizität · 241
Authentizitätsprüfung · 53

B

beA · 61
beBPo · 65
Behördenakten · 240
Behördenpostfach · 65
beN · 64

Berichtigungsbeschlüsse · 197
Beweiswürdigung · 264

C

Changemanagement · 346
Cloud · 275
Computerfax · 75
Container-Signatur · 102
Container-Signatur, Erkennung · 99

D

Dateiformate, im ERV mit Behörden · 209
Dateiname · 286
De-Mail · 57
De-Mail - Gateway · 59
De-Mail, nicht absenderauthentifiziert · 72
Disclaimer · 208
Dokumente, elektronische · 36
Dokumententyp · 321
Druckstraße · 192
Durchsuchbarkeit · 114

E

EDA · 144

eEB · 172
eEB im bea-Webclient · 313
eGovernment · 17
E-Government-Gesetz · 200
EGVP · 25
eID-Funktion · 202
Eignung zur Bearbeitung durch Behörde · 215
Einbettung · 119
einfache Signatur · 88
Eingangsfiktion · 310
Eingangsstempel · 359
eJustice · 16
elektronische Rechtsverkehr mit der Verwaltung · 203
elektronischer Rechtsverkehr · 20
elektronisches Dokument · 36
elektronisches Empfangsbekenntnisses · 172
E-Mail · 68
E-Mail, im ERV mit Behörden · 207
Ende-zu-Ende – Verschlüsselung · 273
ERV light · 69
ERVB · 34
ERVB, Anforderungen · 117
EUREKA-Fach · 327
Exportieren, bea-Nachricht · 311

F

Form, Prüfung der · 39
Formvorschriftenanpassungsgesetz · 28
Frist · 154

G

gefa · 338
Gerichte, teilnehmende · 35
Gerichtsakten, elektronische · 194
Gesetzgebungsgeschichte · 28
Gutachten · 147

H

Handelsregister · 352
Haptik · 282
Hinweispflicht · 128
Hyperlinks · 118

I

initiativer elektronischer Rechtsverkehr · 162, 301
Integrität · 241
Intermediär · 359

K

Kammerwechsel · 61, 301
Kommunikation, informelle · 244
konkludente Eröffnung eines Zugangs · 206

M

Mandantenkommunikation · 291
Mehrwerte · 320
Meilensteine · 31
Meta-Daten · 245

N

Nachweis, beA-Versand · 310
Nichtbearbeitkeit durch Behörde · 215
Nutzerkonto · 201

O

OCR · 114
öffentliche elektronische Dokumente · 270
Onlinezugangsgesetz · 204
Onlinezugangsgesetzes · 200
Original · 246
OSCI-Standard · 273

P

Paraphe · 88
passive Nutzungspflicht · 163, 301
PDF/A · 121
PDF-Lesezeichen · 252
private elektronische Dokumente · 269
Prozesskostenhilfe · 136

Prozessvollmacht · 139
Prüfvermerk · 43

Q

qualifizierte elektronische Signatur · 94, 211

R

Rechtsanwaltsgesellschaften · 62, 300
Rechtsbehelfsbelehrungen · 179
Rechtsfolgen · 123
Regelweg · 181

S

Sachverständigen · 146
Scan · 258
Scanner in der Anwaltskanzlei · 297
Scan-Regeln Anwaltskanzlei · 285
Scheinsozietäten · 184
Schriftarten, eingebettete · 119
Schriftformwahrung, im ERV mit Behörden · 210
Schriftgutobjekte · 321
Schriftsätze, bestimmende · 36
Schutzschriften · 140
Schweigepflichtsentbindung · 151
Screenshot · 269
SGB X · 219
sicherer Übermittlungsweg · 23

Signatur-Terminal · 299
Sozialverwaltungsverfahren · 219
Sozietäten · 184
Stimmungsbild in der Justiz · 337
Störungskontrolle · 290
Strukturierbarkeit · 320

T

technische Bereitstellung des Zugangs · 206
Telefax · 75
Texterkennung · 114
Textverständnis · 340
TR RESISCAN · 258
Transfervermerk · 52
Transfervermerk beim Scanning · 260

U

Unterschrift · 88
Untrennbare Verbindung · 197
Unverzüglich · 127
Urkundsbeweis · 264
USB-Stick · 275
UUID · 288

V

verantwortende Person · 90

Verpflichtungen des beA-Nutzers · 167, 304
vertrauenswürdige Herkunftsnachweis · 79
Vertretungszwang · 91
Verwaltungsakt · 219
Verwaltungsakte · 240
Verwaltungsportale · 201
Verwaltungsverfahren · 219
VHN · 79
Virenverseuchung · 123
Visitenkarte · 79
Vollständigkeit · 242
VwVfG · 219

W

Wegweiserfunktion · 179
Widmung eines Zugangs · 206
Widmung, konkludente · 206
Wiedereinsetzung · 310

X

xjustiz_nachricht.xml · 172
xJustiz-Viewer · 255

Z

Zugangseröffnung, Behörde · 19
Zustellungsvereitelung · 165, 303